LAW & BUSINESS

法商圖書

IPO问询

Ipo Inquiry Difficult Point Argumentation And Case Analysis

疑难点论证及案例剖析

陈涣波◎著

法律出版社 | LAW PRESS
北京

图书在版编目(CIP)数据

IPO问询疑难点论证及案例剖析 / 陈涣波著. -- 北京 : 法律出版社, 2023
ISBN 978-7-5197-8119-4

Ⅰ. ①I… Ⅱ. ①陈… Ⅲ. ①上市公司-公司法-案例-中国 Ⅳ. ①D922.291.915

中国国家版本馆CIP数据核字(2023)第138609号

IPO问询疑难点论证及案例剖析
IPO WENXUN YINANDIAN LUNZHENG JI ANLI POUXI

陈涣波 著

责任编辑 赵明霞 魏艳丽
装帧设计 鲍龙卉

出版发行 法律出版社
编辑统筹 法商出版分社
责任校对 李慧艳
责任印制 胡晓雅
经　　销 新华书店

开本 710毫米×1000毫米 1/16
印张 33.25 **字数** 543千
版本 2023年12月第1版
印次 2023年12月第1次印刷
印刷 三河市兴达印务有限公司

地址:北京市丰台区莲花池西里7号(100073)
网址:www.lawpress.com.cn
投稿邮箱:info@lawpress.com.cn
举报盗版邮箱:jbwq@lawpress.com.cn

销售电话:010-83938349
客服电话:010-83938350
咨询电话:010-63939796

书号:ISBN 978-7-5197-8119-4
定价:138.00元

序 preface

被邀请为晚辈辛勤的劳动成果写推荐序,我感到很高兴。我一向鼓励身边的人和我自己,无论年长年幼,都应该发挥自己的专长,不断地更新知识、创新和进步。认识陈涣波没多久,我就发现他非常勤奋、执着,因为他经常是每天最晚离开公司的那个人,即使是周末,也可以频繁地看到他忙碌的身影。聪慧勤奋的他在金融领域积累和沉淀多年之后,终于完成了这本凝集了自身经验和智慧的书。

辅导企业上市是一项复杂且需要专业知识和经验的工作。陈涣波经过多年的实践和深度研究,系统性地梳理了企业在上市过程中可能遇到的法律、财务、业务等方面的疑难点以及解决办法,汇集成书。更难能可贵的是,他还在书中展示了大量典型的案例,并用生动、通俗易懂的语言解读,深入浅出,使理论与实践操作紧密联系,让读者能够更加容易融会贯通。

作为一名金融界的"老兵",我有幸见证了中国证券市场从核准制转向部分注册制,再向全面注册制的重大转变。注册制提供了更为包容和规范的制度环境,让更多优质的企业有了上市的机会,同时也对企业提出了更高的要求。在这个关键的转折点,陈涣波的新书恰到好处地为我们解读了全面注册制下容易碰到的挑战和应对措施。对于那些渴望走向资本市场,进一步发展壮大的企业来说,本书无异于一盏明灯,照亮他们前行的道路。它既可以指导他们规避在上市过程中可能踩到的陷阱,又能够帮助他们理解并解决在上市过程中可能遇到的各种问题。此外,对于证券公司、律师事务所、会计师事务所等中介机构而言,本书也提供了全方位的指南,极具参考价值,是不可或缺的小帮手。

这本书适合所有关注企业上市的朋友们阅读，无论您是投资银行、会计师事务所、律师事务所的从业人员，还是拟上市公司、已上市公司、私募股权基金的从业人员，都可以从书中获得借鉴和启发。本书不仅仅是对专业知识的简单堆砌。我相信，认真阅读之后，您会受益匪浅，在书中找到新的思路、新的视角和新的机会。

李永东

原北京银监局处长

前言 foreword

亲爱的读者朋友们，当您翻开这本书的时候，笔者已经在脑中构思这套系列丛书两三年了。这本书从动笔到交稿，再到多次主动、被动地修改、更新，最后到付梓，中间经历了两年的时间。即使在出版的前夕，出版社的老师和笔者仍然在修改，力争把错误降至最低，将内容更新到最新。

笔者之所以把这套系列丛书的问题称为“疑难点”，并非源于学生时代的考试做题，而是因为笔者觉得，很多事情，不光是企业上市，像是一个不断做题、改题、修正、重考的循环过程。企业上市过程中，中介机构核查后发现问题，或者被问询后才发现问题，然后帮企业整改，以达到上市的要求。每个问题，无论是法律、财务还是业务方面，都可能存在许多规定，或规定不清，或中介机构理解不透，甚至没有规定，因此，在实操中渐渐形成了“疑难点”。幸运的是，企业上市的信息是公开披露的，“前车之鉴，后事之师”，通过研究案例，我们可以找到一些借鉴。

全书的每个疑难点以正文开始，以案例收尾。疑难点的第一部分是正文，深入剖析、总结问题，干货满满。在多数疑难点中，笔者总结了应对问询的整改措施和抗辩、论证理由。正文的最后会列出常见的问询问题，让读者了解审核机构关注的方向；疑难点的第二部分是精选案例，笔者在案例值得思考的地方加入点评。这类书倘若只有总结，没有案例，那好比没菜，光吃干饭，味如嚼蜡、苦涩难懂。为此，我煞费苦心地挑出最新、典型的案例，尽量让大家有案例可鉴、可循。整本书一共精选了162个案例，没有一个是多余的。与同类书相比，笔者不仅花了大量的精力在正文总结，而且还在精挑细选的案例中划出重点信息,并穿插加入点评,与正文的总结遥相呼应,承前启后,方便阅读、理解。

专题一主要是讨论整体变更时可能碰到的税务、亏损等问题。企业整体变更过程中,盈余公积、未分配利润转增资本公积与资本公积转增股本时,个人股东纳税在实务中有歧义。疑难点1先讨论了前者,疑难点2解释了后者。另外,企业整体变更时可能存在未弥补亏损的情形,这在旧时是个大问题,现在虽然放开了,但仍会引起关注。所以,笔者在疑难点3提供了打消监管层质疑企业盈利能力的思路。

专题二将企业股权变动的问题囊括到一起,这个范围很泛,即使笔者用9个疑难点去研究,也可能有漏网之鱼。在这个专题中,笔者让"疑难点4 对赌协议"领纲,主要是因为对赌协议的内容非常重要,且后续的疑难点可以作为对赌协议的条款。"疑难点4 对赌协议""疑难点9 实缴股权转让"和"疑难点10 未实缴出资额转让"是几乎所有上市企业都会碰到的问题,而其他疑难点,如定向分红、董监高每年转让的股份超过25%等问题,虽然稍显小众,但有时候也会碰到,而且有的之前还是上市的红线,为此,笔者仍花大量精力潜心研究,为读者答疑解惑。"疑难点6 定向分红""疑难点7 定向减资""疑难点8 资本公积独享"三者的原理相似,因为它们都有"定向"的成分,故笔者把它们串联在一起,方便阅读。

专题三主要讨论了股东的一些特殊问题,分别为出资、代持、三类股东、一致行动关系、控制人。"疑难点13 出资瑕疵"讨论了若股东出资有瑕疵,该如何弥补。笔者将出资瑕疵分为6类,并一一提炼、总结了抗辩理由和补救措施;"疑难点14 股权代持"探讨了股东中存在代持的危害和代持的情形,以及该如何清理代持;"疑难点15 三类股东"比较了旧规定的"三类股东"与新规定的"两类股东"的异同,并说明了三类股东必须清理和无须清理的情形,以及清理的方法;在"疑难点16 一致行动关系"中,笔者分别介绍了投资者12种构成一致行动人的情形以及抗辩的"万能"理由。经过笔者不懈地研究,除了"控制"关系之外,其他情形都可以往不"控制"的方向论证成不构成一致行动人,请参见笔者为大家精心准备的6个案例;在本书最后的"疑难点17 实际控制人"中,笔者分4小节详细地介绍了涉及实际控制人4种最常遇到的问题:认定、共同控制、无控制人、变动。在第1小节"疑难点17-1 实际控制人认定"中,笔者告诉大家,控制权关键看对股东大会、董事会的控制程度,以及合伙企业、国企、财务投资人、表决权委托等特殊情形下的实际控制人是谁。在第 2 小节“疑难点 17 – 2　共同控制”中,介绍了可能构成共同控制的情形,如一致行动关系、直系亲属、合伙企业等。在第 3 小节“疑难点 17 – 3　无实际控制人”中,探讨了公司无实际控制人的原因,笔者认为,一般由股权过度分散或第一大股东自身无实际控制人所致。在第 4 小节“疑难点 17 – 4　实际控制人变动”中,讨论了可能导致实际控制人变动的多种情形,包括实际控制人去世、一致行动关系的解除或组成、共同控制人数变化、代持还原等。实际控制人这 4 类问题,笔者研究了几百篇最新的案例,为大家总结了正向和负向的论证理由,同时,精选了 35 个案例,帮助理解。

企业上市是个非常复杂的过程。俗语说“千人千面”,企业是由多人构成的,自然会复杂许多。一本书很难穷尽企业在上市路上可能碰到的重点问题,即使这本书有五百多页,也只能覆盖上市冰山之一角。故此,笔者为大家准备了一系列“疑难点”。已经在审稿的系列第二册中,笔者将与大家探讨股东的适格性、申报前后新增股东、重大违法行为、环境保护问题、董监高的任职资格、社保与公积金、劳务派遣与劳务外包、员工持股计划、股份支付等多个棘手的问题。在系列的第三册中,笔者将全册介绍财务中最重要的收入问题。未来,还会有更多……

笔者是个讲着方言长大的广东人,文笔不佳,且自身的知识储备、实践经验多有欠缺,即使经过反反复复地修改、检查和逐字逐句地推敲,本书仍然难免有错误之处。若有问题赐教,请发邮件到:arpaulchan@ qq. com,或到公众号留言。

非常感谢法律出版社的赵明霞、魏艳丽等多位老师的辛勤付出,谢谢您们给予了一个普通人写书、分享见解的机会。

最后,感谢阅读此书。希望它能为大家的上市之旅提供有益的参考和启示,咱们下一本再会。

简目 contents

详目 contents

专题一

整体变更

IPO

疑难点 1

盈余公积与未分配利润转增资本公积的纳税问题

有限责任公司整体变更为股份有限公司(亦称为股改、改制)可分拆为两步:第一步是股东从原来的责任公司撤回投资,分回按照持股比例享有的权益,包括初始投资成本以及责任公司经营过程中形成的收益;第二步是进行再投资,即股东将分回的资产再投资到股份公司中去。中间涉税主要在三部分:(1)盈余公积、未分配利润转增股本;(2)盈余公积、未分配利润转增资本公积;(3)资本公积转增股本。

其中,盈余公积、未分配利润均源于净利润,是经营收益,转增股本时需不需要纳税,现有无任何歧义。而盈余公积、未分配利润转增资本公积与资本公积转增股本时个人股东(亦称自然人股东)如何纳税,全国税务机关没有统一的执行标准,争议颇多。

本疑难点先讨论第二部分,即盈余公积、未分配利润转增资本公积时该如何纳税,下一个疑难点再讨论第三部分,即资本公积转增股本时个人股东如何抗辩不纳税。

一、法人股东

《企业所得税法》(2018 修正)第二十六条规定,符合条件的居民企业之间的股息、红利等权益性投资收益为免税收入。

这条规定为法人股东提供了一个免税的"金刚罩"。股改时,对于法人股东,无论盈余公积、未分配利润转增资本公积,还是盈余公积、未分配利润转增股本,都相当于居民企业之间在分配股息、红利,不用缴税。但是,因为视同利润分配,可以增加投资的计税基础,在日后转让时扣除。

如图 1－1 所示，盈余公积、未分配利润转增资本公积、股本时，法人股东皆无须纳税，这是《企业所得税法》规定的，在实务中没有任何争议。

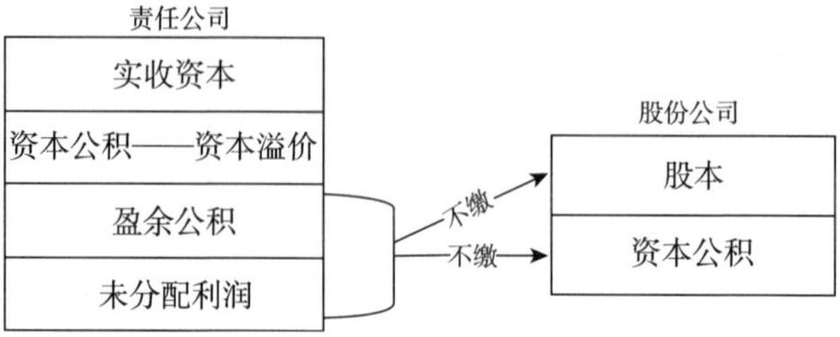

图 1－1　盈余公积与未分配利润转增资本公积、股本时，法人股东皆无须纳税

二、个人股东

对于法人股东，盈余公积与未分配利润转增资本公积、股本时皆无须纳税。但对于个人股东，在盈余公积与未分配利润转增股本时必须纳税，但盈余公积与未分配利润转增资本公积时，怎么纳税却存在争议。

（一）盈余公积与未分配利润转增股本时，个人股东须纳税

国家税务总局在《关于进一步加强高收入者个人所得税征收管理的通知》（国税发〔2010〕54 号）中明确规定，对以未分配利润、盈余公积和除股票溢价发行外的其他资本公积转增注册资本和股本的，要按照“利息、股息、红利所得”项目，依据现行政策规定计征个人所得税。

盈余公积与未分配利润转增股本时，个人股东是需要纳税的。道理很简单，因为盈余公积、未分配利润是企业的经营所得，用来转增股本视同分配税后利润，相当于公司先将盈余公积、未分配利润分配给个人股东，个人股东再将缴纳个人所得税后的利润或股利重新投资到公司，过程如图 1－2 所示：

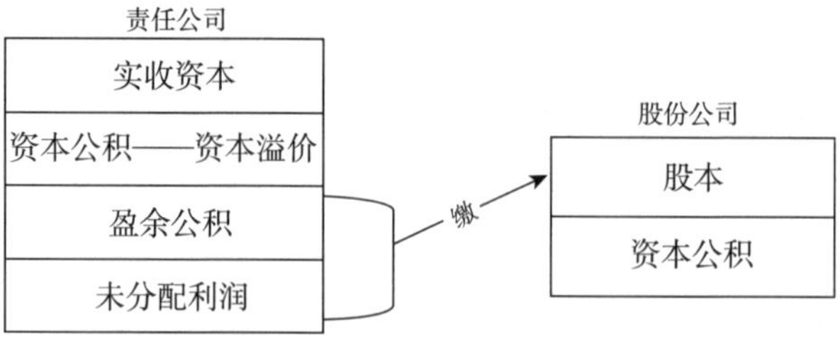

图 1－2　个人股东在盈余公积与未分配利润转增股本时应当缴税

实务中，大部分企业[①]在股改时，并不会直接将盈余公积与未分配利润转增股本，而是拆成两个步骤：第一步，先将盈余公积与未分配利润转到资本公积里；第二步，再将资本公积转增股本。过程如图 1－3 所示：

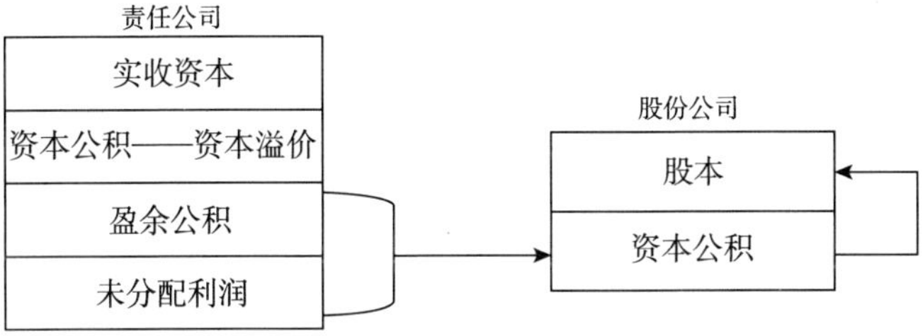

图 1－3 将盈余公积与未分配利润转增股本拆成两步骤

为什么要拆成两步走呢？这是因为如果并成一步走，即盈余公积与未分配利润直接转增股本，个人股东需要纳税，这是毋庸置疑的。但若拆成两步走，个人股东该在哪一步纳税，甚至用不用缴税，实务中是有争议的。本疑难点先讨论第一步，即盈余公积与未分配利润转增资本公积时个人股东如何纳税，而第二步，即资本公积转增股本时个人股东如何纳税将在“疑难点 2”中讨论。

盈余公积与未分配利润转增股本，虽然对股东来说是“左兜转右兜”，但国家还要收税，而股东没有收到分红，却还要缴税，难免会有些困难。对此，2015 年 3 月 30 日，财政部、国家税务总局颁布的《关于个人非货币性资产投资有关个人所得税政策的通知》（财税〔2015〕41 号）规定，纳税人一次性缴税有困难的，可合理确定分期缴纳计划并报主管税务机关备案后，自发生上述应税行为之日起不超过 5 个公历年度内（含）分期缴纳个人所得税。

（二）盈余公积与未分配利润转增资本公积时，个人股东如何纳税

法律法规并没有对股改时，盈余公积、未分配利润转增资本公积过程中，个人股东要不要缴纳个人所得税作出清晰的规定。

2010 年 11 月，《国税总局纳税服务司税务问题解答汇集》第 82 问，国家税务总局在回复“有限责任公司整体变更为股份有限公司时，盈余公积和未分配利润转增股本和资本公积，个人股东如何缴纳个人所得税”中答复道：“盈余公积和未分配利润转增股本应当按‘利息、股息、红利所得’项目计征个人所得税，转增资本

① 本书正文中不刻意区分发行人、公司与企业。

公积不计征个人所得税。”后续就未见新的规定。这是否意味着盈余公积、未分配利润转增资本公积就不用缴纳个人所得税了呢?

从理论上来说,笔者认为还是要区分转入资本公积的二级明细科目,即对“资本公积——资本/股本溢价”与“资本公积——其他资本公积”分别进行讨论。

1. 股本溢价与其他资本公积的区别

资本公积的二级明细包括“资本/股本溢价”和“其他资本公积”。

“资本/股本溢价”主要包括股东投入资本形成的溢价。在创业初期,企业的经营风险很大,正常运营完全依赖于原始股东的初始投入资本,后续加入的股东承担的风险相对来说较小。因此,需要新加入的股东支付一笔溢价作为对原始股东的风险补偿。

而“其他资本公积”反映的内容并不是净利润,它只是一个暂存科目,待相关收益实现后,一部分再转入当期损益,这部分现在已经由“其他综合收益”科目替代核算;另一部分要转入“资本/股本溢价”,属于投入资本。

资本公积中的“资本/股本溢价”可转增股本,而“其他资本公积”并非全部都可以转增股本。其他资本公积转增的原则是股东投入形成的任何形式的资本公积可以转增,如以权益结算的股份支付形成的所有者权益变动,但日常经营形成的其他资本公积不可以转增资本。

实务中,盈余公积、未分配利润转增资本公积,绝大多数是转入资本公积——股本溢价,但也不排除有转到资本公积——其他资本公积的操作。

2. 转增资本公积——股本溢价须要缴税

现在一般认为,资本公积——股本溢价转增股本时不应征收个人所得税,但前提是得到当地税务机关的允许(详细见“疑难点2”的分析)。

当公司整体变更,倘若资本公积——股本溢价转增股本,当地税务机关允许不用缴纳个人所得税,如果将盈余公积、未分配利润转增到资本公积——股本溢价也不征收个人所得税,那后续资本公积——股本溢价转增股本税务机关也允许不用纳税,这是否意味着盈余公积、未分配利润转增股本最终不征收个人所得税?

当然不是。理论上,税还是得缴,要么前面缴,要么后面缴。若税务机关允许后面的资本公积——股本溢价转增股本时不用缴个人所得税,则前一步骤的盈余公积、未分配利润转增资本公积——股本溢价就一定得缴个人所得税,如图1-4所示:

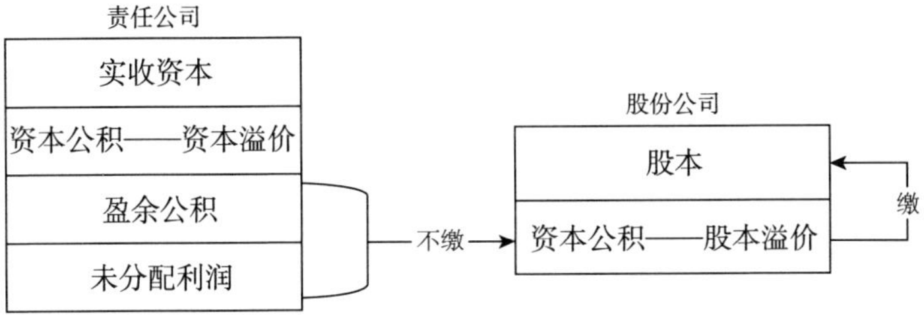

图1－4　前期未缴税,后期须缴税

但倘若资本公积——股本溢价转增股本时,当地税务机关要征税,那么当公司整体变更时,前一步骤的盈余公积、未分配利润转增资本公积——股本溢价就不用纳税了。过程如图1－5所示:

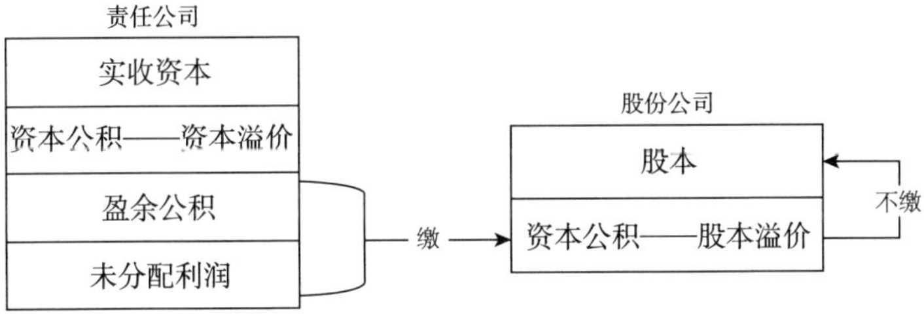

图1－5　前期缴了税,后期就无须缴税

前不缴而后缴,相当于税务机关允许缓缴税,企业受益;前缴而后不缴,税务局先把税征到手,这在理论上是最科学的,符合税法的立法本意。

3. **转增资本公积——其他资本公积无须缴税**

资本公积——其他资本公积转增股本时须纳税,这在理论、实务中没有什么争议。公司整体变更时,当盈余公积、未分配利润转增资本公积记入"资本公积——其他资本公积"科目时,可以先不缴纳个人所得税,待日后资本公积——其他资本公积转增股本时再纳税,过程如图1－6所示:

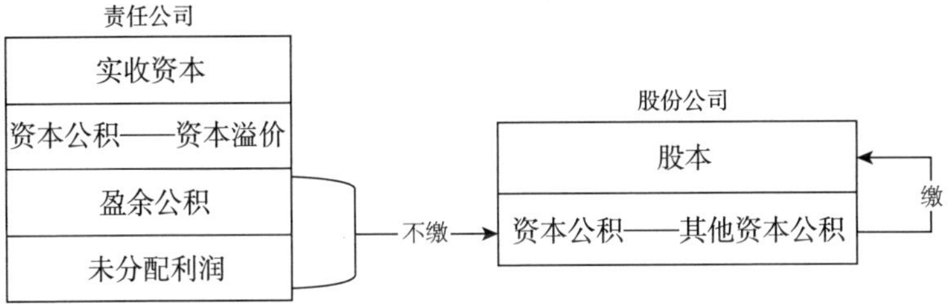

图1－6　盈余公积、未分配利润转增其他资本公积时前期不缴税,后期须缴税

三、理论操作

由于,正如上文所述,资本公积——股本溢价转增股本时一般不征收个人所得税,而资本公积——其他资本公积转增股本时须缴纳个人所得税。笔者认为,理论上,最准确的做法应当是将股东权益的明细在股改前后罗列清楚,这样既方便自己,也方便税务机关核查。

现行最常规的做法是,整体变更时注册资本前后不变,将盈余公积、未分配利润转入资本公积——股本溢价。举个例子,股改前,假设 A 公司的净资产为 6,000 万元(其中,实收资本 2,000 万元,资本公积——资本溢价 2,500 万元,盈余公积 500 万元,未分配利润 1,000 万元)。股改时,股本仍然为 2,000 万元,剩余的 4,000 万元全部挤到资本公积。这样,股份公司里的资本公积既有在责任公司阶段形成的资本溢价 2,500 万元,又有盈余公积、未分配利润转入到资本公积——股本溢价的 1,500 万元。过程如图 1－7 所示:

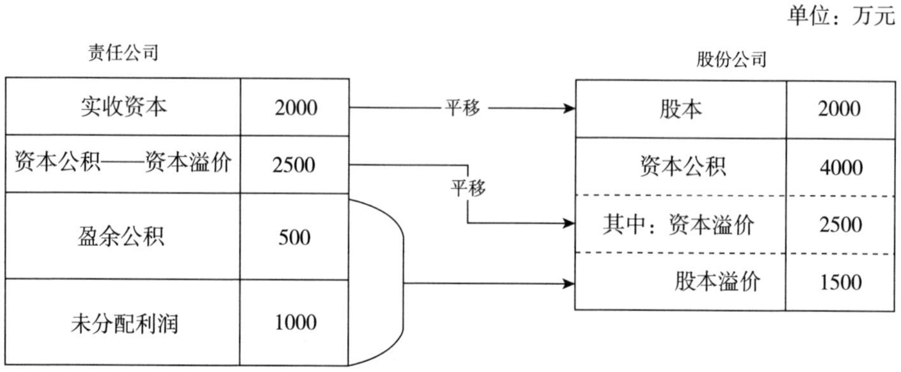

图 1－7　股改时注册资本保持不变,资本溢价平移

在财务系统中,将资本公积的明细罗列清楚是为了方便日后转增股本等时计税。因为资本/股本溢价转增股本一般认为个人股东是不用纳税的,而盈余公积、未分配利润转增股本时个人股东却需要纳税。正如"(一)盈余公积与未分配利润转增股本时,个人股东须纳税"所提到的,盈余公积、未分配利润要转增股本时,很多企业不是直接转,而是先将盈余公积、未分配利润转入资本公积,再将资本公积转增股本。从理论上来说,若盈余公积、未分配利润转入股本溢价不用缴税,那么后期这块股本溢价转增股本就须纳税了，如图1－8所示：

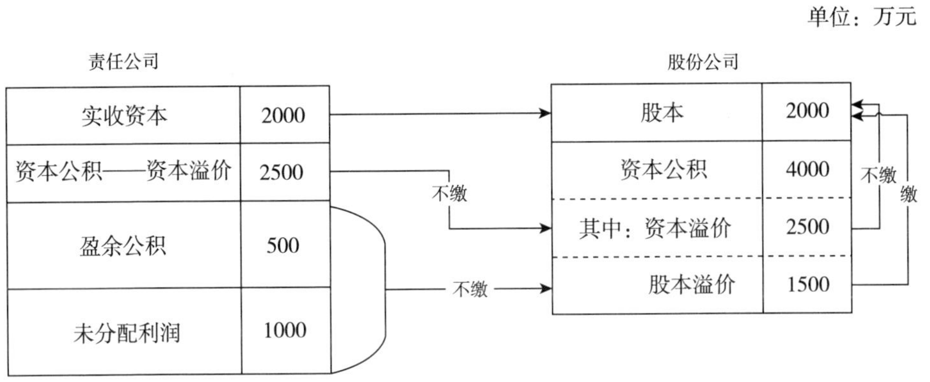

图1－8　前期未缴税，后期股本溢价转增股本须纳税

但若盈余公积、未分配利润转入股本溢价时缴了税，则后期这块股本溢价转增股本不用纳税，如图1－9所示：

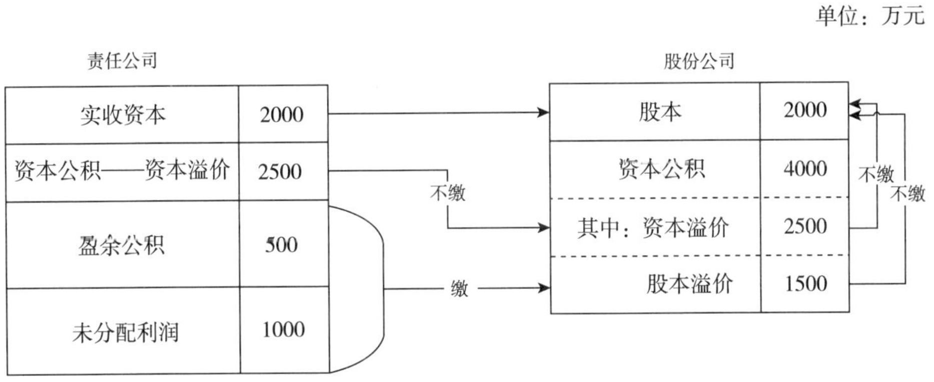

图1－9　前期缴了税，后期股本溢价转增股本就不用纳税

四、实践操作

税务问题有些没有定论，遇到问题时应与当地的税务机关多沟通。

1. 不转增股本

实践中，绝大多数企业在整体变更时将盈余公积、未分配利润转入资本公积——股本溢价，与责任公司阶段形成的资本溢价不分开记录，二者杂糅在一起。

同时,企业保持注册资本不变,这样各股东的持股数和持股比例都不会变化,因此也就没有利用盈余公积、未分配利润、资本公积转增股本的嫌疑。个人股东也就因此没有取得“利息、股息、红利所得”,自然没有缴纳所得税的义务。

万一被问询,个人股东则应拿出 2010 年 11 月国家税务总局的回复,即“盈余公积和未分配利润转增股本应当按‘利息、股息、红利所得’项目计征个人所得税,转增资本公积不计征个人所得税”来抗辩,并由实际控制人、控股股东等作出补缴税费的兜底承诺,使不用缴纳个税的理由充分有理有据。

2. 盈余公积、未分配利润转入资本公积

盈余公积、未分配利润转入资本公积时,个人股东需不需要缴纳个人所得税,得看当地税务机关的政策,如以下精选的四个案例中,前两个案例需要,而后两个案例不用。若前期需要,则后期转增股本时就无须纳税了;若前期无须纳税,未来资本公积转增股本时,个人股东该怎么缴税,参见本书“疑难点 2”的分析。

1-1 腾亚精工 2021-12[①]

请发行人补充披露:股份公司设立时的缴税情况。

| 回复 |

截至 2019 年 2 月 28 日,腾亚有限经审计的账面净资产 8,072.11 万元,***扣除专项储备金***194.04 万元后,账面净资产 7,878.06 万元。

2019 年 5 月 25 日,北京华亚正信资产评估有限公司出具“华亚正信评报字【2019】A15-0017 号”《资产评估报告》,截至 2019 年 2 月 28 日,腾亚有限净资产评估价值为 12,680.67 万元。

2019 年 6 月 28 日,腾亚有限召开股东会,审议并同意腾亚有限以截至 2019 年 2 月 28 日经审计***扣除专项储备金后***的账面净资产值 7,878.06 万元为基数,折为股份公司的股本总额 4,750 万股,每股面值 1 元,净资产超过股本部分 3,128.06 万元***计入资本公积***,整体变更为股份有限公司。

截至 2019 年 7 月 28 日,腾亚有限经验资确认,本次整体变更的注册资本已经

---

① 本系列所有精选的案例皆来自中国证监会、交易所等公开披露的案例,本书在引用时,除了影响阅读的明显错误,不会刻意去修改其中的格式、文字、标点符号、逻辑等错误。另外,公司简称后的日期为被引用文件披露的日期。

实缴完毕。

2020年10月30日，天健会计师出具“天健验【2020】530号”《关于南京腾亚精工科技股份有限公司设立时实收资本到位情况的复核报告》：因调整递延所得税资产等因素影响，南京腾亚精工科技有限公司截至2019年2月28日的***扣除专项储备金后***的账面净资产调整为8,123.92万元，由此***计入资本公积（股本溢价）***的金额最终调整为3,373.92万元。以上事项经公司第一届董事会第七次会议、2020年第三次临时股东大会审议通过。

点评

1.《企业安全生产费用提取和使用管理办法》（财企〔2012〕16号）第二十九条规定，企业由于产权转让、公司制改建等变更股权结构或者组织形式的，其结余的安全费用应当继续管理使用。也就是说，净资产中“专项储备”项目不能用于折股。

2. 整体变更时，绝大多数企业是将净资产扣除专项储备金后超过股本的剩余部分挤入资本公积——股本溢价，此案例当然也不例外。①

本次公司整体变更，***资本公积转增股本部分，相关主体无须缴纳个人所得税***；本次公司整体变更，***存在盈余公积、未分配利润转增资本公积情形，其中法人股东无须缴纳所得税，个人股东及合伙企业股东已于南京市江宁区税务办理个人所得税分期缴纳备案***（截止日为2023.12.31）。

点评

1. 盈余公积、未分配利润转增资本公积——股本溢价时，个人股东需不需要纳税，得事先咨询当地税务机关。此案例中，个人股东、合伙企业股东都先在前期缴了税，那么日后这块资本公积——股本溢价转增股本时就不用缴税了。

2. 实务中，股改时一般保持注册资本不变，这样就没有利用盈余公积、未分配利润、资本公积转增股本的嫌疑。未来，再转增股本时，个人股东可能就无须纳税。此案例在股改时，顺便用资本公积转增了股本，不太符合现行的做法，但

① 本系列案例中的“点评”一般是针对上文，特别是重点强调的内容。

自然人股东却无须缴纳个人所得税，可能转的是在责任公司阶段形成的资本溢价。

3. 盈余公积、未分配利润转增资本公积、股本，股东根本没有收到任何分红，却需要缴税，难免有点不太实际。对此，财政部、国家税务总局给了纳税人在不超过5个公历年度内分期缴纳个人所得税的宽限。为此，此案例中的个人股东、合伙企业股东都分期缴纳个人所得税。

1－2 澜起科技 2019－05

请发行人补充披露：公司改制时，各股东缴纳所得税情况。

| 回复 |

2018年10月28日，澜起有限以截至2018年7月31日经审计的净资产值1,749,770,556.92元为依据，按照1:0.516554比例折成股本903,851,100股，每股面值为1元，净资产大于股本的部分，即845,919,456.92元计入公司**资本公积**，改制后的注册资本为903,851,100元。***本次改制前后，公司注册资本未发生变化，不存在以资本公积转增股本的情形，仅存在将未分配利润和盈余公积转增资本公积的情形***。

改制时公司共有44名境内外股东，其中境外非自然人股东10名、境外自然人股东6名，境内法人股东5名、境内合伙企业股东23名，上述股东缴纳所得税情况具体如下：

点评

此案例与案例“1－1腾亚精工2021－12”一样，盈余公积、未分配利润转增资本公积时，个人股东需要纳税。那么，日后这部分资本公积转增股本时就不用缴税了。

（1）境外非自然人股东

就公司改制时涉及的股东所得税事宜，公司已为其10名境外非自然人股东向国家税务总局上海市徐汇区税务局递交境外投资者递延缴纳预提所得税报告并获得其确认，确认该部分境外非自然人股东可以享受递延缴纳预提所得税待遇。

(2)境外自然人股东

根据《财政部、国家税务总局关于个人所得税若干政策问题的通知》的规定，***外籍个人从外商投资企业取得的股息、红利所得暂免征收个人所得税***。因此，境外自然人股东针对本次股改免征收个人所得税。

(3)境内法人股东

根据《企业所得税法》及其实施条例等的相关规定，法人按照年度计算所得税的应纳税所得额，公司的***境内法人股东无需单独就改制事项缴纳企业所得税***。

点评

《企业所得税法》(2018 修正)第二十六条规定，符合条件的居民企业之间的股息、红利等权益性投资收益为免税收入。所以，盈余公积、未分配利润无论是转增资本公积，还是转增股本，法人股东皆无须纳税。

根据境内法人股东的确认及承诺，该部分股东均将按照法律、法规及规范性文件的要求，向主管税务机关缴纳相应税款。

(4)境内合伙企业股东

根据《企业所得税法》《个人所得税法》等相关法律法规的规定，就公司的合伙企业股东针对改制涉及的纳税事宜，公司依法不承担代扣代缴义务。***本次改制并没有现金分配及资金流转，因境内合伙企业都采用"先分后税"的方式***，目前相关***境内合伙企业股东暂未针对本次股改进行缴税***。

点评

《关于合伙企业合伙人所得税问题的通知》(财税〔2008〕159 号)规定："合伙企业生产经营所得和其他所得采取'先分后税'的原则……前款所称生产经营所得和其他所得，包括合伙企业分配给所有合伙人的所得和企业当年留存的所得(利润)。"合伙企业采用"先分后税"的方式，实践中，一般只要求合伙企业一年划分一次经营成果，这无形之中给了合伙人缓缴个人所得税的机会。如同本案例，个人股东在合伙企业里间接对发行人持股，盈余公积、未分配利润转增资本公积时，个人股东虽然需要纳税，但无形中却利用了合伙企业"先分后税"的方式缓缴税。

根据境内合伙企业股东的确认及承诺，该部分股东均将按照法律、法规及规范性文件的要求，向主管税务机关缴纳相应税款。

1-3 洪兴股份2021-06

请发行人补充披露：整体变更设立股份公司情况。

| 回复 |

1、整体变更设立股份公司履行的程序

2018年11月8日，根据“广会专字[2018]G16007930011号”《审计报告》，截至2018年8月31日，洪兴有限的净资产值为240,880,698.36元。

2018年11月12日，广东联信资产评估土地房地产估价有限公司出具《评估报告》（联信评报字[2018]第A0041号），截至2018年8月31日，洪兴有限按照资产法的评估价值为37,779.60万元。

2018年11月13日，洪兴有限召开股东会，同意将公司整体变更为股份有限公司，变更后公司名称为“广东洪兴实业股份有限公司”。同日，洪兴有限全体股东签署《发起人协议》。

2018年11月30日，发行人召开创立大会，发起人决议同意成立股份有限公司并制定《公司章程》。

2018年11月30日，洪兴有限召开创立大会，同意将公司整体变更为股份有限公司。会议通过了股份公司章程，选举了公司第一届董事会及第一届监事会成员。

2018年12月10日，汕头市工商行政管理局颁发股改后的《营业执照》（统一社会信用代码：91440514762917149H）。

2020年5月10日，华兴出具了《验资报告》（华兴所（2020）验字GD—038号），截至2018年11月30日止，洪兴实业（筹）的实收股本为人民币70,458,300.00元，各股东以洪兴有限截至2018年8月31日止经审计的净资产额240,880,698.36元中的70,458,300.00元作为折股依据相应折合为洪兴实业（筹）的全部股份，***余额170,422,398.36元作为资本公积（股本溢价）***。

2、关于整体变更的纳税义务

根据《国家税务总局关于进一步加强高收入者个人所得税征收管理的通知》（国税发[2010]54号，自2010年5月31日起施行），“加强企业转增注册资本和股本管理,对以未分配利润、盈余公积和除股票溢价发行外的其他资本公积转增注册资本和股本的,要按照'利息、股息、红利所得'项目,依据现行政策规定计征个人所得税。"

根据《***国税总局纳税服务司税务问题解答汇集***》82问(有限责任公司整体变更为股份有限公司时,盈余公积和未分配利润转增股本和资本公积,个人股东如何缴纳个人所得税)的回复意见:"***盈余公积和未分配利润转增股本应当按'利息、股息、红利所得'项目计征个人所得税,转增资本公积不计征个人所得税***。"

发行人于2018年12月由有限责任公司以经审计净资产折股整体变更为股份有限公司,***整体变更前后注册资本并未发生变化***,均为7,045.83万元,***不涉及以未分配利润、盈余公积和资本公积向自然人股东转增股本的情形***。根据上述规定,自然人股东不涉及纳税义务。

国家税务总局汕头市潮南区税务局2020年6月5日出具《关于广东洪兴实业股份有限公司整体变更设立股份有限公司有关涉税事项的情况说明》,认为洪兴实业2018年12月10日整体变更设立为股份有限公司前后注册资本并未发生变化,均为7,045.83万元,***本次公司仅以未分配利润、盈余公积转增为资本公积,上述行为不征收个人所得税***。

点评

1.整体变更前后注册资本不变化,先将盈余公积、未分配利润转到资本公积,变更成股份公司后再择机转增股本是现在股改的常规做法。盈余公积、未分配利润转增资本公积时自然人股东要不要纳税,应咨询当地的税务机关。上述"1-1腾亚精工2021-12""1-2澜起科技2019-05"两个案例就应缴税,而本案例与下一个案例"1-4爱联科技2021-12"分别发生在汕头、梅山,却不用缴税。

2.股改时,将扣除专项储备金后剩余部分杂糅到资本公积——股本溢价里,不分开记录,至于以后资本公积——股本溢价转增股本时个人股东需不需要缴税,还得看税务机关的态度。

1-4 爱联科技 2021-12

请发行人补充披露：整体变更所涉及的纳税情况。

| 回复 |

发行人系由爱联有限股东长虹集团、爱上联接、四川虹云、申万长虹及绵阳富达作为发起人，以爱联有限截至2020年7月31日经审计的账面净资产值294,519,500.30元折合股本79,543,750股（每股面值1元），由爱联有限整体变更设立的股份有限公司。

发行人整体变更前后各股东的持股数量及比例没有变化，***总股本没有变化，不涉及以爱联有限的未分配利润、盈余公积等转增股本的情形***，因此，全体发起人未产生应纳税所得额，不涉及缴纳所得税。

经***电话咨询***员工持股平台爱上联接所在地梅山税务局，***由于法律法规未对有限公司整体变更股份公司过程中未分配利润、盈余公积等转增资本公积是否涉及纳税义务作出明确规定，其辖区内目前该事项不涉及纳税义务***。同时，就整体变更中发行人未分配利润、盈余公积等转增资本公积事项，员工持股平台相关自然人合伙人已***出具承诺***，承诺：由于法律法规未对有限公司整体变更股份公司过程中未分配利润、盈余公积等转增资本公积是否涉及纳税义务作出明确规定，如本人因爱联科技整体变更事项被税务主管部门要求缴纳税款、滞纳金或罚款的，本人将依法、足额、及时履行相应的纳税义务。

点评

1. 再强调一下，整体变更的时候，股本最好保持不变。

2. 盈余公积、未分配利润转增资本公积时个人股东要不要纳税，请提前与当地的税务机关沟通。此案例与案例“1-3 洪兴股份 2021-06”一样，联系税务局，得到个人股东不用缴税的结果。

3. 无须纳税时，公司、个人股东最好出具愿意承担补缴风险的承诺函。

综上，对于发行人历次增资、股权转让、分红、委托持股还原、整体变更等过程中需要缴纳所得税的，发行人相关股东或员工持股平台合伙人已履行相应的纳税义务，不存在违反税收法律法规的情形。

疑难点2

资本公积转增股本时个人股东不缴税的抗辩

应该说,拟上市公司都需要增大股本,一为后续股本可以达到上市的条件,二为后期融资预留估值空间。而将盈余公积、未分配利润、资本公积转增股本是绝大多数公司的选择,算是必经之路。但什么时候转增,是在股改前、股改时,还是股改后,非常关键。

一、法人股东与个人股东纳税处理不同

所有者权益包括实收资本/股本、资本公积、盈余公积和未分配利润。其中,资本公积——其他资本公积、盈余公积、未分配利润转增股本以及盈余公积、未分配利润转增资本公积的纳税问题已经在“疑难点1”讨论过了。

本疑难点要分析资本公积中的股本溢价、资本溢价转增股本,个人股东的纳税问题,法规中并没有明确的规定,各地税务机关的执行标准也不尽相同,这难免会让人不知所措。

1. 纳税政策的演变

资本公积(股本溢价、资本溢价)转增股本纳税政策的演变如表2-1所示:

表2－1　资本公积转增股本纳税政策的演变

法律法规	内容	颁布日期	实施日期
《股份制企业试点办法》（体改生〔1992〕30号）	股份制企业是全部注册资本由全体股东共同出资，并以股份形式构成的企业，我国股份制企业主要有股份有限公司和有限责任公司两种形式	1992－5－15	1992－5－15（已失效）
国家税务总局《关于股份制企业转增股本和派发红股征免个人所得税的通知》（国税发〔1997〕198号）	股份制企业用资本公积转增股本不属于股息、红利性质的分配，对个人取得的转增股本数额，不作为个人所得，不征收个人所得税	1997－12－25	1997－12－25
国家税务总局《关于原城市信用社在转制为城市合作银行过程中个人股增值所得应纳个人所得税的批复》（国税函〔1998〕289号）	国税发〔1997〕198号中所表述的“资本公积金”是指股份制企业股票溢价发行收入所形成的资本公积金。将此转增股本由个人取得的数额不作为应税所得征收个人所得税。而与此不相符合的其他资本公积金分配个人所得部分，应当依法征收个人所得税	1998－5－15	1998－5－15
国家税务总局《关于贯彻落实企业所得税法若干税收问题的通知》（国税函〔2010〕79号）	被投资企业将股权（票）溢价所形成的资本公积转为股本的，不作为投资方企业的股息、红利收入，投资方企业也不得增加该项长期投资的计税基础	2010－2－22	2010－2－22
国家税务总局《关于进一步加强高收入者个人所得税征收管理的通知》（国税发〔2010〕54号）	加强企业转增注册资本和股本管理，对以未分配利润、盈余公积和除股票溢价发行外的其他资本公积转增注册资本和股本的，要按照“利息、股息、红利所得”项目计征个人所得税	2010－5－31	2010－5－31
财政部、国家税务总局《关于个人非货币性资产投资有关个人所得税政策的通知》（财税〔2015〕41号）	对个人转让非货币性资产的所得，应按照“财产转让所得”项目，依法计算缴纳个人所得税。个人应在发生上述应税行为的次月15日内向主管税务机关申报纳税。纳税人一次性缴税有困难的，可合理确定分期缴纳计划并报主管税务机关备案后，自发生上述应税行为之日起不超过5个公历年度内（含）分期缴纳个人所得税	2015－3－30	2015－4－1

续表

法律法规	内容	颁布日期	实施日期
财政部、国家税务总局《关于将国家自主创新示范区有关税收试点政策推广到全国范围实施的通知》（财税〔2015〕116号）	①自2016年1月1日起，全国范围内的中小高新技术企业以未分配利润、盈余公积、资本公积向个人股东转增股本时，个人股东一次缴纳个人所得税确有困难的，可根据实际情况自行制定分期缴税计划，在不超过5个公历年度内（含）分期缴纳，并将有关资料报主管税务机关备案。 ②个人股东获得转增的股本，应按照“利息、股息、红利所得”项目，适用20%税率征收个人所得税	2015－10－23	2015－10－23
国家税务总局《关于股权奖励和转增股本个人所得税征管问题的公告》（国家税务总局公告2015年第80号）	①非上市及未在全国中小企业股份转让系统挂牌的中小高新技术企业以未分配利润、盈余公积、资本公积向个人股东转增股本，并符合财税〔2015〕116号文件有关规定的，纳税人可分期缴纳个人所得税；非上市及未在全国中小企业股份转让系统挂牌的其他企业转增股本，应及时代扣代缴个人所得税。 ②上市公司或在全国中小企业股份转让系统挂牌的企业转增股本（不含以股票发行溢价形成的资本公积转增股本），按现行有关股息红利差别化政策执行	2015－11－16	2016－1－1

2. 资本公积（股本溢价、资本溢价）转增股本时，法人股东无须纳税

对于法人股东，如“疑难点1”所述，盈余公积、未分配利润转增资本公积、股本时，皆无须纳税。

“国税函〔2010〕79号”规定，被投资企业将股权（票）溢价所形成的资本公积转为股本的，不作为投资方企业的股息、红利收入，投资方企业也不得增加该项长期投资的计税基础。

有了“国税函〔2010〕79号”与“疑难点1”中提到的《企业所得税法》第二十六条的保驾护航，无论是盈余公积与未分配利润转增资本公积，还是资本公积转增股本，抑或盈余公积与未分配利润直接转增股本都不用缴税，如图2－1所示：

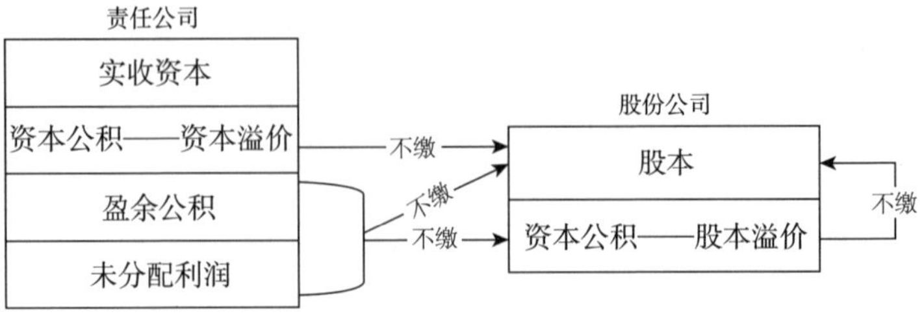

图2-1 法人股东在资本公积转增股本时无须纳税

这在实务中没有任何争议。

3. 资本公积（股本溢价、资本溢价）转增股本时，个人股东纳税存在争议

对于个人股东，表2-1归纳的法律文件对用盈余公积、未分配利润转增股本，是否应当缴纳个人所得税规定得比较明确，而对于资本公积转增股本是否要缴纳个人所得税就规定得相对模糊，实务中存在争议。

“体改生〔1992〕30号”引出了“股份制企业”的概念：股份制企业主要有股份有限公司和有限责任公司两种形式。而“国税发〔1997〕198号”引用了“股份制企业”这一概念，对股份制企业用资本公积金转增个人股本是否征收个人所得税的问题作出了明确的规定。但由于这一规定并没有明确资本公积金的范围，在操作过程中面临很多困难。因此，后出的“国税函〔1998〕289号”对此作了补充，将“国税发〔1997〕第198号”中所表述的资本公积金限制在股票溢价发行收入的范围内。

按字面去理解，“国税函〔1998〕289号”将资本公积限制在了“股份制企业”的“股票溢价”。如果“股份制企业”是“体改生〔1992〕30号”中所指的包括股份有限公司和有限责任公司两种形式，那么“股票溢价”就应该包括资本溢价和股本溢价。怎么用来抗辩，可参见案例“2-3 迈普医学 2021-07”“2-4 大地海洋 2021-05”“2-5 信邦智能 2021-06”。

到了“国税函〔2010〕79号”，它是用“股权（票）溢价”来描述资本公积，将对资本溢价和股票溢价转为股本的税收待遇一视同仁，把被投资企业以资本公积转增股本和以留存收益（未分配利润、盈余公积）转增股本两种不同的经济行为区分开来。当被投资方企业以留存收益（未分配利润、盈余公积）转增股本时，投资方应将其作为股息和红利收入，以增加长期投资的计税基础。而资本公积中的“股权（票）溢价”转增股本（资本）不属于投资方企业的股息、红利收入，不得增加长期投资的计税基础。

没过多久,“国税发〔2010〕54 号”明确地将股票溢价转增注册资本和股本排除在个人纳税义务之外。也就是说,资本公积中的股票溢价转增股本时,不属于股息、红利性质的分配,个人股东不用缴个税。可惜的是资本公积并没有一个明细叫“股票溢价”,“国税发〔2010〕54 号”中的“股票溢价”跟“国税函〔1998〕289 号”中的“股票溢价”是不是同一个概念?如果是,那么“股票溢价”就应该同时包括资本溢价、股本溢价。

随后出台的“财税〔2015〕116 号”“国家税务总局公告 2015 年第 80 号”彻底地把秩序打乱了。“财税〔2015〕116 号”没有明确地将溢价形成的资本公积排除在纳税范围之外,发文中所指的“资本公积”是否包括资本溢价、股本溢价?

“国家税务总局公告 2015 年第 80 号”,除了强调“财税〔2015〕116 号”之外,它还规定:“上市公司或在全国中小企业股份转让系统挂牌的企业转增股本(不含以股票发行溢价形成的资本公积转增股本),按现行有关股息红利差别化政策执行。”难道非上市公司、非新三板挂牌企业以股票发行溢价形成的资本公积转增股本就需要缴纳个人所得税吗?

难以自洽、前后反复的政策给实务工作带来了很多的不便。

二、理论操作

理论上,笔者认为资本公积(股本溢价、资本溢价)转增股本,个人无须缴纳个人所得税。另外,在股改时,应当将资本公积的明细罗列清楚,方便计税。

(一)资本公积(股本溢价、资本溢价)转增股本,不应征收所得税

无论是个人股东还是法人股东,所得税的征收依据应该都是取得了收入。而资本公积(股本溢价、资本溢价)属于股东投入,不是企业经营的收益所得。转增股本只是科目内部流转,不是利润分配,股东并未增加任何经济利益,不应作为投资期间的收益征收所得税。若在转增环节课税,必会促使纳税人改变决策,以免多纳税,违背了税收的中性原则。这与“资本公积——其他资本公积”不同,其他资本公积多是公司的综合收益,与股东的投入无关。

“财税〔2015〕116 号”文出台的本意是将有关区域性的税收优惠政策推广至全国,但由于文件笼统地将资本公积转增股本以及盈余公积、未分配利润转增股

本罗列在一起，很容易让大家误以为凡是资本公积转增股本，个人股东都需要缴纳个人所得税。

如果对溢价形成的资本公积转增股本课征个人所得税，则与通过税收优惠来鼓励中小高新技术企业发展的政策目标相背离，会在一定程度上阻碍中小高新技术企业的发展。其实，“财税〔2015〕116 号”文的主要目的是扩大税收优惠的范围，减轻个人投资者的负担，具体税收政策应该遵从既有文件的规定。即使要重新明确征税政策，原来的文件如“国税发〔2010〕54 号”等就应当废止，然而现实中这些文件依然有效。

（二）罗列清楚资本公积明细

我们来看股改时，保持股本不变与顺道转增股本，理论上应该怎么操作？

1. 情形一：股改时，股本不变

如果股改时，股本不变，股改后，股份公司的资本公积的明细应当既包括在责任公司阶段形成的资本溢价，又包括盈余公积、未分配利润等杂糅进来的股本溢价。在逻辑上，应该是责任公司的实收资本、资本公积——资本溢价分别平移到股份公司的股本、资本公积——资本溢价，而盈余公积、未分配利润杂糅进入资本公积——股本溢价。如图 2－2 所示：

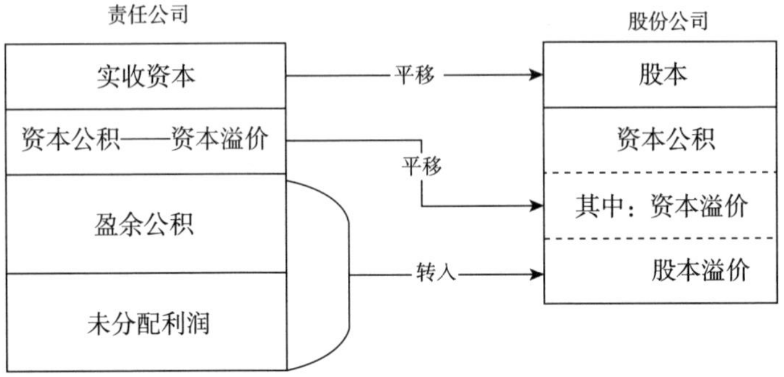

图 2－2　股改时，权益项目平移

在财务系统中，将资本公积的明细罗列清楚是为了方便对日后转增股本等计税。倘若税务机关没要求盈余公积、未分配利润转入资本公积——股本溢价缴税，那么后期资本公积——股本溢价转增股本时则应纳税。而平移后的资本公积——资本溢价转增股本，一般认为不用纳税。如图 2－3 所示：

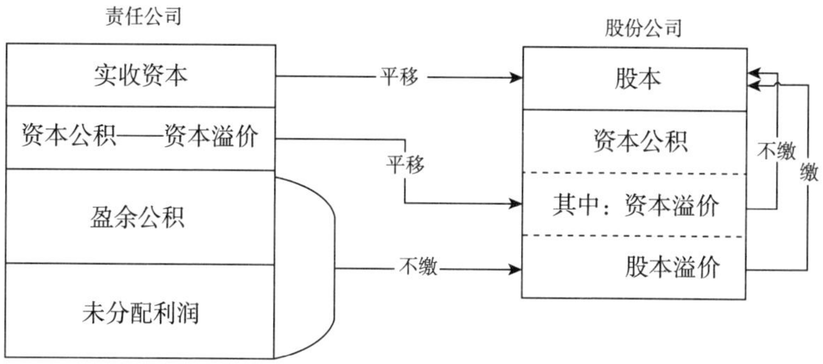

图 2－3　前期不缴税，则后期股本溢价转增股本时个人股东得纳税

倘若税务机关要求盈余公积、未分配利润转入资本公积——股本溢价得缴税，则后期资本公积——股本溢价转增股本就不用纳税了。如图 2－4 所示：

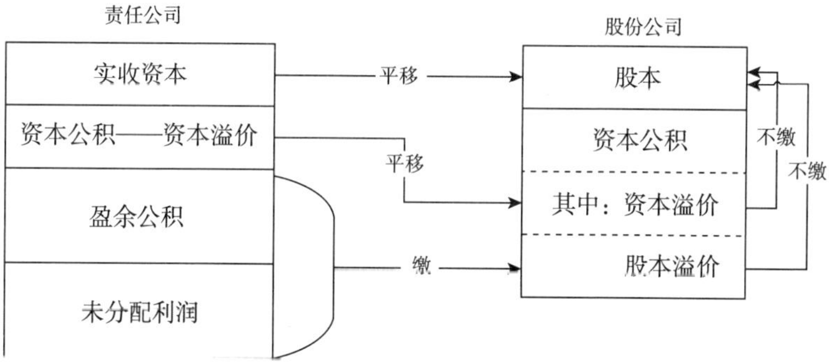

图 2－4　前期缴了税，则后期股本溢价转增股本时个人股东不用纳税

从理论上来说，笔者认为企业都应该这么操作，详见案例“2－1 立华股份 2019－01”。但实务中，这么操作的案例却比较少见，因为这样做，至少得缴一道税。

2. 情形二：股改时，股本增加

假设 X 公司的净资产为 6,000 万元（其中，实收资本 2,000 万元，资本公积——资本溢价 2,000 万元，盈余公积 500 万元，未分配利润 1,500 万元）。股改时，以经审计净资产 6,000 万元为依据，按照 1∶0.5 的比例折合 3,000 万股，剩余的 3,000 万元杂糅至资本公积——股本溢价。

股改时，顺道转增股本，理论上，应该先用盈余公积、未分配利润转增股本，不够再用资本公积——资本溢价补上，如图 2－5 所示：

单位：万元

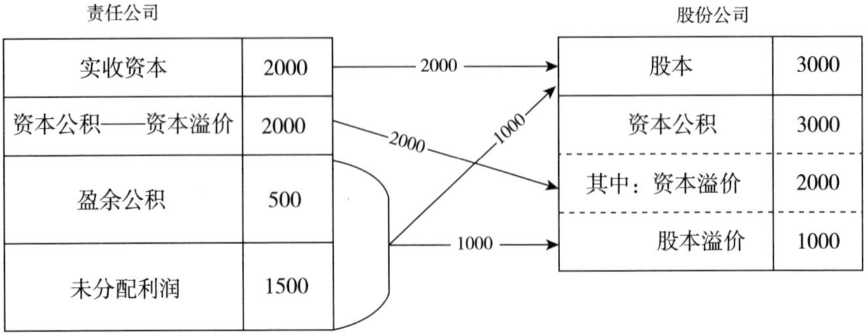

图 2－5　先用盈余公积、未分配利润转增股本

但实际操作中，很多公司先用资本公积——资本溢价转增股本，不够时，再用盈余公积、未分配利润填补。如图 2－6 这个例子，先将实收资本 2,000 万元和资本公积——资本溢价 1,000 万元转出形成股份公司股本 3,000 万元，剩下 1,000 万元的资本公积——资本溢价平移至股份公司，再将盈余公积 500 万元与未分配利润 1,500 万元转出形成股份公司的资本公积——股本溢价 2,000 万元。

单位：万元

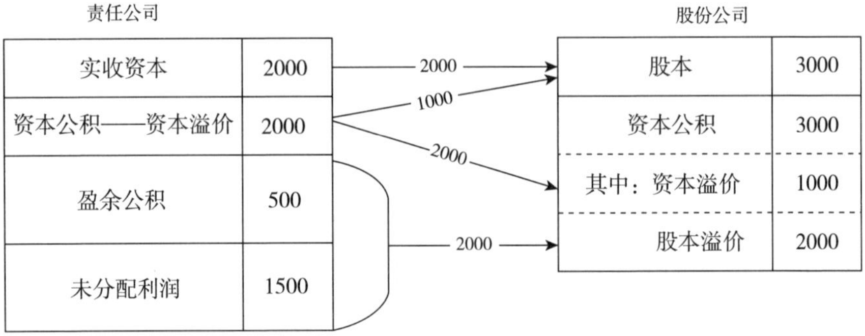

图 2－6　先用资本溢价转增股本

如此反向操作虽然在股份公司里，股本、资本公积都是 3,000 万元，但资本公积的明细却不同（如果公司会登记资本公积明细的话）。之所以要这样反向操作，是因为盈余公积、未分配利润转增股本时，个人股东必须缴纳个人所得税，而资本公积——股本溢价转增股本要不要缴纳个人所得税在实务中却有争议。实践中可以日后转增股本时再考虑怎么缴税。

三、实务操作

（一）不列明资本公积明细

实务中，股改时保持注册资本不变，将责任公司的盈余公积、未分配利润、资本公积——资本溢价全部转到股份公司的资本公积——股本溢价。这样，暂时无须纳税。

沿用上文图2－6的例子，责任公司的资本公积——资本溢价、盈余公积、未分配利润（分别为2,000万元、500万元、1,500万元）全部杂糅至股份公司的资本公积——股本溢价（合计4,000万元），先不缴个税。到了股份公司层面，未来资本公积转增股本时，由于资本公积——股本溢价明细混淆不清，个人股东要不要缴税就看其与税务机关的沟通及抗辩能力了。整个过程如图2－7所示：

单位：万元

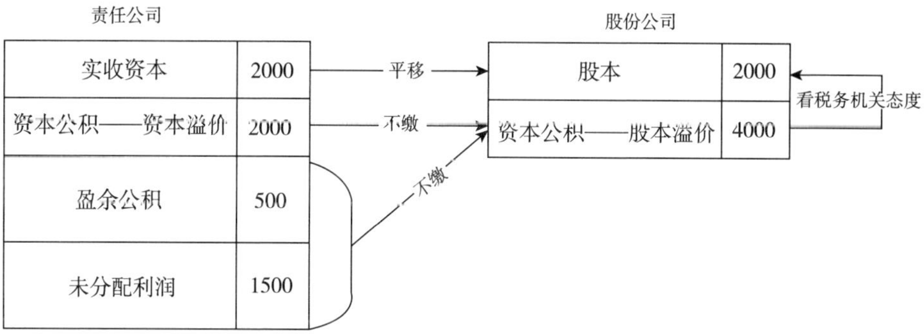

图2－7　前期先不缴，后期资本公积转增股本要不要缴税不确定

（二）不缴个税的五种情形及抗辩理由

对于个人股东，资本公积（股本溢价、资本溢价）转增股本到底要不要缴个税？症结就出在各地税务机关对“财税〔2015〕116号”“国家税务总局公告2015年第80号”的理解不统一。

就这个疑惑，我们咨询过珠三角某市税务局。他们回复，需按“财税〔2015〕116号”“国家税务总局公告2015年第80号”的字面意思来管理，也就是说需要缴税。但笔者在处理江苏一个项目时，税务局开始也说需要缴，但在我们拿出多个案例力争之后，税务局最终同意不用缴税。

笔者深入研究多个案例,发现缴税的非常多,不缴税的也不少,需要看跟税务机关的沟通!更复杂的是,笔者发现对于在责任公司形成的资本溢价和在股份公司形成的股本溢价处理起来也不尽相同。

鉴于“国家税务总局公告2015年第80号”是2016年1月1日开始生效的,且资本公积又有在责任公司阶段形成的资本溢价和在股份公司阶段形成的股本溢价之分,笔者用“2016年前”“2016年后”“资本溢价”“股本溢价”四个维度将资本公积(股本溢价、资本溢价)转增股本,个人股东不缴个税的情形及抗辩理由划分以下为五类:

(1)股改、资本溢价都发生在2016年之前,资本溢价转增在股改之后。

(2)2016年之后改制,再增发,后用增发形成的股本溢价转增股本。

(3)2016年之前先用资本溢价转增股本,2016年之后改制。

(4)2016年之后增发,后用增发的资本溢价转增股本,最后再股改。

(5)2016年前有资本溢价,2016年之后改制,再增发形成股本溢价,最后用资本/股份溢价转增股本,不区分资本溢价与股份溢价。

它们大致的做法是:

第一步:先询问当地的税务机关,呈上案例,证实在其他地区,资本公积(股本溢价、资本溢价)转增股本不用缴个税。

第二步:在征得税务机关同意不用缴纳个税之后,股改时,保持股本不变,为此各股东的持股数及持股比例不变,以避用盈余公积、未分配利润、资本公积转增股本之嫌,这样个人股东就未取得“利息、股息、红利所得”,自然没有缴纳个人所得税的义务,详细请参见“疑难点1”。

第三步:税务机关出证明,证明企业没有因严重违反国家税收法律、法规及政策或其他税务问题被处罚的情形;同时,公司的实际控制人、大股东出兜底性承诺:若被主管税务机关追缴,将承担补缴的义务。

第四步:变更成股份公司后,未来再择机用资本公积转增股本。被问询时,拿出“体改生〔1992〕30号”“国税发〔1997〕198号”“国税函〔1998〕289号”“国税发〔2010〕54号”多个文件出来抗辩。

1. 股改、资本溢价都发生在2016年之前，资本溢价转增在股改之后（见图2－8）

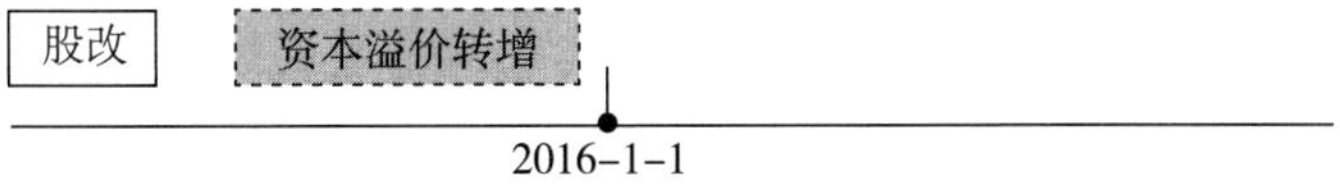

图2－8　第一种情形

先股改，后将责任公司形成的资本溢价转增股本，且都发生在“国家税务总局公告2015年第80号”文生效之前，不缴税理所当然。

另外，税务机关出无违规证明和相关股东出具日后会承担潜在纳税义务的承诺函是涉税问题的标配。

2－1　立华股份2019－01

请发行人补充披露：发行人股东在整体变更为股份有限公司、股利分配或资本公积转增股本中需纳税的金额及是否履行纳税义务、相关代扣代缴纳税义务是否充分履行。

｜回复｜

1. 整体变更为股份有限公司

2015年7月，发行人由有限责任公司整体变更为股份有限公司。各发起人同意以立华有限截至2015年4月30日的净资产值489,668,967.65元折为股份公司成立后的股本总额10,000万股，余额389,668,967.65元计入***资本公积***，由各发起人按照当时各自在立华有限的出资比例持有相应数额的股份。***整体变更前后，立华有限和立华股份的注册资本均为10,000万元***。

经核查，截至本补充法律意见书出具之日，发行人相关股东尚未就整体变更涉及的净资产折股履行申报及纳税义务，发行人亦未为相关股东代扣代缴个人所得税或企业所得税。根据本所律师与保荐机构项目组成员及发行人财务总监等一同对常州市地方***税务局***武进分局税政法规科人员的现场问询，***因发行人的注册资本于整体变更前后没有变化，相关股东可无需就此申报缴纳个人所得税或企业所得税，待发行人日后将前述被计入股份公司资本公积中的盈余公积、未分配利润部分转增股本时方产生所得税应税所得***。

点评

1. 注册资本在整体变更前后保持不变，是现在股改通行的做法。因为盈余公积、未分配利润转增股本时，个人股东须纳税，保持注册资本不变就没有利用盈余公积、未分配利润、资本公积转增股本的嫌疑。如此操作，股改时先不用缴税，至于日后转增股本要不要缴税就是日后的事了。当然，这样做的前提是提前征得税务部门的同意，这也是笔者一直在强调的事项。

2. 本案例中，整体变更前后，注册资本均为10,000万元，而且是提前咨询税务局才这样操作。常州市当地税务局的回复"因发行人的注册资本于整体变更前后没有变化，相关股东可无须就此申报缴纳个人所得税或企业所得税，待发行人日后将前述被计入股份公司资本公积中的盈余公积、未分配利润部分转增股本时方产生所得税应税所得"是属于典型的"前不缴，后缴"征税路径。

2. 资本公积转增股本

2015年8月31日，发行人召开2015年第三次临时股东大会，审议通过了上述《关于公司股票溢价发行所形成的资本公积金转增注册资本的议案》，同意发行人将股票溢价发行所形成的25,900万元的资本公积金转增为注册资本。本次转增完成后，发行人的注册资本变更为36,260万元，总股本变更为36,260万股，每股面值不变。

根据致同于2015年9月25日出具的《验资报告》(致同验字〔2015〕第110ZC0463号)，"公司申请新增的注册资本为人民币25,900万元，公司按每10股转增25股的比例，***以原投入货币资金溢价部分形成的资本公积向全体股东转增股份***总额25,900万股，每股面值1元，计增加股本25,900万元"。根据《审计报告》财务报表附注，"2015年8月，根据本公司2015年第三次临时股东大会决议和变更后公司章程的规定，本公司按每10元转增25股的比例，由资本公积转增股本***减少股本溢价***25,900万元"。

经核查发行人金蝶财务管理系统，发行人的股东权益于本次转增前后对比如下：①

① 为了节省篇幅，本系列引用案例表格中的不重要内容会被省略，但不影响阅读理解。另外，如无特别注明，表格中金额的单位为"万元"，比例的单位为"%"。

项目	资本公积转增(元)	资本公积转增(元)
股本	*103,600,000.00*	*362,600,000.00*
资本公积	637,136,857.65	378,136,857.65
其中:资本溢价	*274,352,855.01*	*191,752,855.01*
其中:其他资本公积	8,446,075.00	8,446,075.00
其中:股本溢价	*176,400,000.00*	*0.00*
其中:盈余公积转入	22,200,006.32	22,200,006.32
其中:未分配利润转入	40,987,571.32	40,987,571.32
其中:股份支付转入	114,750,350.00	114,750,350.00
盈余公积	8,870,439.13	8,870,439.13
未分配利润	90,890,313.62	90,890,313.62
分配股利	-40,000,000.00	-40,000,000.00
股东权益合计	840,497,610.40	840,497,610.40

点评

将股改前后资本公积的明细罗列清楚,理论上,这是最标准的做法。

经核查,截至本补充法律意见书出具之日,发行人相关股东***尚未就上述资本公积转增股本事项履行申报纳税义务***,发行人亦未为相关股东代扣代缴个人所得税或企业所得税。

点评

1. 将责任公司阶段形成的资本溢价与股份公司阶段形成的股本溢价转增股本,不用纳税。此案例是用资本公积中全部的股本溢价和部分资本溢价转增股本,都不用缴税。

2. 若将盈余公积、未分配利润转入的资本公积转增股本,由于前期未缴税,现在就须纳税了。

根据《关于股份制企业转增股本和派发红股征免个人所得税的通知》(***国税发***

[1997]198号）、《关于原城市信用社在转制为城市合作银行过程中个人股增值所得应纳个人所得税的批复》（***国税函[1998]第289号***）、《国家税务总局关于进一步加强高收入者个人所得税征收管理的通知》（***国税发[2010]54号***）及《国家税务总局关于贯彻落实企业所得税法若干税收问题的通知》（***国税函[2010]79号***）等当时适用的税收规则的规定，股份制企业用资本公积金（股份制企业股票溢价发行收入所形成的）转增股本不属于股息、红利性质的分配，对个人取得的转增股本数额，不作为个人所得，不征收个人所得税；被投资企业将股权（票）溢价所形成的资本公积转为股本的，不作为投资方企业的股息、红利收入，投资方企业也不得增加该项长期投资的计税基础。

点评

此案例是2015年7月整体变更，2015年8月将资本溢价、股本溢价转增股本，这些都发生在"国家税务总局公告2015年第80号"文生效之前。所以，抗辩时丝毫不提及"国家税务总局公告2015年第80号"，重点强调了"国税发〔1997〕198号""国税发〔2010〕54号""国税函〔2010〕79号"三个规定，比较合理。

常州市武进区国家税务局于2015年10月23日出具《***税收证明***》，立华股份2012年1月1日至2015年9月30日期间按时申报缴纳税款，所执行税种、税率及享受的税收优惠符合国家税收法律法规及规范性文件的要求，***未发现有欠缴任何税款，或因严重违反国家税收法律、法规及政策或其他税务问题被处罚的情形***。常州市武进区地方税务局于2015年10月23日出具《***证明***》，立华股份2012年1月1日至2015年9月30日期间依法进行纳税申报，***未发现违反地税相关税收法律、法规受到行政处罚的情形***。

3. 相关股东承诺

程立力等全体自然人***股东***于2017年2月10日***出具承诺函***如下：

"截至本函出具之日，本人尚未对上述事项申报纳税，未申报的原因为本人认为在立华有限整体变更为股份有限公司及立华股份以资本公积转增股本过程中本人并无现金收益，因此未向主管税务机关申报个人所得税。

截至本函出具之日，本人没有收到主管税务机关就上述事项要求本人缴纳个人所得税的任何通知或函件。

若立华股份被主管税务机关追缴其应代扣代缴的因立华有限整体变更股份公司及/或立华股份以资本公积转增股本应由本人缴纳的个人所得税，本人将按照主管税务机关要求另行以自有资金自行申报缴纳，如立华股份因未为本人代扣代缴前述个人所得税而被主管税务机关要求补缴税款、加收滞纳金或被处以罚款等，致使立华股份受到损失，***本人将全额补偿立华股份因此而受到的损失***。”

同时，立华股份的***实际控制人***程立力和沈静于2017年2月10日进一步出具承诺函如下：

“若立华股份被主管税务机关追缴其应代扣代缴的因立华有限整体变更股份公司或立华股份以资本公积转增股本应由本人及其他相关股东缴纳的税款，本人将按照主管税务机关要求另行以自有资金进行缴纳，如立华股份因未代扣代缴前述税款而被主管税务机关要求补缴税款、加收滞纳金或被处以罚款等，致使立华股份受到损失，本人将全额补偿立华股份因此而受到的损失。”

点评

税务机关出具发行人未因违反税收法律、法规受到行政处罚的证明以及相关股东出具补缴税费的承诺函是涉税问题的标配。

2. 2016年之后改制，再增发，后用增发形成的股本溢价转增股本（见图2－9）

图2－9　第二种情形

股改变成股份公司之后，再发行股份，用在股份公司阶段形成的股本溢价转增股本。所有行为都发生在2016年1月1日“国家税务总局公告2015年第80号”文生效之后，虽然从“国家税务总局公告2015年第80号”文的字面理解应当缴税，但不缴的案例也有，例如下文中的案例。

2－2　博盈特焊2021－07

请说明：整体变更等过程中涉及的控股股东及实际控制人缴纳所得税、发行人代扣代缴情况，是否存在违反税收法律法规等规范性文件的情况，是否构成重大违法行为。

| 回复 |

一、公司历次股权转让、增资、分红、整体变更等过程中，涉及的控股股东及实际控制人缴纳所得税、发行人代扣代缴情况如下：

序号	事项	主要内容	实际控制人是否履行纳税义务	发行人代扣代缴情况
9	2020年9月，博盈有限**整体变更**为股份公司	博盈有限截至2020年6月30日的净资产为325,160,610.79元，按照1∶0.1383893021的比例折合为44,998,750股，余额计入资本公积金	整体变更前后，发行人***总股本未变化***，各股东持股比例未变化，***不涉及以未分配利润、盈余公积和资本公积转增股本的情形***，不涉及李海生缴纳个人所得税	不涉及
11	2020年11月，第七次增资	2020年11月20日，公司召开2020年第三次临时股东大会，审议通过了公司注册资本由4,639.05万元增加至9,900.00万元，***新增注册资本由公司资本公积股本溢价转增***。转增前后，各股东持股比例保持不变	以资本公积***股本溢价***转增股本，不属于股息、红利所得，对个人取得的转增股本数额，不作为个人所得，不征收个人所得税	不涉及

点评

本案例在2020年9月整体变更为股份公司，2020年10月发行股份形成股本溢价，在2020年11月用这块资本公积——股本溢价转增股本，所有行为皆发生在“国家税务总局公告2015年第80号”文生效之后。

二、公司历次增资不涉及控股股东、实际控制人需缴纳或发行人代扣代缴个人所得税的情形

公司在2020年11月的增资，是以2020年10月公司发行股份溢价所形成的资本公积进行转增股本。根据《国家税务总局关于股份制企业转增股本和派发红股征免个人所得税的通知》（***国税发〔1997〕198号***）规定，“股份制企业用资本公积

金转增股本不属于股息、红利性质的分配,对个人取得的转增股本数额,不作为个人所得,不征收个人所得税"。根据《国家税务总局关于进一步加强高收入者个人所得税征收管理的通知》(***国税发[2010]54 号***)规定,"加强企业转增注册资本和股本管理,对以未分配利润、盈余公积和除股票溢价发行外的其他资本公积转增注册资本和股本的,要按照'利息、股息、红利所得'项目,依据现行政策规定计征个人所得税"。

因此,公司 2020 年 11 月以股份发行溢价形成的资本公积转增股本,***不涉及控股股东、实际控制人需缴纳或发行人代扣代缴个人所得税的情形***。

点评

1. 此处根本不提"财税〔2015〕116 号""国家税务总局公告 2015 年第 80 号"。但是,他们忘了提及"体改生〔1992〕30 号"所述的:"我国股份制企业主要有股份有限公司和有限责任公司两种形式。"详见下个案例"2 – 3 迈普医学 2021 – 07"。

2. 他们故意在整体变更成股份公司之后才转增股本,一是避股改时以盈余公积、未分配利润、资本公积转增股本之嫌;二是为了迁就"国税发〔2010〕54 号"中"股票溢价"等字眼。

三、公司整体变更事项不涉及需申报缴纳个人所得税的情形

整体变更前,博盈有限的注册资本为 44,998,750 元。***2020 年 9 月***,发行人以博盈有限截至 2020 年 6 月 30 日经审计的净资产 325,160,610.79 元,按照 1∶0.1383893021 的比例折合为 44,998,750 股。***整体变更前后,发行人的股本未发生变化、各股东的持股比例未发生变化***。

根据《国家税务总局关于进一步加强高收入者个人所得税征收管理的通知》(国税发[2010]54 号)以及《国家税务总局关于股权奖励和转增股本个人所得税征管问题的公告》(***国家税务总局公告 2015 年第 80 号***)等相关规定,***有限责任公司整体变更为股份有限公司涉及以未分配利润、盈余公积和资本公积转增股本情形的,应当依法征收个人所得税***。

点评

此处提到了"国家税务总局公告 2015 年第 80 号"文,但没有引用原文,而是按自己的理解说出了规定,还不一定理解得对。

因发行人整体变更未增加注册资本,不存在以未分配利润、盈余公积、资本公积转增股本的情形,因此不涉及发起人需就整体变更申报缴纳或发行人代扣代缴个人所得税的情形。

点评

先股改再转增股本,是典型的"两步走"做法,几乎所有案例都这么操作,值得我们借鉴。

3. 2016 年之前先用资本溢价转增股本, 2016 年之后改制 (见图 2－10)

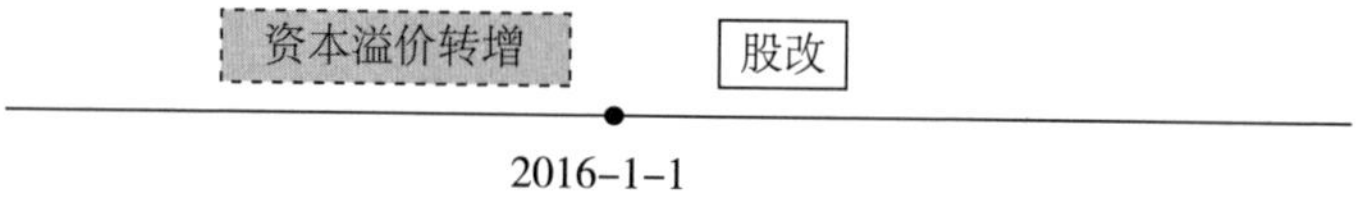

图 2－10　第三种情形

2016 年之前,先将责任公司阶段形成的资本溢价转增股本,在 2016 年"国家税务总局公告 2015 年第 80 号"文生效后再股改,法不溯及既往,不缴个税理所当然。

2－3　迈普医学 2021－07

请发行人补充披露:整体变更等过程中涉及的控股股东及实际控制人缴纳所得税、发行人代扣代缴情况,是否存在违反税收法律法规等规范性文件的情况。

｜ **回复** ｜

一、资本公积转增注册资本

公司实际控制人袁玉宇持有的历次资本公积转增注册资本的情况如下:

时间	袁玉宇持有的资本公积转增注册资本的金额(元)
2010 年 10 月	1,661,308.00
2011 年 2 月	1,787,333.00
2011 年 7 月	3,456,190.00
2012 年 7 月	3,259,750.00
合计	10,164,581.00

经核查公司资本公积明细、相关增资合同等文件，***上述转增的资本公积均来源于袁美福、胡伟英、唐莹等投资人向发行人增资时形成的溢价***。

点评

股改前先将资本溢价转增注册资本，权益一般由老股东按持股比例享有。

根据《国家税务总局关于股份制企业转增股本和派发红股免征个人所得税的通知》(***国税发〔1997〕198 号***)和《国家税务总局关于原城市信用社在转制为城市合作银行过程中个人股增值所得应纳个人所得税的批复》(***国税函〔1998〕289 号***)的规定，***股份制企业股票溢价***发行收入所形成的资本公积金，将此转增股本由个人取得的数额，不作为应税所得征收个人所得税。而与此不相符合的其他资本公积金分配个人所得部分，应当依法征收个人所得税。

根据《国家税务总局关于进一步加强高收入者个人所得税征收管理的通知》(***国税发〔2010〕54 号***)，“加强企业转增注册资本和股本管理，对以未分配利润、盈余公积和除***股票溢价***发行外的其他资本公积转增注册资本和股本的，要按照‘利息、股息、红利所得’项目，依据现行政策规定计征个人所得税”。

根据《股份制企业试点办法》(体改生〔1992〕30 号)第三条的规定，我国的股份制企业包括股份有限公司和有限责任公司。

点评

1.“体改生〔1992〕30 号”虽然已经在 2016 年 1 月被废除，但其提到的概念被后续的法律文件引用，仍值得一提。

2. 此案例引用了“体改生〔1992〕30 号”文，比案例“2 – 2 博盈特焊 2021 –

> 07”更进了一步，它认为“国税函〔1998〕289号”文中的“股份制企业股票溢价发行收入所形成的资本公积金”不能仅限于股份公司的股票溢价，还应包括责任公司的资本溢价。

根据财政部、国家税务总局《关于将国家自主创新示范区有关税收试点政策推广到全国范围实施的通知》(***财税〔2015〕116号***)以及《国家税务总局关于股权奖励和转增股本个人所得税征管问题的公告》(***国家税务总局公告2015年第80号***)，***自2016年1月1日起***，非上市及未在全国中小企业股份转让系统挂牌的中小高新技术企业以未分配利润、盈余公积、资本公积向个人股东转增股本，符合有关规定的，纳税人可分期缴纳个人所得税；非上市及未在全国中小企业股份转让系统挂牌的其他企业转增股本，应及时代扣代缴个人所得税。

因此，发行人***2010年10月至2012年7月的资本公积转增注册资本***，系袁美福、唐莹、胡伟英出资溢价形成的资本公积，且***发生在2016年1月1日之前***，根据前述文件的有关规定，袁玉宇无需就此缴纳个人所得税。

点评

> 发行人在“国家税务总局公告2015年第80号”文生效日，即2016年1月1日之前用资本公积——资本溢价转增注册资本，不受“国家税务总局公告2015年第80号”文的束缚，无论什么时候改制，个人股东不缴个人所得税都是理所当然的。

二、整体变更

2018年6月，迈普医学有限整体变更为股份有限公司。

根据财政部、国家税务总局《关于将国家自主创新示范区有关税收试点政策推广到全国范围实施的通知》(财税〔2015〕116号)以及《国家税务总局关于股权奖励和转增股本个人所得税征管问题的公告》(国家税务总局公告2015年第80号)，自2016年1月1日起，非上市及未在全国中小企业股份转让系统挂牌的中小高新技术企业以未分配利润、盈余公积、资本公积向个人股东转增股本，符合有关规定的，纳税人可分期缴纳个人所得税。***发行人整体变更前后注册资本未发生变化，不存在以未分配利润、盈余公积、资本公积向个人股东转增股本的情形，因***

此不涉及实际控制人纳税事项。

点评

> 发行人于2018年6月整体变更,发生在“国家税务总局公告2015年第80号”文生效之后。整体变更前后注册资本保持不变,就是为了避利用盈余公积、未分配利润、资本公积转增股本之嫌,这是笔者一直在强调的重要事项。

针对上述事项,袁玉宇已出具《*承诺函*》:“如税务部门要求缴纳迈普医学历次资本公积转增股本、整体变更为股份有限公司时的相应税款,本人将及时全额缴纳应缴税款、滞纳金(如有)及因此产生的费用和损失(如有)。若迈普医学因此遭受损失的,本人将按照迈普医学整体变更为股份有限公司时本人所持发行人的股权比例足额补偿迈普医学因此发生的支出或遭受的损失。”

综上,本所律师认为,发行人自设立至今未曾分红,不涉及相关所得税缴纳或代扣代缴情况;发行人历次股权转让、增资、整体变更等过程中涉及到的控股股东及实际控制人缴税情况,不存在违反税收法律法规等规范性文件的情形。

4.2016年之后增发,后用增发的资本溢价转增股本,最后再股改(见图2-11)

图2-11　第四种情形

2016年之后增发,后用增发的资本溢价转增股本,然后才股改。虽然所有动作都发生在“国家税务总局公告2015年第80号”文生效日,即2016年1月1日之后,但还是可以不缴个税。

我们来看下面这个案例是怎么抗辩的:

2-4　大地海洋2021-05

请发行人披露:整体变更等过程中涉及的控股股东、实际控制人缴纳所得税、发行人代扣代缴情况,是否存在违反税收法律法规等规范性文件的情况。

回复

一、公司历次增资过程中涉及的控股股东、实际控制人的纳税义务

2017年11月，大地海洋有限**整体变更**为股份有限公司。

时间	增资方	增资金额（万元）	定价依据	控股股东、实际控制人纳税义务
2017年7月	唐伟忠、共合投资、张杰来、唐宇阳、顾光华	***资本公积转增注册资本***1,100.00	1元/注册资本	股东以资本公积同比例增资，控股股东、实际控制人***未缴纳个人所得税***
		3,554.08	1元/注册资本	全体股东以现金增资，不涉及控股股东、实际控制人纳税义务

除公司以资本公积转增注册资本和股本控股股东、实际控制人未缴纳个人所得税外，公司历次增资过程控股股东、实际制人无需履行纳税义务。

点评

2016年之后，发行人在责任公司阶段增发，有了资本溢价，2017年7月股改前先将这块资本溢价转增股本。之后，才在2017年11月股改。

二、关于以资本公积转增注册资本和股本是否需要缴纳个人所得税的相关规定

根据《国家税务总局关于股份制企业转增股本和派发红股征免个人所得税的通知》（***国税发[1997]198号***）和《国家税务总局关于原城市信用社在转制为城市合作银行过程中个人股增值所得应纳个人所得税的批复》（***国税函[1998]289号***）的规定，股份制企业股票溢价发行收入所形成的资本公积金转增股本由个人取得的数额，不作为应纳所得征收个人所得税，而与此不相符合的其他资本公积金分配个人所得部分，应当依法征收个人所得税。***根据当时有效的《股份制企业试点办法》（体改生[1992]30号）第三条的规定，我国股份制企业包括有限公司和有限责任公司***。

点评

跟案例“2－3迈普医学2021－07”一样翻出了30年前的规定。“体改生〔1992〕30号”文虽已经失效，却是抗辩本疑难点问题的“杀手锏”。

根据《国家税务总局关于进一步加强高收入者个人所得税征收管理的通知》（***国税发[2010]54号***）的规定，对以未分配利润、盈余公积和除股票溢价发行外的其他资本公积转增注册资本和股本的，要按照“利息、股息、红利所得”项目，依照现行政策规定计征个人所得税。根据该文件规定，对于资本溢价部分的资本公积金转增注册资本时不计征个人所得税，资本溢价之外形成的资本公积转增股本时计征个人所得税。

根据《国家税务总局关于股权奖励和转增股本个人所得税征管问题的公告》（***国家税务总局公告2015年第80号***）的规定，非上市及未在全国中小企业股份转让系统挂牌的中小高新技术技企业以未分配利润、盈余公积、资本公积向个人股东转增本，并符合***财税[2015]116号***文件有关规定的，纳税人可分期缴纳个人所得税；非上市及未在全国中小企业股份转让系统挂牌的其他企业转增股本，应及时代扣缴个人所得税。

由此可见，根据国税发[1997]198号文、国税函[1998]289号文和国税发[2010]54号文，对于股票溢价产生的资本公积金转增注册资本时不计征个人所得税，股票溢价之外形成的资本公积金转增股本时计征个人所得税。根据国家税务总局2015年第80号公告，非上市及未在全国中小企业股份转让系统挂牌的其他企业转增股本，应及时代扣代缴个人所得税。***但在国税发[2010]54号文施行后，尚无相关法律法规对股票溢价产生的资本公积金转增股本时缴纳个人所得税作出明确规定***。

点评

与案例“2－3 迈普医学 2021－07”比，本案例又更进了一步，对“财税〔2015〕116号”“国家税务总局2015年第80号公告”提出了质疑。“财税〔2015〕116号”即使要重新明确征税政策，原来的文件，如“国税发〔1997〕198号”“国税函〔1998〕289号”“国税发〔2010〕54号”等有冲突的文件或条款就应当废止，然而，现实中这些文件却依然有效。笔者认为，立法的出发点应该相似，只是“财税〔2015〕116号”“国家税务总局2015年第80号公告”文没把意思表达清楚。

5. 2016年前有资本溢价,2016年之后改制,再增发形成股本溢价,最后用资本/股份溢价转增股本,不区分资本溢价与股份溢价(见图2-12)

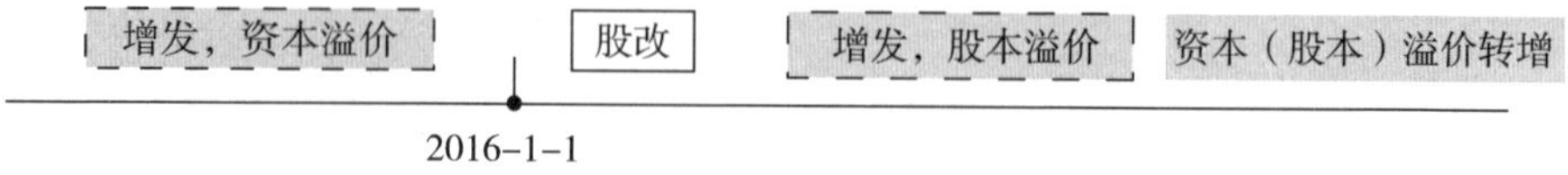

图2-12 第五种情形

我们知道,企业实际收到投资人投入的资本在责任公司中被称为“实收资本”,在股份公司中被称为“股本”,对应的溢价分别称为“资本溢价”“股本溢价”。笔者个人的理解是,二者本质上没差别,只是会计上为了区别,起了不同名字而已。

有案例将股本、实收资本统一称为“股本(实收资本)”,将股本溢价、资本溢价统称为“股本(资本)溢价”,会计上不设明细。这么做可以灵活地避免“国税发〔1997〕198号”“国税函〔1998〕289号”等文在责任公司、股份公司、股份制企业与股本、实收资本,以及股本溢价、资本溢价、股票溢价等概念上混淆不清带来的不便。

笔者认为,这是目前应对本疑难点的最佳操作。

2-5 信邦智能2021-06

请补充披露:历次股权转让、增资、分红、整体变更等过程中涉及的控股股东及实际控制人缴纳所得税、发行人代扣代缴情况,是否存在违反税收法律法规等规范性文件的情况。

| 回复 |

经核查,发行人历次股权转让、增资、分红、整体变更等过程中涉及发行人控股股东及实际控制人缴纳所得税、发行人代扣代缴所得税的情形如下:

1. *2016年5月*,整体变更为股份公司

2016年3月1日,发行人各发起人以信邦有限截至2015年11月30日经审计的净资产值9,487万元折合注册资本3,125万元,剩余6,362万元计入***资本公积***,将信邦有限整体变更设立为股份有限公司。2016年5月,发行人办理完成本次整体变更的工商、外商投资等手续。

本次***整体变更前后，各发起人的持股比例不变***，公司的***注册资本/股本***均为3,125万元，不涉及以资本公积、盈余公积、未分配利润转增股本的情况，但存在以盈余公积、未分配利润转为资本公积的情形。

发行人整体变更前后注册资本未发生变化，不涉及以资本公积、盈余公积、未分配利润转增股本的情况，发起人股东无需缴纳所得税。

针对上述事项，发行人实际控制人已出具《***承诺函***》：“如税务部门要求缴纳信邦智能整体变更为股份公司、资本公积转增股本时的相应税款，本人将及时全额缴纳应缴税款、滞纳金（如有）、罚款（如有）及因此产生的其他费用和损失（如有）；若信邦智能因此遭受损失的，本人将对信邦智能予以相应的补偿。”

2. 2019年12月，资本公积转增股本

2019年12月，发行人以总股本32,982,954股为基数，以资本公积金49,716,996元向全体股东每10股转增15.0735425股，合计转增股本49,716,996股，转增后的股本总数为82,699,950股。在本次资本公积转增股本前，***发行人的资本公积包括发行人整体变更为股份有限公司时由盈余公积、未分配利润、股东增资产生的股本溢价等转为资本公积及整体变更后新股东增资产生的股本溢价***。

点评

此处说“整体变更为股份有限公司时由盈余公积、未分配利润、股东增资产生的股本溢价……”中的“股本溢价”是在责任公司阶段形成的，应该称作“资本溢价”较为妥当。是笔误吗？请接着往下看。

（1）信邦集团

对于由股本溢价形成的资本公积转增股本，根据《国家税务总局关于贯彻落实企业所得税法若干税收问题的通知》（***国税函[2010]79号***）第四条的规定，被投资企业将股权（票）溢价所形成的资本公积转为股本的，不作为投资方企业的股息、红利收入，投资方企业也不得增加该项长期投资的计税基础。

对于***由盈余公积、未分配利润等形成的资本公积转增股本***，根据《中华人民共和国企业所得税法》第二十六条的规定，***符合条件的居民企业之间的股息、红利等权益性投资收益为免税收入***。

因此，本次资本公积转增股本不作为控股股东信邦集团的收入或作为其***免税***

收入，信邦集团无需缴纳企业所得税。

点评

无论盈余公积、未分配利润转增资本公积，还是盈余公积、未分配利润、资本公积转增股本，法人股东都不用缴税，这在实务中也没任何争议。

(2)横琴信邦、共青城国邦、共青城信邦

横琴信邦、共青城国邦、共青城信邦的合伙人均为自然人。《财政部、国家税务总局关于合伙企业合伙人所得税问题的通知》规定："***合伙企业以每一个合伙人为纳税义务人***。合伙企业合伙人是自然人的，缴纳个人所得税……"

点评

合伙企业参考个人股东征收个人所得税，采取"先分后税"的原则。

《国家税务总局关于股份制企业转增股本和派发红股征免个人所得税的通知》(***国税发[1997]198号***)规定："股份制企业用资本公积金转增股本不属于股息、红利性质的分配，对个人取得的转增股本数额，不作为个人所得，不征收个人所得税。"《国家税务总局关于原城市信用社在转制为城市合作银行过程中个人股增值所得应纳个人所得税的批复》(***国税函[1998]289号***)规定："《国家税务总局关于股份制企业转增股本和派发红股征免个人所得税的通知》(***国税发[1997]198号***)中所表述的'资本公积金'是指股份制企业股票溢价发行收入所形成的资本公积金。"自1992年5月15日起施行、于2016年1月1日失效的《股份制企业试点办法》规定："我国有股份制企业主要有股份有限公司和有限责任公司两种组织形式。"

《国家税务总局关于进一步加强高收入者个人所得税征收管理的通知》(***国税发[2010]54号***)规定："加强企业转增注册资本和股本管理，对以未分配利润、盈余公积和除股票溢价发行外的其他资本公积转增注册资本和股本的，要按照'利息、股息、红利所得'项目，依据现行政策规定计征个人所得税。"

《财政部、国家税务总局关于将国家自主创新示范区有关税收试点政策推广到全国范围实施的通知》(***财税[2015]116号***)规定："自2016年1月1日起，全国范围内的中小高新技术企业以未分配利润、盈余公积、资本公积向个人股东转增股本时，个人股东一次缴纳个人所得税确有困难的，可根据实际情况自行制定分期缴税计划，在不超过5个公历年度内（含）分期缴纳，并将有关资料报主管税务机关备案”“个人股东获得转增的股本，应按照‘利息、股息、红利所得’项目，适用20%税率征收个人所得税”。

《国家税务总局关于股权奖励和转增股本个人所得税征管问题的公告》（***国家税务总局公告2015年第80号***）规定：“非上市及未在全国中小企业股份转让系统挂牌的中小高新技术企业以未分配利润、盈余公积、资本公积向个人股东转增股本，并符合财税［2015］116号文件有关规定的，纳税人可分期缴纳个人所得税。”

《广州市地方税务局规范税收执法裁量权实施办法（试行）》第二十五条规定：“税收规范性文件存在两种或两种以上合理解释的，行使裁量权时应选择最有利于行政相对人的解释。”

点评

1. 此案例的论证又比案例“2-3 迈普医学 2021-07”“2-4 大地海洋 2021-05”更进了一步，直接用税收执法裁量权论述。“财税〔2015〕116号”“国家税务总局2015年第80号公告”文若想另立新规则，就得废除之前有冲突的法律法规或其中的条款，然而实践中并没有如此操作。为此，发行人选择对自己有利的法律法规，即“国税发〔1997〕198号”“国税函〔1998〕289号”“国税发〔2010〕54号”来解释。

2. 此案例直接拿广州市地方税务局的实施办法来抗辩，虽然应用的管辖范围有点窄，但这种方法值得我们借鉴。

2019年12月发行人股本溢价形成的资本公积余额满足该次转增股本的金额要求，发行人股东横琴信邦、共青城国邦、共青城信邦***暂未***为其合伙人代扣代缴个人所得税。

点评

发行人是在2016年5月整体变更，2019年12月用资本公积转增股本。表面看，好像是2016年1月1日之后，先股改，再增资，后用增资形成的股本溢价转增股本，跟第二种情形、案例“2-2 博盈特焊 2021-07”差不多。但笔者把信邦智能的申报材料认认真真地看了之后,发现材料大多是"股本(实收资本)""股本(资本)溢价"的描述。也就是说,他们并不区分责任股份、股份公司的股本、溢价在会计上记账的差别,直接统称为"股本(实收资本)""股本(资本)溢价"。这样做可以规避掉好多让人纠结的问题,十分巧妙。笔者觉得这是一种非常有利的做法。

疑难点3

存在未弥补亏损

整体变更时，会计差错更正、企业尚未有强劲的盈利能力等，可能会导致母公司或合并口径下的未分配利润为负，即存在未弥补亏损。

一、未分配利润为负不是上市障碍

《首次公开发行股票并上市管理办法》(2022 修正，已失效)与《首次公开发行股票并在创业板上市管理办法》(2018 修正，已失效)规定的发行条件均要求，发行人最近一期末不存在未弥补亏损。有些公司累积的未弥补亏损金额较大，短期内难以弥补，上市时难以满足"最近一期末不存在未弥补亏损"的条件。尽管有部分企业在整体变更为股份公司时将未弥补亏损结转入资本，借机弥补亏损，但这种操作并无明确的法律依据。

2019 年 1 月中国证监会发布了《发行监管问答——关于首发企业整体变更设立股份有限公司时存在未弥补亏损事项的监管要求》(已废止)，明确规定在有限责任公司按原账面净资产值折股整体变更为股份有限公司时存在未弥补亏损，或者整体变更时不存在未弥补亏损，但因会计差错更正追溯调整报表而致使整体变更时存在未弥补亏损的发行人，应当自完成整体变更的工商登记后运行满 36 个月。为此，大额未弥补亏损的企业境内上市开始有了明确的法规指引：想利用整体变更弥补亏损从而达到 IPO 要求的企业，必须自完成整体变更的工商登记后再运行满 36 个月方可进行申报。

但是，才隔两个月，曙光就来了。科创板拟上市企业因前期技术研发、市场培育等方面投入过大，在有限责任公司整体变更为股份有限公司前，存在累计未弥补亏损更是常事。2019年3月发布的《上海证券交易所科创板股票上市规则》(已失效)未要求最近一期末不存在未弥补亏损。同时,《上海证券交易所科创板股票发行上市审核问答》(已失效)第十三条率先打破"运行满36个月"的规定,它明确要求:"……通过整体变更设立股份有限公司方式解决以前累计未弥补亏损,持续经营时间可以从有限责任公司成立之日起计算。整体变更存在累计未弥补亏损,或者因会计差错更正追溯调整报表而致使整体变更时存在累计未弥补亏损的,发行人可以在完成整体变更的工商登记注册后提交发行上市申请文件,不受运行36个月的限制。"

2019年12月,《证券法》(2019修订)将首次公开发行新股条件中的"具有持续盈利能力"改为"具有持续经营能力"。

2020年6月,中国证监会修订的《首发业务若干问题解答》①在问题52废止了《发行监管问答——关于首发企业整体变更设立股份有限公司时存在未弥补亏损事项的监管要求》(2019年1月11日),明确取消前述股改后运行36个月的规定,只要求,发行人应在招股说明书中充分披露其由有限责任公司整体变更为股份有限公司的基准日未分配利润为负的形成原因,该情形是否已消除,整体变更后的变化情况和发展趋势,与报告期内盈利水平变动的匹配关系,对未来盈利能力的影响,整体变更的具体方案及相应的会计处理、整改措施(如有),并充分揭示相关风险。

创业板注册制改革后,《创业板首次公开发行股票注册管理办法(试行)》(已失效)等相关规则也不再将最近一期不存在未弥补亏损作为创业板的发行上市条件。《深圳证券交易所创业板股票首次公开发行上市审核问答》(已失效)第十九条也有与《首发业务若干问题解答》(2020年6月修订)问题52相似的解答。

2023年2月,全面实行注册制之后,"最近一期末不存在未弥补亏损"的要求彻底被取消了。若发行人尚未盈利或最近一期存在累计未弥补亏损,《监管规则适用指引—发行类第5号》第十六条只要求,中介机构应充分核查尚未盈利或最

---

① 2023年2月全面实行注册制之后,《首发业务若干问题解答》(2020年6月修订)被废止,其中的多数内容被拆分进入《监管规则适用指引—发行类第4号》《监管规则适用指引—发行类第5号》,合称"39条",剩余的部分条款或移至《证券期货法律适用意见第17号》等文件中,或在实践仍然适用,整体内容并无重大新增、修改,故本系列仍然会引用讲解。引用的案例中涉及《首发业务若干问题解答》的,笔者不再做特别说明,读者可将内容与"39条"、《证券期货法律适用意见第17号》等文件对照即可。

近一期存在累计未弥补亏的原因,并就其是否影响发行人持续经营能力发表意见,而且还须要分析和披露原因、影响、趋势、风险因素、投资者保护措施及承诺。

整体变更时,未分配利润为负时,容易被问询,当然也不难回答。可以坦白讲,现在股改时未分配利润为负根本不算个事儿,当然前提是公司有信心在股改后逐步填平亏损。不然,弄不好会损失几年的财务数据。

二、整体变更时,未分配利润为负的原因

整体变更时,母公司口径下未分配利润为负的形成原因,笔者归纳为以下五种:

1. 会计差错更正

股份支付、坏账准备、垫付工资、所得税费用等会计差错更正,比较常见。毕竟在接受辅导前,企业会计做账难免有不规范之处。会计差错更正可能会调整管理费用、资产减值等,进而影响到所得税费用、未分配利润。

2. 盈利能力未完全发力

研发初期与市场开拓投入大,产品销路还未打开,甚至还未开始生产,因此入不敷出。

3. 费用消耗大

一次性或分摊确认费用的股份支付、财务费用或吸收合并等非经常性损益消耗过多。

4. 收入存在较强的季节性

股改时间选择在企业收入的淡季,产生的利润较少。

5. 费用中心

母公司主要承担管理、研发等职能,自身无生血能力,收入主要来源于分红。

三、打消对盈利疑虑的回答思路

《首发业务若干问题解答》(2020 年 6 月修订)问题 52① 要求披露整体变更后

---

① 未被纳入“39 条”,但在实践中仍然适用。该内容与《上海证券交易所科创板股票发行上市审核问答》问题 13、《深圳证券交易所创业板股票首次公开发行上市审核问答》问题 19 类似。

的变化情况和发展趋势及对未来盈利能力的影响。此要求无非想要打消投资者对发行人盈利能力的担忧,笔者总结了几个打消疑虑的回答思路:

1. 业务发展势头良好

发行人积极开拓市场,逐步树立起良好的品牌形象,客户群体不断优化,市场份额不断提高,整体盈利趋势良好。

2. 财务不断优化

累计未分配利润不断增加,未分配利润为负的情形逐步消除,资产负债率大幅下降,未实际出现无力支付或偿还负债的情形。

3. 分红增加

已经强制要求子公司、参股公司分红。

四、常见问询

- 请发行人补充披露整体变更后的变化情况和发展趋势,报告各期净利润与期末未分配利润的匹配情况。
- 请发行人按照《首发业务若干问题解答》问题52的要求,完整披露未分配利润为负的形成原因,整体变更后的变化情况和发展趋势,与报告期内盈利水平变动的匹配关系,对未来盈利能力的影响,整体变更的具体方案及相应的会计处理、整改措施(如有),并充分揭示相关风险。
- 请发行人说明:母、子公司在改制后的经营状况和损益情况,产生亏损的原因,对未来盈利能力的影响。
- 请量化分析并补充披露:整体变更时存在未弥补亏损的原因,选取合理的指标分析季节性因素对于前述亏损的影响额,并披露该指标是否与报告期内的相应指标的季节性特征相符。

3-1 博蓝特2021-07

根据招股说明书,2020年10月15日,立信会计师事务所(特殊普通合伙)出具了《浙江博蓝特半导体科技股份有限公司前期会计差错更正的专项说明》(信会师报字[2020]第ZF11013号),对2018年整体变更审计基准日2018年3月31日博蓝特有限(母公司)的净资产进行了会计差错更正追溯调整。调整后,博蓝特有限(母公司)整体变更时未分配利润为 -74.08 万元。

请发行人:按照《上海证券交易所科创板股票发行上市审核问答》第 13 条的规定,对整体变更时存在累计未弥补亏损情形进行充分的信息披露。

| 回复 |

一、博蓝特有限整体变更为股份公司的基准日未分配利润为负的形成原因

2020 年 10 月 15 日,立信会计师事务所(特殊普通合伙)出具了《浙江博蓝特半导体科技股份有限公司前期会计差错更正的专项说明》(信会师报字[2020]第 ZF11013 号),对 2018 年整体变更审计基准日***2018 年 3 月 31 日***博蓝特有限(母公司)的净资产进行了会计差错更正追溯调整,具体情况如下:

项目	调整金额(万元)
实收资本	—
资本公积	167.82
盈余公积	-1.09
未分配利润	***-252.31***
所有者权益	-85.58

2020 年***会计差错更正追溯调整***后,博蓝特有限(母公司)整体变更时未分配利润为 ***-74.08*** 万元;之后未再出现影响股改基准日未分配利润金额的会计差错更正。

点评

整体变更为股份公司审计基准日的未分配利润为负,不是整体变更时就存在未弥补亏损,就是后续因会计差错更正追溯调整报表而造成的。本案例属于后者,2020 年 10 月会计师事务所发现了问题,对 2018 年 3 月实施的整体变更进行了会计差错更正追溯调整。

公司会计差错更正的情形和原因、调整相关科目的计算过程具体如下:

①股份支付

A、2016 年,德盛通股东张米娜和钱婉琴离职,按照二人签订的承诺书,由实际控制人徐良指定公司员工余雅俊与二人于 2016 年 11 月 17 日签订转让协议书,约定张米娜和钱婉琴分别将其持有的德盛通 48.6096 万元出资额(折算成博蓝特有限的出资额为40.8030万元)、德盛通8.1016万元出资额(折算成博蓝特有限的出资额为6.8005万元)转让给余雅俊,转让价款分别为48.6096万元、8.1016万元,折算成博蓝特有限的转让价格为1.19元/出资额,以2017年6月外部投资者增资价格4.09元/出资额作为股份支付的公允价值,确认股份支付费用137.99万元。***本次股权激励中公司未与余雅俊约定服务期,因此余雅俊的股份支付费用一次性计入当期损益***,调增2016年***管理费用***137.99万元,相应调增***资本公积***137.99万元。

B、2017年,德盛通股东黄文俊离职,由实际控制人徐良指定公司员工赵敏和黄文俊于2017年2月4日签订变更决定书,约定黄文俊将其持有的德盛通12.15万元出资额(折算成博蓝特有限的出资额为10.1987万元)转让给赵敏,转让价款为24万元,折算成博蓝特有限的转让价格为2.35元/出资额,以2017年6月外部投资者增资价格4.09元/出资额作为股份支付的公允价值,确认股份支付费用17.71万元。***本次股权激励中公司与赵敏约定服务期为5年,因此赵敏的股份支付费用在服务期内平均分摊计入当期损益***,调增2017年***管理费用***3.20万元,相应调增***资本公积***3.20万元;调增2018年1-3月管理费用0.89万元,相应调增资本公积0.89万元。

C、2018年3月28日,博蓝特有限召开股东会并通过决议:博蓝特有限注册资本由9,754.3533万元增至11,173.2533万元,增加的1,418.90万元由乾芯投资认缴600.00万元,柯桥瓴投认缴400.00万元,珠海华昆认缴200.00万元,德盛通认缴218.90万元,上述增资方式均为货币出资。德盛通本次增资由21名员工认缴注册资本218.90万元,本次增资价格为3.50元/出资额,***以外部投资者本次增资价格5.00元/出资额作为股份支付的公允价值***,确认股份支付费用328.47万元。本次股权激励中公司与21名员工约定服务期为5年,因此本次股份支付费用在服务期内平均分摊计入当期损益,调增2018年1-3月***管理费用***9.88万元,相应调增***资本公积***9.88万元。

点评

在股份支付中,有约定服务期的,费用在服务期内平均分摊计入当期损益;未约定服务期的,费用一次性计入当期损益。另外,公允价值一般参考最近一次外部投资者的增资价格。

②应收票据坏账准备

根据公司坏账准备计提政策，已背书未到期的商业承兑汇票不终止确认，按照对应的应收账款账龄连续计提坏账准备。2017 年末，未终止确认的已背书未到期的商业承兑汇票余额 950.00 万元，账龄均在一年以内，应计提坏账准备 47.50 万元，调减应收票据 47.50 万元，相应调增***资产减值损失***47.50 万元。

③垫付工资

2016 年，徐良垫付员工工资 53.18 万元，调增***管理费用***53.18 万元，相应调增其他应付款 53.18 万元。

④所得税费用

A、股份支付费用未在企业所得税税前扣除，因此，股份支付调整事项对***所得税费用***无影响。

B、应收票据坏账准备属于可抵扣的暂时性差异，故确认补提应收票据坏账准备对应的递延所得税资产 7.13 万元，调增递延所得税资产 7.13 万元，相应调减所得税费用 7.13 万元。

C、补提徐良垫付工资所产生的管理费用可以在企业所得税税前扣除，因此调减所得税费用 7.98 万元，相应调减应交税费 7.98 万元。

⑤盈余公积和未分配利润

股份支付及其所得税费用影响公司未分配利润 –167.82 万元，应收票据坏账准备及其所得税费用影响公司未分配利润 –40.38 万元，垫付工资及其所得税费用影响公司未分配利润 –45.20 万元；上述事项累计影响未分配利润 –253.40 万元，***导致 2017 年末未分配利润为负，无需计提盈余公积，调减盈余公积 1.09 万元，相应调增未分配利润 1.09 万元***；上述事项导致 2018 年 3 月 31 日博蓝特有限（母公司）的未分配利润累计调整金额为 –252.31 万元。

点评

以上的五项调整中，①②③是直接调整项，而④⑤是间接被动调整项。其中，①股份支付、②应收票据坏账准备、③垫付工资三项调整了管理费用、资产减值损失、资本公积等科目，影响到了利润、股东权益，间接导致了④所得税费用、⑤盈余公积和未分配利润的调整。

二、整体变更后的变化情况和发展趋势，与报告期内盈利水平变动的匹配关系，对未来盈利能力的影响

2018年末、2019年末和2020年末，博蓝特（母公司）未分配利润分别为1,922.29万元、6,855.14万元和8,128.03万元，***累计未分配利润不断增加，已形成较强的持续盈利能力，不再存在累计未弥补亏损事项***。2018年以来，公司通过持续自主研发创新，提高了产品质量，满足了市场需求。随着公司积极开拓市场，逐步树立起良好品牌形象，客户群体不断优化，***市场份额不断提高，整体盈利趋势良好***。2018年、2019年和2020年，公司净利润分别为2,459.76万元、4,683.76万元和3,995.42万元，显示了良好的盈利能力。

从长期来看，随着LED技术进步及产品应用领域拓宽，全球LED市场仍具有广阔的空间。随着行业不断发展，公司将继续加强研发投入，保持产品技术先进性，有望继续保持市场竞争力并促进***业绩提升***。

综上，发行人整体变更后，已形成较强的持续盈利能力，***累计未分配利润不断增加，报告期各期末不再存在累计未弥补亏损事项***，股改基准日未分配利润为负的事项对未来盈利能力不构成重大不利影响。

点评

整体变更时存在未弥补亏损，现在已经不需要再运行36个月了。存在未弥补亏损并不可怕，可怕的是未弥补亏损会一直延续。所以，整体变更之后，若能如以上所抗辩的“累计未分配利润不断增加，报告期各期末不再存在累计未弥补亏损”“已形成较强的持续盈利能力”“市场份额不断提高”“资产负债率不断降低”，应该可以打消投资者、审核机构的疑虑。

三、整体变更的具体方案，追溯调整后导致博蓝特有限整体变更时存在累计未弥补亏损不影响博蓝特设立时的注册资本

2018年5月，博蓝特有限整体变更为股份公司的方案为：以**经审计**的净资产值31,357.40万元为基础折合股份，折股缴纳变更后的股份有限公司的注册资本为11,180.00万元，股份总数为普通股11,180.00万股，每股金额为1元。净资产整体变更投入的金额超过认缴的注册资本的部分即20,177.40万元，计入变更后的股份有限公司的***资本公积***。

2020年会计差错更正追溯调整后，博蓝特有限（母公司）整体变更基准日净资产为31,271.82万元，博蓝特股改设立时的注册资本为11,180.00万元，***上述追溯调整事项不影响对博蓝特设立时注册资本实收情况***。

……①

点评

五项追溯调整事项都没影响到实收资本，这意味着公司股东的持股比例不会跟着受到影响。

四、整体变更过程中的会计处理方式

根据《公司法》（2018年修正）第九十五条，有限责任公司变更为股份有限公司时，折合的实收股本总额不得高于公司净资产额。根据公司法、企业会计准则、会计基础工作规范以及相关规定和行业惯例，公司设立后应当建立会计账簿，记录所有者投入的资产与权益，企业接受投资者投入的资本计入实收资本，股份有限公司计入股本。在折合实收股本总额低于有限责任公司净资产额的情况下，公司收到投资者超过其在注册资本或股本所占份额的部分，作为资本溢价或股本溢价，在资本公积科目核算。博蓝特在整体变更时，进行的会计处理如下：

①2018年股改时

借：整体变更基准日公司的全部实收资本（*11,173.25*万元）和全部***资本公积金——资本溢价(20,004.82万元)***、盈余公积（1.09万元）、未分配利润（178.23万元）

贷：股本（*11,180.00*万元）、***资本公积——资本溢价(20,177.40万元)***

②2020年追溯调整后

借：整体变更基准日公司的全部实收资本（11,173.25万元）和全部***资本公积金——资本溢价(20,172.65万元)***、***未分配利润(－74.08万元)***

贷：股本（11,180.00万元）、***资本公积——资本溢价(20,091.82万元)***

① 本系列为了节省篇幅，案例中与本疑难点不相关的内容会省略，以“……”代替，不影响阅读、理解。

点评

1.股改时顺道转增了一点点股本，剩余股东权益全部挤到贷方的资本公积——股本溢价。追溯调整后，资本公积——资本溢价、未分配利润略有变动，还是全部挤到贷方的资本公积——股本溢价。

2.笔者认为，以上两处贷方的“资本公积——资本溢价”应该改成“资本公积——股本溢价”比较妥当，理由是股改成股份公司后，应改用“股本”“资本公积——股本溢价”科目。

五、公司整体变更设立未侵害债权人的合法权益、未产生纠纷

根据立信会计师事务所（特殊普通合伙）出具的《审计报告》（信会师报字［2018］第ZF10467号），在整体变更设立的审计基准日2018年3月31日，博蓝特有限（母公司）的负债主要为经营性负债（包括短期借款、应付票据、应付账款、预收账款、应付职工薪酬、应付税费等）。

整体变更设立后，公司承接了博蓝特有限的全部资产和负债。2018年、2019年和2020年，***公司均实现盈利，资产负债率不断降低，未实际出现无力支付或偿还该等负债的情形***。

公司在整体变更设立后已按期支付或偿还了上述整体变更设立前的负债，***不存在侵害债权人合法权益的情形，也未因上述债务产生纠纷***。

点评

《首发业务若干问题解答》（2020年6月修订）问题52要求审核：“发行人有限责任公司整体变更设立股份有限公司相关事项是否经董事会、股东会表决通过，相关程序是否合法合规，改制中是否存在侵害债权人合法权益情形，是否与债权人存在纠纷，是否已完成工商登记注册和税务登记相关程序，整体变更设立股份有限公司相关事项是否符合《公司法》等法律法规规定。”这其实是在告诉我们：未分配利润为负不要紧，但需要做到以下两点：①整体变更的程序合法合规；②不侵害债权人的合法权益，没引起纠纷。

3-2 东和新材 2021-08

申报材料显示,2016年3月4日,东和有限整体变更为股份有限公司。截至改制基准日,公司存在未弥补亏损53.80万元,主要系公司改制前尚处于技术积累期,浮选等公司优势工艺技术尚未成熟,改制时存在未弥补亏损的原因已经消除。报告期内,公司实现净利润5,581.20万元、7,254.11万元、8,083.68万元、631.51万元。截至2020年3月末,公司未分配利润为18,089.06万元。

请发行人:结合浮选技术的具体情况,自改制以来技术发展及变化趋势等充分披露公司改制基准日未分配利润为负的形成原因,该情形已消除的依据,与报告期内盈利水平变动的匹配关系,对未来盈利能力的影响,改制的具体方案及相应的会计处理,并在招股说明书中充分揭示相关风险。

| 回复 |

一、结合浮选技术的具体情况,自改制以来技术发展及变化趋势等充分披露公司改制基准日未分配利润为负的形成原因

公司***改制基准日未分配利润为负***原因主要包括以下几个方面:

1、改制前浮选生产线处于磨合期未能正式达产

公司2012年度投资浮选生产线,2013年6月转入固定资产进入生产状态。改制前,浮选生产线一直处于磨合期,***未能正式达产***,由此导致浮选成本优势未能充分显现。

2、改制前资产负债水平较高,财务费用支出占比较大

2015年末,公司资产总额36,931.18万元,负债金额27,648.20万元、净资产金额9,282.97万元,资产负债率74.86%。由于公司一直存在未弥补亏损,导致公司投资主要依靠借款进行,每年***财务费用支出较高***。2015年度,公司财务费用总额1,273.01万元,占当年营业收入比例约6.26%。

点评

改制时未分配利润为负,不是整体变更时就存在的,就是后续因会计差错更正追溯调整报表而造成的,本案例属于前者。亏损有两个源头,一是收入不足,二是费用消耗过多。本案例中,生产线未能正式达产,没有收入,财务费用支高,与两个源头皆有关联。

二、该情形已消除的依据，与报告期内盈利水平变动的匹配关系，对未来盈利能力的影响

截至目前，上述导致公司存在未弥补亏损的原因已消除，依据如下：

1、改制后浮选生产线达产

自2017年开始，公司投产新建的第一条浮选线进入达产状态，当年浮选生产精矿粉的产能利用率达到105.56%。公司于2017年决定投资新建第二条浮选生产线，进一步***提升***浮选***产能***。

2、改制后公司资产负债率水平大幅降低，财务支出占比大幅下降

改制后，随着公司注册资本的增加及净利润水平的提高，公司***资产负债率水平大幅下降***。截至2020年末，公司资产总额92,961.53万元、负债总额30,850.74万元，净资产总额62,110.78万元，资产负债率33.19%。2020年度，公司财务费用总额594.35万元，占当年营业收入比例约1.15%。

报告期内，公司实现净利润7,254.11万元、8,083.68万元、6,984.34万元。截至2020年末，公司***未分配利润为23,281.13万元***。预计改制基准日存在未弥补亏损对公司未来盈利能力不存在重大影响。

点评

未分配利润为负是担心外界质疑公司的盈利能力，根据公司自身实际情况回答改善状况。本案例中，发行人的生产线进入达产状态、产能利用率提高以及资产负债率大幅下降、未分配利润大幅增加，足以打消质疑。

三、风险提示

根据北京兴华会计师事务所（特殊普通合伙）出具的《审计报告》（［2016］京会审字第70000003号），截至改制基准日，公司存在未弥补亏损。公司改制基准日存在未弥补亏损主要系公司改制前尚处于技术积累期，浮选等公司优势工艺技术尚未成熟。报告期内，公司实现净利润7,254.11万元、8,083.68万元、6,984.34万元。若未来公司技术、工艺、管理水平无法持续提高，公司业绩可能大幅下滑。

3－3　电气风电2020－10

招股说明书披露，公司于2019年8月决议，以经普华永道审计的风电有限截

至2019年5月31日的净资产折股,整体变更设立股份公司,并于2019年9月29日完成了工商变更登记。截至2019年5月31日,风电有限母公司经审计后的累计亏损为139,374.39万元。公司在股改时点未分配利润为负,主要是由于经营性亏损。公司整体变更时存在的累计未弥补亏损已通过整体变更设立股份公司净资产折股消除。2019年以来,随着产品成熟度、市场认可度的大幅提升,公司盈利能力向好,造成历史上形成累计未弥补亏损的情形已经消除,对未来盈利能力不存在负面影响。报告期各期,公司净利润分别为0.21亿元、-0.52亿元、2.52亿元,2018年仍亏损。

请发行人说明:公司股改时存在经营性亏损的主要原因,是否符合《上海证券交易所科创板股票发行上市审核问答》(以下简称"审核问答")第13问"部分科创企业因前期技术研发、市场培育等方面投入较大,在有限责任公司整体变更为股份有限公司前,存在累计未弥补亏损"的适用前提。

回复

1、公司未弥补亏损主要在报告期外形成

截至股改基准日2019年5月31日,母公司未弥补亏损金额为139,374.39万元,具体构成情况如下:

项目	调整金额(万元)	占比
截至2017年1月1日母公司未弥补亏损(不考虑吸收合并)(A)	104,598.10	75.05%
吸收合并导致母公司的未弥补亏损(B)	***26,709.11***	***19.16%***
截至2017年1月1日母公司未弥补亏损(考虑吸收合并)(C=A+B)	131,307.21	94.21%
2017年1月1日至股改基准日期间形成的未弥补亏损(D)	8,067.18	5.79%
截至2019年5月31日母公司未弥补亏损(E=C+D)	139,374.39	100.00%

截至2017年1月1日公司母公司未弥补亏损(不考虑吸收合并)金额为104,598.10万元,占2019年5月31日未弥补亏损金额的比例为75.05%。公司未弥补亏损主要在***报告期外***形成。

点评

股改时,未弥补亏损中吸收合并这一非经常性损益的占比达到19.16%,而且未弥补亏损主要在报告期外形成的。

2、报告期外形成未弥补亏损的主要原因系大规模的技术研发及市场开拓投入

风机制造属于技术及资金密集型产业,风机的新产品开发、前沿技术研究、市场开拓等方面均需***持续的大规模投入***,从而导致报告期外形成较大规模的经营性亏损。

公司股改时存在经营性亏损的主要原因为技术研发及市场培育投入,符合《上海证券交易所科创板股票发行上市审核问答》第13问"部分科创企业因前期技术研发、市场培育等方面投入较大,在有限责任公司整体变更为股份有限公司前,存在累计未弥补亏损"的适用前提。

点评

科创企业前期在技术研发、市场拓展等方面投入较大,存在累计未弥补亏损很正常。

3-4 亚信安全2021-06

根据招股说明书披露,亚信安全有限整体变更时存在累计未弥补亏损的情况。

请发行人按照《上海证券交易所科创板股票发行上市审核问答》第13条的要求,完整披露未分配利润为负的形成原因,整体变更后的变化情况和发展趋势,与报告期内盈利水平变动的匹配关系,整体变更的具体方案及相应的会计处理,对未来盈利能力的影响等。

| 回复 |

1、母公司整体变更时存在未弥补亏损的原因

2020年9月22日,致同出具《审计报告》(致同审字(2020)第110ZA11390号),确认亚信安全有限截至2020年7月31日经审计的账面净资产为50,705.63万元,

未分配利润金额为-7,893.73万元。母公司未弥补亏损形成的原因为：自2014年11月设立以来，*母公司主要承担研发及管理职能*，*管理费用及研发费用占比较高*，*且营业收入主要来自于合并范围内子公司亚信成都*，*规模较小*，导致公司整体变更时母公司存在未弥补亏损。

2、整体变更的具体方案及会计处理

亚信安全有限以发起设立方式由有限责任公司整体变更为股份有限公司时，以截至2020年7月31日经审计的亚信安全有限净资产50,705.63万元为基数，折合股本9,578.57万股，每股面值人民币1元，资本公积为49,020.79万元，*同时保留未分配利润-7,893.73万元*。

公司整体变更时母公司的会计处理为：

单位：万元

借：	实收资本	9,578.57
	资本公积	49,020.79
	未分配利润	*-7,893.73*
贷：	股本	9,578.57
	资本公积——股本溢价	49,020.79
	未分配利润	*-7,893.73*

点评

2023年2月全面实行注册制之后，所有版块都不再要求最近一期末不能存在未弥补亏损，企业自然就没有动力在股改时借机清除未弥补亏损。所以，本案例是完全将股东权益平移，包括为负值的未分配利润。其实，这样操作并不是现行标准做法，现在的标准做法是整体变更时，将扣除股本后剩余的股东权益全部挤入资本公积——股本溢价，然后将资本公积——股本溢价的明细罗列清楚，参见本书“疑难点1”“疑难点2”。

公司在编制合并报表时，以母公司及子公司个别报表为基础，相应保留与母公司一致的会计处理。

3、整体变更后的变化情况和发展趋势，与报告期内盈利水平变动的匹配关系

整体变更后，由于母公司的研发投入、产品及服务体系建设仍需持续投入，母公司仍然处于亏损状态。2020年,母公司净利润为839.46万元,未分配利润为-3,769.29万元,未分配利润为负的情形尚未消除。随着公司产品的持续拓展及子公司***强制分红制度***的执行,预计母公司收入规模将不断提升,利润水平将逐步提高,预期母公司未弥补亏损将得到弥补。

2018年至2020年,母公司净利润分别为-2,084.36万元、1,403.15万元和839.46万元,母公司***未分配利润分别为-6,011.89万元、-4,608.75万元和-3,769.29万元***,发行人累计未弥补亏损与报告期内盈利水平变动相匹配。

点评

亏损一般有两个源头:一是收入不足,二是费用过高。本案例,母公司仅是费用中心,收入来源于子公司的分红,自身无生血能力,入不敷出,存在未弥补亏损可以理解。后续,母公司强制子公司增大分红,未分配利润科目慢慢改善。

4、对未来盈利能力的影响

2018年至2020年末,***母公司未分配利润均为负,但合并报表口径公司未分配利润均为正***,分别为22,054.10万元、38,306.74万元和55,555.47万元,体现了公司良好的盈利能力,***母公司未分配利润为负不会对发行人未来盈利能力造成重大不利影响***。

此外,发行人主要子公司亚信成都及南京亚信均已建立强制分红机制,亚信成都及南京亚信在年度盈利且累计未分配利润为正时原则上每年至少进行一次现金分红,并且以现金方式分配的利润应不低于当年实现的可分配利润的10%,因此公司子公司能够稳定持续地向母公司进行分红,母公司的未弥补亏损将会通过子公司分红等形式得以弥补,不会对母公司分红能力产生重大不利影响。

点评

《首发业务若干问题解答》问题52要求披露,整体变更时未分配利润为负对未来盈利能力的影响,是质疑公司的盈利能力。本案例中,虽然母公司的未分配利润为负,但合并报表的未分配利润却不差,不必担心其未来盈利能力。

3-5 华大九天 2021-08

根据申报材料，截至2020年12月31日，公司母公司报表未分配利润为13,737.13万元，合并报表未分配利润为-2,342.29万元，合并报表层面存在未弥补亏损。

请发行人：

一、说明导致2020年末合并报表层面存在未弥补亏损的事项及影响金额，结合公司盈利能力说明该事项对公司是否存在重大不利影响

｜回复｜

截至2020年12月31日，公司*合并报表未弥补亏损*为2,342.29万元，主要是公司整体变更为股份有限公司未分配利润折股减少11,406.57万元所致。

（1）公司以2020年10月31日为基准日整体变更为股份有限公司，变更前未分配利润-3,218.53万元，折股后未分配利润为-14,625.10万元，减少11,406.57万元；（2）整体变更基准日至2020年12月31日公司实现净利润13,809.16万元，扣除母公司提取的盈余公积1,526.35万元后弥补亏损12,282.81万元，尚未弥补的亏损为2,342.29万元。具体见下表：

单位：万元

单位	2020.10.31未分配利润		2020.11.1-2020.12.31		2020.12.31 未分配利润
	整体变更前	整体变更后	净利润	提取盈余公积	
	①	②	③	④	⑤=②+③-④
母公司	*11,406.57*		15,263.48	1,526.35	13,737.13
子公司	*-14,625.10*	-14,625.10	-1,454.32		-16,079.42
合并	*-3,218.53*	*-14,625.10*	13,809.16	1,526.35	*-2,342.29*

点评

整体变更时未分配利润是否为负是指母公司报表层面，但此案例，虽然母公司的未分配利润为正，但是子公司的未分配利润为负，导致合并报表的未分配利润也为负，盈利能力同样会被质疑，后续的问询、回复也是针对合并报表口径的。

公司报告期内实现的净利润分别为4,851.94万元、5,715.77万元和10,355.87万元,盈利情况良好。2020年末合并报表层面的未弥补亏损2,342.29万元预计***可在未来较短期间内得以弥补***,不会对公司现金流、业务拓展、人才吸引、团队稳定性、研发投入、生产经营可持续性等方面产生重大不利影响。

二、说明公司整体变更为股份有限公司是否存在未弥补亏损,如是,请按照《深圳证券交易所创业板股票首次公开发行上市审核问答》问题19的要求予以披露

| 回复 |

根据大信会计师事务所(特殊普通合伙)出具的大信审字[2020]第14-00123号审计报告,截至2020年10月31日(公司整体变更基准日),公司***合并***报表层面未分配利润为-3,218.53万元,即存在未弥补亏损。

根据《深圳证券交易所创业板股票首次公开发行上市审核问答》问题19的相关要求,具体如下:

1、公司整体变更基准日未分配利润为负的形成原因

(1)整体变更前未分配利润-3,218.53万元

公司的***收入存在较强的季节性特征***,2020年度第四季度营业务收入占全年营业收入的比重为61.35%,而研发费用、管理费用、销售费用等支出在年度内相对均匀发生。因此,公司2020年1-10月净利润为-3,453.29万元,2020年11-12月净利润为13,809.16万元。由此导致公司整体变更前未分配利润为负。

(2)整体变更后未分配利润-14,625.10万元

根据整体变更方案,公司净资产全部折合为股本和资本公积,***母公司未分配利润11,406.57万元减少至零,合并未分配利润从整体变更前的-3,218.53万元减少到-14,625.10万元***。

2、整体变更的具体方案及会计处理

2020年11月15日,大信会计师出具大信审字[2020]第14-00123号《审计报告》,截至2020年10月31日,九天有限经审计的净资产值为人民币873,712,397.51元。2020年11月17日,中企华评估出具中企华评报字[2020]第1677号《评估报告》,截至2020年10月31日,九天有限经资产基础法评估的净资产值为人民币97,993.44万元。

2020年12月11日,公司召开创立大会暨第一次股东大会,审议通过公司关

于整体变更的相关议案:公司本次整体变更以 2020 年 10 月 31 日***经审计***的净资产折股方式出资。根据大信会计师前述《审计报告》,将有限公司经审计的净资产人民币 873,712,397.51 元按照 1:0.497135 比例折合为股份公司的总股本 434,353,414 股,每股面值人民币 1 元,全部为发起人股,共计人民币 434,353,414.00 元,***其余人民币 439,358,983.51 元计入股份公司的资本公积***。折股后的实收股份总额不高于有限公司经审计净资产值,符合法律规定。

上述整体变更方案的会计处理如下:

借:实收资本 ***21,717.67*** 万元

　资本公积 52,730.90 万元

　盈余公积 1,516.10 万元

　未分配利润 11,406.57 万元

贷:股本 ***43,435.34*** 万元

　资本公积 43,935.90 万元

……

点评

股改时转增了股本,剩余的股东权益全部挤入资本公积。这其实不太符合现行保持股本不变的做法,因为股改时顺道转增股本,有利用未分配利润、盈余公积转增股本的嫌疑,如果解释不清楚,个人股东大概率需要缴税。

专题二

股权变动

IPO

疑难点4

对赌协议

对赌协议，源自美国私募股权投资，英文全称"valuation adjustment mechanism"，直译的意思是"估值调整机制"，对赌协议是通俗的叫法。投资方与融资方一般会信息不对称，对企业信息掌握程度、价值确定和未来经营业绩的判断存在差异。为了保护双方的利益，就可能会签署对赌协议，达成合作目的。本质上，对赌协议是投融资双方在投融资过程中嵌入的期权。

企业初期资金紧张，引入投资者并签订对赌协议很常见，当然代价是会成为上市问询的必答题。

一、对赌的合法性

针对对赌交易，中国证监会以及最高人民法院等已经肯定其合法性。

《全国法院民商事审判工作会议纪要》（法〔2019〕254号）认可了对赌协议的有效性：投资方与目标公司股东对赌，不损害公司及债权人利益，不违反法律的强制性规定，是当事人真实意思表示，有效。

中国证监会发布的《上市公司重大资产重组管理办法》（2023修订）在第三十五条规定："……上市公司应当在重大资产重组实施完毕后三年内的年度报告中单独披露相关资产的实际盈利数与利润预测数的差异情况，并由会计师事务所对此出具专项审核意见；交易对方应当与上市公司就相关资产实际盈利数不足利润预测数的情况签订明确可行的补偿协议……"这本质上就是在对赌。

二、对赌协议的认定

判断一份协议是否属于对赌协议，首先得从对赌协议的定义出发。《全国法院民商事审判工作会议纪要》（法〔2019〕254号）将对赌协议定义为："实践中俗称的'对赌协议'，又称估值调整协议，是指投资方与融资方在达成股权性融资协议时，为解决交易双方对目标公司未来发展的不确定性、信息不对称以及代理成本而设计的包含了股权回购、金钱补偿等对未来目标公司的估值进行调整的协议。"

判断是不是对赌协议的关键是看投资协议中有无涉及"估值调整"的条款。笔者研究多个案例后认为，提到"投资""估值""股权回购""金钱补偿""利润达……"的，很大概率是对赌协议。

三、对赌协议条款在上市前的处理

对赌协议在上市前该如何处理？以前没统一规定，投行人摸不着头脑，操作不当可能会成为上市路上的障碍，但现在的规定、操作已经清晰明了。

《首发业务若干问题解答》问题5要求："投资机构在投资发行人时约定对赌协议等类似安排的，原则上要求发行人在申报前清理，但同时满足以下要求的可以不清理：一是发行人不作为对赌协议当事人；二是对赌协议不存在可能导致公司控制权变化的约定；三是对赌协议不与市值挂钩；四是对赌协议不存在严重影响发行人持续经营能力或者其他严重影响投资者权益的情形。"①

2023年2月发布的《监管规则适用指引—发行类第4号》第三条第一款规定："投资机构在投资发行人时约定对赌协议等类似安排的，保荐机构及发行人律师、申报会计师应当重点就以下事项核查并发表明确核查意见：一是发行人是否为对赌协议当事人；二是对赌协议是否存在可能导致公司控制权变化的约定；三是对赌协议是否与市值挂钩；四是对赌协议是否存在严重影响发行人持续经营能力或者其他严重影响投资者权益的情形。存在上述情形的，保荐机构、发行人律师、申

① 《首发业务若干问题解答》已失效，该部分内容与《深圳证券交易所创业板股票首次公开发行上市审核问答》问题13、《上海证券交易所科创板股票发行上市审核问答（二）》问题10类似。

报会计师应当审慎论证是否符合股权清晰稳定、会计处理规范等方面的要求，不符合相关要求的对赌协议原则上应在申报前清理。”

其实，《监管规则适用指引—发行类第4号》第三条是对《首发业务若干问题解答》问题5的进一步松绑，给了《首发业务若干问题解答》问题5四种红线条款豁免申报前清理的口子，即“符合股权清晰稳定、会计处理规范等方面的要求”。不过，这些豁免条件论证起来比较复杂。实务中，我们最好根据《首发业务若干问题解答》问题5的要求从严把握，以下四种情形申报前应当尽可能清理：

1. 发行人作为对赌协议当事人

投资者签订对赌协议的主体分为三种：一是目标公司的股东或者实际控制人；二是目标公司；三是前两者均作为签约主体。

《监管规则适用指引—发行类第4号》和《首发业务若干问题解答》都强调发行人不得作为对赌协议当事人，那什么情形算是当事人，实务中有歧义。绝大多数案例认为，发行人可以作为对赌协议的标的，但不能作为协议的权利、义务人。也就是说，发行人在协议中必须不能揽上任何权利或义务，最好不要一起签署合同。

2. 对赌协议存在可能导致公司控制权变化的约定

对赌协议不能存在导致公司的控制权变化，影响股权稳定性的条款。触发了此类条款，控制人的持股比例变多更佳，若变少，也不能变得太少而导致控制权发生变化，如实际控制人只持股51%，稍微不小心就掉到50%以下，这种会导致实际控制人持股比例变小的条款最好不要有。

有的投资者、被投资企业会在对赌协议中约定：如发行人能在规定时间内获准发行上市，那么可能导致发行人控制权发生变化的条款就自动终止。这不失为一个应对此类条款的办法。

3. 对赌协议与市值挂钩

可以对赌能否在约定的时间内成功上市，但千万不要涉及市值，因为市值对赌容易输送利益，促使投资人铤而走险，为追求自身利益而故意操纵股价，致使股票价格背离发行人的正常估值，造成其他投资者受损，而且可能会影响是否满足与市值相关的上市条件。

4. 对赌协议存在严重影响发行人持续经营能力或者其他严重影响投资者权益的情形

此条是担心发行人因承担义务等原因，严重影响发行人的持续经营能力，损害投资者的权益。这是兜底的条款，比较主观。

上述四种红线条款本质上都是担心存在潜在纠纷、利益输送，影响公司股权结构的稳定性。发行人可以选择在申报前主动终止，也可以在对赌协议或补充协议中约定："部分/全部条款自公司递交申报材料之日或应相关上市监管审批机关要求终止之时自始无效。"后者是现在流行的做法，操作简单明了。

四、对赌协议条款的重新生效

对赌条款能重新生效的大原则是条款仅在未能成功上市时触发，不会对发行人发行上市构成实质障碍。

若踩中四条红线条款，可以约定如果发行人股票未能获准发行上市或者发行人主动撤回发行上市申请时将恢复原对赌协议。不过，谨慎的话，双方会约定红线条款在提交材料前自始无效，不能再重新生效，否则会引发棘手的会计问题。

其实，多数其他不属于四种红线的条款可以在申报前暂停，同时附带重新生效条件，如约定在上市未成功后自动恢复效力，如果这么做最好提前披露风险。

但是，有些条款，虽然不属于四种红线条款，但是会严重影响发行人的股权结构、财务报表，如领售权、业绩承诺、股权调整等，为避免监管层疑虑，最好在申报前约定自始无效，在任何情形下均不要重新生效。

五、对赌协议义务人的会计处理

对赌协议既可能有资产、负债的属性，也可能有权益的属性。对赌协议义务人的会计处理主要是是否、几时确认为金融负债或权益工具等金融工具。

（一）负债还是权益

《企业会计准则第 37 号—金融工具列报》第十二条规定，对于附有或有结算条款的金融工具，发行方不能无条件地避免交付现金、其他金融资产或以其他导致该工具成为金融负债的方式进行结算的，应当分类为金融负债。但是，要求以现金、其他金融资产或以其他导致该工具成为金融负债的方式进行结算的或有结算条款几乎不具有可能性，即相关情形极端罕见、显著异常或几乎不可能发生，发行方应当将其分类为权益工具。

《企业会计准则第 37 号—金融工具列报》第十二条是区分金融负债与权益工具的条款,合同条款中是否赋予某一方收取现金或其他金融资产的权利以及收取的方式是判断金融负债、权益工具的关键点所在。

对于回售条款,《监管规则适用指引—会计类第 1 号》在解释“附回售条款的股权投资”时规定:“对于附回售条款的股权投资,投资方除拥有与普通股股东一致的投票权及分红权等权利之外,还拥有一项回售权,例如投资方与被投资方约定,若被投资方未能满足特定目标,投资方有权要求按投资成本加年化 10% 收益(假设代表被投资方在市场上的借款利率水平)的对价将该股权回售给被投资方。该回售条款导致被投资方存在无法避免向投资方交付现金的合同义务……从被投资方角度看,由于被投资方存在无法避免的向投资方交付现金的合同义务,应分类为金融负债进行会计处理……”

《会计准则第 37 号—金融工具列报》强调的是能不能无条件结算和现实义务发生的概率;而《监管规则适用指引—会计类第 1 号》则是在解释股权回购义务,着重于能否避免交付现金的合同义务。

(二)根据协议的内容与触发概率判断

发行人股东和其他股东对赌,是股东之间的自主约定,若不会给发行人带来现时或潜在的权利和义务,则一般不会对发行人的财务报表产生影响。

但如果发行人是对赌协议的义务人,应当合理预估触发条款的概率,并结合上文金融负债、权益的定义考虑对财务报表的影响,这才是 IPO 企业最关心的。

其实,对赌义务是从英文翻译过来的,条款的名称与内容并没有统一,签订的时候各家有各家自主的约定。所以,不能简单地根据条款的名称去判断发行人属不属于当事人,而应当仔细检查协议的内容,准确掌握经济实质。一般来说,发行人可能作为当事人的得着重注意反稀释、股份回购、业绩承诺及估值补偿等条款。

对于股份转让限制、优先购买权、最优惠条件、共同出售权等,它们实质上是对投资方的保护条款,投资者是为获取股权投资收益而非债权利息,发行人一般并不存在无法避免地向投资方交付现金的合同义务。因此,通常不会确认金融负债。

对于反稀释、股份回购、业绩承诺及估值补偿等条款,若发行人不是权利、义务的主体,自然不需要会计处理;若发行人是协议的权利、义务人,则需要根据《企业会计准则第 37 号—金融工具列报》《监管规则适用指引—会计类第 1 号》,结合实际情况来预估条款被触发的概率。实务中,绝大多数企业会认为触发的概率非常小,不会进行会计处理。不过,为了更加保险,企业会签补充协议让条款自始无效,若之前有做账,应当重新分类。

(三)自始无效

根据监管窗口指导,自2021年9月开始,如果IPO中存在对赌协议,发行人为当事人的,需要在最新审计截止日前签订补充协议,终止对赌条款,并约定"自始无效"。这是为了避免追溯调整,将股东投资款从权益工具分类为金融负债,进而引发发行人出资不实或者股本不满足发行条件等问题。2023年2月出台的《监管规则适用指引—发行类第4号》第三条明确、细化了前述窗口指导。由此,现在理性的对赌方会选择约定"自始无效",而非"自补充协议签署之日起终止"。

1. 约定"自始无效"

(1)财务报告出具日之前

约定了"自始无效",对回售责任"自始无效"相关协议签订日在财务报告出具日之前的,可视为发行人在报告期内对该笔对赌不存在股份回购义务,发行人收到的投资款在报告期内可确认为权益工具,无须追溯调整。

(2)财务报告出具日之后

对回售责任"自始无效"相关协议签订日在财务报告出具日之后的,需补充提供协议签订后最新一期经审计的财务报告。这是因为,发行人通常是在反馈问询阶段才解除协议,此时补充最新一期审计,可以视为发行人在报告期内不存在股份回购义务,增强了整个报告期内财务数据的准确性。

2. 未约定"自始无效"

未约定"自始无效"的,发行人收到的投资款在对赌安排终止前应作为金融工具核算,这其实是回到上文"负债还是权益""根据协议的内容与触发概率判断"的讨论点上。

六、常见问询

- 结合法律原则和具体法律规定或判例,具体论证对赌协议是否真实、有效解除,对赌协议恢复条款是否导致发行人承担相应法律责任。
- 说明对赌协议是否存在自动恢复条款以及对赌协议是否已彻底清理,未清理的对赌协议是否符合相关规定的要求，是否对发行人的控股权稳定产生不利影响。

- 结合对赌协议主要条款及签署前后的实际执行情况，进一步说明最近两年实际控制人是否发生变更。
- 在对赌协议中，发行人对新进投资方股东承担的主要责任内容和未认定为金融负债或权益工具的具体依据。
- 相关对赌协议是否存在变相规避最近一年新入股股东锁定期的情形，是否存在其他规避法律法规义务的情形。
- 补充披露发行人作为对赌协议的当事人所承担的权利、义务或责任，不属于对赌协议当事人的依据的充分性。

4-1 格力博 2022-06

中报材料显示，发行人不存在对赌协议，但2020年8月31日，陈寅、GHHK、STIHL International、Greenworks Holdings、发行人以及ZAMA签署《未IPO协议》，主要就发行人境内上市作出了安排，如STIHL International无意IPO，陈寅有权要求STIHL International和ZAMA处置ZAMA持有的发行人一定数量的股份；如因其他原因无意IPO，STIHL International有权要求发行人改变公司治理结构，改变方式包括重新转换为私人有限责任公司、修改公司章程，以反映Greenworks Holdings与STIHL International之间在原GHHK层面的公司治理结构。

请发行人补充披露：上述《未IPO协议》签署的背景和原因，结合上述《未IPO协议》的具体内容，披露认定其不属于对赌协议的依据，以及上述协议未在发行人申报前予以清理的原因，是否符合《深圳证券交易所创业板股票首次公开发行上市审核问答》的相关规定；后续协议如何处置。

回复

1、《未IPO协议》签署的背景和原因

为实现格力博集团对接资本市场、拓宽融资渠道、扩大公司知名度与影响力，2020年格力博集团决定以发行人为境内IPO上市主体进行股权架构调整与重组。经过各方磋商，2020年8月31日，陈寅、Greenworks Holdings、GHHK、STIHL International、ZAMA就重组格力博集团业务事项签订了《主框架协议》，同日，陈寅、GHHK、STIHL International、Greenworks Holdings、发行人以及ZAMA签订了《未

IPO 协议》。

2、《未 IPO 协议》不属于对赌协议的依据

(1)《未 IPO 协议》的具体内容

根据《未 IPO 协议》,协议各方计划发行人于 2022 年 9 月 30 日("预期 IPO 日期")前完成在中国境内证券交易所上市的计划:

1)如果在 IPO 申请过程中以及在预期 IPO 日期之前,发生 STIHL International 无意 IPO 情形时,陈寅有权在 STIHL International 与陈寅就 STIHL International 无意 IPO 达成一致意见之后的两(2)周内,***要求 STIHL International 和 ZAMA 按照协议约定启动由 STIHL International 执行的股份转让流程,目的是处置 ZAMA 持有的发行人一定数量的股份以满足监管要求。陈寅和 GHHK 在同等条件下享有优先购买权***。

2)在以下孰早日期将视为发生因其他原因无意 IPO 的情形:(1)STIHL International 与陈寅已明确知晓,因 STIHL International 无意 IPO 以外的其他原因导致发行人无法在预期 IPO 日期前完成预期上市计划的日期;(2)预期 IPO 日期,不论之前是否曾发生 STIHL International 无意 IPO 的情形。

如果发生上述因其他原因无意 IPO 情形时:

①STIHL International ***有权以书面形式要求发行人改变公司治理结构***,改变方式包括:(i)将发行人重新转换为私人有限责任公司;以及(ii)修改发行人的公司章程,以在发行人层面反映 Greenworks Holdings 与 STIHL International 之间根据 2016 年 8 月 1 日达成的股东协议(及随后修订)在原 GHHK 层面的公司治理结构。

②发行人的股东应当根据适用的反垄断法执行以下规定:(i)发行人及其子公司每年 40% 的***可分配利润应分配给发行人的股东***;(ii)发行人董事会应由六名董事组成,***ZAMA 有权任命两名董事***,股东大会应任命这些董事加入发行人董事会;(iii)***发行人股东大会或董事会保留事项应当分别得到 ZAMA 或 ZAMA 任命的董事的同意***。

③STIHL International 有权启动由 STIHL International 执行的股份出售程序,目的是处置 ZAMA 持有的发行人所有股份。陈寅和 GHHK ***在同等条件下享有优先购买权***。

④如果 GHHK 拟向第三方出售其持有的发行人任何股份,且出售股份将导

致 GHHK 丧失控股股东地位,则 STIHL International/ZAMA *有权将其在发行人的部分或全部股份以同等条件出售给该第三方*。

《未 IPO 协议》在协议各方以书面形式一致同意终止或发行人完成 IPO 之后终止无效。

(2)《未 IPO 协议》不属于对赌协议的依据

根据最高人民法院于 2019 年 11 月 8 日发布的《全国法院民商事审判工作会议纪要》(法〔2019〕254 号)中的定义:"实践中俗称的'对赌协议',又称估值调整协议,是指投资方与融资方在达成股权性融资协议时,为解决交易双方对目标公司未来发展的不确定性、信息不对称以及代理成本而设计的包含了股权回购、金钱补偿等对未来目标公司的估值进行调整的协议。"

经核查,《未 IPO 协议》不属于对赌协议或其他可能将导致发行人估值调整、或导致资金流出的类似协议。

首先,从本协议签订背景的角度来看,本协议并非股权融资交易的一部分,亦非为特别保障投资人的投资收益而签署的协议。STIHL International 作为产业投资人,于 2016 年通过增资认购 GHHK 股份间接成为发行人的投资人,《未 IPO 协议》系为格力博集团重组上市的一揽子交易安排中的一部分。《未 IPO 协议》的签署旨在明确因 IPO 不成或任何一方无意 IPO 的情况下,相关方对发行人的治理结构及持有股份的处置条件进行事先约定。

其次,从本协议内容及未 IPO 的后果的角度来看,《未 IPO 协议》并不存在业绩对赌及相应的估值调整安排,IPO 本身也非对赌目标。若因任何原因导致 IPO 不成,《未 IPO 协议》亦不要求发行人进行股权回购,亦无金钱补偿安排或其他导致发行人资金流出的情形。在 STIHL International/ZAMA 根据《未 IPO 协议》转让发行人股份时,陈寅/GHHK 享有优先购买权,但不负有受让股权的义务。因此,《未 IPO 协议》项下无"对赌"机制,即使 IPO 未能成就,STIHL International/ZAMA 的投资亦不会以任何方式得到额外的补偿,发行人的治理结构只是恢复成拟 IPO 之前人合性更高的有限责任公司。

最后,从本协议的效力及效果的角度来看,《未 IPO 协议》将在 IPO 成功后自动失效,协议项下任何机制均不作用于已上市主体。发行人在上市后的经营及投资者权益不受该协议影响。《未 IPO 协议》仅在发行人上市申请不成功后适用,且协议未授予任何一方在 IPO 申请程序进行过程中取消 IPO 或以任何方式妨碍

IPO的权利。

综上,《未IPO协议》与对赌协议存在性质差异,不属于对赌协议。

点评

1. 属不属于对赌协议得根据对赌协议的定义才能准确判断。本案例中,《未IPO协议》的内容包括:IPO不成或无意IPO时,可以(1)处置公司股份,某方享受优先购买权;(2)改变公司的治理结构;(3)强制分红;(4)改选董事会;(5)某方有权将公司的股份出售给第三方等。这些内容涉及治理结构、股份处置。案例辩称不会导致发行人估值调整或资金流出,对此,笔者持有疑问。对赌协议强调的是对未来目标公司的估值进行调整,触发"IPO不成或无意IPO情形"的条件后,上述的第(1)(3)(5)项就可能影响目标公司的估值调整或者导致投资方、融资方的利益重新分配,而且第(1)(5)项还是对赌协议中比较常见的条款。

2. 对赌协议基于某个目标公司即可,不一定非得是拟或已上市主体。所以,案例辩称"将在IPO成功后自动失效,协议项下任何机制均不作用于已上市主体"并不是一个不属于对赌协议的好理由,却是清理四种红线条款的好条款。

3. 对赌协议大部分是嵌入主合同的,但不全是。

3、《未IPO协议》未在发行人申报前予以清理的原因,未清理《未IPO协议》是否符合《深圳证券交易所创业板股票首次公开发行上市审核问答》的相关规定

根据《深圳证券交易所创业板股票首次公开发行上市审核问答》第13条规定:"投资机构在投资发行人时约定对赌协议等类似安排的,原则上要求发行人在申报前清理,但同时满足以下要求的可以不清理:一是发行人不作为对赌协议当事人;二是对赌协议不存在可能导致公司控制权变化的约定;三是对赌协议不与市值挂钩;四是对赌协议不存在严重影响发行人持续经营能力或者其他严重影响投资者权益的情形。"

经核查:(1)发行人虽然***系《未IPO协议》的签署方***,但***发行人并非协议项下主要义务的承担方***;且《未IPO协议》并不属于对赌协议,发行人亦不存在应当承担股权回购、支付金钱补偿或其他导致发行人资金流出的对赌义务。(2)在《未IPO协议》中,陈寅/GHHK在STIHL International/ZAMA根据《未IPO协议》转让发行人股份时享有优先购买权,但陈寅/GHHK并不负有任何转让发行人股份的义务，***不存在因《未IPO协议》而导致发行人控制权变化的风险，不会影响发行人控制权的稳定性***；(3)在《未IPO协议》中，不存在任何与发行人市值挂钩的对赌约定；(4)在发行人完成IPO时，《未IPO协议》将自动失效，因此发行人上市后，发行人持续经营能力及其投资者合法权益不会因《未IPO协议》而受到影响。

经核查，***《未IPO协议》不属于对赌协议***，因此在***申报前未予清理***符合《深圳证券交易所创业板股票首次公开发行上市审核问答》的相关规定。

点评

1.《深圳证券交易所创业板股票首次公开发行上市审核问答》(已失效)第十三条与《首发业务若干问题解答》问题5、《监管规则适用指引—发行类第4号》第三条的内容类似，一样规定了对赌协议中四种必须在申报前清理的红线条款，应当一一核查。此处值得一提的是第一条，即发行人不得作为对赌协议当事人，但可以作为对赌协议的标的，为了避嫌，最好不要一起签署合同。而本案例中，发行人系《未IPO协议》的签署方，瓜田李下，怕说不清楚。

2.既然中介机构开始认为《未IPO协议》不属于对赌协议，即使存在《监管规则适用指引—发行类第4号》规定的四种红线条款也无须清理。

4、《未IPO协议》的终止

为了确保发行人股权的稳定性，避免潜在的纠纷，2020年8月31日，陈寅、Greenworks Holdings、GHHK、STIHL International、ZAMA、格力博签订了《终止协议》，《终止协议》于协议各方签署之日生效。根据《终止协议》约定：(1)协议各方同意于《终止协议》生效之日终止《未IPO协议》；(2)协议各方同意于《终止协议》生效之日终止《主框架协议》的第5.3条关于"限制性交易"的规定和第5.4条关于"不摊薄"的规定。

同日，上述各方签署了《GHHK担保本票》《个人担保协议》《股份质押契据》相关的终止协议。

5、《终止协议》是否附有恢复条款，是否存在抽屉协议，是否符合《深圳证券交易所创业板股票首次公开发行上市审核问答》关于对赌协议等规定

根据陈寅出具的确认函并经保荐人、发行人律师核查，《终止协议》***不附有恢复条款，不存在抽屉协议***，符合《深圳证券交易所创业板股票首次公开发行上市审核问答》关于对赌协议等规定。

点评

案例中的小标题1、2、3是第一轮问询和回复的内容,小标题4、5是第二、三轮问询的回复,笔者将其合并到一起。中介机构在第一轮问询中还是比较顽强地认定《未IPO协议》不属于对赌协议,后来第二、三轮又被追着问询,可能觉得之前的抗辩站不住脚,最后就完全终止了该协议。

4-2 隆扬电子2021-10

申请文件显示:

(1)发行人存在未清理的对赌协议。2020年12月,发行人引入的外部投资者君尚合钰、上虞汇聪、双禺零捌、双禺投资、贝澜晟德、和基投资、聚厚管理、盛邦信息与发行人实际控制人傅青炫、张东琴签署了相关对赌协议,约定隆扬电子不能在2024年1月1日之前在中国境内完成上市的,或者隆扬电子已经明显不能在2024年1月1日之前在中国境内完成上市的,或者实际控制人、隆扬电子严重违反《附件》中的承诺及保证等特定情形的,发行人的实际控制人傅青炫、张东琴应当收购上述外部投资者持有的全部或者部分股份。

(2)收购价格计算公式为:$P = M \times (1 + R\% \times T/365)$。其中,P为收购价款,M为拟收购股份所对应之实际投资额,T为自交割日至甲方执行选择收购权并且收购价款全部支付之日的自然天数除以365,R为8。若P低于收购股权对应的公司净资产的,则收购价款应以收购股权对应的公司净资产价格为准。

(3)对赌协议涉及的股份数为10,222,047股,占发行人股本的4.81%。

请发行人:

一、说明对赌协议是否对发行人经营业绩目标存在约定,如是,请说明经营业绩目标的确定方式;具体说明"隆扬电子严重违反《附件》中的承诺及保证"的对赌协议触发条件,是否存在业绩承诺;是否存在条件已被触发或将被触发的情形;提交相关对赌协议及其附件备查

回复

2020年12月,发行人、隆扬国际、群展咨询、傅青炫、张东琴与君尚合钰、上虞汇聪、双禺零捌、双禺投资、贝澜晟德、和基投资、聚厚管理、盛邦信息分别签署了《增资补充协议》(含《附件》);2021年4月,发行人、傅青炫、张东琴与君尚合钰签署了《股权转让补充协议》(含《附件》),以下合称“《补充协议》”。前述《补充协议》约定了上市时间等对赌条款及优先购买权、优先出售权、反稀释等特殊权利条款,***上述条款均未触发***。

2021年8月16日,发行人、隆扬国际、群展咨询、傅青炫、张东琴与前述股东签署了《增资协议之补充协议(二)》或《增资及股份转让协议之补充协议(二)》,以下合称“《补充协议(二)》”。《补充协议(二)》约定:***《补充协议》中除保留2024年1月1日之前在中国境内完成上市的对赌条款以外,其他所有对赌条款、优先购买权、优先出售权、反稀释等特殊权利条款自公司本次发行上市申请受理之日(即2021年6月30日)起全部终止。前述被终止的条款或权利不会被任一方要求恢复执行或视为自动恢复执行***,各方之间无需承担任何责任,也不存在任何纠纷、争议或潜在纠纷、争议。如公司未能在2024年1月1日之前在中国境内完成上市,届时前述股东有权要求实际控制人按照《补充协议》约定的价格和时间回购其持有的公司股份。

点评

1.《监管规则适用指引—发行类第4号》第三条虽然撕开了四种红线条款非必须清理的口子,但论证起来比较麻烦。所以实务中还是需要根据《首发业务若干问题解答》问题5从严把握。

2.《监管规则适用指引—发行类第4号》规定了对赌协议中四种必须在申报前清理的红线条款。既然申报前必须清理,如本案例约定“自公司本次发行上市申请受理之日起全部终止”就不失为一种应对红线条款的好方法,但现在最好的办法是约定“自始无效”。

3.其实,《监管规则适用指引—发行类第4号》要求的是四种红线条款申报前必须清理,但并未明确四种红线条款能否重新恢复生效。实践中是可以重新恢复生效的,不过,谨慎的话,最好完全终止,否则会引发棘手的会计问题。

《补充协议》未对发行人经营业绩目标进行约定,《补充协议》附件中的***承诺及保证中不存在业绩承诺***。

点评

对发行人的经营业绩进行对赌，财报作弊的可能性会变大。当然，业绩承诺并非一个禁区，如《上市公司重大资产重组管理办法》(2023修订)就要求，实际盈利数不足利润预测数时须要签订明确可行的补偿协议。

根据《补充协议(二)》及发行人股东出具的《股东询证函》，***除保留2024年1月1日之前在中国境内完成上市的对赌条款以外***，其他所有对赌条款及特殊权利条款已自发行人本次发行上市申请受理之日(即2021年6月30日)起***全部终止***，各方之间不存在任何纠纷或争议，不存在约定的对赌条件已被触发或将被触发的情形。上述对赌协议及其附件已同步提交。

点评

一些不会严重影响到发行人股权结构、财务报表的条款不禁止可以重新生效。如此处，就保留了在约定时间完成上市的非红线条款。

二、说明将“隆扬电子严重违反《附件》中的承诺及保证”作为对赌协议触发条件是否属于发行人作为对赌协议当事人，发行人是否承担对赌协议的相关法律义务

| 回复 |

发行人虽然为上述协议的签署主体及《附件》事项的承诺主体，但***股份收购与赎回条款涉及的回购义务人为发行人实际控制人，自始至终均不包括发行人，发行人在对赌协议中不承担任何对赌失败的法律义务***，故发行人自始至终均不作为对赌协议当事人，不承担对赌协议的相关法律义务。

点评

《监管规则适用指引—发行类第4号》第三条规定了对赌协议中四种若不符合股权清晰稳定、会计处理规范等方面的要求，必须在申报前清理的红线条款，第一条就是发行人不作为对赌协议的当事人。发行人若只是对赌标的，没有权利、义务，不算是当事人。当然，也有个别案例认为发行人作为对赌标的也算是当事人，但那不是主流观点。

三、说明除上市时间的触发条件外，其他关于回购触发的条款是否将持续生效；相关对赌协议是否存在变相规避最近一年新入股股东锁定期期限的情形，是否存在规避法律法规义务的情形

| 回复 |

1、说明除上市时间的触发条件外，其他关于回购触发的条款是否将持续生效

根据各方签署的《补充协议(二)》，如发行人未能在2024年1月1日之前在中国境内完成上市，关于上市时间的对赌条款将触发，届时投资机构有权要求实际控制人根据约定的价格和时间进行股份回购。

除***上市时间***对赌条款以外，其他所有关于回购触发的条款效力***已彻底终止***，不存在持续生效的情形。

2、相关对赌协议是否存在变相规避最近一年新入股股东锁定期期限的情形，是否存在规避法律法规义务的情形

发行人的对赌协议中除上市时间对赌条款予以保留以外，其他所有条款均自发行人本次发行上市申请受理之日(即2021年6月30日)起彻底终止，且最近一年新入股的现有股东均已依照法律、法规和规范性文件的相关规定出具了《关于股份锁定及减持的***承诺***》，不存在变相***规避最近一年新入股股东锁定期期限***的情形，不存在规避法律法规义务的情形。

点评

2021年2月发布的《监管规则适用指引——关于申请首发上市企业股东信息披露》第三条要求，发行人提交申请前12个月内新增股东的，应当承诺所持新增股份自取得之日起36个月内不得转让。曾有企业耍小聪明，用对赌协议逃避锁定期，所以，相关股东出承诺函以避嫌。

四、说明回购义务人是否具备相应回购能力，是否存在无法回购的替代方式约定；对赌协议是否可能导致发行人控制权发生变化；对赌协议是否明确不与市值挂钩；结合对赌协议触发条件较多的情况，说明对赌协议是否可能严重影响发行人持续经营能力或者其他严重影响投资者权益的情形

点评

对赌协议只保留了上市时间的对赌条款，如果该条款被触发，届时投资机构有权要求实际控制人根据约定的价格和时间回购股份。所以，审核机构可能会担心回购义务人的回购能力。

｜回复｜

1、说明回购义务人是否具备相应回购能力，是否存在无法回购的替代方式约定

根据各方签署的《补充协议（二）》，如公司未能在2024年1月1日之前在中国境内完成上市，关于上市时间的对赌条款将触发，届时投资机构有权要求实际控制人根据《补充协议》约定的价格和时间进行股份回购，除此之外的其他所有对赌条款和特殊权利条款均已彻底终止。

根据《补充协议》约定的回购价格，以2024年1月2日为回购日测算，回购义务人的回购成本为 = 10,222,047 股 × 11.5 元/股 ×（1 + 8% × 1104 ÷ 365）= 146,076,421.54 元。***根据发行人实际控制人的说明，其家庭经营积累的收益、薪资收入及投资理财所得能够覆盖前述回购成本，回购义务人具备相应回购能力***。

点评

此处以回购义务人的收益、薪资收入、投资理财所得来证明回购能力。但根本没提供回购义务人的资产多少、如何配置的证据。

根据《补充协议（二）》的约定，投资者只能要求实际控制人按照约定的价格和时间完成收购价款的支付，不存在其他替代方式。由于实际控制人具备相应回购能力，无其他替代方式不会导致投资者合法权益无法得到保障的情形。

2、对赌协议是否可能导致发行人控制权发生变化

如发行人在2024年前获准发行上市，上市时间对赌条款也将自动终止，不存在可能导致发行人控制权发生变化的情形。

点评

《监管规则适用指引—发行类第4号》第三条规定了对赌协议中四种若不符

> 合股权清晰稳定、会计处理规范等方面的要求，必须在申报前清理的红线条款。其中，第二条就是对赌协议不存在可能导致公司控制权变化的约定。既然 IPO 讨厌控制权不稳定，那么可以约定 IPO 成功之日便是相关条款废除之时，本案例此处这么约定就挺好的。

由于上市时间对赌条款触发涉及的股权回购比例仅为 4.81%，且***实际控制人具备相应回购能力，回购完成后将进一步加强实际控制人的控制权，不存在可能导致发行人控制权发生变化的情形***。

点评

> 触发了对赌条款，实际控制人的持股比例变多更佳，如此处，回购完成后实际控制人的控制权会进一步加强。实际控制人的持股比例变少也可以，只是不能因变得太少而导致控制权不稳定。

3、对赌协议是否明确不与市值挂钩

发行人对赌协议中除保留上市时间对赌条款以外，其他所有对赌条款和特殊权利条款均已彻底终止，不存在与市值挂钩的情形。

4、结合对赌协议触发条件较多的情况，说明对赌协议是否可能严重影响发行人持续经营能力或者其他严重影响投资者权益的情形

发行人对赌协议中除保留上市时间对赌条款以外，其他所有条款均已彻底终止。如发行人未能在 2024 年前获准发行上市而触发股权回购，***由于涉及的股权回购比例仅为 4.81%，发行人不承担回购义务，回购义务人为实际控制人且其具备相应回购能力***，因此，不存在严重影响发行人持续经营能力或者其他严重影响投资者权益的情形。

五、说明对赌条款是否导致发行人不符合"控股股东和受控股股东、实际控制人支配的股东所持发行人的股份权属清晰"的发行条件

| **回复** |

发行人的对赌协议中除上市时间对赌条款予以保留以外，其他所有条款均已彻底终止。由于前述对赌条款尚未触发，且触发的后果是实际控制人需按照要求回购投资机构合计持有的发行人 4.81% 的股份，***该事项不会对发行人股权结构清***

晰、控制权稳定产生不利影响，不存在导致发行人不符合“控股股东和受控股股东、实际控制人支配的股东所持发行人的股份权属清晰”的发行条件的情形。

4-3 菲鹏生物2021-10

请披露：发行人对赌条款是否真实合法有效且不可撤销地解除，是否存在纠纷或潜在纠纷。

| 回复 |

发行人对对赌协议的处理符合《深圳证券交易所创业板股票首次公开发行上市审核问答》第13条的要求，不构成对本次发行的实质障碍，具体分析如下：

1、发行人不作为对赌协议当事人

根据上述发行人、实际控制人及其关联方与投资方签署的投资协议以及补充协议，***发行人作为对赌协议当事人的条款已经有效且不可撤销地解除***，因此发行人已不再作为对赌协议当事人。

2、对赌协议不存在可能导致公司控制权变化的约定

根据上述发行人、实际控制人及其关联方与投资方签署的投资协议以及补充协议，除以上第1项所述的发行人作为对赌协议当事人的安排已不可撤销的终止外，投资协议中的其他特殊权利条款自发行人提交首次公开发行申请之日起均已中止/终止，不存在可能导致公司控制权变化的约定。

但在发行人首次公开发行申请被撤回、退回、驳回、失效、否决时，或者在一定期限内未能完成首次公开发行，则实际控制人及其关联方与投资方之间的对赌条款效力将自动恢复。截至本问询函回复出具日，尚不存在任何触发投资方要求行使回购权的情形；且***崔鹏、曹菲直接和间接控制发行人的股份比例超过90%***，发行人经营状况良好，***即使触发投资方行使回购权事项，也不会导致公司控制权发生变化***。

……

点评

1. 四种红线条款，谨慎起见，最好完全终止。其他对赌条款可以附条件恢复。本案例中，发行人作为对赌协议当事人的条款属于四种红线条款之一，就不可撤销地解除了，而非红线条款可以先暂停，约定满足条件后恢复。

2. 不是不能存在影响股权结构变动的条款，而是触发行使后，实际控制人的控制权也要依旧“稳如泰山”。本案例中，实际控制人直接和间接控制发行人的股份比例超过90%，即使触发了回购条款，持股比例也只会下降少许，控制权仍然稳定，股份权属仍旧清晰。

4－4　格灵深瞳2021－10

请发行人说明：对赌协议特殊权利条款解除的具体过程，2021年8月发行人与相关股东商谈补充签署《股东协议》的具体过程、相关股东是否实际签署协议，协议是否真实、有效。

｜回复｜

2021年8月，为进一步明确股东特殊权利条款的终止效力，公司与全体股东协商一致后重新签署《股东协议》，将股东特殊权利的终止效力明确为终止后不再具有效力且视为自始无效，其他条款未发生变动，其中终止条款具体内容如下：

股东特殊权利条款自公司向中国证监会或上交所或其他相关上市监管审批机关递交首次公开发行股票并上市申报材料之日或应相关上市监管审批机关要求终止之时（以二者较早日期为准）终止履行，不再具有效力且视为自始无效。

如果公司（1）收到了中国证监会、上交所或其他相关上市监管审批机关对于公司的合格首次公开发行申请***不予核准、终止审查***的书面通知；（2）公司在股东大会作出批准合格上市申报的决议有效期内***未进行上市申报***；（3）公司***撤回***了上市申报；（4）公司在其股票首次公开发行并上市申请获得证券监督管理机构发出批文之日起***未能在法定最晚期限完成在证券交易所进行上市交易***（以上述四者中较早发生的日期为准），则上述特殊权利条款（***除领售权、业绩承诺与股权调整外***）应***自动恢复效力***。股份回赎条款恢复效力后，***公司不再基于该条款承担任何义务，公司原基于该条款应承担的义务在任何情形下均不重新生效，且视为自始无效***；该条款约定的原由公司承担的回购义务由实际控制人在不影响其对公司实际控制权的前提下承担。

点评

一些不会严重影响发行人股权结构、财务报表的条款可以附条件恢复生效。本案例就约定一些非红线条款可以在四种未能成功上市情形中较早发生的时间自动恢复效力。

为免疑义，*领售权、业绩承诺与股权调整条款自公司向中国证监会或上交所或其他相关上市监管审批机关递交首次公开发行股票并上市申报材料之日或应相关上市监管审批机关要求终止之时(以二者较早日期为准)彻底终止履行，不再具有效力且视为自始无效，且在任何情形下均不重新生效*。

点评

《监管规则适用指引—发行类第4号》规定了对赌协议中四种必须在申报前清理的红线条款，谨慎起见，应当完全终止。涉及红线条款，会严重影响发行人股权结构、财务报表的，如此处的领售权、业绩承诺与股权调整条款，为了避嫌，最好也彻底终止，不要附条件重新生效。

4-5 慧博云通 2021-11

发行人申报前与部分股东曾签署对赌协议，协议中包含业绩承诺、投资人特殊表决权、强制回购权等条款。2021年3月，发行人与相关股东签署《慧博云通科技股份有限公司关于历次融资协议相关条款之解除协议》，约定各方签署的历次融资协议中的特殊约定条款解除。

请发行人：结合《监管规则适用指引—会计类第1号》关于特殊股权投资的确认与分类的要求，说明发行人涉及回购条款股权投资的会计处理方式及其依据。

| 回复 |

一、企业会计准则及相关规定

1、《企业会计准则第37号—金融工具列报(2017年修订)》

第七条规定，企业应当根据所发行金融工具的合同条款及其所反映的经济实质而非仅以法律形式，结合金融资产、金融负债和权益工具的定义，在初始确认时将该金融工具或其组成部分分类为***金融资产***、***金融负债***或***权益工具***。

第十二条规定，对于附有或有结算条款的金融工具，发行方不能无条件地避免交付现金、其他金融资产或以其他导致该工具成为金融负债的方式进行结算的，应当分类为***金融负债***。但是，要求以现金、其他金融资产或以其他导致该工具成为金融负债的方式进行结算的或有结算条款几乎不具有可能性，即相关情形极端罕见、显著异常或几乎不可能发生，发行方应当将其分类为***权益工具***。

2、《***监管规则适用指引—会计类第1号***》的相关规定

对于附回售条款的股权投资，投资方除拥有与普通股股东一致的投票权及分红权等权利之外，还拥有一项回售权，例如投资方与被投资方约定，若被投资方未能满足特定目标，投资方有权要求按投资成本加年化10%收益（假设代表被投资方在市场上的借款利率水平）的对价将该股权回售给被投资方。从被投资方角度看，由于被投资方存在***无法避免***地向投资方交付现金的合同义务，应分类为***金融负债***进行会计处理。

点评

在对赌协议中，当事人可能需要确认金融资产、金融负债或权益工具。《企业会计准则第37号—金融工具列报》（2017修订）规定了如何从定义上准确区分金融资产、金融负债、权益工具，而《监管规则适用指引—会计类第1号》则是在阐述附回售条款的股权投资。本案例的对赌条款涉及回购权，应当着重参考《监管规则适用指引—会计类第1号》。

二、历次股权融资中，未将相关投资认定为金融负债的原因及依据

如前所述，发行人历次融资的时间、协议名称、回购条款所涉及的回购义务主体如下：

序号	事项	时间	协议名称	回购义务主体
1	翊芃友财认购增发股份共计625万股	2015年10月9日	《关于北京慧博云通科技股份有限公司之增资扩股协议》《关于北京慧博云通科技股份有限公司之增资扩股协议的补充协议》	余浩（实际控制人）
2	恒睿慧博认购增发股份共计375万股	2015年10月9日	《关于北京慧博云通科技股份有限公司之增资扩股协议》《关于北京慧博云通科技股份有限公司之增资扩股协议的补充协议》	余浩（实际控制人）

续表

序号	事项	时间	协议名称	回购义务主体
3	贵州云力认购增发股份共计800万股	2019年3月25日	《关于北京慧博云通科技股份有限公司之投资协议》《关于北京慧博云通科技股份有限公司之股东协议》《关于北京慧博云通科技股份有限公司投资协议及股东协议之补充协议》《关于北京慧博云通科技股份有限公司投资协议及股东协议之补充协议之二》	余浩(实际控制人)和慧博云通(***发行人***)
4	友财致桐、友财汇赢、圆汇深圳、嘉兴睿惠合计认购增发股份共计2,850万股	2020年11月11日	《关于慧博云通科技股份有限公司之投资协议》《关于慧博云通科技股份有限公司之股东协议》	余浩(实际控制人)和申晖控股(发行人控股股东)

由上表可见,上述序号1、2、4三项股权融资中,***回购义务人并不包括发行人***,也即发行人不存在无法避免地向投资方交付现金的合同义务,因此,根据前述《企业会计准则第37号—金融工具列报(2017年修订)》《监管规则适用指引—会计类第1号》的要求,相关投资***无需认定为金融负债***。

点评

上述序号1、2、4三项股权融资中,发行人不是回购义务人、当事人,不需要确认金融负债,但并不意味着其他对赌人也不需要会计处理。

就上表序号3的股权融资,回购义务人为实际控制人和发行人,发行人未认定为金融负债,主要原因如下:

根据2021年3月的对赌***解除***协议,协议中明确约定如下:

条款序号	条款内容
第二条特殊约定条款的解除	各方同意,自本解除协议生效日,各方签署的历次融资协议中的***特殊约定条款立即不可撤销地解除,前述条款自始不发生效力***,各方无权依据前述条款向其余各方和/或慧博云通提出任何主张或权利要求,无论其据以提出主张或权利要求的行为发生在本解除协议生效之前或之后。

上述解除协议中约定,历次融资协议中的特殊约定条款“***自始不发生效力***”,因此,各方签订的融资协议中包括回购条款在内的特殊约定条款,从协议签署时即没有法律效力,各方亦无法基于历史期间曾签署的融资协议主张并要求发行人履行回购义务,无论是在融资协议签署日至对赌解除协议之间,还是在对赌解除协议签署之后。

点评

序号3的股权融资,发行人是回购义务人,应当根据《企业会计准则第37号—金融工具列报》《监管规则适用指引—会计类第1号》,特别是《监管规则适用指引—会计类第1号》,结合自身实际来判断条款被触发的概率,考虑是否需要会计处理。即使需要做账,如本案例,也可让条款自始不发生效力,无须追溯调整。

综上所述,发行人历次股权融资中:(1)就2015年与翊芃友财,2015年与恒睿慧博,2020年与友财致桐、友财汇赢、圆汇深圳、嘉兴睿惠的融资协议,发行人并非回购义务的主体,因此相关融资中,无需确认金融负债;(2)就2019年与贵州云力的融资协议,发行人与实际控制人均为回购义务主体,鉴于各方于2021年3月签署的对赌协议已经约定包括回购条款在内的特殊约定条款“自始不发生效力”,因此,申报会计师于本次申报中未将贵州云力的投资认定为金融负债。

4-6 纳芯微2021-10

根据申报文件:国润瑞祺、物联网创业、平潭华业、物联网二期、江苏疌泉、慧悦成长等入股时,均与实际控制人签署业绩补偿和特殊利益安排条款。各方于2020年6月1日签署补充协议,对上述对赌协议进行清理。

请发行人说明:历史沿革中对赌协议中发行人对新进投资方股东承担的主要责任内容和未认定为金融负债或权益工具的具体依据。

| 回复 |

一、2018年11月14日

2018年11月14日,发行人、王升杨、国润瑞祺与平潭华业签署《股权转让协议》,约定了特定条件下的股份回购、股权强制回购、优先认购权、共同出售权及反

稀释条款、保护性条款等事宜。

序号	对赌条款	主要责任内容	是否实际履行	回购主体	是否已终止
5	反稀释条款（股权转让协议第九条）	①除事先取得受让方书面同意，***创始人***应确保公司不得发行其他权利优先于或等同于受让方本次投资股权的新股，不得以低于受让方本次增资的价格发行新股或向第三方转让公司股权；②公司如果新发行的股权的每股单位价格低于受让方本次增资的每股单位价格，或以低于受让方本次增资的每股单位价格向第三方转让公司股权，受让方本次增资的每股单位股价需做相应调整，调整至最优惠的单位股价，并由***创始人***在新股发行前给与受让方等额补偿。受让方股份在公司拆股、股票分红、并股、或者以低于转让价格增发新股，以及其它资产重组的情况下也应按比例获得调整。除非股权增发属于：A. 经股东大会审议批准的（需包含受让方在内的股东同意），为股权激励目的向管理层发放股权；B. 公司公开发行股票	否	不适用	***已终止***

《股权转让协议》中约定的***股权强制回购中约定回购义务人为创始人股东而非发行人，优先认购权、共同出售权、反稀释条款等实质系投资方的保护性条款，发行人并不存在无法避免地向投资方交付现金的合同义务，因此无需认定为金融负债***。

点评

对赌义务是从英文翻译过来的，条款的名称与内容并没有统一，不能简单地根据条款的名称直接判断发行人有无权利、义务，而应当根据协议的具体内容去判断。如此处的“反稀释条款”，发行人不是当事人，但在下文却是。

针对《股权转让协议》中约定的股份回购条款，***相关回购义务人为发行人***及创始人，发行人未认定为金融负债，主要原因系发行人尚处于快速成长期，随着数字隔离类芯片产品的推出以及信号感知芯片的前期市场布局与新客户开发，发行人***预计2019年度营业收入同比增长30%的目标无法实现的可能性较小***，具体情况如下：

1)2018 年发行人成功推出数字隔离类芯片产品,将成为 2019 年度新的业绩增长点

发行人于 2018 年初推出 NSi81××等系列数字隔离类芯片产品,由于其具有电气隔离等功能,可广泛应用于信息通讯、新能源汽车、工业控制等领域。经前期试样,发行人 2018 年下半年开始通过安富利香港向客户 A 进行销售。客户 A 采购发行人数字隔离芯片主要用于基站电源的生产,基于通信基站市场需求的快速增长,发行人预计 2019 年度客户 A 对数字隔离类芯片的采购需求量将持续增长,将成为 2019 年度发行人***新的业绩增长点***。

2)新老客户放量带动 2019 年度信号感知芯片产品收入持续增长

经过 2016 年、2017 年的前期市场导入及客户认证等,发行人信号感知芯片类产品收入持续增长,并于 2018 年度贡献收入约 3,641 万元,同比增长 30% 以上。2018 年,发行人与苏州明皜、宁波希磁、通用微及上海感臻等老客户合作顺利,预计 2019 年度双方合作规模有望进一步扩大;此外,发行人积极开发新客户,2018 年度新增客户数量 149 家,其中当期交易额 10 万元以上的新增客户 51 家。因此,发行人预计新老客户将逐步放量带动发行人 2019 年度信号感知芯片产品收入持续增长。

结合发行人经营业绩实现情况,2019 年度发行人***主营业务收入同比增长 132.04%***,发行人各类产品主营业务收入情况具体如下:

项目	2019 年度变动幅度
信号感知芯片	62.71%
隔离与接口芯片	3,880.46%
定制服务	—
合计	***132.04%***

由上表可见,2019 年度发行人主营业务收入同比增长 132.04%,远超 30%,发行人对 2019 年度的业绩预测符合实际情况。

综上,发行人尚处于快速成长期,随着数字隔离类芯片产品的推出、信号感知芯片产品的市场拓展,发行人积极开发新客户的同时进一步深化与老客户的合作,发行人预计 2019 年度营业收入同比增长 30% 的目标无法实现的可能性较小,***触发股份回购条款几乎不具有可能性,且相关条款已于报告期内彻底终止,因此***

无需认定为金融负债，符合企业会计准则及相关规定。

点评

发行人作为当事人，应当分析判断条款触发的概率，考虑是否做账，绝大多数企业都会认为不用做账。如本案例，虽然发行人是回购义务人，但亮出了业绩增长点、主营业务收入增长率等证据，预估股份回购条款几乎不可能被触发，无须认定为负债。

二、2019 年 8 月 12 日

2019 年 8 月 12 日，发行人、王升杨、盛云、王一峰、纳芯咨询与慧悦成长、平潭华业、长沙华业、哇牛智新、聚源聚芯、成功签署《股东协议》，约定了股份转让限制、优先购买权、共同出售权、要求回购权、***反稀释权***、整体出售权、优先清算权、平等待遇、合格上市等事宜。

《股东协议》中约定的***股份转让限制、优先购买权、共同出售权等实质系投资方的保护性条款***，发行人并不存在无法避免地向投资方交付现金的合同义务，因此无需认定为金融负债。

序号	对赌条款	主要责任内容	是否实际履行	回购主体	是否已终止
5	反稀释权（股东协议第五条）	在合格上市前，若公司增加注册资本或发行新股（包括可转换为或可行权为股份或其他具有类似效果的证券），且该等增资或新股发行的每一元注册资本单价或每股单价低于投资方原始认购价格的，则投资方有权选择要求***公司***以***现金***或***股份***向投资方补偿或要求实际控制人承担前款项下的反稀释义务	否	***发行人***或实际控制人	***已终止***

针对《股东协议》中约定的***反稀释权条款，回购义务人为发行人***或实际控制人，***发行人并未认定为金融负债，主要系反稀释权条款实质系发行人对投资者的保护性条款，其交易实质系投资者为获取股权投资收益而非债务性质；并且随着发行人整体估值的上升，发行人后续增资的每股价格均不低于此次投资方原始认购价格，并未触发反稀释权条款***，因此无需认定为金融负债。此外，2020 年 6 月，上述对赌及特殊权利条款均已彻底终止。

点评

此处的"反稀释权条款",发行人是回购义务人。一般公司增资扩股且估值下降时,才会触发反稀释条款。公司没有增资扩股或估值不下降,自然就触发不了反稀释条款。本案例还是"走寻常路",认为条款不太可能被触发,不做账。

4-7　唯捷创芯 2021-10

根据问询回复,发行人与相关股东入股时曾存在回购条款等特殊权利约定,相关条款自发行人递交本次发行上市正式申报材料之日起自动失效。

请发行人说明:相关会计处理是否符合《企业会计准则》以及《监管规则适用指引—会计类1号》的规定。

回复

一、发行人股东入股所涉及特殊权利情况

1、发行人股东入股特殊权利情况概述

发行人股东入股时,对发行人或其他股东享有的特殊权利条款包括:知情权(信息权)、检查权、回购权、优先认购(认缴/增资)权、反稀释保护权、共同出售权等。

(1)***发行人作为义务人***,特殊权利对财务报表的影响

特殊权利	权利人	对财务报表的影响
优先增资权	Gaintech	…… 3、自交割日至该条款终止日,***权利人未行使该项权利***,未对报告期内财务报表产生影响。
优先认缴权	哈勃投资 OPPO 移动	3、自交割日至该条款终止日,发行人***未增资扩股及发行可转债,权利人无法行使该项权利***,未对报告期内财务报表产生影响。
反稀释保护权	哈勃投资、OPPO 移动	3、自股权交割日至该条款终止日,该***条款触发条件未发生,权利人无法行使该项权利***,未对报告期内财务报表产生影响。
知情权(信息权)、检查权	维沃移动、小米基金	2、上述条款已于报告期末之前随着发行人正式提交IPO申报材料已自动终止;虽附带恢复条款,但***条款的行使不会给发行人带来潜在或确定的经济利益流入或流出***,故不对财务报表产生影响。

除上述特殊权利外,Gaintech入股发行人时,还依据增资协议中发行人的承诺享有部分特殊权利。根据Gaintech相关声明,***发行人承诺事项均属于与Gaintech增资密切相关的交割前或交割后义务,已由发行人全面适当履行完毕而终止,且被终止的权利不再恢复***。该等权利不会给发行人带来潜在或确定的经济利益流入或流出,不会对报告期内财务报表产生影响。

点评

1. 发行人是义务人,应当预估触发条款的概率,看需不需要会计处理。当然,绝大多数企业会认为触发的概率非常小,不会处理。所以,上表中以“权利人有无行使该项权利”这种事实而不是预测未来,去判断对财务报表影响的做法,笔者认为失之偏颇。

2. 至于上表最后一条的知情权(信息权)、检查权,行使与否都不会给发行人带来经济利益流入或流出,怎么样都不会对财务报表产生影响。

(2)发行人股东作为义务人,特殊权利对财务报表的影响

发行人股东对其他股东享有的特殊权利,为股东之间的自主约定,不会给发行人带来现时或潜在的权利和义务;且自相关股东享有该项权利至报告期末,均未实际行使。该等特殊权利不会对发行人财务报表产生影响。

其中,回购权利的行使,按照相关协议约定,涉及发行人为相关义务人的回购行为承担担保责任,对发行人财务报表的影响分析见下文。

2、回购权及对发行人财务报表的影响

根据哈勃投资、OPPO移动、维沃移动、小米基金于2020年10月入股发行人时,与各原股东签订的《股东协议书》,回购权条款约定如下:

权利人	回购义务人	回购义务触发条件	其他相关条款
哈勃投资	天津语唯	1)发行人发生控制权变更;2)发行人和/或对应回购义务人违反本协议的约定,且在收到权利人书面通知后在30日内未对其违约行为作出充分的补救	***发行人***对天津语唯的回购行为承担***担保***责任

根据上述约定,回购权条款中约定回购义务情形触发后,回购义务人为荣秀丽、Gaintech以及天津语唯,***发行人不承担回购义务***;同时,协议约定的回购条件被

触发的情况下，发行人对天津语唯向其原持有的发行人股份之受让方哈勃投资承担的回购义务*承担担保责任*。

二、相关会计准则及监管要求以及发行人的会计处理情况

1、相关会计准则及监管要求

参照《企业会计准则第22号—金融工具确认和计量》中第四条相关规定对于金融负债的定义以及《***监管规则适用指引—会计类第1号***》中"1－1"之"一、附回售条款的股权投资"的相关指引，对于附回售条款的股权投资，投资方除拥有与普通股股东一致的投票权及分红权等权利之外，还拥有一项回售权；若被投资方未能满足特定目标，投资方有权要求按照投资成本及年化收益的对价将股权出售给被投资方，导致被投资方存在无法避免向投资方交付现金的合同义务，应作为金融负债进行会计处理。

即，当回购条款导致被投资方存在无法避免向投资方支付现金的合同义务时，应将此投资款项确认为金融负债，而非权益类工具。

2、发行人相关情况及合理性

（1）***发行人非回购义务人***，不存在无法避免的向投资方交付现金的合同义务

根据《股东协议书》的约定，股权回购义务人为原股东荣秀丽、Gaintech以及天津语唯；即：发行人***不向***哈勃投资、OPPO移动、维沃移动以及小米基金***承担特殊义务，不存在无法避免地向投资方交付现金的合同义务***。

（2）报告期期末以前，股东的回购权利未实际行使且已自动终止

根据《股东协议书》相关约定，回购权利在如下情形下自动***终止且不再恢复***：（1）***发行人递交IPO申报材料之日起***；（2）回购权人之转让股份依本协议完成交割后2年之届满日终止（以条件先成就的为准）。

点评

发行人作为对赌协议当事人的条款，若不符合股权清晰稳定、会计处理规范等方面的要求，应当在申报前清理。本案例中，发行人承担着多项义务、担保责任，踩了几条红线，可以主动终止或约定递交IPO申报材料之日"自始无效"。

截至报告期期末，经相应股东确认，《股东协议书》约定的***回购条款未触发***，权利人未实际行使《股东协议书》所约定的回购权利，且回购权依《股东协议书》相

关约定,已于发行人提交IPO申报材料时自动终止。自权利人受让发行人股份之日至回购权自动终止日,不存在因行使回购权而导致发行人存在不可避免的合同义务。

(3)报告期期末以前,发行人担保义务已解除,且发行人实际未承担回购权利对应的担保义务

截至报告期期末,***回购条款未实际触发,哈勃投资亦未向发行人请求承担担保责任***;同时,回购权依《股东协议书》约定已终止,回购权之附随权利即哈勃投资向发行人主张承担担保责任的权利亦同时终止,***发行人实质未因此承担担保责任***。报告期内,发行人不存在因行使此回购条款所导致的潜在的合同义务。

综上,自哈勃投资、OPPO移动、维沃移动、小米基金投资入股以来,未发生《股东协议书》约定的回购权利生效的情形,且报告期期末以前,回购权利及发行人承担的担保责任已自动终止,未对发行人财务报表产生影响。报告期内,发行人***将上述投资确认为权益工具而非金融负债***符合《企业会计准则》以及《监管规则适用指引—会计类1号》的规定。

点评

对于回购条款,用《监管规则适用指引—会计类第1号》去判断最合适。本案例中,发行人虽然不是回购的义务人,只是担保人,但也应当结合发生的概率考虑确认为负债还是权益。

4-8 金融负债与权益工具的区分应用案例——对减资程序的考虑[①]

甲公司为中国境内注册的股份制企业,其控股股东为乙公司。2×21年1月1日,丙公司作为战略投资人向甲公司增资3亿元人民币,甲公司按照相关规定完成了注册资本变更等手续。增资后,丙公司持有甲公司20%的股权,乙公司仍然控制甲公司。除普通股外,甲公司无其他权益工具。甲、乙、丙公司签署的增资协议约定,如果甲公司3年内营业收入年均增长率未达到10%,丙公司有权要求甲公司以现金回购其持有的甲公司股权,回购价格为丙公司增资3亿元和按8%年

① 2022年9月13日,财政部发布5个金融负债与权益工具的区分应用案例,笔者选取了其中4个与对赌协议相关的案例,与读者分享。

化收益率及实际投资期限计算的收益之和。增资协议赋予丙公司的前述回售权属于持有人特征,即仅由丙公司享有,不能随股权转让。按照相关法律规定,***甲公司回购股份需要履行必要的减资程序***。除上述外,不考虑其他情况。

｜分析｜

本例中,丙公司有权要求甲公司以现金回购其持有的甲公司股权(即丙公司具有回售权),该回售权取决于发行人(甲公司)和持有人(丙公司)均不能控制的***未来不确定事项***(即甲公司3年内营业收入年均增长率未达到10%)的发生或不发生,属于或有结算条款,且不属于"几乎不具有可能性"的情形,甲公司***不能无条件地避免***以现金回购自身权益工具的合同义务。

虽然按照相关法律规定,甲公司回购股份需要履行必要的减资程序,但这只是甲公司履行合同义务的必要法律程序。"存在回购义务"与"履行回购义务"是两个不同的概念,***对甲公司履行合同义务能力的限制,并不能解除甲公司就该金融工具所承担的合同义务***,也不表明甲公司无须承担该金融工具的合同义务。

点评

"能不能"履行合同义务与"需不需要"履行合同义务是两码事。回购股份需要履行减资程序,这是法律强制规定的,甲公司并不能以此为借口推脱自己不存在履行合同的义务。

因此,在2×21年1月1日,甲公司应当根据收到的增资款确认***股本和资本公积(股本溢价)***;同时,按照回购所需支付金额的***现值***,将回购丙公司所持本公司股权的义务从权益***重分类为一项金融负债***。

点评

丙公司有权要求甲公司以现金回购其持有的甲公司股权,这意味着甲公司是对赌协议当事人。涉及附回售条款的股权投资,参考《监管规则适用指引—会计类第1号》的规定最准确。很明显,甲公司作为被投资方,存在无法避免向投资方交付现金的合同义务,应当将投资按回购所需支付金额的现值确认为金融负债。

4-9 金融负债与权益工具的区分应用案例——中止和恢复回售权

甲公司为中国境内注册的股份制企业(拟在境内上市),其控股股东为乙公司。2×21年1月1日,丙公司作为战略投资人向甲公司增资3亿元人民币,甲公司按照相关规定完成了注册资本变更等手续。增资后,丙公司持有甲公司20%的股权,乙公司仍然控制甲公司。除普通股外,甲公司无其他权益工具。甲、乙、丙公司签署的增资协议约定,***如果甲公司未能在2×24年12月31日前完成首次公开募股(IPO)***,***丙公司***有权要求***甲公司***以现金回购其持有的甲公司股权,***回购价格为丙公司增资3亿元和按8%年化收益率及实际投资期限计算的收益之和***。增资协议赋予丙公司的前述回售权属于持有人特征,即仅由丙公司享有,不能随股权转让。

为推进甲公司的上市进程,甲、乙、丙公司根据相关法律和监管规定,***在首次公开募股申报前清理所有特殊权益***,三方于2×21年6月30日签署补充协议,约定自补充协议签署之日起***中止丙公司的上述回售权***;如果甲公司在2×24年12月31日前未能完成首次公开募股,则于2×25年1月1日***恢复该回售权***。除上述外,不考虑其他情况。

| 分析 |

本例中,虽然丙公司的回售权自补充协议签署之日起***中止***,但补充协议同时约定了***恢复该项权利的条件***,即甲公司未能按期完成首次公开募股,这与增资协议中"如果甲公司未能在2×24年12月31日前完成首次公开募股,丙公司有权要求甲公司以现金回购其持有的甲公司股权"的约定没有实质差别。按照上述约定,丙公司是否行使回售权以使甲公司承担以现金回购自身权益工具的义务,***取决于发行人(甲公司)和持有人(丙公司)均不能控制的未来不确定事项***(即甲公司在2×24年12月31日前完成首次公开募股)的发生或不发生,属于***或有***结算条款,且***不属于"几乎不具有可能性"的情形***,甲公司不能无条件地避免以现金回购自身权益工具的合同义务。

点评

1. 丙公司有权要求拟上市公司甲公司以现金回购其持有的甲公司股权,甲公司是对赌协议的义务人,若不符合股权清晰稳定、会计处理规范等方面的要求，申报前必须清理。

2.《首发业务若干问题解答》问题5、《监管规则适用指引—发行类第4号》第三条并未明确清理四种红线条款是中止还是一定得终止。实践中，对赌条款能重新生效的大原则是条款仅在未能成功上市时触发，不会对发行人发行上市构成实质障碍。从财政部发布的这些案例来看，是可以恢复生效的。不过，谨慎起见，最好完全终止，否则会引发棘手的会计问题。

3. 2022年9月财政部发布的这些案例中，解除对赌协议是约定"自补充协议签署之日起中止/终止"。2023年2月《监管规则适用指引—发行类第4号》出台之后，解除对赌协议时约定"自始无效"是最佳之选。

因此，在2×21年1月1日，甲公司应当根据收到的增资款确认***股本和资本公积（股本溢价）***；同时，按照回购所需支付金额的***现值***，将回购丙公司所持本公司股权的义务从***权益重分类为一项金融负债***。***如果甲公司在2×24年12月31日前完成首次公开募股***，丙公司丧失回售权，甲公司应当在上市日将丙公司的增资***重分类为权益工具，按照当日金融负债的账面价值计量***。

点评

1. 能否在约定的时间内完成IPO，属于当事人不能控制的未来不确定事项。为此，往最不利的情形考虑，甲公司存在《企业会计准则第37号—金融工具列报》第十二条所谓的"不能无条件地避免交付现金"的合同义务，应当确认为金融负债。

2. 如果在约定的时间内完成IPO，甲公司应按照当日金融负债的账面价值重分类为权益工具，这里所称的"账面价值"是指增资3亿元和按8%年化收益率及实际投资期限计算的收益之和。

4-10　金融负债与权益工具的区分应用案例——补充协议导致发行人义务变化

甲公司为中国境内注册的股份制企业（拟在境内上市），其控股股东为乙公司。2×21年1月1日，丙公司作为战略投资人向甲公司增资3亿元人民币，甲公司按照相关规定完成了注册资本变更等手续。增资后，丙公司持有甲公司20%的股权,乙公司仍然控制甲公司。除普通股外,甲公司无其他权益工具。甲、乙、丙公司签署的增资协议约定,***如果甲公司未能在2×24年12月31日前完成首次公开募股(IPO)***,丙公司有权要求***甲公司***或***乙公司***以现金回购其持有的甲公司股权,回购价格为丙公司增资3亿元和按8%年化收益率及实际投资期限计算的收益之和。增资协议赋予丙公司的前述回售权属于持有人特征,即仅由丙公司享有,不能随股权转让。

为推进甲公司的上市进程,甲、乙、丙公司根据相关法律和监管规定,***在首次公开募股申报前清理所有特殊权益***,三方于2×21年6月30日签署补充协议,约定自补充协议签署之日起***终止丙公司的上述回售权***;如果甲公司在2×24年12月31日前未能完成首次公开募股,丙公司自2×25年1月1日起有权要求***乙公司***以现金购买其持有的甲公司股权,但***无权向甲公司提出回购要求***。除上述外,不考虑其他情况。

| 分析 |

本例中,2×21年1月1日,甲、乙、丙公司签署的增资协议包含或有结算条款,且不属于"几乎不具有可能性"的情形,***甲公司不能无条件地避免以现金回购自身权益工具的合同义务***,因此,甲公司应当根据收到的增资款确认***股本和资本公积(股本溢价)***;同时,按照回购所需支付金额的***现值***,将回购丙公司所持本公司股权的义务***从权益重分类为一项金融负债***。根据2×21年6月30日签署的补充协议,乙公司承担的购买丙公司所持甲公司股权的义务实质上为乙公司向丙公司签出的一项***看跌期权***,在乙公司***个别***报表层面应当将其确认为一项***衍生金融负债***,按照该看跌期权的公允价值计量。在乙公司***合并***报表层面,由于***集团整体***不能无条件地避免交付现金的合同义务,应当将丙公司的增资按照回购所需支付金额的现值确认为一项***金融负债***。

2×21年6月30日,甲、乙、丙公司签署补充协议,甲公司的回购义务终止,即***甲公司可以无条件地避免以现金回购自身权益工具的合同义务***,因此,甲公司应当终止确认就该回购义务确认的金融负债,同时确认一项新的***权益工具,并按照该权益工具在当日的公允价值计量,但不可追溯调整以前年度对丙公司增资的分类***。由于签署补充协议的目的是使甲公司符合法律和监管规定,丙公司之所以愿意接受补充协议的条款,是因为其股东身份以及在促成甲公司完成首次公开募股后能够以股东身份享有相关成果,因此,该交易应当按照***权益性***交易处理,即***新确***

认权益工具公允价值与终止确认金融负债账面价值的差额应当计入权益。在乙公司***个别***报表层面,应当继续将承担的购买甲公司股权的义务确认为一项***衍生金融负债***。在乙公司***合并***报表层面,应当继续将丙公司的增资确认为一项***金融负债***。

点评

1. 丙公司有权要求甲公司或乙公司以现金回购其持有的甲公司股权,拟上市公司甲公司是对赌协议的义务人,若不符合股权清晰稳定、会计处理规范等方面的要求,申报前必须清理。清理前,甲公司存在回购义务,应将投资确认为金融负债;清理后,甲公司的回购义务终止,所以将金融负债不可追溯地重分类为权益工具。

2. 对于乙公司,补充协议签署前后区别不大,乙公司一直都是回购义务人,在个别报表中把投资确认为一项衍生金融负债,合并报表中甲公司或乙公司视为集团一体,将投资确认为金融负债。

4-11 金融负债与权益工具的区分应用案例——发行人作为合同一方承担的义务

甲公司为中国境内注册的股份制企业(拟在境内上市),其控股股东为乙公司。2×21 年 1 月 1 日,丙公司作为战略投资人向甲公司增资 3 亿元人民币,甲公司按照相关规定完成了注册资本变更等手续。增资后,丙公司持有甲公司 20% 的股权,乙公司仍然控制甲公司。除普通股外,甲公司无其他权益工具。甲、乙、丙公司签署的增资协议约定,***如果甲公司未能在 2×24 年 12 月 31 日前完成首次公开募股(IPO)***,丙公司有权要求***乙公司或乙公司指定的其他方***以现金回购其持有的甲公司股权,回购价格为丙公司增资 3 亿元和按 8% 年化收益率及实际投资期限计算的收益之和。除上述外,不考虑其他情况。增资协议赋予丙公司的前述回售权属于持有人特征,即仅由丙公司享有,不能随股权转让。

| 分析 |

本例中,2×21 年 1 月 1 日,甲、乙、丙公司签署的增资协议约定,如果甲公司未能在 2×24 年 12 月 31 日前完成首次公开募股,丙公司有权要求乙公司或**乙公**

司指定的其他方以现金回购其持有的甲公司股权。***如果甲公司无法证明其不属于可能被乙公司指定的回购丙公司所持甲公司股权的其他方***，则甲公司***不能无条件地避免***以现金回购自身权益工具的合同义务。因此，2×21年1月1日，甲公司应当根据收到的增资款确认***股本和资本公积（股本溢价）***；同时，按照回购所需支付金额的***现值***，将回购丙公司所持本公司股权的义务从权益***重分类为一项金融负债***。乙公司承担的购买丙公司所持甲公司股权的义务实质上为乙公司向丙公司签出的一项***看跌期权***，在乙公司***个别***报表层面应当将其确认为一项***衍生金融负债***，按照该看跌期权的公允价值计量。在乙公司***合并***报表层面，由于***集团整体***不能无条件地避免交付现金的合同义务，应当将丙公司的增资按照回购所需支付金额的***现值***确认为一项***金融负债***。

点评

1. 丙公司有权要求乙公司或乙公司指定的其他方以现金回购其持有的甲公司股权。拟上市公司甲公司可能属于"乙公司指定的其他方"，有潜在的回购义务，依然属于对赌协议的义务人，除非甲公司可以证明其不属于"乙公司指定的其他方"。

2. 本案例与案例"4－9 金融负债与权益工具的区分应用案例——中止和恢复回售权"一样约定了IPO成功的时间，当事人并不能控制一定能在约定的时间期限内IPO成功。所以，回购义务被触发的概率应往最不利的方向考虑。

3. 综合上述两个理由，拟上市公司甲公司应按照回购所需支付金额的现值将回购义务确认为一项金融负债。

4. 乙公司的处理与案例"4－10 金融负债与权益工具的区分应用案例——补充协议导致发行人义务变化"同理。

4－12 聚胶股份 2022－02

申报文件显示：

（1）2019年12月，投资方科金聚创、富丰泓锦分别与聚胶资管等11位股权转让方及发行人签订了《股权转让合同》；同时，各方签订了《股权转让合同之补充协议》，约定了业绩承诺条款、股权回购（收购）条款等。2020年11月20日，科金聚创、富丰泓锦分别与发行人及股权转让方签订了《补充协议之终止协议》，终止上述对赌协议。

(2)2019 年末、2020 年 1 月末，发行人就其与富丰泓锦之间的对赌协议分别确认应付股权回购款 2,400 万元、600 万元；2020 年 11 月，双方签订终止协议，发行人冲销应付股权回购款 3,000 万元。

(3)2019 年末发行人确认与对赌协议相关的应付股权回购款及利息合计 5,406.81 万元。[①]

请发行人：

一、披露对赌协议的具体内容、触发执行情况、终止后追溯至自始无效的原因及合理性，是否存在其他利益安排

｜回复｜

(1)对赌协议的具体内容、触发执行及终止情况

……

(2)终止后追溯至自始无效的原因及合理性及是否存在其他利益安排

根据《中华人民共和国民法典》的规定，民事主体从事民事活动，应当遵循自愿原则，按照自己的意思设立、变更、终止民事法律关系；合同是民事主体之间设立、变更、终止民事法律关系的协议，合同的权利义务可以根据当事人的约定终止，终止后各方即不再承担合同项下的义务亦不再享有合同项下的权利（但合同的权利义务关系终止，不影响合同中结算和清理条款的效力），并且终止后若相关义务尚未履行的，终止履行；***已经履行的***，根据履行情况和合同性质，当事人可以请求恢复原状或者采取其他补救措施，***使得合同履行的效果自始进行回转***。

由于载有对赌条款的相关协议***已被溯及既往地终止***，并且***自签署之日起至终止之日***各方均未行使过包括对赌条款在内的投资人特殊权利条款项下的权利，也不存在由此产生的纠纷、争议；并且自相关协议被终止之日起，科金聚创及富丰泓锦均已丧失依据相关对赌及特殊权利条款主张公司及相关股东承担义务的请求权基础，并且客观上未曾主张或行使过任何对赌及特殊权利条款项下的权利。因此，相关协议终止后，***终止效果均溯及自始***，符合当事人各方的真实意思表示，并且不存在违反相关法律法规规定的情形。

① 此案例是极少数将回购义务确认为负债的。——笔者注

点评

1. 合同终止的法律后果是双方权利、义务消灭,未履行的义务不需要再履行,未行使的权利不再具有,双方回归到合同生效前的权利、义务的初始状态。

2. 2023年2月出台的《监管规则适用指引—发行类第4号》第三条明确了解除对赌协议,有无约定"自始无效"的会计处理方法,此后就无须再担心约定"自始无效"的法律依据了。

上述协议终止后,发行人与对赌协议相关方、对赌协议相关签署方之间不存在其他利益安排。

二、结合对赌协议条款说明股权回购事项中相关各方的权利、义务及履行情况,回购款和利息的计算过程及期后结转情况

回复

1、股权回购事项中相关各方的权利、义务及履行情况

(1)股权受让方权利和义务

根据补充协议条款,受让方有权要求股权转让方或者**公司**或者由转让方或公司制定的其他投资方或享有优先购买权的公司其他股东在以下任一情况下,以约定的回购价格回购受让方受让的全部或者部分股权:

①公司在2024年12月31日仍***未上市成功***或者通过***重大资产重组上市成功***;

②公司于2019年－2023年期间任意一年年度利润低于业绩承诺净利润的80%;

③公司上市前,因公司存在未向受让方披露的负债、或有负债或不利因素导致公司利益严重受损,从而严重影响受让方权益;

④股权转让方严重违反在《股权转让合同书》第十一条的承诺和保证。

点评

此处的股权回购条款,发行人是义务人,应当结合发生的概率进行会计处理。

受让方在收到全部股权回购款后,应签署标的公司关于回购的股东会决议及股权转让协议,用于完成工商变更登记。

(2)股权转让方及公司的权利、义务

根据补充协议条款,在触发股权回购的情况下,受让方要求股权转让方或者**公司**或者由转让方或公司制定的其他投资方或享有优先购买权的公司其他股东回购股份后,甲方或者标的公司应于受让方发出收购通知之日起30个工作日内与受让方签署股权转让协议(回购协议),并于该等协议签署之日起60个工作日内按照协议约回购受让方所持公司股权,并向受让方支付股权回购款。

(3)履行情况

2020年11月在股权受让方、转让方友好协商下,签订了终止协议,完全**终止**股权回购条款相关约定,至此,股权回购事项中各方相关的权利义务已全部终止。

根据各方签订的《补充协议之终止协议》,***公司未产生触发特殊权利条款的事件***,受让方未曾根据补充协议行使过股东的各项特殊权利。

2、回购款和利息的计算过程及期后结转情况

公司涉及股权回购的补充协议于2019年12月签订,2020年11月终止,相关回购款、利息的会计处理影响报告期内的2019年度及2020年度的财务报表。

(1)会计处理依据

根据中国证监会《***监管规则适用指引—会计类1号***》(以下简称《会计类1号指引》)以及《***创业板注册制发行上市审核动态***》(2021年第2期),均明确了***附回售条款股权投资***的确认与分类。若投资方与被投资方约定,如被投资方未能满足特定目标,投资方有权要求按照成本加年化收益率的对价将该股权回售给被投资方,从被投资方角度来看,由于被投资方存在无法避免地向投资方交付现金的合同义务,应分类为金融负债进行会计处理。

对于发行人而言,《补充协议》***存在未能满足特定目标***(发行人2024年12月31日前上市)情形下的回售条款,属于《会计类1号指引》规定的情形。在2024年前未上市的情况下,富丰泓锦及科金聚创有权要求发行人或原股东回购其股份,公司存在***不能无条件避免***地向富丰泓锦及科金聚创***交付现金***的义务,因此,2019年12月,在公司账面上,富丰泓锦及科金聚创对公司的投资应分类为***金融负债***。

点评

1. 四个触发回购股权的条件中,条件②③④发行人可以自己预估触发的概

率很小,不用会计处理。而条件①,上市或重大资产重组上市成功时豁免回购义务,这存在重大不确定性,因为上市能不能成功不是企业单独能决定的。虽然股权回购条款未触发,但发行人预测存在无法避免向投资方交付现金的合同义务,应当确认为负债。

2. 本案例与《创业板注册制发行上市审核动态》(2021 年第 2 期)中的案例、2022 年 9 月财政部发布的案例"4 -9 金融负债与权益工具的区分应用案例——中止和恢复回售权""4 -11 金融负债与权益工具的区分应用案例——发行人作为合同一方承担的义务"相似之处是都约定了在 N 年内成功上市,发行人才无须回购股份,不同之处是本案例解除时是约定了"自始无效",而其他三个案例却是约定"自补充协议签署之日起终止",而非"自始无效"。约定了"自始无效"的好处是,可以认定报告期内不存在回购义务,一直将投资款在报告期内确认为权益工具,无须追溯调整。

3. 本案例参考《创业板注册制发行上市审核动态》(2021 年第 2 期)中的案例的会计处理方法:先将投资确认金融负债,回售(购)条款解除后,将之前确认的金融负债重分类为权益工具,并相应调整股本和资本公积等。

(2)2019 年的计算过程

单位:万元

股东名称	股权转让款	利率	款项到账日	截止日期	计息天数(天)	应计利息
富丰泓锦	2,400	6%	2019/12/30	2019/12/31	1	0.39
科金聚创	3,000	6%	2019/12/18	2019/12/31	13	6.41

注:"富丰泓锦及科金聚创分别向公司出资 3,000 万元人民币,其中富丰泓锦的投资款分两次支付,2019 年 12 月 30 日支付 2,400 万元,2020 年 1 月 15 日支付剩余 600 万元,因此 2019 年确认金融负债的金额以当期收到的金额为准。"

2019 年 12 月,公司按照收到的投资成本 5,400 万元确认***库存股***和***金融负债***,股东款项到位日到 2019 年 12 月 31 日之间按照协议计算的利息确认财务费用,会计处理分录如下:

借:***库存股***5,400 万元

　贷:***其他应付款***5,400 万元

借:财务费用—利息支出 6.81 万元

贷:***其他应付款***6.81 万元

点评

发行人存在不能无条件避免地向投资者交付现金的义务,应当将投资确认为金融负债。本案例中,融资方是先将初始投资确认为其他应付款,再逐年确认利息支出到其他应付款中。同时,预估须要回购股份,所以,借记库存股。

(3)2020 年计算过程及期后结转情况

《补充协议》的***终止协议***于 2020 年 11 月签订,公司 2020 年 1－11 月仍需确认相关的库存股和金融负债,并计提对应的利息费用。计算过程如下:

单位:万元

股东名称	股权转让款	利率	款项到账日	截止日期	计息天数(天)	应计利息
富丰泓锦	2,400	6%	2020/1/1	2020/11/19	323	127.43
科金聚创	600	6%	2020/1/15	2020/11/19	309	30.48
科金聚创	3,000	6%	2020/1/1	2020/11/19	323	159.29

2020 年 1－11 月的会计处理分录如下:

借:库存股 6,000 万元

贷:***其他应付款***6,000 万元

借:财务费用—利息支出 317.19 万元

年初未分配利润6.81 万元

贷:其他应付款 324.00 万元

2020 年 11 月 20 日,富丰泓锦及科金聚创与公司签订《补充协议—终止协议》,约定***完全终止对赌条款***的约定,因此公司需要***结转***相应的库存股及金融负债,具体会计处理分录如下:

借:***其他应付款***6,000 万元

贷:***库存股***6,000 万元

借:***其他应付款***324.00 万元

贷:***资本公积***324.00 万元

点评

1. 签订《补充协议—终止协议》，解除了回购安排之后，发行人能够无条件地避免交付现金或其他金融资产，应将前述确认的金融负债按账面价值重分类为权益工具，并相应调整股本和资本公积等。也就是说，将其他应付款、库存股反向做账，抵销掉，剩余的挤入资本公积。

2. 金融负债的账面价值是多笔投资的本息和。

3. 此案例中，若企业一开始就错误地确认为权益工具，并且在财务报告出具日之前解除对赌协议，约定了"自始无效"，根据2023年2月出台的《监管规则适用指引—发行类第4号》第三条，则可以视为发行人在报告期内对该笔对赌不存在股份回购义务，投资款在报告期内可以一直确认为权益工具，无须追溯调整。

疑难点5

资本公积定向转增注册资本

资本公积定向转增注册资本,看起来很新颖、不常见。其实也不难理解,即资本公积只向个别而非所有股东转增注册资本或股本,相当于把股东共同的东西无偿地送给个别股东。

资本公积定向转增注册资本的本质是变相地进行定向分红,所以讨论资本公积定向转增注册资本即在讨论定向分红。稍有不同的是,定向分红一般是一种筹划税收或者对历史沿革中瑕疵进行补救的措施。

一、哪些公司可以资本公积定向转增

责任公司、股份公司都可以用资本公积定向转增注册资本。

1. 责任公司可以资本公积定向转增

一般情况下,所有者权益由公司全体股东按持股比例享有。但《公司法》第三十四条规定:“股东按照实缴的出资比例分取红利;公司新增资本时,股东有权优先按照实缴的出资比例认缴出资。但是,全体股东约定不按照出资比例分取红利或者不按照出资比例优先认缴出资的除外。”

公司崇尚意思自治,责任公司经全体股东同意便可以定向分红,当然也可以资本公积定向转增注册资本。

2. 股份公司可以资本公积定向转增

《公司法》第一百六十六条第四款规定:“公司弥补亏损和提取公积金后所余税后利润,有限责任公司依照本法第三十四条的规定分配;股份有限公司按照股东持有的股份比例分配,但股份有限公司章程规定不按持股比例分配的除外。”

由此可以看出，要资本公积定向转增股本，股份公司在章程中约定好了就行了。如果章程中没有约定，经出席股东大会的股东所持表决权的2/3以上同意去修改章程即可。

但是，毕竟股份公司的股东多，若只经与会者所持表决权2/3以上同意，未免有欺负小股东的嫌疑。所以，最好还是经过全体股东同意。否则，还是少进行定向转增股本、定向分红为好。

二、作为对赌协议的条款应当执行完毕或终止

资本公积定向转增注册资本偶尔在对赌协议的业绩补偿条款中出现。当被投资企业未达到约定的业绩，投资方除了可以从其他股东处获得补偿，还能约定从被投资企业获得更多的股权，而这块股权可以是由资本公积定向转增而来的，算是业绩补偿的一部分。当然，这样做会导致其他股东的股权被稀释。

但是，这种条款会令发行人成为对赌协议的当事人，申报前得执行完毕或终止，详见"疑难点4　对赌协议"。

三、区分独享的资本公积定向转增股本

资本公积约定由个别股东独享，意味着资本公积一直归该股东所有。转增为注册资本时，只是将自己的东西释放到对公司的持股上，而资本公积定向转增注册资本是将共享的东西揽为自己独有，二者是有区别的。另外，资本公积独享以及后续定向转增股本以维持各股东的持股比例不变，一般都是事先安排好的，而资本公积定向转增注册资本、定向分红多数是事后临时行为。

资本公积独享间接给我们提供了一个跳过资本公积定向转增注册资本的思路。关于资本公积独享，详见"疑难点8　资本公积独享"。

四、常见问询

■ 补充披露资本公积定向转增注册资本的原因、是否符合相关规定，发行人原股东的业绩补偿承诺是否已全部履行完毕。

■ 说明资本公积定向转增注册资本是否履行相应程序，是否获得其他股东同意，以及其合法合规性。

5-1　艾录股份 2021-04

根据申报材料，发行人在2011年5月和2011年9月引入股东时存在对赌协议。由于艾录有限未完成业绩承诺值，2013年9月15日，发行人原股东与上海傲英、上海鼎丰、上海汇旌及公司签署《关于增资协议之补充协议二》，约定将公司资本公积金中的人民币1,625,807.00元向上海鼎丰、上海傲英、上海汇旌定向转增注册资本，原股东放弃该次资本公积转增注册资本的相关权利。同时原股东现金补偿的235万元作为剩余的业绩补偿。

请发行人：

一、按照《深圳证券交易所创业板股票首次公开发行上市审核问答》问题13的要求，在招股说明书中补充披露相关对赌协议的具体内容、对发行人可能存在的影响，对赌条款是否真实合法有效解除，是否存在纠纷或潜在纠纷

｜回复｜

根据《深圳证券交易所创业板股票首次公开发行上市审核问答》问题13规定："投资机构在投资发行人时约定对赌协议等类似安排的，原则上要求发行人在申报前清理，但同时满足以下要求的可以不清理：一是发行人不作为对赌协议当事人；二是对赌协议不存在可能导致公司控制权变化的约定；三是对赌协议不与市值挂钩；四是对赌协议不存在严重影响发行人持续经营能力或者其他严重影响投资者权益的情形。"

点评

《深圳证券交易所创业板股票首次公开发行上市审核问答》（已失效）问题13与《首发业务若干问题解答》问题5、《监管规则适用指引—发行类第4号》第三条的内容差不多，都规定了四种申报前应当清理的情形。

（一）对赌协议的具体内容

2011年5月19日，陈安康、李仁杰、张勤、陈曙、王春权（以下合称"原股东"）与上海傲英、安天实业及艾录有限签署《增资协议》及《增资协议之补充协议》；

2011年5月29日，原股东、上海傲英、安天实业与汇旌资产及艾录有限签署《增资协议》及《增资协议之补充协议》；2011年9月，安天实业将其所持艾录有限的股权转让给上海鼎丰，汇旌资产将其持有的艾录有限股权转让给上海汇旌；2013年9月15日，原股东、上海傲英、安天实业、汇旌资产、上海鼎丰、上海汇旌及艾录有限签署《增资协议之补充协议二》，前述《增资协议》及《增资协议之补充协议》、《增资协议之补充协议二》中约定了对赌条款，主要包括估值调整与业绩补偿、股份回购和反稀释三个方面，具体如下：

1、估值调整与业绩补偿条款的内容

根据《增资协议之补充协议》2.1条、2.2条、2.3条的约定，原股东及艾录有限共同为艾录有限设定了2011年、2012年净利润38,000,000元、58,000,000元的经营目标，如果艾录有限2011年度净利润低于31,000,000元人民币，2012年度净利润低于52,000,000元，则艾录有限须以2011年、2012年度实际净利润为基础，按照约定市盈率调整“投资估值”。***艾录有限须在约定时间内退还上海傲英、安天实业、汇旌资产相应多付的投资款，上海傲英、安天实业、汇旌资产按照各自相应的投资比例获得此部分退款***。在上述条款执行过程中，如艾录有限实现上市则上述条款约定内容自动失效。

点评

《监管规则适用指引—发行类第4号》第三条规定了对赌协议中四种若不符合股权清晰稳定、会计处理规范等方面的要求，必须在申报前清理的红线条款，第一条就是发行人不得作为对赌协议的当事人。艾录有限未完成业绩目标，需在约定时间内退还投资款，这意味着艾录有限是对赌协议当事人，实务中应尽可能在申报前清理。

2、股份回购条款的内容

根据《增资协议之补充协议》3.1条、《增资协议之补充协议二》第三条的约定，如果艾录有限未能在约定时间内向中国证监会申请首次公开发行股票并上市，上海傲英、上海鼎丰及上海汇旌有权利要求***艾录有限***或艾录有限原股东***回购其所持有的股权***。上海傲英、上海鼎丰及上海汇旌应在约定时间以前以书面方式行使该项请求权，否则视为放弃该项权利。回购价格按以下两者孰高确定：(1)上海傲英、上海鼎丰及上海汇旌按年单利15%的投资回报率计算的投资本金和收益之和，(2)回购时上海傲英、安天实业及汇旌资产股权对应的账面净资产。

点评

未能在约定时间内向中国证监会申请首次公开发行股票并上市，艾录有限应回购投资者所持有的股权，这同样意味着发行人是对赌协议的义务人，应当在申报前清理掉。

3、反稀释条款的执行及解除情况

根据《增资协议之补充协议》第十二条约定，除艾录有限公开发行股票并上市及员工股权激励计划外，不得以低于上海傲英、上海鼎丰、上海汇旌出价或以不利于上述三家机构已接受的条款增资或发行新股，***否则，投资出价或条款将进行相应调整***。

(二)对赌条款执行及解除情况

2014年4月27日，原股东与上海傲英、上海鼎丰、上海汇旌及艾录有限签署《解除协议》；2014年4月28日，原股东与上海傲英、上海鼎丰、上海汇旌及艾录有限签署《解除协议二》。

1、估值调整与业绩补偿条款的执行及解除情况

由于艾录有限2011年、2012年经审计的净利润未达到《增资协议之补充协议》第2.1条、2.2条约定的指标，根据《增资协议之补充协议二》第二条、《解除协议二》第二条的约定，陈安康、李仁杰、张勤、陈曙、王春权共同向上海傲英、上海鼎丰、上海汇旌支付现金人民币235万元作为补偿金，承担比例按投资前原股东认缴出资比例确定，补偿金分配比例由上海傲英、上海鼎丰、上海汇旌自行协商。上海傲英、上海鼎丰及上海汇旌确认，已收到陈安康、李仁杰、张勤、陈曙、王春权支付的补偿款合计人民币235万元。各方同意，***以艾录有限1,625,807.00元资本公积向上海鼎丰、上海傲英及上海汇旌定向转增注册资本以作为业绩补偿，其余股东放弃本次资本公积金转增注册资本的相关权利***。以上补偿履行完毕后，《增资协议之补充协议》终止履行。

点评

资本公积定向转增注册资本有时候可作为对赌协议的执行手段。本来约定,未完成业绩目标的话,艾录有限应当退还投资者的投资款。后来,业绩目标没完成,除补偿现金之外,其还向投资者以资本公积定向转增注册资本追加补偿,相当于把股东共同的公司资产无偿地送给投资者。

2013年9月,艾录有限完成向上述三家机构转增1,625,807.00元资本公积为注册资本。至此,艾录有限已履行完毕所有协议项下的业绩补偿条款,原股东、艾录有限与上述三家机构对赌协议中有关估值调整与业绩承诺的条款已全部解除。

2、股份回购条款的执行及解除情况

根据《解除协议》第一条、《解除协议二》第一条的约定,原股东、艾录有限与上海傲英、上海鼎丰、上海汇旌一致同意,上海傲英、上海鼎丰及上海汇旌***放弃在发行人未向中国证监会申请首次公开发行股票并上市时要求原股东及发行人回购其所持发行人股份的权利;《增资协议之补充协议》终止履行***。至此,发行人及原股东与上海傲英、上海鼎丰、上海汇旌对赌协议中有关股份回购条款已***全部解除***。

3、反稀释条款的执行及解除情况

自2011年6月增资后,艾录有限于2013年9月发生了一次增资,该次增资系对上海傲英、上海鼎丰及上海汇旌业绩补偿,并***未触发反稀释条款***。根据2014年4月28日签署的《解除协议二》第一条的约定,《增资协议之补充协议》终止履行。至此,发行人及原股东与上海傲英、上海鼎丰、上海汇旌对赌协议中有关反稀释的条款已***全部解除***。

发行人与投资机构之间的对赌协议已经真实合法有效解除,不存在纠纷或潜在纠纷,对发行人的股权结构、公司治理及生产经营方面不会造成不利影响。

二、补充披露2013年9月仅向上海鼎丰、上海傲英、上海汇旌定向转增注册资本是否符合相关规定,发行人原股东的业绩补偿承诺是否已全部履行完毕

| 回复 |

根据《公司法》第三十四条"股东按照实缴的出资比例分取红利;公司新增资本时,股东有权优先按照实缴的出资比例认缴出资。但是,全体股东约定不按照出资比例分取红利或者不按照出资比例优先认缴出资的除外。”

公司向上海鼎丰、上海傲英、上海汇旌定向转增注册资本已经2013年8月公司***股东会全体股东同意***,符合相关规定。

点评

本质上,资本公积定向转增注册资本是定向分红。对于责任公司,《公司法》第三十四条规定,不按照出资比例分取红利需要经过全体股东同意。艾录有限是责任公司,资本公积定向转增注册资本应经全体股东同意。

根据公司原股东与上海傲英、上海鼎丰、上海汇旌及公司签署的《关于增资协议之补充协议二》,上海傲英、上海鼎丰及上海汇旌已收到陈安康、李仁杰、张勤、陈曙、王春权支付的补偿款合计人民币235万元,2013年9月,艾录有限完成向上述三家机构定向转增股本事宜。发行人已履行完毕所有协议项下的业绩补偿条款,发行人及原股东与上海傲英、上海鼎丰、上海汇旌对赌协议中有关估值调整与业绩承诺的条款已全部解除。

5-2 星邦智能2020-12

发行人自设立以来,发生了多次股权变动。2012年12月10日,发行人前身星邦有限股东会作出决议,同意股东湖南联宝投资有限公司的名称更名为湖南宏康股权投资管理有限公司(以下简称湖南宏康),目前湖南宏康持有发行人1.07%的股权。

请发行人:补充披露2016年12月发行人以资本公积向深圳招科创新投资基金合伙企业(有限合伙)和郑颖定向转增注册资本37.92万元的原因,是否依据法律法规履行相关程序,是否存在争议或纠纷。

|回复|

2012年5月,星邦有限、刘国良、许红霞等股东与成都招商、深圳招科和郑颖签订的《投资协议书之补充协议书》中约定:“星邦有限2012年和2013年度两年度经审计的合并税后净利润合计不低于3,200万元;当公司实际完成额低于3,000万元时,则**公司**应向投资方支付现金作为补偿。***公司未能在2016年12月31日前完成上市***,且投资方未能以股权转让等其他方式退出而继续持有公司全部或部分股权的，投资方可要求公司或原股东回购全部或部分股权。回购义务可以由**公司**或公司原股东协调各方认可的第三方执行。”

因星邦有限2012年、2013年实现的净利润未达到承诺数，深圳招科和郑颖要求***公司履行现金补偿义务***（成都招商已于2016年12月通过进场交易的方式退出）。

点评

约定未能达到业绩目标，发行人应补偿现金；未能在约定的时候成功上市，发行人负有回购义务。这些都表明发行人是对赌协议的当事人，应在申报前清理掉这些条款。

2016年12月22日，星邦有限***全体股东***刘国良、许红霞、鄢淑琼、尹人奇、陈赛梅、许碧霞、湖南宏康与深圳招科、郑颖签订《定向转增注册资本协议》，***一致同意***以2,200万元注册资本为基数，***使用星邦有限资本公积向股东深圳招科和郑颖定向转增注册资本37.92万元替代现金补偿条款***。

点评

未达到约定的业绩目标，用资本公积定向转增注册资本替代现金补偿。资本公积定向转增注册资本，责任公司需要经全体股东同意，所以，此处特意强调经星邦有限全体股东一致同意。

2016年12月22日，星邦有限召开***股东会***，同意星邦有限以资本公积向股东深圳招科和郑颖定向转增注册资本37.92万元，具体转增情况如下：

股东姓名/名称	转增出资额（万元）	转增方式
深圳招科	31.60	资本公积转增
郑颖	6.32	资本公积转增

2016年12月29日，星邦有限就上述增资事宜在宁乡县市场和质量监督管理局办理完成变更登记手续。

综上，2016年12月发行人以资本公积向深圳招科和郑颖定向转增注册资本37.92万元符合法律规定，具有合理性；已依据法律法规和《公司章程》的规定履行相关程序，不存在争议或纠纷。

5－3 航亚科技 2020－07

请发行人：说明相关协议签署及解除的时间，对赌条款的签署方及主要内容。

| 回复 |

2015 年 2 月 17 日，《无锡航亚科技有限公司增资协议》约定：

一、增资方华睿基金对目标公司投资 2,000 万元，对公司的投资价格修订为 1 元/每 1 元注册资本。***以华睿基金本次对公司增资形成的资本公积 608.6957 万元定向对华睿基金转增 608.6957 万元注册资本***。资本公积金定向转增完成后，增资方华睿基金持有目标公司 2,000 万元注册资本。

二、增资方优能基金对目标公司投资 1,000 万元，对公司的投资价格修订为 1 元/每 1 元注册资本。***以优能基金本次对公司增资形成的资本公积金 304.3478 万元定向对优能基金转增 304.3478 万元注册资本***。资本公积金定向转增完成后，增资方优能基金持有目标公司 1,000 万元注册资本。

对于以上两条对赌条款和特殊条款，2017 年 8 月 15 日各方签署《解除对赌及相关条款的协议》，2019 年 12 月 10 日各方签署《关于解除对赌及特殊权利条款的协议》取代 2017 年 8 月 15 日各方签署的《解除对赌及相关条款的协议》，***明确对赌条款和特殊条款终止事宜***。

点评

1. 这个案例很有趣。增资方增资之后，用当次增资形成的资本公积定向对增资方自己转增注册资本，这是在变相给特定人降低入股价。

2. 发行人作为对赌协议当事人的条款，申报前得执行完毕或解除。可能最后他们觉得有点不好意思，终止了这些对赌、特殊条款。

5－4 云鼎科技 2020－05

请披露：2016 年资本公积定向转增利润补偿的情况。

| 回复 |

2016 年 4 月 28 日，公司公告了 2015 年年度报告，根据 2012 年 9 月公司与地

矿集团等八家交易方共同签署的《补偿协议》,2015年度各交易方对公司的业绩承诺未能实现,各交易方需按照《补偿协议》约定再次进行***股份补偿***。

2016年5月25日,公司召开第八届董事会第八次会议,审议通过了《关于回购公司重大资产重组购入资产未完成业绩承诺应补偿股份的议案》和《关于赠与公司重大资产重组购入资产未完成业绩承诺应补偿股份的议案》,并同时将上述议案提交公司2016年第二次临时股东大会审议。

2016年5月26日,公司董事会收到公司持股3%以上股东安徽丰原集团有限公司提交的《关于向山东地矿股份有限公司2016年第二次临时股东大会提交临时议案的函》,为了及时得到补偿股份,避免法律诉讼带来的不确定性,安徽丰原集团有限公司提出《关于以资本公积金转增股本进行2015年度股份补偿的议案》,并要求提交公司2016年第二次临时股东大会一并审议。公司董事会经审核后将上述临时提案提交公司2016年第二次临时股东大会审议。

2016年6月13日,公司召开2016年第二次临时***股东大会***,《关于以资本公积金转增股本进行2015年度股份补偿的议案》获得了通过,公司***重大资产重组利润承诺***2015年度股份补偿将***采用资本公积金定向转增股本方式***,以本次应***补偿股份***总数38,221,821股为基础,向除发行对象8家股东以外的其他股东进行定向转增38,221,821股,其他股东按照其持有股份数量占股权登记日扣除发行对象持有的股份数后公司的股份数量的比例享有获增股份。

点评

2016年6月,公司在用资本公积金定向转增股本时早已经是股份公司,这表明股份公司的资本公积也可以定向转增股本,只需要在章程中约定好就行了。资本公积定向转增股本、定向分红都可以用来补偿特定股东,本案例就用资本公积定向转增股本来补偿非发行对象。

公司已于2017年4月19日发布《关于公司重大资产重组2015年度利润承诺股份补偿实施暨资本公积金转增股本实施公告》(2017-025)。2017年4月24日,上述转增完成股份登记,公司2015年度利润补偿实施完毕。

本次资本公积定向转增实施后,公司股本增至510,931,158元,山东省人民政府通过地矿集团、地矿测绘院合计持有公司18.38%的股份,仍为公司实际控制人。

5－5　首药控股 2021－06

2011 年第三次增资开始中海投、中发展相继入股赛林泰，2019 年赛林泰注册资本由 3,470.00 万元变更为 4,190.00 万元，新增注册资本 720.00 万元由中海投以资本公积定向转增注册资本；后中海投、中发展相继减资退出发行人。

请发行人说明：2019 年中海投资本公积定向转增注册资本是否履行相应程序，是否获得其他股东同意，其合法合规性。

回复

一、2019 年中海投资本公积定向转增注册资本的原因

2018 年年底，因中海投对赛林泰的投资到期，根据协议安排中海投与赛林泰协商进行减资退出。根据中海投工作人员对于减资退出实施路径的理解及要求，并经双方协商沟通，***赛林泰先将中海投原投资款中计入资本公积的部分对中海投进行定向转增，转增后中海投投入赛林泰的投资款均作为赛林泰注册资本，后续通过中海投定向减资方式一并退出***。

点评

本质上，资本公积转增注册资本是定向分红。此案例中，先资本公积定向转增注册资本，再定向减资一举退出，此种方式值得称赞。

二、2019 年中海投资本公积定向转增注册资本履行的程序

2019 年 1 月 29 日，赛林泰召开***股东会***并作出决议，同意将中海投出资时进入资本公积的人民币 720.00 万元，转增为中海投持有的赛林泰的注册资本，转增后中海投所持有的赛林泰的注册资本总额达到人民币 900.00 万元，同时赛林泰的注册资本增加至人民币 4,190.00 万元；***同意修改章程***。赛林泰于 2019 年 4 月对上述资本公积定向转增注册资本做了账务处理，资本公积项由 1,880.00 万元变更为 1,160.00 万元，实收资本（或股本）项由 3,470.00 万元变更为 4,190.00 万元。

2019 年 2 月 1 日，赛林泰取得北京市工商行政管理局海淀分局换发的《营业执照》。

就上述中海***投资本公积定向转增注册资本事项已取得各股东确认***。

根据其时有效的《公司法》，公司的公积金用于弥补公司的亏损、扩大公司生产经营或者转为增加公司资本。但是,资本公积金不得用于弥补公司的亏损。因此,资本公积可以用于转增公司注册资本。本次转增系赛林泰股东中海投定向转增,但**本次转增已取得公司其时全部股东的书面认可**。因此,本次定向转增合法合规。

点评

责任公司是人合加资合,资本公积定向转增注册资本、定向减资,责任公司都需要经全体股东同意,以防止引起纠纷。

综上,2019年中海投资本公积定向转增注册资本已履行相应程序,获得其他股东同意,合法合规。

疑难点 6

定 向 分 红

定向分红，是指公司部分股东放弃分红的权利，特定向某些股东分红。可以用来筹划税收或者对历史沿革中的出资等瑕疵进行补救。

定向分红与资本公积定向转增注册资本的原理差不多，区别的是定向分红，股东拿到手的绝大部分是现金股息，少许是转增的股本，而资本公积定向转增注册资本，股东得到的是股本。

一、定向分红需经公司全体股东同意

责任公司与股份公司皆可以定向分红。

对于责任公司，《公司法》第三十四条明确规定，股东按照实缴的出资比例分取红利。但是，全体股东约定不按照出资比例分取红利或者不按照出资比例优先认缴出资的除外。

对于股份公司，需要先在公司章程中约定，若章程中没有约定，先修改章程。不过，为避欺负小股东之嫌，最好还是经过全体股东同意。

无论是责任公司还是股份公司，为什么都可以定向分红呢？道理很简单：股东对公司经营的贡献有大有小，只要公司内部所有股东认可，就可以有特殊贡献的多分点，出力少的少分点。定向分红是你情我愿的事，未尝不可。

二、入股多久可以享受分红

现行法律法规并没有对股东入股多久才可以享受分红作出明确的规定，法不禁止即可。

能否取得分红主要取决于新股东在取得股权对价中是否包含未分配利润。如果包含,可以分红;如果没有包含,逻辑上是不可以分红的。如果硬性分红,会存在向新股东输送利益的嫌疑,有可能会被税务机关认定股权转让价格不合理。

有案例显示,在股东入股、工商变更的当天,公司就给新股东分红,虽然法律法规并不明确禁止,但避税痕迹太明显,容易引起税务机关的注意。

当然,凡事都有可能,如果新股东在入股的当日就给公司带来一笔大订单,给其定向分红也算是有理可依,有据可循。

三、定向分红如何缴税

定向分红是分红的一种特殊形式,如何纳税跟分红是一样的。

对于法人股东,《企业所得税法》规定,符合条件的居民企业之间的股息、红利等权益性投资收益,为免税收入,即法人股东分红时免征企业所得税。

对于自然人股东,股息、红利所得,除另有规定外,都应当缴纳个人所得税。

法人股东不用缴税,自然人股东得缴,这无形中给税收筹划开辟了一条宽敞大道。

四、利用定向分红筹划税收

实务中,一些股东比较少的公司在股权转让时可以利用定向分红来筹划税收。

假设X公司只有A、B两个自然人股东。如图6-1所示:

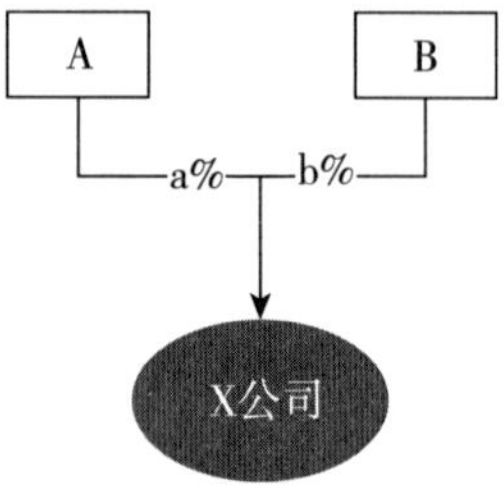

图6-1 X公司的股权

B 欲将自己所有股权转让给 A，彻底地退出 X 公司。A 接手后，100% 持股 X 公司。

情形 1：A 掏钱买 B 的股权，B 按转让所得缴个人所得税。如图 6－2 所示：

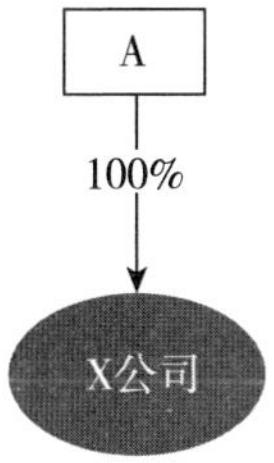

图 6－2　A 直接购买 B 的全部股权

情形 2：A 先成立一家一人有限责任公司 Y，X 公司的所有股东 A、B 商量好：B 先把股权转让给 Y 公司，做好股权变更的工商登记后，X 公司向 Y 公司定向分红，Y 公司再用分红偿还 B 的股权购买款。如图 6－3 所示：

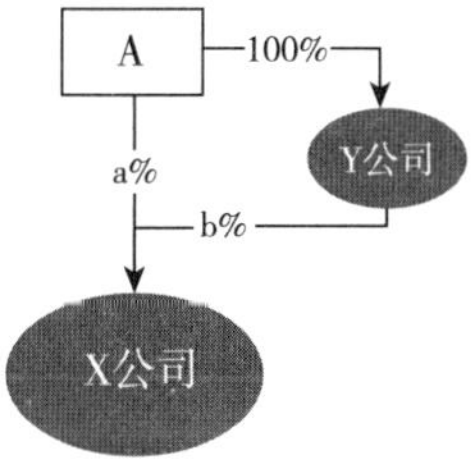

图 6－3　A 成立公司去收购 B 的股权

两种情形，对于 B 来说，要缴一样的税，差别就是情形 2 晚收到转让款罢了。有人可能疑惑两种情形的转让价会不会不一样，其实不会的，情形 2 约定的转让价会包含 B 失去的应该得到的分红。

而对于 A，情形 1 是最直接、最普遍的做法，但需要 A 掏资金出来。而情形 2 中，A 却分文不出，可以说是空手套了 B 的股权。虽说这么做在法律上看来没什么问题，但毕竟税务机关暂时少收了一笔税。所以，这样做之前还是得先征求税务机关的意见。

自然人股东下面套个公司再去投资，这样，被投企业分红会先分到公司层面，免税。这个公司就相当于一个大钱袋、钱箱子，先把分红免税地归集起来。至于收集到的钱未来再投资或分红给自然人股东该如何核算税收，那是未来的事了。

五、避免在上市前夕突击大额定向分红

有时候,公司货币资金充裕,会在上市前几年不断地向大股东等定向分红,甚至在上市前夕突击大额定向分红,这会招来先严重掏空企业后上市圈钱的质疑。所以,应避免在上市前夕突击大额定向分红。

6－1 中科环保 2021－09

申报文件显示:2020年8月发行人召开临时股东大会,通过了定向分红方案,决议向2020年4月增资之前的老股东即中科集团和碧蓝润宇分配股利共计1,766.46万元。该股利已于2020年8月支付完毕。

请发行人:披露上述定向分红以及报告期内分红信息,包括但不限于背景原因、履行程序、分红时间、分红对象范围和确定标准、分红金额。

| 回复 |

2020年4月,发行人通过增资扩股方式引入10名新股东,认购价格为1.4元/股。根据《国务院办公厅转发国资委关于进一步规范国有企业改制工作实施意见的通知》(国办发〔2005〕60号)等国资监管规定,***国有企业增资扩股过渡期期间损益应归原股东所有,中科集团、碧蓝润宇及新股东一致同意本次增资扩股期间过渡期损益由原股东享有,预计的过渡期期间损益42,860,979.88元已在增资价格中体现***。

受疫情影响,增资工作由2020年1月底延迟至2020年4月中旬完成,***超过预计时间***,根据经审计的财务数据,实际的过渡期间损益为60,525,544.07元,***较原本预计过渡期间损益增加***17,664,564.19元。

2020年8月11日公司召开第四次临时股东大会,***全体股东一致同意并通过***《关于北京中科润宇环保科技股份有限公司增资项目的期间损益归属及定向分红的议案》,决议向2020年4月***增资之前的老股东***即中科集团和碧蓝润宇按照增资前持股比例分配股利共计17,664,564.19元,其中向中科集团分配16,989,777.84元,向碧蓝润宇分配674,786.35元。该股利已于2020年8月支付完毕。

点评

本案例中，本来已经约定了增资扩股过渡期期间损益归原股东所有，后因工作超过预计时间，用定向分红的方式将过渡期间超过预计的收益补偿给老股东。增资扩股、收购股权等，从签协议、支付款项到交割都需要不短的时间，用定向分红将过渡期间超出预期的损益重新分配，这种方式值得称赞。

6-2　亚洲硅业 2021-09

根据问询回复：就以亚硅有限土地评估增值形成的资本公积转增股本的出资瑕疵，亚硅有限股东以分红款补足了出资。

请发行人说明：控股股东对公司欠款的原因及还款用途，以分红款偿还欠款是否损害公司利益，是否存在利益输送的情形。

回复

1、控股股东对公司欠款的原因及还款用途

（1）欠款原因

如前所述，亚硅 BVI 向亚硅有限提供了 4,480 万美元借款，其中 2,480 万美元系亚硅 BVI 向 Suntech Power Holdings 子公司 Power Solar System Co.,Ltd.,（以下简称“PSS”）借款。为满足自身生产经营所需原材料，支持亚硅 BVI 投资多晶硅业务，2008 年 5 月，PSS 与亚硅 BVI 签订了《借款协议》，约定 PSS 向亚硅 BVI 提供 2,480 万美元借款。亚硅有限投产并持续向无锡尚德供应多晶硅后，无锡尚德、亚硅有限、PSS 与亚硅 BVI 签订了《太阳能级多晶硅料采购合同借款转预付款支付协议》，约定将 PSS 向亚硅 BVI 提供的借款 2,480 万美元转为 PSS 子公司无锡尚德向亚硅 BVI 子公司亚硅有限支付的预付款，用来抵扣无锡尚德在采购合同下应当支付给亚硅有限的货款，后亚硅有限以向无锡尚德供货的方式将该笔预付款抵扣完毕，相应亚硅有限账面上形成了应收亚硅 BVI 债权 2,480 万美元。

上述亚硅 BVI 对亚硅有限的欠款 2,480 万美元，抵减亚硅有限向亚硅 BVI 借款的余额 446.9 万美元（其中 398.4 万美元系亚硅 BVI 向亚硅有限提供的借款 4,480 万美元，减去转增实收资本 3,181.6 万美元，减去发行人偿还金额 900 万美元后的余额；48.50 万美元系 2013 年 11 月亚硅 BVI 对亚硅有限的借款）、亚硅有限应付亚硅 BVI2011 年度股利 361.73 万美元后，形成亚硅 BVI 对亚硅有限欠款

1,671.37万美元,考虑汇兑损益后,截至2017年1月1日亚硅BVI尚欠亚硅有限折合人民币109,329,543.61元。截至2018年11月27日,上述欠款产生利息9,363,237.67元,至此亚硅BVI欠亚硅有限本金、利息合计118,692,781.28元。

(2)偿还用途

本次偿还主要为解决控股股东对发行人的***资金占用***问题,提高公司的规范运作和治理水平。***发行人控股股东亚硅BVI以应收发行人的分红偿还对发行人的欠款,未发生实际资金流入流出,款项仍留存发行人用于生产经营***。

点评

《监管规则适用指引—发行类第5号》第八条明确指出,被关联方以借款、代偿债务、代垫款项或者其他方式占用资金是财务内控不规范情形之一。本案例中,控股股东亚硅BVI欠发行人一笔不少的钱(约1.2亿元),过程错综复杂。后面来了一个神奇的操作:发行人用对亚硅BVI的定向分红抵销了亚硅BVI对发行人的欠款。值得一提的是,亚洲硅业在2022年4月撤回了上市申请。

2、以分红款偿还欠款是否损害公司利益,是否存在利益输送的情形

《中华人民共和国外商投资法》第三十一条规定,外商投资企业的组织形式、组织机构及其活动准则,适用《中华人民共和国公司法》、《中华人民共和国合伙企业法》等法律的规定。《中华人民共和国公司法》第三十四条规定,股东按照实缴的出资比例分取红利;但是,***全体股东约定不按照出资比例分取红利的除外***。

2018年11月27日,亚硅有限董事会通过决议,同意向亚硅BVI分红,分红款中118,692,781.28元与亚硅BVI对发行人欠款相抵。该分红决议作出时,亚硅有限的股东为亚硅BVI和其全资子公司镇江亚硅,***镇江亚硅已书面确认同意不参与本次分红,并确认本次分红未损害其利益***。故亚硅有限本次分红符合《中华人民共和国外商投资法》《中华人民共和国公司法》的上述规定。

同时,发行人以其应付控股股东亚硅BVI股利的债务,与亚硅BVI应付发行人欠款的债务相互抵销,符合当时有效的《合同法》关于债务抵销的相关规定,也符合现行有效《民法典》关于***债务抵销***的相关规定。

点评

责任公司与股份公司皆可以定向分红，但最好都须经公司全体股东同意。商法崇尚意思自治，不按照出资比例分配红利是你情我愿的事，未尝不可。本案例的操作虽然看起来有点不舒服，但的的确确没有明显的违法违规的痕迹。

因此，2018 年 11 月发行人控股股东以从发行人处应收分红款偿还对发行人的欠款，不会损害公司利益，不存在利益输送的情形。

6－3　赛克赛斯 2020－11

根据招股说明书，2017 年 5 月，赛克赛斯控股将其持有的公司 900 万元股权（未实缴）转让给新余高通，新余高通除需履行 900 万元股权的出资义务外，另向赛克赛斯控股支付 900 万元。2017 年 9 月，赛克赛斯有限召开股东会，同意公司截至 2016 年可分配利润中 9,344 万元用于赛克赛斯控股向公司转增股本。

请发行人说明：公司向赛克赛斯控股定向分红履行程序及其合法合规性，是否损害其他股东合法权益，赛克赛斯控股是否依法缴纳税款及其纳税具体情况。

｜回复｜

一、公司向赛克赛斯控股定向分红履行程序及其合法合规性，是否损害其他股东合法权益

（一）公司向赛克赛斯控股定向分红履行程序及其合法合规性

2017 年 9 月 6 日，赛克赛斯有限召开股东会，***全体股东同意***：公司 2016 年度实现净利润 12,230.16 万元，按税后利润 10% 提取法定盈余公积 1,223.02 万元后，公司截至 2016 年 12 月 31 日可分配利润为 10,742.50 万元，其中，***可分配利润中的 9,334.00 万元直接用于股东赛克赛斯控股向公司转增股本***。

点评

资本公积可以定向转增股本，本案例表明，可分配利润也可以定向转增股本。本来正常的步骤是先向某股东定向分红，然后该股东将分红再投资到公司。直接将可分配利润定向向特定股东转增股本，实际上是将前述两个步骤合并为一步。合成一步不仅省事，还省税：该股东是法人还好，如果是个人股东，还可以省一笔分红税。

本次利润分配时，公司已提取利润的10%列入法定公积金，且不存在未弥补亏损情况。本次利润分配方案经全体股东召开股东会一致审议通过，同意向赛克赛斯控股定向分红，符合《公司法》及公司章程关于有限责任公司利润分配的相关规定，合法合规。

（二）公司向赛克赛斯控股定向分红是否损害其他股东合法权益

截至2016年12月31日，公司股东为赛克赛斯控股、济南宝赛、济南赛明，均为邹方明、冯培培共同持股的企业。本次利润分配方案***已经全体股东一致审议通过***，同意向赛克赛斯控股定向分红，符合《公司法》及公司章程关于有限责任公司利润分配的相关规定，未损害其他股东合法权益。

二、赛克赛斯控股是否依法缴纳税款及其纳税具体情况

根据《企业所得税法》及《企业所得税法实施条例》规定，***对于符合条件的居民企业之间的股息、红利等权益性投资收益以及符合条件的非营利组织的收入免征企业所得税***。“符合条件的居民企业之间的股息、红利等权益性投资收益”，是指居民企业直接投资于其他居民企业取得的投资收益。《企业所得税法》第二十六条第（二）项和第（三）项所称股息、红利等权益性投资收益，不包括连续持有居民企业公开发行并上市流通的股票不足12个月取得的投资收益。

公司向赛克赛斯控股定向分红属于“符合条件的居民企业之间的股息、红利等权益性投资收益”，赛克赛斯控股于2017年第三季度及第四季度预缴纳税中进行了申报。

因此，赛克赛斯控股已就本次获得的定向分红依法申报企业所得税并依法***免缴企业所得税***。

点评

对于法人股东，无论是盈余公积与未分配利润转增资本公积、股本，还是资本公积转增股本，都不用缴税，详见“疑难点1”“疑难点2”。

6－4　风光新材 2021－03

申报材料及首轮问询回复显示：风光实业由发行人股东王磊、韩秀兰于2016年10月27日出资设立，为发行人及其前身风光有限股东之一。2016年11月25日，风光有限向风光实业定向现金分红22,400万元，王磊、韩秀兰不参与本次分红。同月，风光实业使用上述分红款对发行人增资1.4亿元，并于2016年11月28日至12月16日向风光实业的股东王磊、韩秀兰分红5,000万元，二人使用该笔分红款归还前次增资过程中通过布艾、兴胜实业占用的发行人资金。

请发行人：（1）披露风光有限通过向风光实业分红的方式间接向王磊、韩秀兰分红，而非直接向其分红的原因及合理性，风光实业及王磊、韩秀兰是否就其收到的历次分红款缴纳企业所得税及个人所得税。

（2）说明营口市老边区税务局出具的说明是否获得其上级主管部门的认可，发行人是否存在被税务主管部门行政处罚的风险，并提供前述说明文件原文。

| 回复 |

背景：***2016年11月22日***，风光有限股东会通过股东会决议，同意由风光实业（***股东仅为王磊、韩秀兰***）向公司增资，风光实业于当日与风光有限签署了《增资协议》，并于***11月25日***完成工商变更登记。风光实业据此已成为风光有限的股东。

2016年11月25日，风光有限召开股东会审议通过，以现金形式向股东进行利润分配，分红金额为22,400万元，***全体股东（除了风光实业、王磊、韩秀兰，还有其他股东）一致同意***本次分红不按出资比例分配，向风光实业分红22,400万元，王磊、韩秀兰不参与本次分红。

点评

2016年11月25日，新股东风光实业入股当天，公司就对其定向分红，而且金额还不少。法律法规没明确禁止公司新股东马上就可以拿到分红，能否取得分红主要取决于新股东取得的股权对价中是否包含了这部分分红。如果包含，可以分红；如果没有包含，理论上是不可以分红的，否则会有变相降低入股价的嫌疑。本案例这么操作，避税痕迹过于明显。

一、发行人向风光实业定向分红而非直接向王磊、韩秀兰分红的原因及合理性

根据发行人实际控制人的说明，考虑到***直接向自然人股东分红将涉及较高税***

负且分红所得资金将主要用于对发行人增资及后续经营，王磊、韩秀兰拟对后续主要用于对发行人增资的该次分红所得进行***税务筹划***。

根据当时有效的《中华人民共和国企业所得税法》第二十六条的规定，“企业的下列收入为免税收入：……（二）符合条件的居民企业之间的股息、红利等权益性投资收益”，经王磊、韩秀兰与发行人所在地主管税务机关沟通，最终通过其所新成立的企业法人风光实业对发行人增资，并在风光实业成为股东后，以发行人对风光实业定向分红的方式（即自然人王磊、韩秀兰放弃分红权）满足上述《中华人民共和国企业所得税法》第二十六条的要求，***从而实现在发行人层面分红时暂缓缴纳个人所得税，待风光实业以所得资金向王磊、韩秀兰分红时再予以缴纳个人所得税的效果***。

点评

向法人股东分红，可免税；向个人股东分红，得缴税。此处倒说得挺诚实的，就是为了税务筹划，在发行人层面分红可以暂缓缴纳个人所得税。

发行人已经在申请文件补充披露如下：

“***为避免向自然人股东大额现金分红带来的税务负担***，故通过先向发行人当时唯一的法人股东、实际控制人100%控制的风光实业***定向分红***，***后由实际控制人向风光实业借款的方式取得部分资金以尽快偿还因实缴注册资本对发行人的拆借款***。”

点评

为了不缴税，分红先分到法人股东层面，然后拆借给自然人股东，而不是向上层自然人股东分红。这种不正常的操作，难怪会被问询。

二、税务主管部门出具的说明是否与发行人披露信息相矛盾

经书面核查国家税务总局营口市老边区税务局出具的《说明》并对相关法律法规进行检索，国家税务总局营口市老边区税务局出具的说明所依据的条文为《中华人民共和国企业所得税法》第二十六条中“企业的下列收入为免税收入：……（二）符合条件的居民企业之间的股息、红利等权益性投资收益”的规定。

根据上述《说明》、《招股说明书》（申报稿）的内容，国家税务总局营口市老边区税务局系针对***在发行人层面向风光实业进行定向分红时自然人不参与分红不涉及个人所得税***的事项而出具专项说明，而《招股说明书》（申报稿）披露的“已履行个人所得税款代扣代缴义务”是指发行人直接向王磊、韩秀兰分红以及在风光实业层面向王磊、韩秀兰分红已履行个人所得税款代扣代缴义务的描述，二者不存在矛盾。

三、国家税务总局营口市老边区税务局出具的说明是否取得上级主管部门认可及发行人是否存在被税务主管部门行政处罚风险

1、国家税务总局营口市老边区税务局所出具说明的原文

国家税务总局营口市***老边区***税务局系于2020年7月15日出具前述专项说明，其原文为：“2016年11月25日，营口市风光化工有限公司作出股东会决议，***全体股东一致同意***仅向法人股东营口风光实业发展有限公司进行定向分红，自然人股东不参与此次分红。此次定向分红营口市风光化工有限公司已与我局（当时为营口市老边区地方税务局）进行沟通，我局（当时为营口市老边区地方税务局）已知悉且认为不违反法律法规的规定，营口市风光化工有限公司、营口风光实业发展有限公司及当时的自然人股东均不需缴纳税款，亦无需对其作出纳税调整并补征税款、滞纳金或罚款。”

2、上述说明是否已获得其上级主管部门的书面认可

为进一步对上述说明的效力进行确认，国家税务总局营口市老边区税务局的上级主管部门国家税务总局***营口市***税务局于2021年1月13日出具了《关于营口风光新材料股份有限公司2016年定向分红所涉税款事项的回复意见》，同意国家税务总局营口市老边区税务局对发行人2016年定向分红所涉税款事项的处理意见，同意在发行人2016年定向分红事项中，不涉及纳税调整、补征税款、滞纳金或罚款等行政处罚。

3、发行人是否存在被税务主管部门行政处罚风险

（1）发行人2016年所涉及的定向分红事项中仅向法人股东分红，自然股东未参与分红，不涉及纳税调整、补征税款、滞纳金或罚款等行政处罚已获得国家税务总局营口市税务局的书面确认。

（2）根据国家税务总局营口市老边区税务局出具的《***证明***》，发行人在报告期内能够遵守国家和地方各项税收法律、法规的规定，依法按时申报且已足额缴纳各项应缴税款，不存在拖欠、漏缴或偷逃税款或其他违反税收法律、法规的情形，

亦不存在因税务问题而受到行政处罚的情形。

(3)发行人实际控制人王磊、韩秀兰亦出具出面**承诺**,承诺在历史上已就发行人、风光实业的分红事项依法缴纳个人所得税,若后续因个人所得税缴纳事宜被税务部门要求补缴税款、缴纳滞纳金或罚金,均由实际控制人以其个人财产承担,若因此给发行人造成损失或有权主管部门要求发行人先行支付款项的,王磊、韩秀兰应及时予以补偿,并确保发行人不发生任何损失。

点评

税务局出具证明和公司相关股东、实际控制人出承诺函是涉税问题的标配。

综上,发行人不存在被税务主管部门给予行政处罚的风险。

6-5 匠心家居2021-05

根据申报材料,2018年9月,Motto Motion公司将全部股权转让给宁波随遇心蕊,价格为12.43元/注册资本,其间Motto Motion公司获取过分红。宁波随遇心蕊支付股权受让款的资金来源于从常州锐新取得的分红款。2018年10月,常州锐新通过股东会决议,同意以经审计截至2017年12月31日可供分配的未分配利润向股东宁波随遇心蕊定向分红140,000,000.00元,其他股东不参与分配。

请发行人补充披露:常州锐新以截至2017年末的未分配利润向宁波随遇心蕊定向分红的原因及合理性,宁波随遇心蕊支付股权受让款的资金来源情况是否合法合规。

| 回复 |

一、Motto Motion公司转让公司股权

转让前,股权结构如下:

股东名称	出资额(万元)	出资比例(%)
李小勤	2,050.00	65.00
Motto Motion公司	1,104.00	35.00
合计	**3,154.00**	**100.00**

2018 年 8 月 25 日，常州锐新董事会通过决议，同意 Motto Motion 公司将其持有的公司 35% 的股权以 13,722.45 万元人民币，按照***2018 年 8 月 24 日***中国人民银行美元兑人民币汇率***中间价***6.8710 为基准折算成 19,971,547.08 美元转让给宁波随遇心蕊。2018 年 8 月 27 日，Motto Motion 公司与宁波随遇心蕊签订《股权转让协议》。

点评

2018 年 8 月 25 日董事会通过决议，用最近，即 8 月 24 日的汇率中间价将人民币折算成外币。

2018 年 9 月 10 日，常州市商务局下发《外商投资企业变更备案回执》(常外资备 201800147)，对常州锐新股权转让事项进行变更备案。

2018 年 9 月 17 日，常州市工商行政管理局核发了统一社会信用代码为 9132040073826482XM 号的营业执照。

本次股权转让后，公司性质由中外合资经营企业变更为内资企业，常州锐新的股权结构如下：

股东名称	出资额(万元)	出资比例(%)
李小勤	2,050.00	65.00
宁波随遇心蕊	1,104.00	35.00
合计	3,154.00	100.00

二、常州锐新以截至 2017 年末的未分配利润向宁波随遇心蕊定向分红的原因及合理性，宁波随遇心蕊支付股权受让款的资金来源情况是否合法合规

2018 年 10 月 8 日，常州锐新股东会决议向股东宁波随遇心蕊定向分红 14,000.00 万元，其他股东不参与本次分红。

1、定向分红的原因及合理性

定向分红的原因为宁波随遇心蕊需要资金支付 Motto Motion 公司股权转让款项。

做出定向分红决定时，发行人仅有宁波随遇心蕊(李小勤控制的公司)、李小勤两名股东，不存在损害其他股东利益的情形。做出定向分红决定时，常州锐新

系有限责任公司，相关决定不存在违反常州锐新当时有效的公司章程或公司法等法律法规的情形，相关决定***经全体股东表决通过***。

点评

1. 过程是这样的：Motto Motion 将持有的公司 35% 的股权转让给宁波随遇心蕊。但宁波随遇心蕊没有付钱，股权先交割，宁波随遇心蕊进入公司后再拿定向分红的钱还给股权转让方 Motto Motion。

2. 定向分红要经全体股东同意，符合公司“意思自治”的原则。此案例公司的股东只有两个，凡事好商量。

做出定向分红决议前，2018 年 9 月 Motto Motion 公司将其持有的公司 35% 的股权以 13,722.45 万元人民币转让给宁波随遇心蕊；***转让价格系双方基于公司账面净资产评估值***（常中瑞资评报字(2018)第 32 号）经友好协商确定。***转让价格所基于的公司净资产中已包含未分配利润等留存收益，股权转让完成后的分红行为不影响原股东 Motto Motion 公司的权益***。

点评

无论用什么方式，转让方 Motto Motion 转让股权都要缴一样的税，但对于购买方宁波随遇心蕊就不一样了。如果在转让前，公司先分红给李小勤，李小勤再把钱给宁波随遇心蕊，宁波随遇心蕊用这笔钱去购买 Motto Motion 的股权，则李小勤要缴 20% 的分红所得税。如果按此案例的做法，即先分红到李小勤控制的公司宁波随遇心蕊，免税，宁波随遇心蕊再把钱给 Motto Motion。虽然转让价格可能是以分红前的净资产评估值的持股比例去计算，不会损害到转让方 Motto Motion 的利益，但税务局却暂时少收了一笔税。往深处想一想，这实际上是在免税地更换股东。

综上，前述定向分红符合当时有效的公司章程及相关法律法规的规定，且具有合理性。

2、宁波随遇心蕊支付股权受让款的资金来源情况是否合法合规

宁波随遇心蕊支付股权转让款的资金来源为合法的分红所得，宁波随遇心蕊在 2018 年度汇算清缴中已将该笔收入作为***免税收入***进行申报。

综上，宁波随遇心蕊支付股权转让款的资金来源合法合规。

点评

定向分红的操作实在太多了：案例“6－1 中科环保 2021－09”用定向分红来分配过渡期间的损益；案例“6－2 亚洲硅业 2021－09”用来抵销股东对公司的欠款；案例“6－3 赛克赛斯 2020－11”用来定向转增股本；案例“6－4 风光新材 2021－03”用来税务筹划；而本案例则用来在免税地更换股东。

疑难点7

定 向 减 资

减资是公司减少注册资本的行为。

一、减资的分类

根据减资是否会导致公司股东的持股比例发生变化,可将减资分为同比例减资与定向减资。若股东按原出资比例或持股比例同等减少,则被称作“同比例减资”,减资后各股东的持股比例不变;若减资后股东的持股比例发生变化,则被称作“不同比例定向减资”或“定向减资”。完全减资的股东可能会因此彻底地退出公司,而其他股东的持股比例会因此上升。

根据公司净资产流出与否,减资又可分为“形式性减资”和“实质性减资”。形式性减资不会导致公司的资产流出,而实质性减资则会。

二、定向减资与股权回购的异同

解决公司解散和股东纠纷的主要方式有转让股权给其他股东、转让股权给外部人员、公司回购股权、公司分立、公司减资等。前两种需要其他股东或他人愿意受让,公司回购股权又有严格的法定条件,公司分立无法让股东彻底退出,而定向减资为股东提供了一条真正退出公司的路径。

公司回购股权后可能出现三种结果,如图 7 - 1 所示:第一,公司回购后将股权转让给其他股东;第二,将股权转让给外部人员;第三,定向减资。也就是说,定向减资是公司股权回购之后的选择之一,股权回购并不必然会导致公司减资。

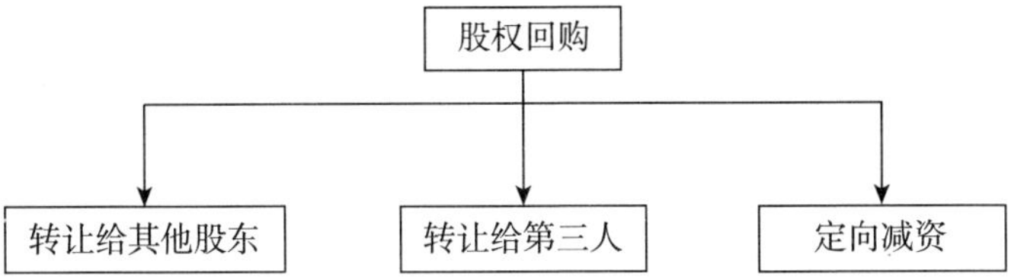

图7-1　公司回购股权后出现的三种结果

如果公司回购的股权/股份不及时转让，一般得在规定的期限内注销，相当于在定向减资。

三、责任公司定向减资应经全体股东同意

《公司法》第四十三条第二款规定："股东会会议作出修改公司章程、增加或者减少注册资本的决议，以及公司合并、分立、解散或者变更公司形式的决议，必须经代表三分之二以上表决权的股东通过。"也就是说，只需要踏过2/3这条线便可通过增资、减资等方式改变公司的股权架构。

但是，《公司法》中涉及"减少注册资本"一般被认定为同比例减资，而定向减资不但非"同比例减资"，而且还涉及减资后股权如何在剩余股东之间重新分配的问题。

实际上，《公司法》中并没有关于定向减资的特别规定。《公司法》仅规定了减少注册资本应履行的具体程序，并没有对责任公司减少注册资本的方案、定价和对象等作出限制性规定。但是，法无明文禁止即可为。

本质上，定向减资是增资的反向操作。公司增资需要向公司支付对价，减资则相反，公司需要向减资股东支付对价。《公司法》第三十四条规定："股东按照实缴的出资比例分取红利；公司新增资本时，股东有权优先按照实缴的出资比例认缴出资。但是，全体股东约定不按照出资比例分取红利或者不按照出资比例优先认缴出资的除外。"倘若责任公司的章程没有明确约定，须经过全体股东同意，股东才有权不按照实缴的出资比例增资。反之，定向减资也须经过全体股东同意。

定向减资必然会引发公司的股权结构变动，股东的权利、义务及责任需要再平衡。如果未经全体股东一致同意，以少数服从多数的方式来改变公司各股东合意形成的股权结构，违背了责任公司"人合"的特性。

也有判例认为：如果在章程中没有专门规定，不同比例减资需要全体股东一致同意。不经全体股东同意进行的不同比例减资违背了公司法“同股同权”的基本原则，损害了小股东的合法权益，同时会导致少数股东无法等比例减少其所持股份，定向减资后需要承担的股东责任增加。特别是，当公司严重亏损时，定向减资会导致其他股东的持股比例上升，从而相应地，需要承担的风险会被动放大。

若按照同比例减资的表决机制通过了定向减资方案，小股东因此就更容易遭受大股东的排挤。这不仅会导致小股东的剩余财产分配权无法得到保障，股东权利受到损害，还会纵容大股东之间相互串通，通过定向减资提前分配公司的剩余财产，甚至利用支配地位掏空公司。

目前，这部分尚有争议，从谨慎的角度出发，责任公司定向减资最好经全体股东同意，公司章程另有约定的除外。

四、定向减资用法

查阅多个案例，在投行实践中，定向减资用法广泛、灵活。

1. 剥离资产

将有问题的出资剥离，清除掉历史有瑕疵的出资。

2. 挤出未实缴出资

对于认缴却失信没有按约定实缴出资的股东可以通过对其定向减资，甚至完全解除其股东资格，使公司实缴与认缴的出资一致。

3. 调整股权架构

通过先增资、后定向减资来调整股权架构，如维持某些股东的持股比例不变。

4. 作为对赌协议退出条款

在对赌协议中，通常会约定投资方在目标公司未达到预期目标的情况下，可以通过向公司申请以定向减资的方式退出公司，如“发行人如果未在约定时限前在中国境内首次公开发行股票并上市，投资方有权要求公司以包括但不限于定向减资的方式回购其所持股权”。

之前，法院认定对赌协议有效仅限于投资方与目标公司其他股东之间的对赌约定，并不认可投资方与目标公司之间对赌的效力。

但2019年出台的《全国法院民商事审判工作会议纪要》（法〔2019〕254号）突

破了上述障碍。它规定:“投资方与目标公司订立的‘对赌协议’在不存在法定无效事由的情况下,目标公司仅以存在股权回购或者金钱补偿约定为由,主张‘对赌协议’无效的,人民法院不予支持,但投资方主张实际履行的,人民法院应当审查是否符合公司法关于‘股东不得抽逃出资’及股份回购的强制性规定,判决是否支持其诉讼请求。投资方请求目标公司回购股权的,人民法院应当依据《公司法》第35条关于‘股东不得抽逃出资’或者第142条关于股份回购的强制性规定进行审查。经审查,目标公司未完成减资程序的,人民法院应当驳回其诉讼请求。”

《公司法》第三十五条是关于股东不得抽逃出资的规定,第一百四十二条是关于股份公司股份回购的强制性规定。《全国法院民商事审判工作会议纪要》实际是将投资方与目标公司对赌协议中股权回购条款的审查引申到了抽逃出资、股权回购的情形。

有了《全国法院民商事审判工作会议纪要》这个突破后,为了保障投资者的利益在被投企业未达到预期目标时不受损害,在对赌协议中添加定向减资作为退出条款就如雨后春笋般冒出。

5. 分配收益

若投资者以低对价吃亏退出,可以给公司其他股东留下利益,甚至可以在退出时调低公司的估值,以方便后续的其他操作。

五、定向减资如何定价

法律法规并未对公司增资或减资的对价给予明确的指引,我们可参考股权转让的定价方法。

1. 账面价

以经审计的净资产作为定价依据,但这样可能会被问询定价依据的原因、合理性。

2. 评估价

请评估公司进行评估。倘若能以低于公允价退出更好,因为一方面可以降低公司的估值,另一方面可以留下利益给其他股东。

六、定向减资的对价

股东的实缴比例、公司的盈亏状况都会影响定向减资的对价。

1. 形式性减资的对价

我们来看一下对认缴出资形式性减资的例子。

假设A公司为甲、乙、丙(均为法人,其中丙为国有公司)合资设立,注册资本金1,000万元。甲、乙、丙分别持有A公司40%、30%、30%的股权。经过几年刻苦经营,公司仍然亏损,丙想退出,而甲、乙又不愿意受让丙的股权,所以A公司对股东丙定向减资,让丙彻底地退出A公司。

情形1:甲、乙已全部实缴,丙完全未实缴,公司欲对丙所有的认缴出资额定向减资。如表7-1所示:

表7-1 认缴出资形式性减资之情形1

评估价(元/每股)	丙定向减资的对价(万元)	解释
1.1	0	公司净资产或已经增值,对丙减资,丙可以不支付对价
1.0	0	
0.9	-30	公司已经亏损100万元,丙应当按30%的持股比例承担亏损30万元(100×30%),即支付30万元方可退出公司

情形2:甲、乙全部实缴,丙实缴了100万元(1/3),公司欲对丙剩余200万元的认缴出资额定向减资。如表7-2所示:

表7-2 认缴出资形式性减资之情形2

评估价(元/每股)	丙定向减资的对价(万元)	解释
1.1	0	公司净资产或已经增值,对丙减资,丙可以不支付对价
1.0	0	
0.9	-30	公司已经亏损100万元,丙应当按30%的持股比例承担亏损30万元(100×30%),但由于已经实缴了1/3,还应支付20万元方可将剩余200万元的认缴出资义务清除

股东以认缴的出资额为限对公司承担有限责任。股东在经营期内提前退出，应当视为出资义务提前到期，须先实缴到公司，再按认缴的比例核算完应承担的盈亏后方可退出。再说，股东以认缴的出资比例享有表决权，参与了公司的经营决策，理应承担经营公司的所有后果。因此，如果公司亏损，不补足亏损就抽身退出，两手空空地来，两手空空地走，会影响公司的偿债能力，有抽逃出资之嫌。

上文情形 1、情形 2 都是对认缴出资的形式性减资。减资后，若公司的资本额与实有资产水平接近，则不会减少公司的资产，亦不会降低公司偿债和信用担保的能力。对于情形 1，股东出资完全没有实缴，如果退出时公司是亏损的，则股东应当按持股比例承担亏损后方可退出；对于情形 2，股东部分出资没有实缴，如果退出时公司是亏损的，则股东应当按未实缴比例补齐亏损后方可将认缴义务消除。

2. 实质性减资的对价

我们来对比对已经实缴出资的实质性减资。

当公司严重亏损时，实践中还有公司在定向减资时不仅没有要求减资股东补齐亏损，反而返还投资款让其退出公司，如上文例子情形 2 中的当每股评估价少于 1 元时，丙欲将已实缴的原始投资款 100 万元赎回，彻底地离开公司。这实际上是未经清算程序变相地提前向个别股东分配公司资产，会导致公司的资产流出，损害到公司其他股东和债权人的利益。因此，当公司连续、严重亏损时，实质性减资应认定为无效。

如果公司亏损时，建议公司在进行实质性减资之前应先用欲减资股东的投入资本来弥补亏损，补足公积金后，剩余部分方可返还给减资股东，并且在对债务进行清偿或者提供担保之前不得向减资股东返还资本。

七、会计处理

1. 形式性减资

对于未实缴的出资，定向减资时无须任何会计处理。

2. 实质性减资

根据《企业会计准则—应用指南》（财会〔2006〕18 号）的规定，收购本公司股票方式减资的，按注销股票面值总额减少股本，购回股票支付的价款（含交易费用）超过面值总额的部分，应依次冲减资本公积（股本溢价）、盈余公积和未分配利润；购回股票支付的价款低于面值总额的，低于面值总额的部分增加资本公积（股本溢价）。

若是将实物出资定向退出，涉及固定资产，贷方应该走“固定资产清理”科目，视同销售，要注意增值税。

八、税务处理

根据国家税务总局《关于企业所得税若干问题的公告》（国家税务总局公告2011年第34号）的规定，投资企业从被投资企业撤回或减少投资，其取得的资产中，相当于初始出资的部分，应确认为投资收回；相当于被投资企业累计未分配利润和累计盈余公积按减少实收资本比例计算的部分，应确认为股息所得；其余部分确认为投资资产转让所得。被投资企业发生的经营亏损，由被投资企业按规定结转弥补；投资企业不得调整降低其投资成本，也不得将其确认为投资损失。

由此，投资机构退出涉及的个人所得税或企业所得税都比较明确，有溢价就需要缴税，投资资产转让所得等于减资取得的资产额减去初始投资成本。

九、定向减资的程序

定向减资是减资的特殊形式，程序跟减资的程序差别不大。

《公司法》第一百七十七条明确规定：“公司需要减少注册资本时，必须编制资产负债表及财产清单。公司应当自作出减少注册资本决议之日起十日内通知债权人，并于三十日内在报纸上公告。债权人自接到通知书之日起三十日内，未接到通知书的自公告之日起四十五日内，有权要求公司清偿债务或者提供相应的担保。”

一般认为，如果公司股东中有国有股东，同比例减资不需要评估，若是定向减资，则需要，并由国资主管部门对评估结果进行核准或备案，以避国有资产流失之嫌；如果公司无国有股东，则评估并非强制程序，但可以作为定价的依据。

十、常见问询

■ 减资股东与新投资人对发行人估值存在较大差异的原因及合理性、各自估值的公允性、商业背景。

■ 是否存在损害发行人利益、对减资股东或新增股东进行不当利益输送的情形。

■ 定向减资是否履行了必要的评估、备案、审批、确认程序。

■ 定向减资的价款支付是否符合约定，是否造成国有资产流失，是否存在纠纷或潜在纠纷。

7－1　软通动力 2021－09

根据审核问询回复：2020 年 5 月，拟引入的云锋基金等新股东对发行人的估值预期为 105 亿元左右，减持股东安鑫二号等对发行人估值预期较高，为 140 亿左右。发行人定向减资回购部分股东所持份额系与发行人引入新投资人的一揽子交易安排，为促进本次交易迅速完成从而确保后续股改、上市的时间安排按计划开展，全体股东协商决定通过发行人减资方式对拟转让退出的股东给予补偿，弥补转让双方之间的估值预期差异。

请发行人补充披露：

一、减资股东与新投资人对发行人估值存在较大差异的原因及合理性、各自估值的公允性

｜回复｜

2020 年 7 月，发行人减资股东与新投资人对发行人估值存在差异的原因如下：

1）新投资人主要系互联网领域、银行业及具有区域影响力的知名投资机构。其中，云锋麒泰和福州兴睿分别在互联网行业、银行业拥有较多客户资源；江苏服投深耕江苏地区，具有较强的区域影响力；前述新投资人对于发行人未来拓展业务渠道可能会具有较大助益。新投资人的估值以同行业可比上市公司的估值水平为参考基准。

2）***减资股东与新投资人估值差异主要由于投资期限较长、希望获取合理的收益***。减资股东中，安鑫二号、高鹄风府、丰廪秦永、鹏汇君晖、华盖创富及云晖景盛第一次入股发行人的时点为 2015 年底左右；银信宝源入股发行人时间为 2016 年 5 月；云晖景盛第二次入股发行人、宁波骏融、中航信托的时点为 2016 年底左右。减资股东投资发行人期限较长，对于发行人的估值预期为参考市场价格并考虑各自投资期限的合理收益。

综上，减资股东与新投资人对发行人估值存在较大差异的原因主要系***老股东对投资期限较长的收益补偿***所致，最终股权转让方案系软通动力有限在新老股东协商一致的情况下确定，***具有商业合理性***。

引入的云锋基金等新投资人对发行人的估值预期为105亿元左右，与同时间段中软国际的估值水平相近，估值定价公允。***减资股东的估值为基于新投资人的估值上浮各自关于投资期限的补偿收益，且相关股权转让方案取得了新老股东的一致同意意见，估值定价公允合理***。

点评

1. 拟引入的新股东与减持股东对公司的估值差距有35亿元之多。公司的解释是：二者是"一揽子"交易，且减资股东投资期限较长，得获取合理的收益。前者倒是一个合理的理由，而后者听起来感觉不像是自负盈亏的真投资，更像明股实债。

2. 本案例通过高价定向减资的方式补偿欲退资的股东，当然也可以用"疑难点6"定向分红的方式。

3. 短时间内股权变动，估值若存在较大差异，很容易被问询。

二、发行人对估值差异进行弥补，是否存在损害发行人利益、对减资股东或新增股东进行不当利益输送的情形，相关处理的合规性

| 回复 |

发行人对估值差异进行弥补主要系引进新投资人，优化发行人股权结构，进一步促进发行人业务发展。发行人***本次减资经全体股东同意***，履行了相关程序，不存在损害发行人、债权人及全体股东利益的情形。发行人减资履行的具体程序如下：

点评

定向减资会引发公司的股权结构变动，股东的权利、义务、责任需要再平衡，所以要经责任公司的全体股东同意。

(1)2020年5月28日,发行人召开**董事会**并作出决议,全体董事一致通过《关于公司股权转让的议案》,并同意公司减少注册资本4.17万美元,一致通过《公司章程修正案》;

(2)针对减资,发行人在《北京日报》上刊登减少注册资本的**公告**,并***通知了债权人***;

(3)发行人各股东出具确认函,确认公司减少4.17万美元的注册资本;同意按照本次股权转让及减资***修改公司章程***;

(4)2020年7月27日,北京市海淀区市监局核准发行人本次减资并向发行人核发统一社会信用代码为91110108781703664R的《营业执照》。

综上,发行人本次减资已履行内部审议程序,全体股东均同意减资,同时已依法通知了主要债权人并履行公告程序,已取得减资完成后的《营业执照》,本次减资未损害发行人、债权人及公司股东权益,减资过程合法合规;发行人本次减资经全体股东同意,定价公允,且引入新投资者有助于发行人主营业务开拓,不存在对减资股东或新增股东进行不当利益输送的情形。

点评

定向减资是减资的特殊形式,程序跟减资的程序差别不大。需要通知债权人、公告等。如果公司股东中有国有股东,一般认为定向减资需要评估。

三、是否存在同类案例,相关会计处理的准确性

| 回复 |

软通动力有限根据与新老股东协商一致的减资金额,减少实收资本4.17万美元,差额减少资本公积44,885.39万元,***减资款通过银行转账方式支付给退出股东***。

点评

本案例为实质性减资,若公司连续严重亏损,公司向减资股东返还投资款的决议无效。

依据公开反馈问询回复资料,在历史沿革中***以减资方式收购老股东股份且减资股东获得的退出估值与后续新进投资人估值存在差异***的部分案例情况如下:

1）行动教育（605098. SH）曾应自然人股东刘卫要求回购其股份，剩余股东考虑到当时行动教育的经营状况以及股东自身的资金需要而要求同比例减资。因刘卫在发展历程中的贡献，行动教育股东大会同意由行动教育以3.38元/股的价格回购刘卫持有的全部股份，剩余股东的股份由行动教育以1.00元/股的价格同比例减资回购。减资后第5个月，行动教育因自身业务发展产生了新的融资需要，控股股东及新投资人以1.07元/股的价格增资。

2）长源东谷（603950. SH）曾因部分股东主动协商退出而回购其持有的部分股份，根据回购总对价除以回购股数计算的减资后的参考估值约13.5亿元。减资后次月，长源东谷控股股东将部分股权转让给新引入的自然人股东，对应参考估值约10.0亿元。

3）福莱特（601865. SH）曾进行减资回购，减资后估值约为65亿左右；减资后第3个月，福莱特股东进行股权转让，转让估值约为13亿。

4）直真科技（003007. SZ）曾进行减资回购，减资后估值约为7.42亿元；减资后第2个月，直真科技股东进行股权转让，转让估值约为1.89亿元。此外，捷佳伟创（300724）、剑桥科技（603083）、润建股份（002929. SZ）等，**减资均为减少实收资本（股本），同时冲减资本公积**。

根据《企业会计准则》，股份有限公司采用收购本公司股票方式减资的，**借记“实收资本”，按照实际减资与实收资本的差额，借记“资本公积——资本溢价”科目**，相关会计处理准确。

点评

1. 为了证明定向减资的估值可以偏离其他入股价、转让价，此处列举了多个案例辅助证明。说白了，定向减资与定向分红一样，可以用来区别对待股东，与估值实际上没多大关系。如举例中的行动教育（605098. SH）、福莱特（601865. SH）、直真科技（003007. SZ），定向减资价与其他入股价、转让价的差距都很大。

2. 股东收回投资金额超过股本面额的部分，要依次冲减资本公积（股本溢价）、盈余公积和未分配利润。

综上，发行人关于减资的会计处理与其他同类案例一致，相关会计处理准确。

7-2　共达电声 2019-05

根据《报告书(草案)》,万魔声学与永欣贰期签订《减资协议》,向其支付4,278万元,减少注册资本133.2632万元(占减资前万魔声学注册资本的1.6634%),永欣贰期不再参与本次交易,据此计算,本次减资对应的万魔声学全部股权价值为257,184.08万元。

请具体说明:永欣贰期减资退出的原因,以及万魔声学减资作价与本次吸收合并差异较大的原因及合理性。

| 回复 |

2017年12月15日,宁波永欣贰期以2,752,000美元的等值人民币18,948,621元的对价,受让万魔声学注册资本人民币1,280,000元;2018年1月5日,宁波永欣贰期向万魔声学缴付150,000美元等值人民币1,032,810元,取得万魔声学注册资本52,632元。宁波永欣贰期投资成本合计1,998.14万元。

2019年5月12日,由于宁波永欣贰期既定的投资策略及业务发展规划,需要提前退出对万魔声学的投资,宁波永欣贰期与万魔声学签署了减资协议。根据减资协议,本次退出的价格考虑了2018年11月GGV(1more)Limited、Chance Accord Limited的退出价格,最终协商确定为4,278万元。

宁波永欣贰期本次对万魔声学的获益2,279.86万元,相对于宁波永欣贰期的投资成本及投资时间,宁波永欣贰期收益率超过100%,收益较高,其退出价格合理。

宁波永欣贰期本次退出方式为采取万魔声学**定向减资**的方式,***而非对外转让方式***,既考虑了宁波永欣贰期合理收益,***又不会造成万魔声学较大资金压力,其定价与本次共达电声吸收合并万魔声学的交易价格不具有可比性***。

点评

定向减资是股东退出公司的方式之一。定向减资与定向分红一样,可以用来区别对待股东,新老股东你情我愿即可,与估值实际上没有很大关系。故本案例最后特别强调"定价与本次共达电声吸收合并万魔声学的交易价格不具有可比性"。

7-3 蓝特光学 2020-06

2008年11月19日，秀洲创投与蓝特有限签署《嘉兴市秀洲区创业创新风险投资有限公司投资协议》，约定为支持蓝特有限新型汽车（边角异形）反光镜的开发应用与产业化项目建设，秀洲创投投入200万元人民币，期限三年，年报酬率为10%，投资期满后，蓝特有限一次性支付秀洲创投本金和报酬，共计260万元人民币。发行人2010年下半年与秀洲创投就清理"明股实债"及秀洲创投退出事宜进行了重新协商，考虑到后续程序的时间及便捷性，双方协商确定秀洲创投按评估价值以定向减资的方式提前退出发行人。最终，秀洲创投定向减资的价格按照经评估的价值确定为787.16万元，由蓝特有限直接支付给秀洲创投。

请发行人说明：由固定投资收益更改为股权评估价值退出的原因及合理性。

回复

2010年下半年，蓝特有限拟进行股份制改造并拟在股改前清理"***明股实债***"。蓝特有限就清理"明股实债"及秀洲创投投资退出事宜与秀洲创投进行了沟通。

由固定投资收益更改为股权评估价值退出主要有以下两点考虑：1、如按照秀洲创投与蓝特有限签订的《嘉兴市秀洲区创业创新风险投资有限公司投资协议》约定，以固定投资收益退出需推迟到2011年11月，无法满足蓝特有限股改的时间要求；2、根据届时的法律规定，***秀洲创投以定向减资方式退出需对蓝特有限进行资产评估***。而***按股权评估价值退出所获收益明显高于固定投资收益***。因以股权评估价值退出既可满足蓝特有限尽快清理"明股实债"的需求，同时秀洲创投所获收益更高，国有资产得到进一步保值增值，***不存在国有资产流失的情形***，因此秀洲创投与蓝特有限协商确定秀洲创投按***股权评估价值***通过减资方式退出蓝特有限。该退出方式于2010年11月获得秀洲区国资委《关于同意嘉兴市秀洲区创业创新风险投资有限公司以减资方式退出嘉兴蓝特光学有限公司的批复》（秀洲国资委〔2010〕12号）的批复同意。

点评

开始是明股实债，只想收取固定投资收益，后因急于股改，改为以定向减资的方式加速退出。如果股东中有国有股东，一般认为定向减资时得资产评估，以避国有资产流失之嫌。本案例中，定向减资就依股权评估价值，所获收益明显高于明股实债，故未造成国有资产流失。

综上，秀洲创投由按固定投资收益退出更改为按股权评估价值退出蓝特有限，是秀洲创投与蓝特有限协商确定的结果，并已获得秀洲区国资委同意，退出方式的变更原因真实、合理。

7-4　首药控股 2021-06

根据招股说明书，2011 年第三次增资开始中海投、中发展相继入股赛林泰，2019 年赛林泰注册资本由 3,470.00 万元变更为 4,190.00 万元，新增注册资本 720.00 万元由中海投以资本公积定向转增注册资本；后中海投、中发展相继减资退出发行人。

请发行人说明：后续中发展减资退出发行人是否履行相应程序，价款支付情况是否符合约定，是否造成国有资产流失，是否存在纠纷或潜在纠纷。

｜回复｜

一、中发展的入股：中发展系中关村科技园区管理委员会重大科技成果转化和产业项目统筹资金的受托管理机构，通过股权投资及固定回报方式支持重大科技成果在京转化和产业化

中发展为北京市中关村科技园区管理委员会的重大科技成果转化和产业项目统筹资金的受托管理机构。根据《北京市重大科技成果转化和产业项目统筹资金股权投资管理暂行办法》，股权投资方式是政府资金投入模式的新探索，重点体现政府政策的激励和引导，支持重大科技成果在京转化和产业化，不以盈利为目的。形成的股权可以优先转让给被投资企业的科技人员、经营管理团队及原始股东，转让价格可以为财政投入统筹资金的出资本金与中国人民银行公布的同期活期存款利率计算的本金利息之和。

2012 年 12 月 14 日，中发展与赛林泰、李文军、刘培嫦、徐胜利和李明签署了《政府股权投资协议》，约定中发展向赛林泰以增资形式进行股权投资 2,000.00 万元。股权投资款分两笔各 1,000.00 万元支付，分别认缴赛林泰增资 200.00 万元注册资本，共计 400.00 万元注册资本。

……

各方在协议中约定，中发展投入的资金系政府项目统筹资金（以股权方式投入、***固定收益回报的政府扶持资金***），其性质主要体现为市政府***引导性，不以盈利为目的***。中发展同意，在收到赛林泰及其股东的书面通知之日起三个月内按约定价格转让其全部持有的赛林泰股权。约定价格为中发展在协议项下累计投入的项目统筹资金加上***中国人民银行于增资日公布的同期活期存款利率***计算的收益之和。

点评

用"中国人民银行于增资日公布的同期活期存款利率"作为收益率,这种低利率符合政府扶持基金不营利的特征。

根据上述《政府股权投资协议》,本次投资系赛林泰依据《北京市重大科技成果转化和产业项目统筹资金股权投资管理暂行办法》向北京市人民政府申请的重大科技成果转化和产业项目统筹资金,该项资金具体由北京市中关村科技园区管理管委会组织实施,由中发展作为管理机构实施运营。

二、中发展的退出:根据投资协议约定按固定回报进行减资退出

(1)2020 年 7 月减资 60.00 万元

2020 年 7 月 2 日,赛林泰作出了股东会决议,同意由中发展减资 60.00 万元,公司注册资本相应变更为 3,230.00 万元并相应修改公司章程。

2020 年 7 月 2 日,赛林泰与中发展签署《统筹资金减资退出协议》,中发展***定向减资***60.00 万元***注册资本***及 240.00 万元***资本公积***,所得减资价款为 308.02 万元,包括统筹资金本金 300.00 万元及***股权增值收益 8.02 万元***。

点评

1. 中发展投入的资金属于只想获得固定收益回报的政府引导性基金,事先约定转让价格为累计投入的"项目统筹资金加上中国人民银行于增资日公布的同期活期存款利率计算的收益之和",不以营利为目的,属于"明股实债"。关于"明股实债",详见本书"疑难点 12　明股实债"。

2. 该政府引导性基金最后以定向减资的方式退出。定向减资是明股实债退出的方式之一,在拿回全部投入的同时,"随手"带走点利息。

就本次减资事项,赛林泰已取得海淀区市场监督管理局于 2020 年 7 月 10 日核发的营业执照。

就上述减资,赛林泰已于 2020 年 7 月 3 日向中发展支付 308.02 万元。

……

综上，中海投、中发展减资退出发行人已履行相应程序，价款支付情况符合约定，没有造成国有资产流失，不存在纠纷或潜在纠纷。

7－5　柘中股份 2021－10

你公司以中晶半导体经审计的净资产为定价依据，经与中晶半导体原股东协商一致，以 81,600 万元认购其 80,000 万元新增注册资本，即中晶半导体每 1 元注册资本的对价为 1.02 元。

请你公司补充说明：选择以净资产为定价依据的原因及合理性，如中晶半导体近期股权变动评估价值或交易价格与本次交易价格存在较大差异，说明差异的具体原因，是否存在向关联方进行利益输送的情形。

回复

中晶半导体自 2018 年 12 月设立后，于 2020 年 7 月发生过一次股权转让和增资，即嘉兴康晶半导体产业投资合伙企业（有限合伙）（以下简称“嘉兴康晶”）受让康峰投资对中晶半导体 18,000 万元出资额并增资 56,350 万元，股权转让和增资均按注册资本 1 元/股作价；于 2020 年 10 月实施过一次减资，即中晶半导体向康峰投资***定向减资***56,350 万元，***由于减少注册资本的出资当时尚未实缴，中晶半导体未向康峰投资支付减资款***。

点评

在投行实践中，定向减资用法广泛、灵活。如本案例中，就通过定向减资挤出未实缴出资。

中晶半导体***最近一次股权变动价格为 1 元***/股，公司综合考量中晶半导体虽尚未正式投产运营并产生营收，但已完成项目论证、基础设施建设、处于设备安装和调试阶段，目前已渡过风险较大的初创阶段，预计今年年底自动化产线完全打通的经营现状，公司本次增资的价格为***1.02*** 元/股，已充分考虑投资不确定因素，***以净资产作为定价依据具有合理性***，有利于降低公司投资风险，并有利于保障中小投资者的利益。

根据上海东洲资产评估有限公司 2021 年 9 月 26 日出具的《上海柘中集团股

份有限公司拟对中晶(嘉兴)半导体有限公司增资所涉及的中晶(嘉兴)半导体有限公司股东全部权益价值资产***评估***报告》(东洲报字【2021】第1803号),中晶半导体于评估基准日2020年12月31日的股东全部权益的评估价值为1,040,976,596.49元,中晶半导体2020年12月31日经审计的净资产为1,001,426,694.50元,本次增资中晶半导体的估值为1,020,000,000.00元。***本次增资不存在与中晶半导体近期股权变动评估价值或交易价格较大差异的情况***,不存在向关联方进行利益输送的情形。

点评

本案例最后一部分是在阐述增资过程。其实,减资是增资的反操作,原理差不多,定价可以参考净资产经审计的账面价、评估价。

7-6 川发龙蟒 2017-07

本次交易方案分为减资、转让股权和增资三部分,请补充披露上述过程中的会计处理以及对损益的具体影响。

|回复|

一、根据本次重组协议关于减资的约定

本次交易各方:

甲方:成都三泰控股集团股份有限公司(以下简称“三泰控股”)

乙方:中邮资本管理有限公司、浙江驿宝网络科技有限公司和亚东北辰投资管理有限公司

丁方:成都我来啦网格信息技术有限公司(以下简称“成都我来啦”)

减资约定:成都我来啦以***定向减资***方式减少注册资本1,152,428,890元,其中852,428,890.04元为剩余募集资金,将返还至甲方指定的银行账户,***289,999,999.96元转入成都我来啦资本公积,10,000,000元为认缴而未实缴的出资额***,减资后成都我来啦注册资本为1,747,571,110元。

……

二、减资会计处理及对损益的影响

1、相关会计处理:

(1)成都我来啦会计处理：

借：实收资本 1,142,428,890.00

　贷：银行存款 852,428,890.04

　　资本公积289,999,999.96

点评

1. 大部分情形中，定向减资是获益的，收回投资金额超过股本面额的部分，要依次冲减资本公积(股本溢价)、盈余公积和未分配利润。但本案例中，定向减资却是吃亏的，收回投资金额少于股本面额，少拿的部分增加了公司的资本公积，公司受益。

2. 而对于10,000,000元认缴而未实缴的出资，通过定向减资挤掉，无须任何会计操作。

(2)三泰控股会计处理：

借：银行存款 852,428,890.04

　贷：长期股权投资—投资成本 852,428,890.04

2、对损益的影响：

成都我来啦公司减资行为对三泰控股损益无影响。

……

7－7　诚益通 2016－04

重组报告书显示，博日鸿2014年8月增资的非专利技术存在产权瑕疵，因此在2015年12月进行了减资。

请补充披露：产权瑕疵的情况，相关技术在标的公司业务中的具体应用以及对非专利技术增资部分进行减资处理对标的公司经营的影响。

| 回复 |

2014年7月24日，为了企业的经营发展，博日鸿召开股东会，决议同意新增注册资本420万元，博日鸿股东乌玉权、袁景存以知识产权—非专利技术“DXHPX200多功能装盒机”(根据2014年7月24日，北京中瑞诚资产评估有限公司出具的中瑞诚评字[2014]07010122号资产评估报告，该非专利技术于评估基准日2014年

6月30日的价值为439万元)出资人民币420万元。

由于***股东用于出资的非专利科技源于公司实际业务中经验总结以及研发成果***,为避免不必要的争议,2015年12月,***博日鸿采用定向减资的方式,定向将以非专利技术出资的部分进行减资处理***。

在2015年12月履行减资程序以后,该非专利科技"DXHPX200多功能装盒机"***仍作为博日鸿资产***,并且乌玉权对此已作了确认。截至目前,该知识产权—非专利科技"DXHPX200多功能装盒机"仍应用于博日鸿装盒机设备制造以及包装生产线的设计,能为博日鸿带来一定的收益。因此,此次***出资的瑕疵问题***已经解决,不会对博日鸿的经营造成任何不良影响。

点评

股东用于出资的非专利科技源于公司实际业务中的经验总结以及研发成果,存在发明者是在执行任职公司任务时或利用公司物质技术条件完成的可能,权属不清晰。本案例中,通过定向减资除去有瑕疵的实物出资,当然也可以让股东用货币置换该出资,关于出资瑕疵的更多内容请阅读"疑难点13　出资瑕疵"。

7-8　征图新视 2021-09

根据申报材料:发行人股东除实际控制人外包括6名自然人股东,其中吴乐持股9.25%,且提名自身为发行人董事,与潘世明同非发行人员工。

请保荐机构及律师核查:申报材料关于"2018年11月,征图投资向潘世明转让12.48万元发行人出资额,该项转让实质为三位共同控制人转让其委托代持的间接股权,杨华芸应减少其出资份额"的具体情况及作出相关论述的依据。

| 回复 |

此次股权转让背景系潘世明看好公司发展前景,与公司三位共同控制人协商入股。2018年11月,经双方协商,三位共同控制人将其通过征图投资间接持有发行人的12.48万元出资额转让给潘世明,对应出资比例为2.14%。本次出资额转让完成后,***为避免征图投资其他合伙人间接持有的发行人出资比例被稀释,征图投资进行定向减资***,减少三位共同控制人通过杨华芸持有的出资份额。同时,公司部分员工因离职而退伙,并将其持有征图投资出资额转让给杨华芸。2019 年 7 月,征图投资完成了本次转让及减资变更的工商变更登记。

本次减资前后,征图投资各合伙人(杨华芸及相关离职员工除外)***间接持有公司的股权比例未发生变更***,征图投资向潘世明转让股权的实质系三位实际控制人转让其委托杨华芸代持的公司间接股权。

点评

公司有股东转让部分股权后,个别股东友好地通过定向减资来维持各股东持有公司的股权比例不变,这样操作的最终效果相当于在同比例减资。

7-9 纳微科技 2020-09

招股说明书披露,公司前身纳微有限由深圳纳微和江必旺于 2007 年 10 月 22 日发起设立,发行人为外商投资企业,报告期内发行人进行了多次增资及股权转让。

请发行人披露:报告期内历次增资及股权转让价格。

回复

1、2017 年 7 月,纳微有限第一次增资

为实现深圳纳微部分股东直接持有纳微有限股权,纳微有限***通过先增资、后定向减资的方式进行股权架构调整***。

2017 年 7 月 1 日,纳微有限董事会通过决议,同意公司注册资本***由 1,000 万元增加至 1,327.6182 万元***,其中宋功友、胡维德、元生创投、宋怀海、黄立军均以货币方式对公司增资。本次增资的价格为每 1 元出资作价***1.66*** 元。

2、2017 年 11 月,纳微有限减资

为实现深圳纳微部分股东直接持有纳微有限股权,纳微有限通过先增资、后***定向减资***的方式进行股权架构调整。

2017 年 7 月 25 日,纳微有限董事会通过决议,同意公司注册资本***由 1,327.6182万元减少至 1,000 万元***,其中深圳纳微出资减少 327.6182 万元。

3、2017 年 12 月,纳微有限第二次增资

2017 年 11 月 27 日,纳微有限董事会通过决议,同意公司注册资本***由 1,000 万元***

增加至1,176.4706万元，其中苏州纳卓、苏州纳研均以货币方式对公司增资；江必旺对公司出资方式由非专利技术变更为货币。本次增资的价格为每1元出资作价***13.26***元。

点评

发行人陆续通过增资、定向减资、再增资来调整公司的股权结构。不过，2017年7月的增资价格为1.66元，2017年12月的增资价格为13.26元，时隔才5个月，价格竟然差了8倍之多，恐怕难以自圆其说。

7-10 三孚新科2020-11

请发行人披露：员工持股平台中实际控制人上官文龙、瞿承红的亲属锁定期及减持承诺。

| 回复 |

员工持股平台中实际控制人上官文龙、瞿承红的亲属锁定期及减持承诺：

(1)自三孚新科股票在上海证券交易所上市之日起36个月内，不转让或委托他人管理本人所持有的迪振投资出资份额，也不由迪振投资回购该部分出资份额。

(2)自三孚新科股票在上海证券交易所上市之日起12个月后、满36个月前，若迪振投资转让其持有的三孚新科首次公开发行股票前已发行的股份所得收益，***本人不参与收益分配，所得收益以定向减资的方式分配给其他合伙人***。

(3)如本人违反上述承诺，则相关股票买卖收益归公司所有。若因此给公司或其他投资者造成经济损失的，由本人依法承担赔偿责任。

(4)若本人未积极承担上述责任，公司有权决定对本人持有的公司股票采取限制转让措施，直至本人承担责任。

点评

投资者以低对价、吃亏地定向减资，留利益给公司、其他股东，这种操作手法与案例“7-6 川发龙蟒2017-07”相似。

7-11 万达电影 2018-11

请发行人补充披露：第二次减资的具体情况。

| 回复 |

2017 年 8 月，第二次减资 120.00 亿元是为了更好地保护中小股东利益、降低标的资产估值，同时保证此前投资于万达影视的私募投资者权益不受影响，万达影视向万达投资定向减资。

此次股权变动系万达投资为更好地保护中小股东利益、主动降低标的资产估值，同时为保证此前投资于万达影视的私募投资者权益不受影响，万达投资通过***定向减资***方式***单方承担估值下调，减资完成后，估值较此前大幅下调***。

点评

本案例与上个案例相比更先进了一步，股东万达投资以低估值、吃亏地定向减资，在少拿点、留利益给公司的同时还顺带降低公司的估值，美其名曰“为更好地保护中小股东利益、主动降低标的资产估值”。

7-12 康盛股份 2021-06

年报显示，你公司报告期存在“处置长期股权投资产生的投资收益”5,999.08 万元；存在“资产减值损失”-4,136.9 万元，其中长期股权投资减值损失-1,303.43 万元，固定资产减值损失-1,255.07 万元。

请你公司说明：长期股权投资减值损失确认过程和依据。

| 回复 |

长期股权投资减值损失系报告期内公司对联营企业杭州千岛湖康盛小额贷款股份有限公司（以下简称“康盛小贷公司”）计提减值准备股权减值 1,303.43 万元。

2020 年 11 月 20 日，公司召开的第五届董事会第十六次会议审议通过了《关于对参股公司减资及股权转让的议案》，拟将持有的康盛小贷公司 2,573.00 万股股权作价人民币 1,286.50 万元转让给杭州宏原生态农业开发有限公司。同时，康盛小贷公司以现金及其名下***资产评估作价***转让方式对公司***定向减资***人民币 7,286.50 万元，其中现金支付预计 1,427.00 万元，资产对价支付 5,859.50 万元。

上述股权转让和减资完成后，公司将不再持有康盛小贷公司的股份，康盛小贷公司的注册资本将由之前的人民币 21,000.00 万元减少至人民币 13,713.50 万元。基于以上情况，***公司按照上述拟股权转让价格及定向减资金额作为公允价值对康盛小贷公司计提长期股权投资减值准备 1,303.43 万元***。计提减值准备后，截至 2020 年 12 月 31 日，公司对康盛小贷公司的长期股权投资净值为 8,573.00 元。

点评

参照资产评估值定向减资，同时以股权转让价格、定向减资金额二者之和作为公允价值，导致长期股权投资的账面价值低于公允价值，得提减值准备。

疑难点8

资本公积独享

一般情况下,所有者权益由公司全体股东按持股比例享有。但是,有的公司却在股东投资时约定入股形成的所有或部分资本公积由投资者独享。

一、为什么约定资本公积独享

一种原因可能是企业的注册资本过小,若增资金额过大,可能会导致控制权变化,财务合并范围会被动地扩大,这在一些信托明股实债项目中比较常见。

另一种原因可能是为了保持各股东的持股比例不变,一是暂时不想因为股权比例变动需要寻求外部审批,二是保护国有资产。实务中,混合所有制企业比较多见这种情况。混合所有制企业的国有独享资本公积一般是国家向企业拨款、补贴形成的,国家拨款带着特定目的或用途,如给某些企业基建项目的财政拨款。国家股股东先大额、低价进入企业,将形成的所有或部分资本公积约定为其独享,待其他股东增资时,就将独享的资本公积定向转增为独享者的股本以维持各股东的持股比例不变。其本质是投资时,先将高过正常估值的溢价藏起来,未来再慢慢释放,避免在企业初创期过快地抬高估值。

二、什么公司可以资本公积独享

1. 责任公司可以资本公积独享

《公司法》第三十四条规定:“股东按照实缴的出资比例分取红利;公司新增资本时,股东有权优先按照实缴的出资比例认缴出资。但是,全体股东约定不按照出资比例分取红利或者不按照出资比例优先认缴出资的除外。”

责任公司有部分人合性质,理论上只要所有股东你情我愿即可。所以,只要全体股东同意,就可以约定资本公积独享,这与资本公积定向转增注册资本的道理差不多。

2. 股份公司存在法律障碍

《公司法》第一百二十六条第一款对股份公司有以下规定:“股份的发行,实行公平、公正的原则,同种类的每一股份应当具有同等权利。”

股份公司每股有着相同的权利,若对现有的资本公积约定不再按比例享有,可能在法律上有障碍。

三、公司解散或清算时得按比例分配

《公司法》第一百八十六条规定:“……公司财产在分别支付清算费用、职工的工资、社会保险费用和法定补偿金,缴纳所欠税款,清偿公司债务后的剩余财产,有限责任公司按照股东的出资比例分配,股份有限公司按照股东持有的股份比例分配。清算期间,公司存续,但不得开展与清算无关的经营活动。公司财产在未依照前款规定清偿前,不得分配给股东。”依据上述的规定,清算时,《公司法》并没有给企业自行约定剩余财产分配比例的权限,而是强制企业按出资比例或按持有的股份比例分配。

因此,即使法律上不禁止责任公司的资本公积由某些股东单独享有,但清算时,责任公司独享的资本公积作为剩余财产仍存在不受法律保护的风险。但是,可以考虑在清算前,将独享的资本公积转成理想的出资比例以规避《公司法》第一百八十六条的规定。

四、国家股股东与非国家股股东都可以独享资本公积

企业的国家股股东因为有法规的保驾护航,可以约定“国有独享资本公积”。当然,非国家股股东也不禁止独享资本公积。

1. 国家股股东

之所以约定资本公积独享常见于混合所有制企业的国家股股东,是因为有法

规为其保驾护航。《企业公司制改建有关国有资本管理与财务处理的暂行规定》(财企〔2002〕313号)第八条第二款规定:“自评估基准日到公司制企业设立登记日的有效期内,原企业实现利润而增加的净资产,应当上缴国有资本持有单位,或经国有资本持有单位同意,作为公司制企业国家独享资本公积管理,留待以后年度扩股时转增国有股份;对原企业经营亏损而减少的净资产,由国有资本持有单位补足,或者由公司制企业用以后年度国有股份应分得的股利补足。”

财政拨款一般由财政部先拨给大型国有集团的总部,再由总部划拨给下属企业。所以,一些特殊行业、集团会有自己更加细节的规定。例如,国防科工局发布的《国有控股企业军工建设项目投资管理暂行办法》(科工计〔2012〕326号)规定,国防科工局安排国有控股企业军工项目投资,根据国家有关规定视情采取资本金注入、贷款贴息等方式。国家投资采取资本金注入方式的项目,竣工验收后形成的国有资产转增为国有股权或国有资本公积,由国有资产出资人代表持有或享有。国有资产出资人代表由中国科学院、军工集团公司、中国工程物理研究院、民口中央企业集团,或地方国有资产管理机构及其管理的国有独资单位担任。

又如,中国航空工业集团公司发布的《中国航空工业集团公司国有独享权益财务处理管理规定》(航空规〔2012〕112号)规定,公司可以将投入建设的专项拨款确认为“专项应付款”,在项目建设完工并取得国防科工局的竣工验收批复后,由“专项应付款”转入“国有独享资本公积”。

由此可以看出,大部分集团规定在收到拨款时先将其作为应付款处理,项目完工形成长期资产后才转入独享的资本公积。值得注意的是,在未转增实收资本前,独享的资本公积在计算持股比例与合并抵销时都应当剔除。

另外,不同公司依行业或集团的规定履行不同的报批程序,没有统一的做法。

2. 非国家股股东

非国家股股东出资的溢价亦可约定独享,但比较少见,最好是经企业国家股股东隶属的国资委同意,否则可能会招来麻烦。

8-1 张小泉 2021-08

请发行人补充披露:2017年10月股权转让的情况。

回复

1. 转让背景及定价依据

本次股权转让前,张小泉集团经济效益不佳。为了“张小泉”品牌的发展,给老字号企业带来新的活力,张小泉集团提出了一系列内部重组的方案和设想。根据杭实集团的说明,当时***杭实集团作为国有企业***,国有资产的保值增值是首要需要考虑因素,根据当时的市场情况判断,张小泉集团的经营压力仍较大,后续经营情况是否可以完全改善亦有较大的不确定性。此外,杭实集团为张小泉集团的参股股东,对张小泉集团并不具有控制权,其持有的张小泉集团股权的流通性也不强。综合考虑上述因素,杭实集团决定将持有的张小泉集团的股权全部挂牌转让。

2017年3月2日,杭实集团召开董事会,会议通过《关于同意张小泉集团股权转让的决议》(杭实集董〔2017〕9号),同意转让杭实集团持有的张小泉集团35.6508%股权计599.5502万元,以2017年2月28日为基准日,以股权转让为目的,聘请浙江新华会计师事务所有限公司进行清产核资审计,聘请坤元资产评估有限公司进行资产评估。

……

2017年8月4日,坤元资产评估有限公司作出坤元评报[2017]449号《杭州市实业投资集团有限公司拟股权转让涉及的杭州张小泉集团有限公司股东全部权益价值评估项目资产评估报告》,以2017年2月28日为评估基准日,张小泉集团股东全部权益的评估价值为212,758,362.61元。张小泉集团35.6508%计599.5502万元股权在评估基准日的对应的评估价值为7,286.57万元。

2017年张小泉集团股权转让实际价格为7,287万元,与评估报告对应的价格存在一定差异,主要系张小泉集团净资产中存在列入资本公积的***国有独享资本公积***99,100元及列入资本公积的***改制前企业离退休人员医药费提留账面金额***8,272,000元,因此***需要将上述两部分从净资产的资本公积中剔除***。相应差异明细公式如下:

转让标的对应的评估值7286.57万元=(净资产212,758,362.61元-***列入资本公积的国有独享资本公积***99,100元-***列入资本公积的改制前企业离退休人员医药费提留账面金额***为8,272,000元)*35.6508%。

点评

1. 部分资本公积由股东独享,会导致公司的净资产不完全按持股比例被股东享有。所以,在计算持股比例和合并抵消时应当剔除。

2. 财政部《关于〈企业公司制改建有关国有资本管理与财务处理的暂行规定〉有关问题的补充通知》(财企〔2005〕12 号)规定:"改建企业账面原有的应付福利费、职工教育经费余额,应当转增资本公积金,不再作为负债管理,也不得转为个人投资。"所以,改制前,企业离退休人员的医药费提留放在资本公积,并非所有股东都可以共同享有,因此,须要从转让对价中剔除。

2017 年 8 月 4 日,杭实集团向市国资委提交"拟转让股权涉及的杭州张小泉集团有限公司股东全部权益"的前述资产评估项目的评估结果,***市国资委同意备案上述评估价格***,备案编号分别为 2017005。

2. 股权转让的具体情况

2017 年 8 月 17 日,张小泉集团作出股东会决议同意杭实集团在杭州产权交易所通过公开挂牌转让的方式转让其持有的张小泉集团 35.6508% 的股权,富泉投资在同等条件下不***放弃优先受让权***。

2017 年 9 月 5 日,杭实集团在《浙江日报》和杭州***产权交易所***网站(www.hzaee.com)上***公告上述股权挂牌转让***事宜。公告期结束后,富泉投资为唯一最终意向受让方。2017 年 9 月 30 日,富泉投资与杭州企业产权交易中心有限公司签订《成交确认书》。

2017 年 9 月 30 日,杭实集团与富泉投资***签订***《股权转让协议》,约定杭实集团将其持有的张小泉集团 35.6508% 的股权,即 5,995,502 元出资额转让给富泉投资,股权转让价格为 7,287 万元。

同日,张小泉集团召开***股东会***,审议同意上述股权转让。

截至 2017 年 10 月 11 日,富泉投资已向杭实集团支付股权转让款 72,870,000 元。

2017 年 10 月 18 日,张小泉集团完成本次股权转让的***工商变更登记***。

本次股权转让已履行张小泉集团必要的内部审议程序,同时履行了***评估程序且评估项目和价格经市国资委备案***,股权转让过程合法合规,股权转让价格以评估值为基准且经挂牌程序确定,具有合理性和公允性。

点评

转让国有资产的程序有点烦琐,需要评估、评估结果备案、产权交易所公开挂牌转让等。杭实集团是国有企业,转让持有的股权,上述这些程序是不可避免的。

8-2 合肥江航2020-04

2019年1月,经江航有限股东会批准,中航机载以其享有的国有独享资本公积6,010万元认缴发行人新增注册资本2,280.83万元。

请发行人说明:该等国有独享资本公积的形成过程,本次增资的定价依据,是否需要并履行外部报批程序。

| 回复 |

一、国有独享资本公积的形成过程

作为重点保军单位,合肥江航承担了部分军工建设项目,国家针对该等项目拨付专项经费支持。在项目建设过程中,根据财政部《企业会计准则应用指南》、《国防科工局关于印发〈国有控股企业军工建设项目投资管理暂行办法〉的通知》(科工计[2012]326号)、《关于印发〈中国航空工业集团公司国有独享权益财务处理管理规定〉的通知》(航空规[2012]112号)及相关建设项目的国防科工局立项批复,***公司将投入建设的专项拨款确认为"专项应付款",在项目建设完工并取得国防科工局的竣工验收批复后,由"专项应付款"转入"国有独享资本公积"***。

点评

有《企业会计准则—应用指南》、国防科工局《关于印发〈国有控股企业军工建设项目投资管理暂行办法〉的通知》(科工计〔2012〕326号)、《关于印发〈中国航空工业集团公司国有独享权益财务处理管理规定〉的通知》(航空规〔2012〕112号)外部、内部规定的保驾护航,国家股股东有理由可以独享资本公积。股东大部分是在收到财政拨款时将其作为"专项应付款",项目完工形成长期资产之后才转入独享资本公积。

截至2018年12月31日,航空工业集团指定中航机载享有的国有独享资本公积来源于3个军工建设项目。

二、本次增资的定价依据

背景：公司*2019年6月整体变更*。

根据《企业国有资产交易监督管理办法》第38条规定，履行出资人职责的机构对国家出资企业增资的，可以依据评估报告或最近一期审计报告确定企业资本及股权比例。

根据当时有效的合肥江航《***公司章程***》（2018年6月修订）第六十七条规定，“公司及下属公司承接的、国家投资采取资本金注入方式的项目形成的资产，作为国有股权、国有债权或国有独享资本公积，由中国航空工业集团有限公司或指定的下属公司作为国有资产出资人代表单独享有。在依法履行审批、决策程序后，中国航空工业集团有限公司或指定的下属公司依据法律、法规及规范性文件允许的方式单独享有该等权益，权益形成及金额由中国航空工业集团有限公司出具书面文件并通知公司各股东。每三个会计年度结束，中国航空工业集团有限公司或指定的下属公司有权选择将其单独享有的该等权益以公司上一年度经审计的净资产值为基础转增为公司股权，在履行相关董事会、股东会表决程序时，其他股东应当支持航空工业集团公司或指定的下属公司将该等权益转为公司股权的表决事项”。

点评

合肥江航在2019年6月才整体变更为股份公司，而独享的资本公积在股改之前就已经形成，这表明责任公司可以约定资本公积独享。而股份公司约定资本公积独享，可能在法律上存在障碍，笔者暂时未收集到股份公司约定资本公积独享的案例。

本次增资的增资价格系以合肥江航截至2018年12月31日经审计净资产值为基础，确定为每1元注册资本2.635元。2019年1月28日经合肥江航临时股东会全体股东审议一致表决通过，航空工业集团指定中航机载***以其享有的国有独享资本公积6,010万元按照每1元注册资本2.635元的价格转增为公司注册资本2,280.83万元***。

点评

中航机载先将资本公积独享，后再逐步增转为专属于自己的资本，这是国有独享资本公积常见的手法。实质是先将高过正常估值的溢价藏起来，未来再慢慢释放成自己的持股。

三、是否需要并履行外部报批程序

根据《国防科工局关于印发〈国有控股企业军工建设项目投资管理暂行办法〉的通知》(科工计[2012]326号)的规定，国家投资采取资本金注入方式的项目，竣工验收后形成的国有资产转增为国有股权或国有资本公积，由国有资产出资人代表持有或享有。国有资产出资人代表由中国科学院、军工集团公司、中国工程物理研究院、民口中央企业集团，或地方国有资产管理机构及其管理的国有独资单位担任。

根据航空工业集团《关于切实做好国家技改项目中国家拨款部分转增中国航空工业集团公司资本金有关工作的通知》(航空财[2011]1689号)的规定，原国防科工委和国防科工局批复给航空工业集团及其所属企事业单位的国家技改项目和国拨资金，其形成的资产属于国有资产。国家技改项目中国家拨款部分转增的资本金应由原出资人航空工业集团及其所属企事业单位单独持有，其他股东不得分享。

根据《关于印发〈中国航空工业集团公司国有独享权益财务处理管理规定〉的通知》(航空规[2012]112号)的规定，航空工业集团直接或间接控股的非上市企业(包含上市股份公司所控股的企业)作为项目承接单位的，航空工业集团或航空工业集团出资企业派出的股东代表或董事应当根据批复文件提请股东大会(或董事会、公司章程规定的权利机构)审议通过《关于中国航空工业集团公司国有独享权益转增实收资本或股本的议案》。

综上所述，江航有限2019年1月用于转增注册资本的国有独享资本公积相关项目均已取得国防科工局下发的竣工验收批复。国有独享资本公积转增事项已经合肥江航临时股东会审议通过，并办理完成相关国有资产产权及工商变更登记，符合《公司法》、《国防科工局关于印发〈国有控股企业军工建设项目投资管理暂行办法〉的通知》(科工计[2012]326号)、《关于切实做好国家技改项目中国家拨款部分转增中国航空工业集团公司资本金有关工作的通知》(航空财[2011]

1689 号)、《关于印发〈中国航空工业集团公司国有独享权益财务处理管理规定〉的通知》(航空规[2012]112 号)等相关规定,***无需履行其他外部报批程序***。

点评

资本公积独享,不同行业甚至是隶属不同集团的企业有不同的报批程序,此案例依军工、航空工业之规定履行报批程序。

四、增资结果是否合法有效,公司控股股东所持股份是否权属清晰,公司控股股东与其他中小股东是否存在纠纷或潜在纠纷

2019 年 1 月 28 日,合肥江航全体股东一致同意审议通过了本次国有独享资本公积转增股本的议案;2019 年 4 月 1 日,合肥江航取得了合肥市市场监督管理局换发的反映本次国有独享资本公积转增注册资本的《营业执照》;2019 年 6 月 25 日航空工业集团向合肥江航核发了反映本次国有独享资本公积转增注册资本的《企业产权登记表》。

此外,在首次申报时,***全体股东出具了关于股东资格、股权、诉讼的确认函,确认对合肥江航历史上存在的历次股权变动以及改制为股份有限公司无异议***。

因此,本次增资结果合法有效,公司控股股东所持股份权属清晰,本次增资经合肥江航全体股东一致同意,公司控股股东与其他中小股东不存在纠纷或潜在纠纷。

8-3 无人机 2022-01

招股说明书披露,2021 年 3 月,成都建国等投资者对公司增资。

请保荐机构、发行人律师进一步说明是否按照《监管规则适用指引—关于申请首发上市企业股东信息披露》的相关要求对发行人提交申请前 12 个月内新增股东的入股资金来源等进行核查,以确认新增股东是否存在股份代持情形。

| 回复 |

发行人提交申请前 12 个月内新增股东为成都建国、国家产业投资基金、天府弘威基金、航空工业集团、航空工业产业基金、航证科创。

根据立信出具的信会师报字[2020]第 ZD20225 号《审计报告》,截至 2020 年 6 月 30 日,发行人***国有独享资本公积余额***为 421.11 万元。2020 年 12 月 31 日,航空工业集团下发了航空资本[2020]948号《关于中航(成都)无人机系统股份有限公司增资有关事项的批复》,同意航空工业集团以非公开协议方式(审计、评估基准日为2020年6月30日)对发行人进行***增资***,航空工业集团以***国有独享资本公积***421.11万元***出资***。

点评

同案例"8-2 合肥江航 2020-04",本案例主人公也隶属航空工业集团体系。国家股股东情况比较特殊,可以先独享资本公积,再慢慢释放成专属于自己的股本。

保荐机构及发行人律师已查阅成都建国、天府弘威基金、航空工业产业基金以及航证科创入股中航无人机前***近6个月的银行账户资金流水***,上述公司入股发行人前近6个月内银行流水正常,其具备入股中航无人机的资金,***不存在与生产经营活动无关的大额资金入账的情形***。

点评

查发行人前近6个月内银行流水是担心申报之前突击入股,输送利益。

航空工业集团已出具《确认函》,确认航空工业集团除以自身名义持有中航无人机股份,及通过控制的航空工业成飞、中航技、航空工业产业基金、航证科创、出资的航空工业成都所间接持有中航无人机股份外,航空工业集团不存在接受他人委托或委托他人直接或间接持有中航无人机股份的情形(包括但不限于通过委托持股、信托持股等方式代他人或委托他人持有股份);航空工业集团出资的资金来源于本公司自有资金/自有经营资金,资金来源合法。

成都建国、国家产业投资基金、天府弘威基金、航空工业产业基金、航证科创已分别出具《确认函》,确认除以自身名义持有中航无人机股份外,不存在接受他人委托或委托他人直接或间接持有中航无人机股份的情形(包括但不限于通过委托持股、信托持股等方式代他人或委托他人持有股份);确认出资的资金来源于其自有资金/自有经营资金,资金来源合法。

8-4　中科仪 2021-03

根据招股说明书，报告期内发行人均不进行股利分配；根据2013年3月29日公司增资协议的约定，以截至当次增资完成工商变更日当月末(2013年4月30日)止的滚存未分配利润由当次增资前的老股东按照原股份比例分享，2019年向当次增资前老股东分红1,699.18万元；2020年6月30日存在未弥补亏损。

请发行人说明：(1)2019年对2013年滚存利润分配是否履行了相关决策程序，是否符合相关规定；(2)2013年3月29日公司增资协议关于利润分配的相关约定，设置该约定条款的原因，是否损害其他股东的利益，发行人历史沿革其他增资是否存在类似约定。

| 回复 |

背景：***2011年***，科仪有限***整体变更***为股份公司。

一、2019年对2013年滚存利润分配是否履行了相关决策程序，是否符合相关规定

2019年1月16日及2019年2月13日，发行人分别召开第三届董事会第六次会议及2019年第一次临时***股东大会***，审议通过了《***关于修订公司章程的议案***》，同意于《公司章程》第一百六十条增加条款："(五)公司于***2013年4月30日的滚存未分配利润由老股东***(2013年4月公司***增资前***的股东)***独享***。"

点评

《公司法》第一百六十六条第四款规定："公司弥补亏损和提取公积金后所余税后利润……股份有限公司按照股东持有的股份比例分配，但股份有限公司章程规定不按持股比例分配的除外。"所以，要未分配利润不按持股比例享有，股份公司章程没有规定就得先去改章程。

2019年1月29日及2019年2月13日，发行人分别召开第三届董事会第七次会议及2019年第一次临时股东大会，审议通过了《关于公司截至2013年4月30日滚存利润分配的议案》，同意以2013年4月30日增资前公司总股本5,500万股为基数，以未分配利润余额16,991,846.57元向当次增资前的全体股东每10股派发现金红利3.09元(含税)，具体金额以公司依据相关法律法规实际分派的结果为准。

综上所述，发行人于2019年对截至2013年4月30日的滚存利润分配履行了相关决策程序，符合《公司法》及发行人《公司章程》等相关规定。2013年3月，发行人股东大会审议通过《增资协议》，确认截至2013年4月30日的滚存未分配利润归属于增资前股东，具体分配将待恰当时机进行。针对截至2013年4月30日的滚存未分配利润的具体分配方案均已经过了发行人董事会、股东大会审议，相关审议程序及实施方案符合《公司法》、《公司章程》及股转系统相关法律法规要求。2014年7月，发行人亦将上述对于滚存利润分配的特殊安排披露于《公开转让说明书》中。

二、2013年3月29日公司增资协议关于利润分配的相关约定，设置该约定条款的原因，是否损害其他股东的利益

2013年3月29日公司增资协议关于利润分配的相关约定如下：

"各方确认，甲方(中科仪)截至本次增资完成工商变更日当月末止，滚存未分配利润由本次增资前的老股东按照原股份比例分享。

甲方应在本次增资工商变更完成当月聘请资质合格的中介机构进行审计，对从本次评估基准日(2012年6月30日)起至完成本次增资工商变更手续当月期间经营损益进行审计，审计完成后20个工作日内对该期间(从评估基准日起至完成本次增资工商变更手续当月期间)未分配利润进行分配。其余应由老股东享有的滚存未分配利润，待以后恰当时机，按照老股东原持有股份比例进行分配。"

经合同签署方共同确认，上述条款明确了该次***增资完成工商变更日当月末前公司滚存未分配利润由该次增资前的老股东按照原持股比例分享，系对增资前老股东利益的保障***。

该次增资的价格***3.66***元/股，定价依据为北京中同华资产评估有限公司于2012年12月30日出具的《中国科学院沈阳科学仪器研制中心有限公司拟增资扩股项目资产评估报告书》(中同华评报字(2012)第603号)，截至评估基准日2012年6月30日，发行人净资产的评估值为19,880.00万元，每股净资产的评估值为***3.61***元/股。上述资产评估结果已于2013年3月经国科控股转报中科院备案，并取得《国有资产评估项目备案表》，备案编号为2013004。

出于对发行人未来发展前景向好以及后续资本市场运作将带来流动性溢价的判断，该次增资股东同意按照***3.66***元/股进行认购，并***由增资前老股东享有该次增资完成工商变更日当月末前公司的滚存未分配利润***。该次增资股东亦通过出具《说明》的方式，对该次增资价格及滚存利润的特殊约定再次予以确认。根据中介机构人员登陆中国裁判文书网、全国法院被执行人信息查询系统、全国法院失信被执行人名单信息公布与查询系统进行检索的结果，未发现发行人存在增资、利润分配相关的诉讼或被执行、失信相关情形。

综上所述，***《增资协议》已由相关各方合法有效签署确认***，并经发行人***董事会、股东大会审议通过，对于滚存利润的特殊安排不存在违反《公司法》和《公司章程》规定的情况，系新老股东真实意思表达***，不存在损害其他股东的利益的情况。

三、发行人历史沿革中其他增资是否存在类似约定

自2001年4月，发行人前身科仪有限设立至今，发行人共进行5次增资：

（一）2010年8月，科仪有限注册资本由2,145万元增加至3,700万元

2010年8月1日，科仪***有限股东会***作出决议，同意公司注册资本增至3,700万元。***此次新增注册资本来源于国有独享资本公积金转增、现有职工股东现金增资及股东部分共享资本公积金转增***，具体如下：(1)截至2009年12月31日，科仪有限的国有独享资本公积金共计19,970,650元，由国科控股按***2∶1的比例***转增公司注册资本金9,985,325元，其余9,985,325元作为***资本溢价计入资本公积***；(2)雷震霖等15名职工股东按***2∶1的比例***以货币方式增资10,754,121元，其中增加公司注册资本金5,377,060.5元，其余5,377,060.5元作为资本溢价计入资本公积；(3)全体股东以187,614.5元股东***共享资本公积***按1∶1比例转增注册资本187,614.5元。***本次增资完成后，科仪有限各股东持股比例不变***。

点评

1. 2011年，科仪有限才整体变更为股份公司，而独享资本公积发生在责任公司阶段。

2. 其他股东增资时，股东国科控股独享的资本公积定向转增为自己的股本以维持科仪有限各股东的持股比例不变。通常会先约定转股比例，如此案例按2∶1的比例，独享的资本公积转增注册资本的溢价属于共享资本公积，由所有股东共同享有。

2010年8月9日，国科控股作出“科资发股字[2010]49号”《关于中国科学院沈阳科学仪器研制中心有限公司国有独享资本公积转增公司注册资本的批复》，

同意上述增资方案。

点评

独享资本公积，不同行业甚至是不同集团的企业有不同的报批程序，此案例只需要集团层面同意即可。

由于上述增资完成后，原股东持股比例未发生变化，该次增资方案亦未对滚存未分配利润进行特殊约定。

……

8－5 天科合达 2020－09

请根据《上海证券交易所科创板股票发行上市审核问答（二）》3 对发行人出资瑕疵进行核查。

｜回复｜

本所律师核查后确认：

1、天科有限设立时，股东无形资产出资过程

2006 年 5 月 22 日，天富热电召开第二届董事会第二十六次会议，审议通过全资子公司上海汇合达出资 816 万元与中科院物理所及新加坡吉星蓝光共同设立天科有限。其中，上海汇合达以货币出资 816 万元，占注册资本 51%；中科院物理所以无形资产出资 480 万元，占注册资本 30%，新加坡吉星蓝光出资 304 万元（以货币资金出资 26 万元和无形资产出资 278 万元），占注册资本 19%。

2005 年 10 月 9 日，中国科学院院地合作局出具《关于同意成立北京天科合达蓝光半导体有限公司的批复》，同意中科院物理所与天富热电、新加坡吉星蓝光公司合作成立北京天科合达蓝光半导体有限公司。

2006 年 8 月 16 日，上海汇合达、中科院物理所、新加坡吉星蓝光签署《北京天科合达蓝光半导体有限公司合作经营合同》，约定共同投资设立天科有限，注册资本 1600 万元。其中，上海汇合达以货币出资 816 万元，占注册资本 51%；中科院物理所以“碳化硅单晶生长和晶片加工技术”发明系列技术出资，占注册资本 30%，上述经评估的无形资产出资中的 480 万元作为注册资本出资，其余的 2073.87 万元作为公司中由中科院物理所独享的资本公积金，该部分资本公积金在公司后续增资时转为中科院物理所对公司的新增出资;新加坡吉星蓝光出资 304 万元,占注册资本 19%,其中以美元现汇折合人民币出资 26 万元,以非专利技术"以碳化硅(氮化镓)晶体和外延晶体的 X 射线衍射分析技术和其专用设备的设计和改造技术"出资,上述经评估的无形资产出资中的 278 万元作为注册资本出资,***其余的 1273 万元作为公司中由新加坡吉星蓝光独享的资本公积金,该部分资本公积金在公司后续增资时转为新加坡吉星蓝光对公司的新增出资***。

点评

1.《上海证券交易所科创板股票发行上市审核问答(二)》(已失效)问题 3 是在解释"出资瑕疵或者改制瑕疵",2023 年 2 月全面实行注册制之后,出资瑕疵的问题统一参考《监管规则适用指引—发行类第 4 号》第五条。

2. 天科有限的股东是上海汇合达、中科院物理所、新加坡吉星蓝光。其中,新加坡吉星蓝光是外资企业,属于非国家股股东,这表明责任公司也可以约定资本公积由其非国家股股东独享。

根据北京心田祥会计师事务所有限公司出具的京心田祥评报字[2006]第3－10 号《关于中国科学院物理研究所用"碳化硅单晶生长和晶片加工技术"发明系列非专利技术拟投资项目的资产评估报告书》,截至评估基准日 2006 年 2 月 28 日,中科院物理所被评估的"碳化硅单晶生长和晶片加工技术"发明系列技术("一种碳化硅晶体生长装置、一种 SiC 单晶生长压力自动控制装置和物理气相传输生长碳化硅单晶的方法及其装置")的评估价值为 2553.87 万元。***该评估结果已在中国科学院办理了评估备案手续***。

根据北京市洪州资产评估有限责任公司出具的洪州评报字[2006]第 2－122 号《资产评估报告书》,截至评估基准日 2006 年 5 月 10 日,新加坡吉星蓝光被评估的非专利技术"碳化硅(氮化镓)晶体和外延晶体的 X 射线衍射分析技术和其专用设备的设计和改造技术"的评估价值为 1551 万元。

2006 年 9 月 7 日,中关村科技园区海淀园管理委员会出具海园发[2006]1268 号《关于合作企业"北京天科合达蓝光半导体有限公司"合同、章程及董事会组成的批复》,同意设立天科有限。2006 年 10 月 8 日,天科有限取得《中华人民共和国外商投资企业批准证书》。

2006年9月12日，天科有限取得北京市工商行政管理局颁发的注册号为企合京总字第029799号《企业法人营业执照》，注册资本为1600万元，实收资本待实缴。

2006年11月14日，拓天信诚（北京）会计师事务所出具拓天信诚验字[2006]第124号《验资报告》审验确认：截至2006年11月14日，天科有限的注册资本已缴足。

根据北京恒信诚会计师事务所有限公司出具的恒信诚审字（2006）第2－058号《北京天科合达蓝光半导体有限公司财产转移审计报告》，新加坡吉星蓝光和中科院物理所出资的无形资产之财产转移手续已办理完毕。经本所律师核查，中科院物理所出资的专利已变更至天科有限名下。

2006年12月13日，天科有限取得换发后的《企业法人营业执照》，注册资本为1600万元，实收资本为1,600万元。

2、天科有限设立时的无形资产出资的追溯评估和验资复核

根据发行人出具的说明并经本所律师核查，由于天科有限设立时为股东出具无形资产评估报告的***评估机构不具有期货证券业务资质，发行人聘请了具有资质的评估机构对出资时的无形资产评估报告进行追溯评估***。

2019年10月18日，北京中天华资产评估有限责任公司出具了中天华资评报字[2019]第1693号《北京天科合达半导体股份有限公司拟了解中国科学院物理研究所及吉星蓝光科技有限责任公司投资的无形资产市场价值项目追溯性资产评估报告》确认，截至评估基准日2006年5月10日，新加坡吉星蓝光出资的1项无形资产评估价值为645.21万元，***比原评估值低***905.79万元。

鉴于本次追溯评估对新加坡吉星蓝光出资的无形资产评估结果低于原评估值905.79万元。2020年3月19日，发行人召开2020年第一次临时股东大会，审议通过《关于解决新加坡吉星蓝光科技有限责任公司对有限公司所出资之无形资产原始评估价值与追溯评估价值差异的议案》，同意由广东德沁六号对该项无形资产评估差异进行*补足*。

经本所律师核查，广东德沁六号已经于2020年3月24日***以现金方式将上述差额补足***。

点评

1. 本案例中,设立时用无形资产出资,出具资产评估报告的评估机构不具有期货证券业务资质,发行人重新聘请了有资质的评估机构追溯评估,发现比原评估值低,用现金补足差额。

2. 用于出资的非货币财产应当评估作价,评估机构不具有期货证券业务资质,属于出资瑕疵,可以重新聘请具有资质的评估机构进行追溯评估,不足时用货币补足,详见“疑难点 13　出资瑕疵”。

2020 年 6 月 8 日,立信会计师出具信会师报字[2020]第 ZB11262 号《北京天科合达半导体股份有限公司注册资本、实收资本复核报告》,确认天科有限设立时的拓天信诚验字[2006]第 124 号《验资报告》所载事项同天科合达实际收到的各股东出资情况和工商变更登记情况相符。

2020 年 6 月 12 日,第八师国资委出具师国资发[2020]26 号《关于确认北京天科合达半导体股份有限公司历史沿革有关事项的批复》,确认天科有限设立时的股东出资真实、有效,不存在出资不实的情形。

2020 年 8 月 20 日,***新疆生产建设兵团国有资产监督管理委员会***出具《北京天科合达半导体股份有限公司有关事项的确认函》,确认“天科合达有限设立时股东出资真实、有效,不存在出资不实的情形”。

点评

企业的国家股股东隶属的国资委证明出资无瑕疵,是处理出资瑕疵涉国资时的常规操作。

8-6　百克生物 2020-10

根据申报材料,2006 年长春迪奥科技有限责任公司以孔维研发的水痘疫苗及甲肝疫苗非专利技术知识产权增资,取得发行人 40% 股权,孔维博士是 2002 年长春高新为开展艾滋病疫苗研发项目从美国约翰霍普金斯大学引进的高级技术人才,长春高新提供研发设施,并提供行政人员等相关辅助人员,孔维博士开始正式开展水痘减毒活疫苗和甲肝灭活疫苗等生物疫苗的产业化研究工作;孔维目前担任发行人董事、总经理及核心技术人员，并且目前在任吉林大学教授；姜春来为吉林大学职工同样在发行人处任职。

请发行人说明：孔维2006年以技术出资，后续多次定向资本公积转增股本的情形是否合法合规，是否履行相应程序，是否涉及定向分红。

| 回复 |

一、孔维2006年以技术出资，后续多次定向资本公积转增股本的背景

孔维是长春高新2002年从美国霍普金斯大学引进的高级技术人才，孔维向长春高新提议合作开展水痘减毒活疫苗和甲肝灭活疫苗的研究，双方约定孔维运用其掌握的水痘减毒活疫苗和甲肝灭活疫苗非专利技术，依托长春高新提供的场地、环境等开展水痘减毒活疫苗和甲肝灭活疫苗的产业化研究，并在取得阶段性进展后，将水痘减毒活疫苗和甲肝灭活疫苗非专利技术按照评估价值投入双方共同设立或双方与第三方共同设立的公司，同时约定长春高新以货币出资和孔维以非专利技术出资的比例为6:4。

根据前述约定，2004年3月，为明确水痘减毒活疫苗和甲肝灭活疫苗非专利技术转化为相应的疫苗产品的实施主体，推进转化进程，经长春高新与孔维协商，由长春高新与百克药业共同出资设立百克生物的前身百克研究院。2006年6月，孔维研发的水痘减毒活疫苗和甲肝灭活疫苗均申请临床研究。按照长春高新与孔维的约定，由孔维通过其个人独资公司迪奥科技将水痘减毒活疫苗和甲肝灭活疫苗非专利技术按照评估价值投入百克研究院。经中商资产评估有限责任公司对两项非专利技术的评估，孔维拥有的水痘减毒活疫苗和甲肝灭活疫苗非专利技术的评估价值为4,002.20万元，长春高新与孔维共同确认前述非专利技术出资价值为4,000万元。按照长春高新货币出资与孔维非专利技术出资比例为6:4的约定，***孔维通过迪奥科技将非专利技术投入百克研究院***后，长春高新应投入6,000万元货币出资，考虑到百克研究院当时资金需求较小，结合长春高新合理的资金安排，双方约定孔维首次先以非专利技术出资认购百克研究院新增注册资本1,200万元，***非专利技术评估值高于1,200万元的部分计入百克研究院资本公积，由迪奥科技独享***，后续长春高新根据百克研究院的资金需求陆续投入货币资金，***迪奥科技根据约定比例使用资本公积定向转增注册资本***。

点评

1. 迪奥科技是孔维个人的独资公司，孔维通过迪奥科技以非专利技术给百克研究院出资，约定形成的资本公积由迪奥科技独享，后续再逐步按约定的比例增转为属于迪奥科技自身的持股，以维持百克研究院股东的持股比例不变。这表明：非国家股股东出资的溢价可以约定由其独享，而且实物出资形成的资本溢价亦可以约定独享。

2. 股东出资形成的溢价可不可以约定由其他股东独享，如本案例中，约定迪奥科技投入形成的资本公积不是由迪奥科技独享，而是由长春高新独享？能不能这么操作，值得探讨。

2006年12月和2007年9月，长春高新分别向百克有限增资960万元和3,240万元，迪奥科技***使用非专利技术出资形成的资本公积分别定向转增注册资本***640万元和2,160万元，截至2007年9月，百克有限的注册资本共10,000万元，其中迪奥科技以非专利技术出资4,000万元，长春高新以货币出资6,000万元，***符合孔维和长春高新上述关于出资比例的约定***。

二、百克有限多次定向资本公积转增股本的情形合法合规，已履行相应程序，不涉及定向分红

迪奥科技于2006年7月以非专利技术出资，并于2006年12月、2007年9月***以非专利技术出资形成的资本公积定向转增股本系根据长春高新与孔维的约定作出的分期出资安排，不涉及定向分红***，并已履行相应的评估及审议程序。2020年8月7日，长春新区国资委出具《确认函》，确认2006年7月迪奥科技以非专利技术出资以及迪奥科技本次出资溢价形成的资本公积由迪奥科技独享合法、有效，未违反国有资产管理相关法律法规的规定；2006年12月、2007年9月迪奥科技以无形资产出资形成的资本公积定向转增注册资本，长春高新以货币***同比例增资***未违反国有资产管理相关法律法规的规定，百克有限的股权清晰且不存在纠纷或潜在纠纷。

点评

资本公积独享以及后续定向转增股本以维持各股东的持股比例不变，一般都是事先安排好的，而资本公积定向转增注册资本、定向分红多数是事后临时起意的行为。

2020 年 7 月 20 日，长春市市场监督管理局长春新区分局出具《证明函》，证明其"未发现长春百克生物科技股份公司（统一社会信用代码:912201017561541220）自登记注册以来到开具证明期间违反工商行政法律法规违法记录行为"。

综上，孔维 2006 年通过迪奥科技以技术向百克有限出资，后续多次定向资本公积转增股本的情形合法合规，已履行了相应程序，不涉及定向分红。***长春新区国资委已出具《确认函》***，确认迪奥科技以非专利技术出资以及迪奥科技本次出资溢价形成的资本公积由迪奥科技独享合法、有效，未违反国有资产管理相关法律法规的规定；2006 年 12 月、2007 年 9 月迪奥科技以无形资产出资形成的资本公积定向转增注册资本，长春高新以货币同比例增资未违反国有资产管理相关法律法规的规定，百克有限的股权清晰且不存在纠纷或潜在纠纷。

点评

涉及国有资产的事情，由企业国有股东所属的国资委出具证明更有说服力。

疑难点 9

实缴股权转让

股权转让，是公司股东依法将自己的股东权益有偿转让给他人，使他人取得股权的民事法律行为。

一、实缴股权的对价

转让实缴股权或对公司增资，股权价值的计量有明确的准则指引，如《企业会计准则第39号—公允价值计量》及其应用指南，实务中已经很成熟了。

1. 评估价

评估价以评估公司的评估值为准，理论上是最科学的，但模型可选择的很少，而且参数输入很主观、敏感。

2. 成本价

成本价以投入的实收资本为转让价，即实缴多少钱，转让价就多少钱。

理论上，当一公司的净资产持续地少于实收资本时，当初投入的资本可能已经贬值，但考虑到投资者在管理、业务、人脉等方面上的投入以及企业未来的发展潜力，若以净资产、持股比例去计算股权价值，可能对投资者不太公平。另外，股权转让协议是民事合同，只要双方意思表示真实，不存在任何现实或潜在的争议、纠纷、利益输送即可。

实缴多少钱就卖多少钱，可以省去评估等烦琐的程序，一般找得到合理的理由解释得通，在实务中使用得比较多。

3. 名义价格

1元名义价格，常见于经过多年的经营仍旧是负资产、亏损的企业。这类企业,即使投资成本再多,估计也已经亏得差不多了,可以以1元、0元的名义价格转让。以0元转让更佳,原因见"疑难点10　未实缴出资额转让"。

4. 外部投资者增资价格

参考外部投资者的增资价格,这个价格可能是评估出来的,也可能是跟外部投资者协商的。

5. 实缴资本加固定收益

约定某个固定利率,如同期银行贷款基准利率上下浮动少许,以实缴金额为基数去计算固定的投资收益。这实际上是明股实债。

6. 协商价

根据上述五种定价方法定个基础价,再综合考虑公司经营业绩、所处行业的前景、成长性、同行业的市盈率、历史交易价格等多种因素,双方在案桌上讨价还价,拍案确定。有溢价,也可能是打折扣。

如出让方急于出手或股份的锁定期较长,受让方可以砍点折扣。如果转让的是控制权,可能会加点控制权溢价。

二、税务处理

《股权转让所得个人所得税管理办法(试行)》(国家税务总局公告2014年第67号)虽然是关于个人所得税的,但里面很多内容可供此处参考。

(一)按转让所得纳税

转让股权,以股权转让收入减除股权原值和合理费用后的余额为应纳税所得额,按转让所得缴纳所得税。

(二)明显偏低且不合理的情形

符合下列情形之一,视为股权转让收入明显偏低:

(1)申报的股权转让收入低于股权对应的净资产份额的。其中,被投资企业拥有土地使用权、房屋、房地产企业未销售房产、知识产权、探矿权、采矿权、股权等资产的,申报的股权转让收入低于股权对应的净资产公允价值份额的。

(2)申报的股权转让收入低于初始投资成本或低于取得该股权所支付的价款及相关税费的。

(3)申报的股权转让收入低于相同或类似条件下同一企业同一股东或其他股

东股权转让收入的。

(4)申报的股权转让收入低于相同或类似条件下同类行业的企业股权转让收入的。

(5)不具合理性的无偿让渡股权或股份。

概言之,只要股权转让价低于净资产、初始投资成本、同企业、同行业,就有可能被认定为“明显偏低”,除非有以下正当的理由:①企业因国家政策调整,生产经营受到重大影响;②家族里转让。

(三)核定股权转让收入的方法

申报的股权转让收入明显偏低且无正当理由的,主管税务机关可以核定股权转让收入。

1. 净资产核定法

股权转让收入按照每股净资产或股权对应的净资产份额核定。

被投资企业的土地使用权、房屋、房地产企业未销售房产、知识产权、探矿权、采矿权、股权等资产占企业总资产比例超过20%的,主管税务机关可参照纳税人提供的具有法定资质的中介机构出具的资产评估报告核定股权转让收入。

6个月内再次发生股权转让且被投资企业净资产未发生重大变化的,主管税务机关可参照上一次股权转让时被投资企业的资产评估报告核定此次股权转让收入。

2. 类比法

参照相同或类似条件下同一企业同一股东或其他股东股权转让收入核定;没有的话,参照相同或类似条件下同类行业企业。

三、评估值过6个月可能作废

如上所述,6个月内再次发生股权转让且被投资企业净资产未发生重大变化的,可参照上一次股权转让价。若评估日与交易日隔得太久,超过6个月,或者企业基础面变化过大,就得重新评估。若还是使用上一次的转让价,就有刻意扭曲价格,甚至输送利益之嫌。所以,应该尽量避免太久交割、付款。

四、股权转让价被质疑不合理的抗辩理由

股权转让价格被质疑不合理，除了上文《股权转让所得个人所得税管理办法(试行)》所说的两个"明显偏低"但正当的理由，实务中还有以下常见的抗辩理由：

- 行业专业门槛过高，加之卖方急于转让股权，短时间内找不到合适的股权受让方。
- 股权的转让价格低于外部投资者入股/增资价格主要系二者的交易背景不同、商业目的不同、业绩承诺及对赌条款保障安排不同所致。
- 本轮股权转让中，外部投资机构着眼于公司发展前景和行业地位、产品获批上市后的发展潜力。
- 外部投资者入股/增资价格系基于外部投资者对公司未来经营状况的预测并结合同行业市盈率、公司承诺业绩及对赌条款、投资者权利条款约定的情况协商确定。
- 收购时公司的净资产为负，因此，以名义价格进行收购。
- 虽然公司亏损，但亏损期实质上是在为后期的发展铺路、蓄力，故以实收资本为收购价。
- 公司预计将有多个新产品获得审批，有望逐步实现上市销售，因此，给予了更高的估值。
- 受让方在企业的产品领域具有较为成熟的渠道和资源，可以通过入股方式加强双方的长期合作关系，故转让价较低。
- 所转让的股份有流动性限制，且锁定期较长，因此，股权转让价格在估值的基础上给予一定折扣。
- 本次转让，估值增长与公司业绩增长相匹配。
- 卖方出让的是控制权，需要溢价。
- 为了激励关键人员长期服务于公司，以低于净资产的价格转让股权。

五、常见问询

- 结合××股东与标的公司的具体关系，说明××增资原因、增资价格是否

公允、本次增资是否构成股份支付。

- 原有自然人股东转让股权的价格大幅低于外部投资者入股/增资价格的原因，是否存在特殊利益安排及股权代持。
- 请说明在收购发行人股份后短时间内向其他人转让股权的原因及合理性。
- 分析并披露2016年股权转让及增资价格较低的合理性、与2017年外部投资者增资价格差异较大的原因。

9-1　紫建电子2021-07

请发行人说明：发行人收购广东维都利、深圳维都利的定价情况。

| 回复 |

一、发行人收购广东维都利的定价情况

广东维都利截至收购时的最近一期末（2017年7月31日）注册资本为1,000万元（其中深圳维都利认缴750万元，刘克仁认缴250万元），实收资本为750万元（其中深圳维都利实缴750万元，刘克仁实缴0元），净资产为211.97万元。

经双方协商，深圳维都利将其持有广东维都利75.00%的股权（750.00万元出资额）以750.00万元的价格转让给发行人；刘克仁将其持有广东维都利25.00%的股权（250.00万元出资额，***未实缴***）以***1元***的名义价格转让给发行人。因此，发行人收购广东维都利的定价方式为“***以实收资本为基础进行定价***”，定价具有公允性。

广东维都利截至收购时的***净资产为211.97万元***，股权转让价对价定为实收资本750万元，原因是：广东维都利作为公司的扣式电池生产基地，具有战略重要性。广东维都利自成立时（2016年5月）至收购时（2017年7月）的经营亏损如全部由原股东承担并不合理，因广东维都利成立不久，***前期往往需要经历亏损期，亏损期实质上是在为后期的发展铺路、蓄力***。众所周知，新成立的企业往往需要进行厂房设备的采购、人员招聘、产线调试、新客户开发、新产品试制等，这些环节都可能因各种原因给企业带来损失或者额外的成本、费用消耗，这些损失或消耗并未给企业带来账面上的无形资产，但是却已经客观上***为企业未来的发展积累了经验、打下了基础、积蓄了力量***。综合考虑广东维都利的战略重要性以及亏损负担的合理性、公平性，发行人与深圳维都利经过协商，确定了以实收资本750万元作为股权转让的对价,***视为前期亏损由发行人承担、亏损期所积累的经验和打下的基础也随广东维都利整体转到发行人旗下,真正做到了亏损负担的合理性、公平性***(如不以实收资本而以净资产为基础对股权转让进行定价,则亏损由原股东负担,亏损期所积累的经验、打下的基础随广东维都利整体转到发行人旗下,那么就会出现亏损负担的不合理、不公平)。

点评

1. 广东维都利被收购时的实收资本为750万元,但净资产已经亏损为211万元,最后以实收资本750万元转让。股权实缴多少,转让价就多少,适用于净资产少于投入资本的公司。

2. 为何要以远高于净资产的价格收购广东维都利呢,发行人一直都解释:亏损是在为后期的发展铺路、蓄力。

二、发行人收购深圳维都利的定价情况

深圳维都利截至收购时的最近一期末(2017年8月31日)注册资本为50万元(其中朱传钦认缴40万元,苏全东认缴10万元),***实收资本为50万元***(其中***朱传钦实缴40万元***,苏全东实缴10万元),***净资产为-155.64万元***。

经双方协商,朱传钦将其持有深圳维都利80.00%的股权(40.00万元出资额)以***1.00元的名义价格***转让给发行人;同意苏全东将其持有深圳维都利20.00%的股权(10.00万元出资额)以1.00元的名义价格转让给发行人。因此,发行人收购深圳维都利的定价方式为"***参照净资产以名义价格收购***",定价具有公允性。

深圳维都利自2007年成立以来,经历多年的经营,截至***收购时净资产为负,因此发行人以名义价格进行收购***。与广东维都利下设工厂不同,深圳维都利属于销售公司,不承担研发、采购、生产等职能,***功能单一***,且销售职能并非只通过深圳维都利实现(实际上母公司紫建电子也是重要的销售主体),因此,深圳维都利在集团内的***战略重要性***不如广东维都利。综上所述,发行人以名义价格收购深圳维都利的股权,该价格是双方综合各方面因素进行协商之后得出的,具有公允性。

点评

深圳维都利被收购时的实收资本为50万元，但净资产已经亏到-155万元，资不抵债，最后其中80%的股权以1元的名义价格转让。深圳维都利属于经过多年的经营仍然是负资产、功能单一、战略重要性很低的公司，40万元的初始投资成本以1元的名义价格转让，听起来合理。若以0元转让更佳，原因详见“疑难点10　未实缴出资额转让”。

9-2　伟创电气2020-09

根据问询回复，深圳伟创的历史沿革中，存在多次股权转让价格低于股权对应净资产份额、价格不公允的情况。

请发行人说明：以低于每股净资产的价格转让的具体情况和原因，是否存在税务调整或处罚的风险，是否属于违法违规行为。

｜回复｜

一、深圳伟创第一次股权转让

2007年4月，迟玮、邓雄、宋奇勋、莫竹琴分别将其持有深圳伟创1%的股权（对应认缴注册资本1万元，***实缴注册资本0.5万元***）以***0.5***万元的价格转让给骆鹏，***转让原因及背景为深圳伟创为引进人才，为未来业务发展选择合作伙伴***，骆鹏亦看好深圳伟创发展前景；莫竹琴因个人家庭原因而将其持有深圳伟创14%的股权（对应认缴注册资本为14万元，***实缴注册资本7万元***）以***7万元***的价格转让给唐淑彦***代持***，***实际未支付转让对价***。

根据深圳永信瑞和会计师事务所于2007年9月18日出具的深永信会审字[2007]第174号深圳伟创2006年度《审计报告》，截至2006年12月31日，深圳伟创净资产为222,545.44元，净利润为-132,541.72元，每股净资产约为0.22元，***本次股权转让价格不存在低于净资产的情形，不存在税务调整或处罚的风险***。

点评

《股权转让所得个人所得税管理办法（试行）》（国家税务总局公告2014年第67号）列举了五种股权转让收入明显偏低的情形，其中，第一条就是股权转让收入低于股权对应的净资产份额。此处,深圳伟创第一次股权转让的价格为实缴多少钱就转让多少钱,不低于净资产,被要求补缴税的风险小。

二、深圳伟创第二次股权转让

2016年4月,深圳伟创的认缴出资额为5,000万元,实缴出资额为500万元,迟玮、唐淑彦、宋奇勋、邓雄等人分别将其持有深圳伟创全部或部分股权按实缴出资额的价格转让给胡智勇、莫竹琴、骆鹏、左洪浪等13人,其中迟玮将股权转让给胡智勇,唐淑彦将股权转让给莫竹琴,系股权代持还原,将股权转让给骆鹏、左洪浪等人系深圳伟创为优化股权结构,引入管理人员持股,共同致力于公司发展。除代持还原外,***本次股权受让方均为深圳伟创经营管理层关键人员***,为激励其长期服务于公司,因此原股东以***低于净资产的价格转让股权***。

点评

为激励员工长期服务于公司,让员工低于公允价获得股份,应当考虑是否构成股份支付。

根据深圳伟创提供的完税凭证,2016年5月,深圳伟创已按照初步匡算的2016年2月净资产32,529,170.23元为本次股权转让方代缴个人所得税合计4,092,599.75元,各转让方已在2016年9月前将深圳伟创代为缴纳的个税款项返还给深圳伟创;***因对税法相关规定不熟悉,尽管是股权代持还原,迟玮及唐淑彦仍然缴纳了个人所得税***,迟玮、唐淑彦缴纳个人所得税的资金分别由胡智勇、莫竹琴以自有资金提供。

点评

股权代持还原是指代持人将代持的股权还给被代持人,被代持人变成了显名股东。由于代持还原是零对价转让,无转让所得,通常无须纳税。此处,迟玮、唐淑彦为代持还原缴纳了个人所得税,花了冤枉钱,为不熟悉税法付出了代价。

2018年6月,针对本次股权转让,邓雄、宋奇勋应税务主管部门的通知再次***补缴个人所得税***合计289,216.12元,再次补缴税款的原因为本次股权转让各转让方申报的***股权转让收入较***深圳伟创2015年度汇算清缴财务报表载明的***净资产***66,302,715.17元***存在偏低的情形***，应税务主管部门通知，核定各转让方按照深圳伟创2015年度汇算清缴时的净资产66,302,715.17元减去截至2016年2月的亏损11,082,139.49元后的净资产金额55,220,575.68元再次补缴个人所得税；由于此时本次发行上市的中介机构已进场，且认为***股权代持还原可以不用缴纳个人所得税***，经与税务主管部门沟通并提交相关股权代持证明资料后，税务主管部门***未要求***迟玮及唐淑彦补缴个人所得税。

点评

《股权转让所得个人所得税管理办法(试行)》(国家税务总局公告2014年第67号)列举了五种股权转让收入明显偏低的情形，税务机关特别喜欢按第一种，即按照每股净资产或股权对应的净资产份额来核定征税。如果转让价低于净资产，当事人就要注意了。

根据各转让方及受让方书面确认及国家税务总局深圳市宝安税务局网站公开信息，截至本回复签署之日，各转让方及受让方不存在因上述股权转让事项受到税务主管部门处罚的情形，亦未出现税务主管部门通知迟玮及唐淑彦就本次股权转让补缴个人所得税的情形。

除股权代持还原外，由于本次股权转让的受让方均为深圳伟创经营管理层关键人员，为激励其长期服务于公司，因此原股东以低于净资产的价格转让股权，具有合理性；且各转让方已履行了纳税义务，邓雄及宋奇勋已按照税务主管部门核定的深圳伟创净资产金额补缴税款，不属于违法违规行为；截至本回复签署之日，各转让方及受让方不存在因上述股权转让事项受到税务主管部门处罚的情形。

9-3　趣睡科技2020-12

招股说明书披露，发行人于2019年5月17日将宁波梅山保税港区精致明天投资合伙企业(有限合伙)40.00%的合伙份额转让给自然人王玉英。

请发行人补充披露：发行人对外转让宁波梅山保税港区精致明天投资合伙企业(有限合伙)合伙份额的原因及背景、定价依据及合理性。

| 回复 |

2019年5月发行人对外转让宁波梅山保税港区精致明天投资合伙企业（有限合伙）合伙份额的原因及背景系趣睡科技因发行人准备专心发展趣睡科技现有业务，因此需转让趣睡科技持有的宁波梅山保税港区精致明天投资合伙企业（有限合伙）全部合伙份额并退伙。定价依据系双方协商根据趣睡有限认缴出资额400万元的***年化6%利率确定投资收益，该投资额符合市场平均水平***。因此，***以趣睡有限完成实缴的时间2017年2月20日为投资起算时间，以退伙时间2019年3月13日为截止时间***，确定投资收益为493,808.22元，交易价格总计4,493,808.22元。

点评

"股权"转让价＝出资额＋投资收益，其中，投资收益用固定利率计算，看起来不像是真投资，反而有点明股实债的影子。明股实债中的固定利率可参照同期银行贷款基准利率上下浮动，此案例中，称6%的年化利率"符合市场平均水平"，但没接着往下解释市场平均水平的具体情况。

9－4 宏景科技2021－12

根据申报材料和审核问询回复：2015年5月宏景有限第九次股权转让，由于《股权转让合同》中约定的转让价格与实际价格差异较大，转让方与受让方签订了《关于〈股权转让合同〉的补充协议》，对原股权转让的实际价格进行了重新约定。

请发行人：说明2015年5月股权转让中合同约定的转让价格与实际价格差异较大的原因，是否存在虚假合同或倒签合同的情形。

| 回复 |

一、说明2015年5月股权转让中合同约定的转让价格与实际价格差异较大的原因，是否存在虚假合同或倒签合同的情形

（一）2015年5月股权转让，合同约定的转让价款差异情况

根据转让方欧阳华、林山驰、许驰、庄贤才、杨年松与受让方慧景投资签署的《股权转让合同》及《关于〈股权转让合同〉的补充协议》，两份协议约定的转让价格存在差异，具体如下：

单位：万元

事项	转让方	受让方	拟转让出资额	《股权转让合同》中的转让价款	《关于〈股权转让合同〉的补充协议》中的转让价款
2015 年 5 月，宏景有限第九次股权转让	欧阳华	慧景投资	141.26	***141.26***	***318.32***
	……		……	……	……
	杨年松		6.054	***12.81***	***13.64***

点评

从《股权转让合同》到《关于〈股权转让合同〉的补充协议》，欧阳华的股权转让价从 141 万元急升到 318 万元，差异过大，有点像“阴阳合同”，怪不得被问询。

转让方与受让方签署《股权转让合同》的时间是 2015 年 5 月 18 日。转让方与受让方签署的《关于〈股权转让合同〉的补充协议》上***未注明具体签署日期***，根据转让方出具的确认函，因本次股权转让***办理个人所得税申报需要，各转让方与受让方签署了《关于〈股权转让合同〉的补充协议》***，由于转让方与受让方均未注意文件签署细节，因而未签署具体日期，但各转让方已于 2015 年 7 月 6 日完成纳税申报并缴纳完毕个人所得税。

根据公司提供的转让款支付凭证，慧景投资已按照《关于〈股权转让合同〉的补充协议》的约定实际支付了股权转让款。

（二）上述合同约定的转让价格与实际价格差异较大的原因，是否存在虚假合同或倒签合同的情形

根据转让方欧阳华、林山驰、许驰、庄贤才、杨年松的书面确认，由于发行人在代扣代缴个人所得税时，***主管税务机关认为《股权转让合同》约定的转让价格偏低***，因而各转让方与受让方另行签署了《关于〈股权转让合同〉的补充协议》，约定参照宏景有限截至 2015 年 4 月 30 日资产负债表中的***净资产值对股权转让价格予以调整***。根据发行人提供的《税收缴款书》，欧阳华、林山驰、许驰、庄贤才、杨年松均已就本次股权转让缴纳了个人所得税。

点评

1. 为了申报个人所得税，签了份补充协议，但未签署日期，为此被质疑在签虚假合同或想倒签合同。

2. 税务机关倾向于将转让价与每股净资产比较，来确定转让价是否明显偏低。若转让价低于净资产，可能会被要求用净资产值来调整股权转让价。

如上文所述，转让方与受让方签署《关于〈股权转让合同〉的补充协议》系因按照主管税务机关的要求而进行价格调整，受让方慧景投资已按照《关于〈股权转让合同〉的补充协议》约定的价格于2015年7月向各转让方足额支付了股权转让款，相关方签署《股权转让合同》与《关于〈股权转让合同〉的补充协议》时均系其真实意思表示，不存在签署虚假合同或倒签合同的情形。

二、历次股权转让、增资等股权变动过程是否存在其他合同约定与实际情况不一致的情形，发行人是否存在股权代持

经核查，发行人历次股权转让、增资等股权变动中，2014年7月，宏景有限第八次股权转让存在合同约定与实际情况不一致的情形。根据转让方欧阳华与受让方林山驰、庄贤才、杨年松于2014年6月前后分别签署的《公司股权转让协议》及《股权转让协议》，***两份协议约定的关于宏景有限该次股权转让的价格存在差异***，具体如下：

单位：万元

事项	转让方	受让方	拟转让出资额	《股权转让合同》中的转让价款	《关于〈股权转让合同〉的补充协议》中的转让价款
2014年6月，宏景有限第八次股权转让	欧阳华	林山驰	242.16	*216*	*512.28*
		庄贤才	100.90	200	*213.45*
		杨年松	120.00	120	*128.07*

欧阳华与林山驰签署《公司股权转让协议》的时间为2014年6月16日，欧阳华与庄贤才、杨年松签署《公司股权转让协议》的时间为2014年6月18日；欧阳华与林山驰、庄贤才、杨年松签署《股权转让协议》的时间为2014年6月30日。

根据公司提供的相关资料并经访谈确认，转让方林山驰、庄贤才、杨年松已分别向欧阳华支付了股权转让款216万元、200万元和120万元。

根据股东欧阳华、林山驰、庄贤才及杨年松出具的说明，公司在代扣代缴个人所得税时，主管税务机关认为《公司股权转让协议》约定的***转让价格偏低***，因而转让方与受让方参照宏景有限截至2014年6月30日资产负债表中的***净资产值对股权转让价格予以调整***并签署新的《股权转让协议》，并根据该协议约定的转让价格依法缴纳了个人所得税，但转让方与受让方均未按照《股权转让协议》约定的价格付款，而按照《公司股权转让协议》约定的转让价格实际付款。具体原因如下：

点评

本案例多次被税务机关追缴转让所得税，原因就是股权转让价格明显偏低且无正当的理由。如此看来，想通过自定义股权的转让价来避税，并没那么容易。

1、该次股权转让系对公司核心管理人员的股权激励

根据对欧阳华、林山驰、杨年松、庄贤才的访谈记录，2014年7月宏景有限第八次股权转让，受让方林山驰、杨年松、庄贤才系公司的核心管理人员，公司拟对其进行***股权激励***，因而***各方协商按照一定的优惠价格***转让股权具有合理性。

……

点评

虽说股权激励是股权转让价格不合理的正常理由，但让员工以低于公允价获得股份，应当考虑是否构成股份支付。

9-5 惠泰医疗2020-09

根据招股说明书，2018年11月公司整体估值比2018年7月增长8.7%，而2019年8月公司整体估值仅比2018年11月增长6.67%。

请发行人说明：

一、2018年11月股权转让时公司整体估值高于2018年7月股权转让时估值的具体原因，前次问询回复中提及的“公司正处于上升期”的依据

| 回复 |

（一）2018年11月股权转让时整体估值高于2018年7月股权转让的具体原因

2018年11月，***根据发行人整体研发进度及国家药监局审批进度，预计将有8个新产品获得审批，有望在2019年逐步实现上市销售***，因此，本轮股权转让中，启明及东证等外部投资机构着眼于公司产品获批上市后的发展潜力，希望进一步增持发行人股份，因此，给予发行人较2018年7月更高的估值。

（二）前次问询中提及的"公司正处于上升期"的依据

公司整体估值由各投资方通过对公司主营业务及产品、行业现状及发展、员工结构情况、主要客户及供应商、资质认证情况及核心技术研发情况等方面进行综合评定，同时结合其他投资方对公司的估值判断，在与公司管理层协商后确定。2018年至2019年期间，公司整体估值呈现逐年增长的趋势，但是增长率与时间跨度不存在必然的线性关系，主要是由于公司整体正处于上升期。公司"处于上升期"的主要原因分析如下：

1、***成长能力***分析

产品种类	2019年度	2018年度
	增长率	
电生理	44.96%	22.95%
冠脉	84.66%	629.26%
外周	—	—
OEM	25.69%	6.03%
合计	***67.85%***	***60.82%***

报告期内，公司主营业务收入分别为14,850.79万元、23,882.99万元和40,088.76万元，增长率分别为60.82%和67.85%。受益于公司既有业务的持续增长，以及冠脉、外周介入等新产品上市带来的增量业务收入，公司主营业务收入和主营业务毛利均呈现逐年上升趋势，具有较高的成长性。

2、***研发投入***分析

项目	2019年度	2018年度
	变动率	
研发费用	31.93%	6.79%
研发项目数量	16.67%	6.79%

报告期内，公司研发费用投入分别为4,998.46万元、5,337.79万元和7,042.27万元，变动率分别为6.79%和31.93%，研发投入的绝对额和变动率均呈现逐年上升趋势。公司建立了一支多学科交叉的专业研发团队，在电生理及血管介入器械领域有丰富经验。同时，已在深圳、湖南及上海三地设立研发中心，通过组建精干、高效的研发团队，不断提升研发效率和研发转化水平，全面覆盖公司电生理、冠脉通路以及外周血管介入三大产品线的开发。通过自主研发和创新发展，公司产品管线不断扩充和中标地区不断增加，在各地区的销售均呈整体上升趋势。

3、医疗器械注册及备案证书分析

报告期各期末，公司国内医疗器械注册及备案证书合计数分别为8个、16个、30个和34个，产品陆续获批上市，且主要为Ⅲ类医疗器械，***上市产品储备丰富***，具有较大的发展潜力。同时，公司稳步推进境外***市场布局***，主要产品在欧盟、东南亚、中国台湾地区获批注册，全球注册数量、覆盖地区稳步上升。

综上所述，公司“正处于上升期”论述的主要依据是充分、合理的。

点评

“正处于上升期”估计是回答问询时用的套话，却意外被无情地追问。发行人通过以下几方面描绘“上升”：主营业务收入、研发费用的增长率不断在提高，产品陆续获批上市，市场布局不断扩张。

二、上述2018年四个月间的估值增长低于2018年11月起的九个月间的估值增长的原因，发行人“处于上升期”的论述是否有依据

｜回复｜

2018年11月，发行人股权转让时，整体估值为15亿元，较前次股权转让时13.8亿元整体增长*8.70%*，2019年8月发行人股权转让时整体估值为16亿元，较前次股权转让整体增长*6.67%*。从估值增长率上看，发行人2019年股权转让时估值增长率较前次股权转让***增长率低***，但仍处于上升期。主要因素如下：

1、2018年11月估值水平已达到相对较高水平，2019年估值时的基数相对较高

2018年11月，东证富象、启明融科等外部私募基金投资者希望进一步增持，并看好公司发展，其在估值时基于2018年截至投资时点的经营情况，并对2019年度发行人新产品上市的预期，给予发行人*15*亿的估值；***2019年8月***，随着公司产

品上市后的经营情况，外部投资者在增持发行人股份的时候给予***16***亿的估值，主要系因2018年11月时的估值已参考了2019年经营预期，由投资者给予了较高的估值，而2019年在前次的基础上，***估值增长率***有所下降。外部机构在对发行人进行估值时，***并非仅仅以投资时点经营状况确定整体估值***，而是包含在可***预计***的未来整体的发展节奏和成长性，但随着估值的不断增加，在不存在公开交易而形成的价值发现之前，机构投资者为降低未来投资风险，稳定投资收益，基于前次投资时的估值在后续投资时给予的***边际增长率会呈现递减趋势***，符合外部投资人的投资逻辑和行业规律。

2、2018年及2019年历次股权转让均有外部机构投资者参与，其对发行人未来成长性看好

发行人自2018年7月以来，外部机构投资者因看好公司未来发展，而希望增持公司股份；从实际经营情况看，发行人营业收入和盈利能力均得到快速增长，具有良好的成长性，因此，虽然2018年11月起之后9个月的估值较2018年7月起四个月估值的增长率低，***但两者并不具备直接的线性关系***，且发行人从财务指标、产品上市情况看，处于上升期的事实较为充分，“处于上升期”具有事实基础和相应的依据。

综上，上述2018年7月起四个月间的估值增长高于2018年11月起的九个月间的估值增长主要系2018年11月股权转让时的***估值，已考虑了2019年整体经营的预期***，因此给予的估值相对于当年的收入及盈利而言较高；而2019年公司经营业绩处于较高水平时，增长率放缓的可能性较大，因此，估值时给予的估值增长率也相应的降低，具备合理性。基于2018年、2019年经营业绩，虽然存在前述估值增长率降低的情形，但发行人仍处于上升期的事实并未发生实质性变化，“处于上升期”具有事实依据，具有合理性。

点评

1. 前4个月估值增长8.70%，后9个月增长降至6.67%，被质疑并非处于“上升”期。发行人解释，前4个月的估值增长率高而后9个月的增长率稍低，是因为发展节奏、成长性预期不同。

2. 公司价值是未来现金流的折现，未来现金流是预测出来的。公司价值的增长与时间间隔并非呈线性关系，大部分取决于增长率。估值的边际增长率会

递减，跟从50分考到60分比从90分考到95分要容易得多的道理一样，符合自然规律。

三、结合上述情况进一步说明报告期内股权转让价格是否存在不公允的情况

｜回复｜

报告期内，除2018年8月经销商股东黄楚彬间接股权转让价格低于同时期其他股东外，发行人整体估值及报告期内股权转让价格不存在不公允的情况，具体如下：

1、发行人同意客户以较低价格入股的原因

2017年末，发行人在冠脉通路类产品共取得7张医疗器械注册证书，主要为PTCA球囊导管、亲水涂层导丝、导引导管、血管鞘组等冠脉通路产品。根据公司整体研发布局及安排，公司于2017年三季度取得了冠脉通路类重磅产品—微导管的医疗器械产品注册证书，且根据公司在研项目的研发安排和向国家药监局注册申请进度，公司预计2018年度、2019年度将会有大量的产品通过注册申请，并获批上市。

为提前进行后续产品上市后的销售渠道布局，公司通过加强自身销售队伍建设和寻求具有较强渠道资源的合作伙伴开展长期合作，以减少在产品上市销售后经营风险。公司最早于2017年与黄楚彬就冠脉销售业务开展合作，黄楚彬看好公司未来发展，同时***其自身及其亲属在华东、华南地区医疗器械经销领域具有较为成熟的渠道和资源***，因此，希望通过入股方式加强双方在冠脉产品销售的长期合作关系。基于上述背景，公司希望通过引入客户股东以实现双方的合作双赢。以公司最近一次股权转让时整体估值***8亿***元为基础，同时考虑到双方的战略合作关系，双方最终协商的入股估值为***7.2亿***元。

点评

审核很关心，股权转让价、增资价格是否明显偏低。判断股权转让价是否公允、明显偏低，最直接的方法是比较参考价。公司最近一次估值是8亿元，而新股东入股的估值协商到7.2亿元，看上去好像偏低。但是，新股东是带着渠道、资源入股的，渠道、资源也是有价值的。若把渠道、资源的对价算入，新股东不一定是占了便宜。这就属于有正当理由。

本次入股事宜于2018年8月才办理完毕工商登记变更手续，而2018年7月，惠泰医疗直接股东对外转让惠泰医疗股权时的整体估值为13.8亿元，从而使得上述以办理工商登记变更时点计算的股权转让价格低于同时期惠泰医疗的整体估值。

综上，发行人同意客户以较低的价格入股发行人主要系基于双方未来就冠脉产品销售的长期合作关系，希望通过经销商入股保持公司新产品上市渠道的通畅和稳定。

2、客户的低价入股已支付完毕股权转让价款，不存在另有对价

根据双方协商一致，本次黄楚彬入股的比例为4.23%，股权转让价款为3,050万元。本次股权转让方与受让方未签署其他价格条款的股权转让合同。上述股权转让款已支付完毕，不存在另有对价的情况。

9-6 蓝特光学2020-06

根据首轮问询回复，秀洲创投投入200万元人民币，期限三年，年报酬率为10%，投资期满后，蓝特有限一次性支付秀洲创投本金和报酬，共计260万元人民币。考虑到后续程序的时间及便捷性，双方协商确定秀洲创投按评估价值以定向减资的方式提前退出发行人。最终，秀洲创投定向减资的价格按照经评估的价值确定为787.16万元，由蓝特有限直接支付给秀洲创投。

请发行人说明：两年时间，秀洲创投投资由200万元增长为787.16万元退出是否与公司业绩增长相匹配，是否存在纠纷或者潜在纠纷，是否存在利益输送或者其他特别协议安排。

回复

1、两年时间，秀洲创投投资由200万元增长为787.16万元退出与公司业绩增长相匹配

秀洲创投投资发行人的本质为***明股实债***，参照评估值以定向减资方式退出系由双方重新协商确定。

2010年12月，秀洲创投以***定向减资***方式退出蓝特有限时，恒信会计师出具了《专项审计报告》（嘉恒会专审（2010）153号），确认截至2010年9月30日，蓝特有限经审计的账面净资产为39,370,271.15元；嘉兴诚洲资产评估有限公司出具了《资产评估报告书》（嘉诚资评鉴字（2010）182号），确认截至评估基准日2010

年9月30日，蓝特有限净资产评估价值合计为42,503,206.13元。据此，截至2010年9月30日，秀洲创投持有的蓝特有限股权对应的净资产为7,290,790.95元，对应的净资产评估价值为7,870,964.10元。蓝特有限与秀洲创投参照该净资产评估价值确定定向减资价格为787.16万元。

点评

开始是明股实债，后定向减资退出，是因为以固定投资收益退出无法满足蓝特有限股改的时间要求，本案例的背景可以阅读案例“7－3 蓝特光学 2020－06”。

根据嘉兴天越会计师事务所、天健会计师事务所就蓝特有限2008年－2010年财务报表出具的《审计报告》，蓝特有限2008年至2010年的营业收入及净利润情况如下：

单位：万元

年度	2020年度	2019年度	2018年度
营业收入	6,177.52	4,194.98	3,561.36
净利润	*2,030.86*	718.34	*142.10*

由上表可见，2008年至2010年期间，***发行人营业收入、净利润均快速增长***。综上，两年时间，秀洲创投投资由200万元增长为787.16万元退出***与公司业绩增长相匹配***。

点评

1. 短短两年时间，秀洲创投对蓝特有限的投资从200万元增长到787万元，翻了近4倍，速度之快，令人质疑。但当我们看到蓝特有限这两年的净利润翻了14倍，营业收入翻了1.7倍，疑虑就打消了。

2. 公司的估值增长要与业绩增长相匹配，但根据估值公式，二者并非单纯的线性关系。如蓝特有限这两年的净利润翻了14倍，但股权价格才翻了近4倍。

2、秀洲创投投资由200万元增长为787.16万元退出不存在纠纷或者潜在纠纷，不存在利益输送或者其他特别协议安排

秀洲创投投资、退出发行人均已履行了必要的法律程序。经访谈秀洲创投退出发行人时的相关人员，确认秀洲创投退出发行人已经履行了相应的内外部批准和决策程序，不存在权属纠纷与潜在纠纷。

2020年5月18日，秀洲区国资委出具《关于确认浙江蓝特光学股份有限公司历史沿革有关事项的回复》（秀洲国资委〔2020〕5号），确认：秀洲创投***以定向减资方式退出蓝特有限的价格高于秀洲创投向蓝特有限投资时确定的固定报酬***，该等退出方式实现了***对国有资产的保值增值***，合法合规。秀洲创投投资、退出蓝特有限均已履行了必要的评估、备案、审批、确认程序，不存在国有资产流失的情形，不存在权属纠纷与潜在纠纷。

点评

1. 涉及国有资产时，最担心的是造成国有资产流失。因为，几乎所有国有资产相关的法律法规都会强调“防止国有资产流失”。

2. 秀洲创投若以固定投资收益退出，肯定没有定向减资退出获得的近4倍的好收益，以定向减资退出当然未造成国有资产流失。

2020年6月11日，秀洲创投出具《关于我公司投资退出蓝特有限有关事项的说明》，确认：在秀洲创投投资及退出蓝特有限过程中，秀洲创投与蓝特光学及其届时的股东之间不存在任何纠纷或者潜在纠纷，不存在利益输送或者其他特别协议安排。

综上，秀洲创投投资由200万元增长为787.16万元退出不存在纠纷或者潜在纠纷，不存在利益输送或者其他特别协议安排。

9-7 科捷智能2021-11

请发行人：进一步说明2018年实施员工持股计划时，姚后勤、邹振华作为非公司员工低价受让股份的原因及合理性。

回复

发行人实施的员工持股计划要求参与对象为发行人或其控股子公司的员工，姚后勤、邹振华***均非发行人的员工，不是发行人员工持股计划的适格对象，且均未参与发行人的员工持股计划***；姚后勤、邹振华在特定时间以相应价格受让发行人的股权具有合理性，具体分析如下：

点评

只有内部人员才可以参加员工持股计划，内部人员包括已出借到关联方的员工、关联方员工、签了劳务合同的非专职人员，甚至是未签劳务合同的顾问等。

1、2018 年 12 月，姚后勤受让刘真国所持科捷有限 200 万元出资额

(1)受让股权背景

姚后勤于 2018 年 12 月以人民币 160 万元的价格受让了刘真国持有科捷有限 2% 的股权(对应 200 万元注册资本)，与刘真国同期转让给员工持股平台科捷投资的价格相同，上述股权转让背景如下：(1)刘真国有意通过出售部分股权回笼资金以支付其于 2017 年 12 月自科捷自动化收购科捷有限股权的二期股权款；(2)由于姚后勤为科捷有限的早期业务发展提供过顾问服务及帮助，故科捷有限同意其入股，并参照同期以评估价格为基础确定的刘真国向员工持股平台转让股权的价格，自刘真国处受让科捷有限的股权。

(2)定价依据

刘真国将持有科捷有限 2% 的股权转让给姚后勤的定价依据为根据中铭国际资产评估(北京)有限责任公司于***2018 年 6 月 30 日***出具的中铭评报字[2018]第 17002 号《资产评估报告》的股东全部权益价值评估结果 7,883.89 万元(对比净资产 5,594.57 增值 40.92%)为基础，最终价值定为 8000 万元，由此姚后勤受让的科捷有限 2% 的股权的转让价款为人民币 160 万元，股权转让价格为人民币***0.8*** 元/一元出资额，高于当时科捷有限的单位评估值和单位净资产值，即当时各方在筹划股权转让时以《资产评估报告》所确定的每股评估价格为基础确定转让价格，并不认为上述股权转让价格不公允。

鉴于刘真国与姚后勤最终转让完成时点为***2018 年 12 月，距离上述《资产评估报告》的评估基准日(2017 年 12 月 31 日)已超过 6 个月，发行人就该次股权转让进行了追溯评估，以重新确定公允价值***。根据《中铭国际资产评估(北京)有限责任公司》出具的《科捷智能装备有限公司拟实施员工股权激励事宜涉及的该公司股东全部权益追溯性资产评估报告》(中铭评报字[2020]第 17026 号)，发行人于评估基准日(2018 年 12 月 31 日)每股公允价值为***1.64*** 元。就***姚后勤持股成本与***

公允价格的差异部分，已作为股份支付费用一次性计入当期损益。

点评

1. 资产评估值超过6个月就可能会过期。《股权转让所得个人所得税管理办法(试行)》规定，6个月内再次发生股权转让且被投资企业净资产未发生重大变化的，主管税务机关可参照上一次股权转让时被投资企业的资产评估报告核定此次股权转让收入。换言之，超过6个月，或者未超过6个月但被投资企业净资产发生了重大变化，上次资产评估报告就不能用。本案例中，股权转让完成时距最近一次评估已有1年，所以需重新评估。

2. 邹振华没资格参加发行人的员工持股计划，但他的持股成本与公允价格的差异部分却作为股份支付处理，这表明，股份支付的范围比员工持股计划的范围广，但反之却不一定。

据此，姚后勤受让发行人前身科捷有限股权的交易背景真实，当时各方在筹划股权转让时并不认为上述股权转让价格不公允，其转让价格低于经追溯调整后重新确定的公允价值系因确定公允价值的评估时点差异而导致，且与交易背景相匹配，发行人已对差异部分作股份支付费用处理，具有合理性。

2、2017年12月，邹振华受让科捷自动化所持科捷有限1,000万元出资额

……

9-8 奕瑞科技 2020-08

请发行人说明：本次股权转让价格低于前次发行人股权变动价格所对应的发行人整体估值的原因，是否公允，上述股权是否存在委托持股、利益输送或其他特殊利益安排。

| 回复 |

根据发行人的书面确认，本次股权转让的价格对应发行人整体估值约为***15.13***亿元，该等价格参考了2019年12月张江火炬、上海联一及成都启高受让发行人部分老股时对应的发行人整体估值约为***17.80***亿元，考虑到***本次股权转让的受让方系通过奕原禾锐间接受让发行人股权，存在一定流动性限制，且奕原禾锐持有发行人股权的股份锁定期较长(发行人上市后3年)，因此，本次股权转让价

格在前述估值基础上给予一定折扣，并经交易各方最终协商确定，具备商业合理性和公允性。

点评

价格大部分是谈出来的，理由正当就行。本案例中，转让的股权有流动性限制，锁定期较长，打点折是合理的。

根据顾铁、方胜康的书面确认，顾铁、方胜康受让的奕原禾锐上述股权系其真实持有，不存在委托持股、利益输送或其他特殊利益安排。

9-9　福特科 2021-12

请发行人说明：登坂福贵转让福特科股权的背景。

| **回复** |

1. 2002 年 7 月，福特科有限设立，福特科有限系中外合资企业

2002 年 7 月，福特科有限由华旭光电、自然人登坂福贵出资设立，当时福特科有限系中外合资企业。

2. 自然人登坂福贵将其所持福特科有限全部股权转让

2006 年 6 月，经福特科有限董事会决议同意，并经福州市仓山区对外贸易经济合作局批准，自然人登坂福贵将其所持福特科有限的全部股权分别平价转让给邱冰钗、三多堂药业。

本次股权转让全部为***平价转让***，转让价格低于 2005 年年末每元注册资本对应的净资产 4.53 元，***主要原因系登坂福贵急于转让股权，鉴于光学行业的专业性，短时间内找不到合适的股权受让方***，因此经与黄恒标协商，决定按照原始出资额将其所持股权转让给邱冰钗和三多堂药业。

邱冰钗系黄恒标的亲戚，香港自然人，其受让福特科有限股权的目的并非获得回报，仅仅是帮助黄恒标等股东在其计划设立的香港持股公司(即香港福特科)注册成立前，***能继续保留福特科有限的中外合资企业身份***，从而使福特科有限能够继续享受《外商投资企业和外国企业所得税法》等当时关于外资企业的税收优惠政策。因此，邱冰钗以其自有资金受让了登坂福贵持有福特科有限的部分股权。

三多堂药业系2003年5月设立,当时系黄恒标及其家族控制的企业。2006年8月,三多堂药业以其自有资金受让了登坂福贵持有福特科有限的剩余股权,成为福特科有限的股东。

3. 2006年10月,香港持股公司(即香港福特科)成立

香港福特科于2006年10月设立,股权架构与华旭光电基本相同。华旭光电与香港福特科均系黄恒标及其家族与福特科有限的核心员工持股公司。

4. 2007年10月,邱冰钗、三多堂药业将其持有福特科有限的全部股权转让给香港福特科

本次股权转让全部为平价转让,***转让价格低于***2006年年末每元注册资本对应的***净资产***6.17元,主要原因如上所述,邱冰钗、三多堂药业受让福特科有限并非为了获取收益,仅是在香港福特科设立过程中的***过渡期持股***。香港福特科设立且股权架构调整完毕后,邱冰钗、三多堂药业将其所持福特科有限全部股权***平价转让***至香港福特科。

点评

1. 股权转让收入低于股权对应的净资产份额是最常见的股权转让价格明显偏低的情形。本案例中,2007年10月,转让价格低于最近的净资产,需好好解释。

2. 转让价格不合理,千人有千种理由,解释得通就行。本案例中,急于转让股权、短时间内找不到合适的受让方、专业性高、过渡期持股都是常见的抗辩理由,听起来正当。

9-10 富士莱2021-11

申报文件显示:2019年6月,苏州合韬参与发行人增资,以2,000万元的价格持有发行人137.50万股股份。2020年2月,苏州合韬、张卫东、发行人三方签订《关于富士莱股权转让协议》,苏州合韬将上述所持股份以同等价格转让给张卫东。

请发行人:说明苏州合韬2019年6月取得发行人股份后,2020年2月即以同等价格转让的具体原因、是否存在其他协议安排。

回复

2019 年***5 月 31 日***，公司召开 2019 年第三次临时股东大会并作出决议，同意将公司注册资本由 6,600 万元增加至 6,875 万元，其中苏州合韬以 14.5455 元/股的价格认购公司新增发行股份 137.5 万股，认购价款总额为***2,000 万元***。同日苏州龙驹、苏州合韬与公司签署《增资协议》。本次增资价格系各方协商一致后按照公司***投后估值***10 亿元定价。

2020 年***2 月 27 日***，苏州合韬、张卫东、发行人三方签订《关于富士莱股权转让协议》，苏州合韬将所持发行人 137.50 万股股份以***2,000 万元***的价格转让给张卫东。此次股权转让的定价依据系按照苏州合韬取得发行人股权的价格确定。

本次股权转让的主要原因是：苏州合韬基金规模较小，约定的存续期也较短（5 年），基金投资的主要目标是有明确上市计划的企业。发行人 2019 年年底暂缓上市计划后，苏州合韬***发现有其他更好的投资机会，因为成为发行人股东的时间不长，希望能顺利保本退出***，因此自行决定***按原取得价格***将股权转让给张卫东。苏州合韬与张卫东之间不存在代持关系，转让是真实意思表示，除了签署股权转让协议外，不存在其他利益安排或约定。苏州合韬、张卫东、发行人及其控股股东、实际控制人之间不存在其他协议安排。

综上，苏州合韬 2019 年 6 月取得发行人股份后，2020 年 2 月即以***同等价格***转让具有合理原因、不存在其他协议安排。

点评

《股权转让所得个人所得税管理办法（试行）》认为，合理的无偿让渡股权或股份不视为转让价格明显偏低。本案例中，投资者才持股 8 个月，因有其他更好的投资机会要退股。这种行为可视为让渡股权，以原取得价格转让，理由听起来正当。

9－11　必易微 2021－09

根据申报材料，2020 年 9 月，发行人为实现与美的集团、视源股份的业务合作引进美凯山河，公司估值由 2020 年 7 月的 6 亿元增加至 12.5 亿元，原因解释为受新冠疫情及公司订单变动影响。

请发行人说明:结合公司业务和财务具体变动情况等,进一步分析2020年9月公司估值大幅提升、与2020年7月相比股权变动价格差异较大的原因。

回复

公司前两次股权转让于***2020年年初***基于2019年业绩协商确定估值,受新冠疫情影响,投资进程较慢,导致2020年6月和7月才完成股权转让。***2020年9月美凯山河增资系以公司2020年预计净利润协商确定估值,其增资时公司已基本消除新冠疫情的影响***,在研发成果转化和客户开拓等业务开展方面取得显著进展,并在财务经营成果方面显示出快速增长趋势,已逐步明确上市预期。具体情况如下:

点评

才过了短短9个月,估值一下子从6亿元涨到12.5亿元,增长了一倍之多。价格波动过大,易被外界质疑,需好好解释。

1、公司在产品线及客户开拓等方面取得显著进展

(1)LED照明驱动控制芯片的产品结构进一步优化

公司高附加值的商业类中大功率LED照明驱动控制芯片和智能LED照明驱动控制芯片等产品不断实现研发成果转化,产品结构优化升级趋势明显。2020年度,公司商业类中大功率LED照明驱动控制芯片和智能LED照明驱动控制芯片的***销售收入***和***毛利率***情况如下表:

产品类型	销售收入(万元)	同比变动	毛利率
商业类中大功率LED照明驱动控制芯片	7,332.73	11.58%	31.70%
智能LED照明驱动控制芯片	883.82	***342.64%***	36.57%

由上表可知,公司LED照明驱动控制芯片的产品结构优化带动销售规模及毛利率的显著提升。

(2)快速充电类电源管理芯片实现成果转化

5G的发展赋予智能终端日趋多元的功能和应用场景,但也使其耗电量攀升。快充技术缩短充电时间解决续航痛点,渗透率和市场容量保持持续扩张趋势。公司紧跟新兴市场需求并实现快充芯片的***研发突破和成果转化***,推进努比亚和紫米等知名品牌的产品验证流程，并于 2020 年已实现量产销售。

(3) 高附加值的 700V 高压隔离和非隔离控制芯片销售规模快速增长

针对高耐压、高动态、高精度、高效率等高端家电控制板的要求，公司推出 700V 高压隔离和非隔离控制芯片。公司 700V 高压隔离和非隔离控制芯片***2020 年度销售收入分别同比增长 59.13% 和 109.35%，毛利率分别为 48.56% 和 45.24%***，其销售收入的快速增长带动公司进一步提升业绩表现。

(4) 电机驱动控制芯片已实现成果转化，有望成为未来业绩增长点

电机驱动控制芯片系公司重点拓展的新产品线，已于 2020 年 9 月底前完成部分交流电机类驱动控制芯片的成果转化、产品送样以及小批量出货。公司积极拓展电机驱动控制芯片业务领域的市场，预期将成为公司未来***业绩增长点***。

2、公司业绩表现呈现稳步增长趋势

2020 年度，公司实现主营业务收入 42,931.69 万元，同比增长 23.33%，其中 2020 年下半年实现主营业务收入 24,489.96 万元，同比增长***39.59%***。此外，2020 年第三、四季度主营业务收入分别环比增长***33.60%***和***44.92%***，呈现出***良好的业绩表现趋势***。

点评

用销售收入、毛利率、主营业务收入等财务数据说话，以证明 9 个月内估值翻两倍多的合理性。

3、公司逐步明确上市预期

公司已于 2020 年 7 月 31 日完成整体变更为股份公司，并正在***筹备上市辅导备案***相关事宜，投资者已对公司上市有明确预期。

点评

上市是很好的机遇，会极大提高投资者的预期，9 个月内估值翻了一番多，准备上市应该是主要的推涨因素。

综上，基于公司在研发成果转化、客户开拓等方面取得显著进展，实现良好的财务表现，并逐步明确投资者对公司上市的预期，美凯山河增资估值较前次股权转让估值大幅提升具有合理性。

疑难点10

未实缴出资额转让

2013 年修正的《公司法》将注册资本实缴登记制改为认缴制。认缴制取消了法定出资的时间限制，股东可以在公司章程中自由约定出资时间，公司无须提交验资报告，工商管理部门只登记公司认缴的注册资本，不再登记实缴资本。

一、股东以认缴的出资额承担有限责任

2018 年修正的《公司法》第三条第二款规定："有限责任公司的股东以其认缴的出资额为限对公司承担责任；股份有限公司的股东以其认购的股份为限对公司承担责任。"

关于责任公司的第二十三条规定，设立有限责任公司时应当有符合公司章程规定的全体股东认缴的出资额。第二十六条第一款规定："有限责任公司的注册资本为在公司登记机关登记的全体股东认缴的出资额。"

《公司法》在关于股份公司的章节中也有类似的规定。

由此可以看出，政府登记部门认可并给予公信力的是"认缴"出资额，而非"实缴"。股东只要作出了认缴承诺就获得了相对应的股东权利，同时以认缴的出资额为限对公司承担有限责任。

二、实缴、认缴的股权应分开计量

认缴的股权转让本质上是未实缴出资额权利、义务的转让，法律并未禁止未缴纳出资额转让。只要未实缴出资的股东已经被记载在公司的公示性文件中，该

股东就具有股东资格,拥有股东权利但需要承担义务。而向内、向外转让股权是股东权利之一,并不限制于该股权有没有实缴。况且,允许未实缴出资的股权买卖,有利于促进股权流转。

实缴和认缴的股权转让,法律属性上并无区别,但可能会因《公司法》、公司章程(特别是非常灵活的责任公司的章程)在分取红利、新增资本以及表决权等方面上的待遇有所差别。

实行认缴制之后,转让的股权里可能有完全实缴的,可能有完全未实缴的,也可能是部分实缴、部分认缴。交易双方一定得在股权转让协议中说清楚转让的股权中多少是实缴、多少是认缴,各自的对价是多少。分开计量,一是可以方便税务计算,二是可以防范股权转让风险。

三、未实缴出资额的定价

未实缴出资的股权来回转让很常见,至于如何定价,在实务中却有争议,笔者搜集到的有以下几种方式:

1. 评估值

认缴,说白了,就是先在公司占个位置。占的位置,就像摇号买房、买车牌一样,是有价值的。何况,股东以认缴的出资额为限对公司承担责任,同时也会根据章程享有表决、管理等权利。如有些公司章程会约定,未实缴出资额不享有公司的股东权益,或者虽未实缴出资但按贡献程度分配收益。方方面面都会影响未实缴出资额的价值。

然而,由于操作起来比较麻烦,实务中极少用评估的方法。

2. 1 元转让

以 1 元的名义价格转让,常见于净资产为负、连续亏损的企业或者未实际经营且无资产、负债、人员的空壳公司。

虽说 0 元与 1 元相差只有区区 1 元钱,但有实质上的区别。以 1 元名义价格转让,会导致转让方增加收入 1 元,刨去 0 成本,转让应纳税所得额 1 元,这就牵扯如何缴税的问题了。

所以,以 1 元名义价格卖还不如 0 元。

3. 0 元转让

实际上,认缴的股权虽然有按章程约定实缴的义务,但也包含着权利,不太可能完全无价值,但默认以0元转让在业界已经是通用的做法。

0元转让,初始股权成本为0,转让收入0,无所得税纳税义务。但若税务机关认为转让价格明显不合理,比如,是关联交易或者存在其他利益交换等,可能会核查征收,但一般也不至于。

以0元转让,公司账上不用会计处理。这是最省事、最直接的办法,适用于尚未实际经营或已经经营的所有企业。

四、未实缴出资额转让的税务处理

转让未实缴出资额如何纳税,实务与理论南辕北辙。

1. 理论上，应当缴纳所得税

在认缴制下,股东认缴出资的金额和期限经全体股东协商一致并载入公司章程,股东因此产生了按期实缴出资的义务,这义务是股东对公司的债务。股东需要在认缴期限届满、破产清算、公司解散等情况下,以出资额为限清偿。

此外,股东依据股东名册、章程等行使股东权利,认缴期限内不实缴并不影响其股东地位。股东既可以通过表决权控制利润分配,也可以缴足出资获取利润分配的权利。未实缴出资仅是股东对公司的债务,不影响股权的性质,也不影响被征收所得税。

转让已经实缴出资的股权,以股权转让收入减去股权原值和合理费用后的转让所得缴纳所得税。若转让收入明显偏低,税务机关可以使用净资产核定法等方法核定股权转让收入,即按每股净资产来核定,股权转让收入=企业净资产×股权转让份额。

有观点认为,对于未实缴出资额转让可以用上述净资产核定法,即股权转让收入按照公司的净资产乘以认缴比例来计算。但这种方法核定的股权转让收入会被高估,这是因为股东缴纳出资的义务不会因股权转让而消失,一般受让股权的新股东需要继续承担出资义务,相当于替旧股东承担债务。按认缴比例计算股权转让份额忽略了这一差异,会导致未实缴出资的市场价值低于新股东的实缴出资。

举个例子,A公司注册资本为100万元,甲、乙二人认缴的资本均为50万元,甲实缴资本0万元,乙实缴资本50万元,甲和乙的实缴比例分别为0%、100%。

经过长期刻苦地经营，A 公司账面净资产升到 500 万元。现在，甲、乙将持有 A 公司的股权分别转让给丙、丁。若按净资产核定法，对甲和乙核定的股权转让收入均为 500×50%＝250 万元。对于丙，丙在取得 250 万元 A 公司净资产的同时还负担着替甲向 A 公司出资 50 万元的义务，而丁却没有这个负担。所以，甲的股权价值根本不值 250 万元，而是得刨去 50 万元的出资义务。

所以，最好在认缴比例确定股权转让份额的基础上，将未实缴出资 50 万元这一公司债权纳入公司的净资产，根据已实缴出资额和未实缴出资额之间的价值差异对股权转让收入进行调整，这样才不会重复征税。

2. 实务中，0 元转让无须缴税

对于未缴纳出资额，以 0 元转让，0 元成本，0 元收入，无须缴纳任何税，这是现在实务中通用的做法。

若担心税务机关不认可原值、转让价，可出具承诺函："如税务主管部门未来要求本企业依法缴纳/补缴因本次股权转让涉及的所得税、滞纳金和罚款，本企业将依法、足额、及时履行相应的纳税义务，如涉及本企业代扣代缴的，本企业将严格履行代扣代缴义务，并自行承担由此引起的全部滞纳金或罚款。"这么做会更加妥当、保险。

五、未实缴出资额转让后，由谁承担补足出资的责任

将未届满的未实缴出资额转让，此行为合法有效，这在上文已经讨论过了。但由于转让人未足额缴纳出资，没有完全履行自己的出资义务，在将股权对外转让后，认缴的出资义务是否随之转移，法律并没有明确的规定，有很大争议。

最高人民法院《关于适用〈中华人民共和国公司法〉若干问题的规定（三）》（2020 修正，以下简称《公司法司法解释（三）》）第十八条规定："有限责任公司的股东未履行或者未全面履行出资义务即转让股权，受让人对此知道或者应当知道，公司请求该股东履行出资义务、受让人对此承担连带责任的，人民法院应予支持……受让人根据前款规定承担责任后，向该未履行或者未全面履行出资义务的股东追偿的，人民法院应予支持。但是，当事人另有约定的除外。"此条有两个问题没说清楚。

第一，在实行认缴制之后，股东的出资期限由公司章程约定，在出资期限届满

前，股东是否有《公司法司法解释(三)》第十八条所谓的“全面履行出资义务”，这有待商榷。

第二，若在出资期限届满前将认缴出资的股权转让，受让方在享受股东权利的同时并不能排斥出资的义务，但出让方出资的义务和以出资额为限应承担的责任是否须一并转让呢？

现有争议的观点如下：

1. 受让人

对于恶意受让人，受让人明知转让股东未实缴出资的事实仍然受让该股权的，认定为恶意。在出资期限内，股权转让是将出资义务与股东权利“一揽子”移转，故恶意受让人应该承担出资义务。

对于善意受让人，如果受让人在尽到交易上合理的注意义务后仍无法得知转让股东未实缴出资的事实时，视为善意。善意受让人可主张撤销股权转让协议，不承担出资责任。

实务中，未实缴出资额转让一般会签协议，明码标价，受让人绝大部分是恶意的，很难有善意一说。

2. 出让人

观点一：出让人免责

认缴的出资是股东对公司承担的有期限的债务，故有人认为，未实缴出资的股权转让得到公司的认可，可视为公司同意债务移转，为此，出让人退出公司，不再承担出资义务。但是，这种观点忽视了如果股东将未实缴出资的股权转让后即可完全甩掉出资的责任，很有可能会损害到债权人的利益。毕竟股东的出资能力有强弱之分，倘若未来公司经营不善，新股东没有能力“以出资额为限承担责任”，债权人就可能会去追究旧股东的责任。

观点二：出让人承担连带责任

转让股东与受让人应就股权转让后的出资义务承担连带责任，这种观点强调对债权人利益的保护。

目前，尚未统一的判例，主流的做法是出让人免责，受让人有责。

3. 风险防范

出让人既然可能有责任，为了防范被要求补足出资的风险，可以与受让人约定：任何一方违反协议约定，给对方或公司造成损失的，都应承担赔偿责任。

虽说股权变更会经过工商登记，起到公示作用，但力度可能不太够。为了更安全起见，可以考虑发布类似减资的公告，通知所有债权人。这种操作实务中好像没有，未来如何发展就拭目以待了。

10－1　雅创电子 2021－04

请发行人说明：持股平台中财产份额转让的具体情况。

｜回复｜

2018年9月，发行人根据员工职位、工作年限、贡献度、未来发展潜力等维度，经评估筛选，决定对产品经理庄金迟、李光元、俞宝乾实施***股权激励***，由谢力书向其转让硕卿合伙相应财产份额。2018年9月18日，谢力书与庄金迟、李光元、俞宝乾签订《财产份额转让协议》，均约定谢力书将其持有硕卿合伙1%的财产份额（认缴出资额10万元，***实缴出资额0元***）作价***0元***转让给庄金迟、李光元、俞宝乾。2018年9月19日，硕卿合伙办理完成此次财产份额转让的工商变更登记手续并领取新的营业执照。庄金迟、李光元、俞宝乾已经分别向硕卿合伙实缴出资人民币10万元，资金来源为自有或自筹资金。

点评

大股东先虚资设立员工持股平台，再将未实缴的出资额作价0元逐次逐步地转让给激励对象，由激励对象筹资实缴是实施股权激励的常规做法。

2018年4月，公司拟引入王学奎作为公司水冷产品业务的负责人并收购其现有水冷业务和技术。2018年4月23日，发行人与王学奎签订《合作协议》，约定王学奎将其控制的上海绿凡电力科技有限公司现有及未来关于电子电力散热产品水冷系统的业务资源（包括但不限于客户订单、客户信息、销售渠道、销售资源等）全部转移至发行人，不再通过绿凡电力或除发行人外的其他任何第三方的名义实施研发、生产和销售业务。同时，王学奎应于2018年12月31日前办理绿凡电力的工商、税务注销手续，并将劳动关系转至发行人。王学奎入职后，由谢力书将所持硕卿合伙5.88%的财产份额（认缴出资额58.80万元，***实缴出资额58.80万元***）作价***300万元***转让给王学奎，王学奎间接持有发行人0.50%的权益。财产份额转让价格系以***发行人同期外部融资价格整体估值***6亿元为依据，经双方协商确定。

王学奎已于2018年8月20日向谢力书支付300万元财产份额转让款，资金来源为其自有资金。

点评

实缴出资的股权转让价格参照外部投资者的增资价，在实务中很常见。增资价可能是评估出来的，也可能是跟外部投资者谈出来的，一般比较公允，详见“疑难点9　实缴股权转让”。本案例中，实缴出资额58.80万元参考同期外部融资的估值，再经双方协商，以300万元转让，理由听起来正当。

10-2　百奥泰2019-10

根据问询回复，2010年1月和5月HuMab Solutions分两次均以0元对价共对外转让60%百奥泰有限的股权。百奥泰有限原控股股东为HuMab Solutions，原实际控制人为LI SHENGFENG（李胜峰）；2010年5月七喜集团自HuMab Solutions受让百奥泰有限42%股权后，百奥泰有限控股股东变更为七喜集团，实际控制人变更为易贤忠与关玉婵。

请发行人进一步说明：LI SHENGFENG（李胜峰）作为公司创始人、原实际控制人和目前最核心的技术人员，以0元对价卖掉公司控制权的原因，相关股东是否存在股权代持。

｜回复｜

一、LI SHENGFENG（李胜峰）控制的HuMab Solutions转让百奥泰有限控制权的原因

生物医药行业在前期发展过程中需要持续大量的资金投入，百奥泰有限自成立以来一直处于亏损状态。根据广州市东方会计师事务所有限公司出具的《百奥泰生物科技（广州）有限公司2008年度审计报告》，截至2008年12月31日，百奥泰有限负债总额为6,358,796.77元，资产总额为11,861,208.39元，净资产为5,502,411.62元，***2008年度亏损3,948,472.80元***。根据广州华拓会计师事务所有限公司出具的《百奥泰生物科技（广州）有限公司2009年度审计报告》，截至2009年12月31日，百奥泰有限负债总额为8,645,377.03元，资产总额为26,424,209.76元，净资产为17,778,832.73元，***2009年度亏损24,985.52元***。

考虑到生物医药行业前期投入较大，百奥泰有限***持续亏损***，且***暂时无法在短时间内将在研产品推至商业化阶段***，LI SHENGFENG(李胜峰)于2009年年末决定引入可以持续提供资金支持的新股东；LI SHENGFENG(李胜峰)和易贤忠系同乡，相识多年，因易贤忠具有丰富的企业运营管理经验，易贤忠自百奥泰有限成立之日起即担任百奥泰有限的董事长，依法行使董事长职能，LI SHENGFENG(李胜峰)本人则长期担任总经理，负责产品研发；易贤忠因与LI SHENGFENG(李胜峰)相识多年对LI SHENGFENG(李胜峰)的专业能力及专业判断有充分的信任，且易贤忠作为董事长与LI SHENGFENG(李胜峰)长期共同参与百奥泰有限的重大经营决策，看好百奥泰有限的长远发展，同时易贤忠及易贤忠、关玉婵控制的企业资金充足且当时已向百奥泰有限提供部分资金借款，各方经协商后决定LI SHENGFENG(李胜峰)将百奥泰有限***控制权***转让给易贤忠、关玉婵。

因此，2010年1月HuMab Solutions向七喜控股转让百奥泰有限18%股权，2010年5月HuMab Solutions向七喜集团转让百奥泰有限42%股权，百奥泰有限的控股股东变更为七喜集团、实际控制人变更为易贤忠与关玉婵。

二、LI SHENGFENG(李胜峰)控制的HuMab Solutions转让百奥泰有限控制权定价为0元的原因

如前所述，各方经协商后决定由LI SHENGFENG(李胜峰)将百奥泰有限***控制权***转让给易贤忠、关玉婵。

根据LI SHENGFENG(李胜峰)和易贤忠、关玉婵出具的说明，LI SHENGFENG(李胜峰)控制的HuMab Solutions ***以0元转让百奥泰有限控制权，主要是由于所转让股权对应的实缴出资额为0元***。根据公司的工商档案资料，前述标的股权及其对应的注册资本实缴情况具体如下：

点评

公司2008年度亏损394万元，2009年度亏损25万元，连续亏损之下，加之短时间内在研产品无法商业化，股权实际上已经贬值。所以，以0元转让未实缴出资额、控制权，理由正当。

根据HuMab Solutions与七喜控股于2009年10月29日签订的《七喜控股股份有限公司(作为买方)与惠博生物医药有限公司(HuMab Solutions, Inc.)(作为卖方)关于百奥泰生物科技(广州)有限公司之股权转让协议》以及相关补充协议,HuMab Solutions ***以0元的价格***向七喜控股转让百奥泰有限18%股权,截至前述股权转让协议签订之日,标的股权对应的认缴出资额为180万美元,***实缴出资额为0元,七喜控股受让18%股权后应向百奥泰有限缴纳出资180万美元***。根据广州市东方会计师事务所有限公司于2010年3月9日出具的《验资报告》(东验字2010第00034号),截至2010年3月8日,百奥泰有限已收到股东七喜控股缴纳的出资1,228.788万元(按美元基准汇率1美元:6.8266元折算,相当于180万美元),全部以货币出资。

根据HuMab Solutions、七喜控股与七喜集团于2010年5月18日签订的《广州七喜资讯产业有限公司(作为买方)与惠博生物医药有限公司(HuMab Solutions, Inc.)(作为卖方)关于百奥泰生物科技(广州)有限公司之股权转让协议》以及相关补充协议,HuMab Solutions ***以0元***的价格向七喜集团转让百奥泰有限42%股权,截至前述股权转让协议签订之日,标的股权对应的认缴出资额为420万美元,***实缴出资额为0元***,七喜集团受让42%股权后应向百奥泰有限缴纳出资420万美元。根据广州市东方会计师事务所有限公司于2010年5月26日出具的《验资报告》(东验字2010第00069号),截至2010年5月26日,百奥泰有限***已收到七喜集团缴纳的出资***2,874.354万元(按美元基准汇率1美元:6.8437元折算,相当于420万美元),全部以货币出资。

基于上述,截至上述相关股权转让协议签署之日,HuMab Solutions分别向七喜控股及七喜集团转让的百奥泰有限18%和42%股权所对应的注册资本***均未实际缴纳***,七喜控股及七喜集团受让前述股权后均依据协议及百奥泰有限章程约定向百奥泰有限分别缴纳了180万美元及420万美元等额换算的人民币。

根据LI SHENGFENG(李胜峰)、易贤忠、关玉婵与七喜集团出具的说明,鉴于上述相关股权转让协议签署之日HuMab Solutions分别向七喜控股及七喜集团转让的百奥泰有限18%和42%股权所对应的注册资本***均未实际缴纳***,且百奥泰有限未来研发将***需要持续投入资金***,并可能将***持续亏损***,各方经协商后决定HuMab Solutions以***0元***为对价转让上述股权。

点评

1. 以0元转让认缴出资的股权是投行界通行的做法,何况本案例的标的公司——百奥泰有限还持续亏损,短时间在研产品无法面市,看不到希望。

2. 除了持续亏损之外,奥泰有限未来还需要持续投入资金,股东将未实缴出资的股权转让后,存在被债权人追偿的风险,毕竟股东的出资能力有强弱之分。好在受让方七喜控股、七喜集团获得出资权后马上缴足,这样出让方就没什么风险了。

三、相关股东是否存在股权代持

根据LI SHENGFENG(李胜峰)、易贤忠、关玉婵与七喜集团出具的说明,HuMab Solutions、七喜控股以及七喜集团曾经或目前所持有的百奥泰有限股权均***不涉及委托持股、信托持股或任何其他股权代持情形***。

10-3 圣诺生物2020-10

根据招股书披露:2010年8月8日,赛诺投资将其认缴出资额中的1000万尚未缴纳出资额予以转让,新增股东以3.67元/出资额的价格对圣诺有限实缴出资。

请发行人说明:发行人控股股东将尚未缴纳出资额转让予新股东是否合法合规,相关税收是否已缴纳完毕,请发行人律师核查并发表明确意见。

| 回复 |

一、说明发行人控股股东将尚未缴纳出资额转让予新股东是否合法合规

(1)认缴出资额转让情况

2009年8月18日,圣诺有限注册资本由100万元增至5,000万元时,新增4,900万元注册资本由赛诺生物(2010年5月31日更名为"赛诺投资")认缴。根据公司章程,500万元现金出资及以3,300万元股权出资于2009年8月实缴;剩余1,100万元现金出资,***应于2011年7月23日前实缴***。

2010年8月8日,赛诺投资将上述1,100万元认缴出资额中的1,000万元转让予新增股东杨子江、王红梅、周勇、郑晓东、李思川、封蕾、中孵创投、睿富投资;2010年9月13日,圣诺有限做出股东会决议,同意上述股权转让事项,即***赛诺投***

资以零元对价将1,000万元认缴出资额转让给新增股东，同时上述新增股东分别与圣诺有限签署了《增资协议》，按每1元出资额3.6667元的价格实缴出资，其他股东放弃优先购买权。2010年9月14日，四川崇信会计师事务所有限责任公司出具了川崇信验字[2010]第A1122号《验资报告》对实缴出资进行确认，圣诺有限于次日办理完毕工商变更登记手续。

(2)法律未限制出资期限届满前认缴出资的股东转让其股权

当时有效的《中华人民共和国公司法》(2005年修订)第三条规定："有限责任公司的股东以其认缴的出资额为限对公司承担责任"，第三十二条规定："有限责任公司成立后，应当向股东签发出资证明书。出资证明书应当载明下列事项：……(四)股东的姓名或者名称、缴纳的出资额和出资日期；……"根据该等条款的规定，***股东以认缴出资额而非实缴出资额为限承担责任***，在不违反法律和公司章程规定的出资期限的情况下，***股东无论是否已经实缴出资，都应该被签发出资证明书(认缴和实缴证明书记载内容不同)，拥有股权***。《中华人民共和国公司法》(2005年修订)第七十二条规定："有限责任公司的股东之间可以相互转让其全部或者部分股权。股东向股东以外的人转让股权，应当经其他股东过半数同意。"根据上述规定，***在出资期限届满前，股东未实缴出资的，法律未限制其股权转让***。当股东未足额实缴其认缴出资而转让股权后，受让方应承担转让方的出资义务，***按照公司章程***规定的时间向公司实际缴付出资。

(3)赛诺生物转让其认缴出资额时出资期限尚未届满、股权转让履行了必要程序

根据《中华人民共和国公司法》(2005年修订)对认缴出资应在两年内缴足的规定及公司章程中的约定，赛诺投资1,100万元出资期限为2011年7月23日，赛诺投资转让上述1,000万元认缴出资额时，***出资时限尚未届满，未违反法定及公司章程规定的出资时限***。赛诺投资将认缴出资额转让给新股东，经股东会通过，***其他股东放弃优先购买权***，同时在公司章程及受让股东与圣诺有限的《增资协议》中约定了新股东的实缴义务且新股东已经履行完毕实缴义务，并经工商登记。

综上所述，发行人控股股东将尚未缴纳出资额转让予新股东符合当时有效的《中华人民共和国公司法》(2005年修订)的规定，且已履行了必要的法律程序，合法、合规、真实、有效。

点评

1. 未实缴出资的股权跟实缴的股权一样可以买卖，这个没有争议。所以，现在比较少会像本案例“将尚未缴纳出资额转让予新股东是否合法合规”那么问。

2. 股东可以在公司章程中自由约定出资的时限，只要在期限内实缴就不违约，未实缴出资额就可以自由交易买卖。

二、说明相关税收是否已缴纳完毕

本次股权转让中，赛诺投资将1,000万元认缴出资额（***实缴出资为0元***）以***零对价***分别转让予杨子江、王红梅、周勇、郑晓东、李思川、封蕾、中孵创投、睿富投资，因赛诺投资系零对价转让，***不需要缴纳任何税费***。

点评

以零对价转让未实缴出资额，零成本，零转让收入，不需要纳税，这就是业界默认以0元对价转让认缴出资额的原因。

10－4　天益医疗2021　09

请发行人补充：吴志敏对外转让益生诺股权的情况。

| 回复 |

2019年12月，吴志敏将持有的益生诺53%的股权全部对外转让，具体情况如下：

益生诺成立于2019年9月，至2019年12月益生诺***尚未实际经营***，计划从事药物的研发、生产和销售。吴志敏为集中精力于发行人业务发展，决定将其持有的益生诺53%的股权全部对外转让。

因吴志敏所持益生诺53%的股权的***实缴注册资本为0***万元人民币，吴志敏与受让方张良吉（益生诺其他股东）协商确定上述股权转让价款为人民币***0***万元，本次股权转让定价公允。

2019年12月4日，益生诺召开股东会，***全体股东一致同意***吴志敏将持有益生诺53%的股权（认缴出资额为1,484万元，***已出资0***万元，未出资1,484万元），以***0***万元的价格转让给张良吉。2019年12月4日，吴志敏与受让方张良吉签署了

《股权转让协议书》，该协议约定随着股权转让，吴志敏***未实缴部分的出资义务也一并转让，由受让方履行出资义务***。2019年12月17日，股权过户及相关工商变更手续办理完成。

2018年11月26日吴志敏与张良吉签订的《备忘录》***约定，任何一方违反本协议约定，给对方投入造成损失的，都应承担赔偿责任***，但截至完成工商变更登记日，***双方均未实缴出资***。截至本招股说明书签署日，益生诺已完成工商注销程序，吴志敏、张良吉均未就该事项提起诉讼或仲裁程序。

点评

出让方把未实缴出资的股权对外转让后，出资义务是否随之转让，法律并没有明确的规定。出让方为了防范被要求补足出资的风险，最好让受让方得到股权后马上实缴出资，或者退而求其次，双方事先把责任约定清楚，如本案例约定"任何一方违反本协议约定，给对方投入造成损失的，都应承担赔偿责任"。

前述《备忘录》约定事项系基于吴志敏与张良吉就益生诺相关事宜的合作形成。该事项不会对发行人的重要资产、权益和业务及本次发行造成重大不利影响，亦不构成本次发行上市的实质性法律障碍。

吴志敏对外转让益生诺53%的股权***定价公允***，吴志敏本次股权转让无应税所得，无需就本次股权转让缴纳税款。

点评

认缴出资额多少有点价值，可能是正价值，当然也可能为负价值。以0元转让，是否如此处所说的"定价公允"，就需要打个问号了。

10-5 鑫远股份2021-07

请发行人说明：2017年发行人1元收购无资产、无人员、无负债的淮北鑫远100%股权的原因及合理性。

| 回复 |

2016年12月湖南中集环境投资有限公司与安徽（淮北）新型煤化工合成材料基地管委会（以下简称"管委会"）签订协议，投资建设淮北煤化工基地污水处理厂项目,2017年1月湖南中集环境投资有限公司成立项目公司淮北中集环保科技有限公司(已更名为淮北鑫远环保科技有限公司)。

首先,湖南中集环境投资有限公司在支付土地预留保证金200万元和开工履约保证金40万元后,因自身资金问题拟转让该项目公司淮北中集环保科技有限公司股权。

其次,发行人为进一步拓宽服务领域并拓展安徽市场亦有意收购该项目。2017年7月,湖南中集环境投资有限公司与发行人协商股权转让事宜时,项目公司淮北中集环保科技有限公司的***出资未实缴,未开展经营运作,无资产、负债,无人员,因此经双方协商确定股权转让价格为1元***,同时约定股权转让合同签订后,湖南中集环境投资有限公司可收回代付的土地预留保证金200万元和开工履约保证金40万元。

点评

未实际经营,无资产、负债、人员的空壳公司的未实缴出资权以0元转让更佳。此案例以1元的价格转让,会牵扯到纳税的问题。

10-6　龙腾股份2021-09

发行人、实际控制人徐西昌和锦绣集团原分别持有宁夏锦绣龙腾新能源有限公司33%、32%和35%的股权,2017年12月发行人、实际控制人徐西昌和锦绣集团分别向天津富欢转让其持有的股权。2018年和2019年,发行人分别确认投资收益金额为1,447.34万元和1,332.10万元,但财务报表附注未按照企业会计准则的相关规定予以披露。

请发行人说明:锦绣集团提供配套产业的协议和履约确认情况。

| 回复 |

2016年12月,龙腾新能源联合锦绣集团等参与2016年度宁夏回族自治区光伏电站竞争性配置评优(光伏电站项目公司为中宁县兴业锦绣新能源有限公司),申报宁夏锦绣集团中宁光伏电站项目(以下简称"中宁光伏电站项目"),并由锦绣集团提供相关配套产业项目。

2016年12月30日,锦绣集团与宁夏回族自治区发展改革委、吴忠市人民政府、国网宁夏电力公司签订了《光伏电站配套产业项目推进合作协议》(以下简称“四方协议”),约定:(1)将锦绣集团在投资建设的总投资42亿元的轻量化节能物流循环装备制造项目作为光伏电站项目的配套产业项目;(2)在2017年6月30日前,如配套产业项目投资低于全年承诺投资额的50%,则光伏电站年度规模建设指标自动作废。

2017年6月23日,宁夏回族自治区发展改革委向国网宁夏电力公司出具《自治区发展改革委关于办理2016年度光伏电站项目并网事宜的函》(宁发改能源函〔2017〕613号),明确中宁光伏电站项目完成了《四方协议》中配套产业要求进度,要求国网公司予以并网。

2017年6月30日,中宁光伏电站项目顺利建成并网。

综上,***锦绣集团虽对宁夏锦绣未实缴出资,但基于锦绣集团在该项目建设中的整体贡献,宁夏锦绣各股东同意按照《收益分配协议》确定的比例对宁夏锦绣的股权转让款进行分配***。

点评

股东可以约定不按照实缴的出资比例分取红利,如此案例,以对公司的贡献来分配收益,而不是按是否实缴,实缴了多少,这样更合理。

10-7　普冉股份2020-11

根据申报材料,苏维于2016年3月、2017年1月分别转让所持普冉有限3.33%、10%的股份后,不再持有普冉有限(含无锡普雅)股权。

请发行人说明:苏维如何通过一次股权转让同时转让两个公司股权。

回复

2012年无锡普雅成立,后续因为经营规模的扩大,各创始股东决定在集成电路设计方面人力资源更为丰富的上海设立普冉有限,并将普冉有限作为后续运营主体。根据苏维的确认,苏维***将持股情况完全一致的无锡普雅和普冉有限视为同一项投资***。截至2016年3月,苏维持有无锡普雅13.33%股权、普冉有限13.33%股权。

2016年3月起,苏维基于自身资金需求以及商业判断,拟逐步退出无锡普雅和普冉有限,其与无锡普雅及普冉有限的实际控制人之一王楠协商同步转让无锡普雅及普冉有限的股权。

根据对苏维及王楠的访谈及核查,确认苏维转出无锡普雅和普冉有限股权的具体过程如下:

2016年3月,苏维向王楠转让其持有的无锡普雅3.33%股权以及普冉有限3.33%股权,上述股权转让款合计50万元。2017年1月,苏维向王楠转让其持有的无锡普雅10%股权以及普冉有限10%股权,上述股权转让款合计225万元。

苏维转让无锡普雅13.33%股权和普冉有限13.33%股权合计金额为275万元。根据苏维与王楠的确认,无锡普雅对应的价格为100万元,普冉有限对应的价格为175万元。

苏维参与投资无锡普雅时***出资100万元***,苏维退出无锡普雅时的股权***转让价格仍为100万元***。***苏维参与投资普冉有限时为认缴出资***,截至其退出普冉有限之日,***苏维未实缴出资,其退出普冉有限时合计取得股权转让款175万元,故苏维投资普冉有限的收益合计175万元***。王楠作为股权受让方及个人所得税扣缴义务人,已完成该次股权转让的税务申报及缴纳,并取得了国家税务总局上海市浦东新区税务局第一税务所出具的《中华人民共和国税收完税证明》。上述两次股权转让完成后,无锡普雅和普冉有限分别办理了工商变更登记。

综上,因苏维退出普冉有限及无锡普雅的交易对方均为王楠,且苏维将股权结构一致的无锡普雅、普冉有限视为同一项投资,苏维向王楠分别转让无锡普雅及普冉有限的股权,并***合并支付股权转让价款***。

点评

苏维转让无锡普雅的股权,出资100万元,卖100万元;而转让普冉有限的股权,没有出资,却卖了175万元。发行人的解释是:苏维将无锡普雅、普冉有限视为同一项投资,转让时作为"一揽子"交易,合并支付股权转让价款。而案例中并没有介绍无锡普雅、普冉有限具体的运营情况。

疑难点 11

董监高每年转让的股份超过 25%

2018 年修正的《公司法》第一百四十一条规定："发起人持有的本公司股份，自公司成立之日起一年内不得转让。公司公开发行股份前已发行的股份，自公司股票在证券交易所上市交易之日起一年内不得转让。公司董事、监事、高级管理人员应当向公司申报所持有的本公司的股份及其变动情况，在任职期间每年转让的股份不得超过其所持有本公司股份总数的百分之二十五；所持本公司股份自公司股票上市交易之日起一年内不得转让。上述人员离职后半年内，不得转让其所持有的本公司股份。公司章程可以对公司董事、监事、高级管理人员转让其所持有的本公司股份作出其他限制性规定。"

《公司法》第一百四十一条强调了有关董事、监事、高级管理人员（以下简称董监高）的两个数字，一个是在任职期间每年转让的股份得控制在 25% 以内，另一个是离职后半年内转让股份为 0%，如图 11－1 所示：

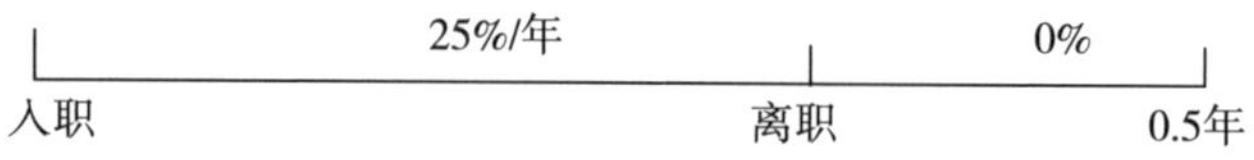

图 11－1　有关董监高的两个转让限制

后者 0% 很好理解，但前者 25% 在前后文中交代不清楚，实践中理解不一，较为混乱。

一、股份公司受限制

什么类型公司的董监高在任职期间每年转让的股份会受到 25% 的限制呢？

1. 责任公司不受限制

《公司法》中，责任公司全文是用“股权”一词表述，而股份公司是用“股份”表述。第一百四十一条在描述“25%”时用的是“股份”一词，故按文字上的逻辑，股份公司受限制，而责任公司应该不受限制。

2. 上市公司受限制

《公司法》第一百四十一条第一款先提到发起人在股票上市后转让股份的限制，第二款才提到董监高转让股份的限制，后又紧接着“所持本公司股份自公司股票上市交易之日起一年内不得转让”一句，这会让一些人，误以为只有上市公司的董监高转让股份时才受25%这个限制。

其实不然。“在任职期间每年转让的股份不得超过其所持有本公司股份总数的百分之二十五”与后面紧跟着的“所持本公司股份自公司股票上市交易之日起一年内不得转让”两句中间是用分号隔开的，分号意味着二者是并列关系。所以，非上市公司也受25%的限制。

3. 非上市股份公司也受限制

《公司法》在不同章节对有限责任公司、股份有限公司分开表述。有限责任公司在第二章，而股份有限公司在第五章。第一百四十一条隶属第五章“股份有限公司的股份发行和转让”。所以，按章节划分的话，只要是股份公司就受到限制，无论是上市还是非上市。

二、不会永远转不完

若股份公司的董监高每年最多只能转让25%，那会不会无穷无尽，永远转不完呢？实践中，这种情况并不会出现。

1. “碎股”可一次全部转让

《公司法》第一百四十一条第二款的本义是想将董监高个人的利益跟公司的利益捆绑在一起，防止他们侵害公司和中小股东的利益，督促他们为公司尽职尽责。董监高在公司持有1万股可能对公司无二心，但试想一下，若只持有100股呢，他们有多大可能不会为了这100股而产生二心呢？

持股太少无法起到利益捆绑的作用，那么在多年转让多个25%后剩下的“碎股”该怎么处理，《公司法》里未提及。

《上市公司董事、监事和高级管理人员所持本公司股份及其变动管理规则》(2022修订)对此作了规定,它在第五条第二款中规定:"上市公司董事、监事和高级管理人员所持股份不超过一千股的,可一次全部转让……"另外,《上市公司董事、监事、高级管理人员、股东股份交易行为规范问答》(2009)也规定,不超过1000股的,可一次全部转让,不受25%比例之限制。

由此可见,上市公司的董监高不会陷于股份永远转不完的窘境,但这两个文件董监高前有"上市公司"的定语,是不是仅限于上市公司呢?

按正常逻辑推理,非上市股份公司也应当适用,否则就会出现股份永远转不完的窘境,除非辞去董监高职务。

2. 可以分4年全部转完

实践中,有部分地区的市场监督管理局按所"持有的股份公司股份总数分4年完全转完"去执行。至于怎么操作,建议提前跟当地的市场监督管理局沟通。

三、持有基数是否包含间接持有的股份

《公司法》第一百四十一条中并没明确计算25%的持有基数包不包括间接持有的股份。但很多董监高是通过持股平台等间接持股,从利益绑定的立法本意出发,计算的范围理应包括间接持有的股份,详见案例"11-5喜悦智行2021-09"。

但《上市公司董事、监事、高级管理人员、股东股份交易行为规范问答》(2009)在回答如何计算上市公司董监高每年可转让股份的数量时,规定:"持有,系以是否登记在其名下为准,不包括间接持有或其他控制方式。从事融资融券交易的,还包括记载在其信用账户内的本公司股份。"上市公司的股东太多,如果不以登记在其名下为准的话,很难追查。如果非上市公司也参照此文,持有基数不包括间接持股好像也无可厚非,详见案例"11-4朗进科技2019-06"。不过,2023年2月出台的《监管规则适用指引—发行类第5号》第一条(旧为《首发业务若干问题解答》问题26,但内容有变动)在解答股份支付时提道:"对于实际控制人/老股东原持股比例,应按照相关股东直接持有与穿透控股平台后间接持有的股份比例合并计算。"虽然《监管规则适用指引—发行类第5号》第一条不是在解释本疑难点的话题,但可以借鉴。

计算基数不包括间接持有的股份会有大麻烦。例如,董监高要把直接持有的

股份挪到持股平台，若受25%的限制，只能一点一点地挪或找人代持；又如，董监高想以股份公司的股份出资，若受25%的限制，就得一年一点慢慢实缴。

这点，笔者赞同《监管规则适用指引—发行类第5号》第一条中不区分直接、间接持有的股份，合并计算的做法。

四、被动减持不受25%的限制

《上市公司董事、监事、高级管理人员、股东股份交易行为规范问答》(2009)规定："转让，是指主动减持的行为(如通过集中竞价、大宗交易、协议转让等方式转让)，不包括因司法强制执行、继承、遗赠、依法分割财产等原因导致被动减持的情况。"

大部分法律法规的立法本意是规范主动行为，《公司法》第一百四十一条也不例外，强制执行、继承等被动行为不受25%的限制。

五、25%如何计算

《公司法》第一百四十一条丝毫没提到如何计算25%。但《上市公司董事、监事、高级管理人员、股东股份交易行为规范问答》(2009)给了我们一些指引。

1. 可转让股份数量

在当年没有新增股份的情况下，按照"可减持股份数量=上年末持有股份数量×25%"的公式计算上市公司董事、监事和高级管理人员可减持本公司股份的数量。

2. 在多地上市的公司

上市公司董事、监事和高级管理人员所持本公司股份同时包括登记在其名下的所有本公司股份，既包括A、B股，也包括在境外发行的本公司股份。

3. 当年新增股份

当年新增股票应分两种情况处理：第一，因送红股、转增股本等形式进行权益分派导致所持股票增加的，可同比例增加当年可减持的数量。第二，因其他原因(上市公司公开或非公开发行股份、实施股权激励计划，或因董事、监事和高级管理人员在二级市场购买、可转债转股、行权、协议受让等)新增股票的，新增无限售条件股票当年可转让25%，新增有限售条件股票不能减持，但计入次年可转让股票基数。

由上述可以明确的是，除了新增的有限售条件股票，其他新增的股票当年就可以转让25%。

《上市公司董事、监事、高级管理人员、股东股份交易行为规范问答》(2009)还给了计算的例子，是保荐代表人考试的考点之一。

4. 当年可转让但未转让股份

对于当年可转让但未转让的本公司股份，不得累计到次年自由减持，而应当以当年末持有股票数量为基数重新计算可转让股份数量。也就是说，当年25%内可转而不转的，过期作废，每年得重新用新的基数去计算25%。

虽然《上市公司董事、监事、高级管理人员、股东股份交易行为规范问答》(2009)是用来规范上市公司的，但翻阅两个案例，大概都是参考此规定作答。

案例"11－5 喜悦智行 2021－09"以上一年的12月31日直接加间接持有的股份作为基数来计算下一整年的25%，它包含了间接持有的股份。而案例"11－4 朗进科技 2019－06"却把当年新增与旧股份混在一起作为计算基数。只能说，这个问题没有统一的做法，可以择优而行。

六、解决办法

解决《公司法》第一百四十一条中每年最多转让25%，离职后半年内最多转让0%两个限制的最好办法是不当董监高，退而求其次是将股份公司变回责任公司。

1. 辞职半年后再转让

既然在任董监高每年有25%的转让限制，那最简单的办法就是不当董监高。但《公司法》第一百四十一条里又明确要求，董监高离职后半年内，不得转让其所持有的本公司股份。也就是说，就算不当董监高了，股份至少也得被锁定半年。

不过，可以尝试提前半年锁价，变相地做远期交易：

- 提前签署股份转让协议，并支付转让价款，等转让方(董监高)离职满半年后再交割，详见案例"11－7 江南奕帆 2021－06"。
- 先以零息借款给转让方(董监高)，等半年后，再签署股份转让协议，以借款偿还股份款,再交割,详见案例“11－8 热景生物 2019－08”。

2. 变更为责任公司

实务中,特别是上市公司重组,如果标的为股份公司,为了让担任董监高的股东(交易对手)的股份顺利过户,有的直接将标的从股份公司变更为有限公司,再办理股权转让手续,以突破25%的限制。

这种做法在几年前倒是有见到过,不过现在强烈不建议这么操作,因为改制来来回回,虽不违规但特别烦琐,弄不好还会在公司的历史沿革中留下改制的瑕疵!

七、抗辩理由

如果在任董监高不小心某年转让的股份超过了25%,依最新的案例来看,不用采取补救措施,根据以下理由好好解释即可。

- 《公司法》第一百四十一条是“管理性强制性规定”,而非“效力性强制性规定”。
- 现行有效的法律、法规、规章未对超过25%的行为设定处罚。
- 该次股份转让行为未损害社会公共利益,未违反效力性强制性规定,系有效的民事法律行为。
- 该次股份转让行为符合全体股东及受让方的利益。
- 股份转让前后,公司在生产经营方面不存在重大变化,转让方未通过利用内幕信息、不对称信息进行股份转让而损害公司及其他股东的利益或获得不合理的收益。
- 工商登记机关未就此提出过任何异议,公司未受到主管部门的处罚。

最后,呈上大股东的确认函＋董监高书面承诺＋主管部门无违规证明。

11－1 国光电气 2021－05

请发行人补充说明并披露,新余环亚收购发行人股份导致实控人变更,未按照规定向国家国防科技工业局申请履行军工事项审查程序的潜在风险及补救措施,以及该次转让不符合《公司法》关于董事、监事、高级管理人员转让股份公司股份的限制性规定,对发行人控制权稳定性产生重大不利影响的潜在风险。①

| 回复 |

一、该次转让不因违反《公司法》关于董事、监事、高级管理人员转让股份公司股份的限制性规定而无效

2018 年,发行人时任董监高蒋世杰等 13 人分别与新余环亚签订的《股份转让协议》《股份质押协议》和《表决权委托及收益权转让协议》中约定,自新余环亚支付对价后,其所转让的发行人股份的全部权益、义务和责任归属于新余环亚,前述约定实质上形成了该等人员代新余环亚持股的安排,***违反了《公司法》第一百四十一条关于董事、监事、高级管理人员转让股份公司股份的限制***。

根据当时有效的《中华人民共和国合同法》第五十二条及《最高人民法院关于适用〈中华人民共和国合同法〉若干问题的解释(二)》第十四条的规定,违反法律、行政法规的效力性强制性规定的,合同无效。根据《全国法院民商事审判工作会议纪要》(法〔2019〕254 号),***"效力性强制性规定"系指:强制性规定涉及金融安全、市场秩序、国家宏观政策等公序良俗的;交易标的禁止买卖的;违反特许经营规定的;交易方式严重违法的;交易场所违法的。关于经营范围、交易时间、交易数量等行政管理性质的强制性规定,一般应认定为"管理性强制性规定"***。

《公司法》第一百四十一条第二款所规定之"公司董事、监事、高级管理人员在任职期间每年转让的股份不得超过其所持有本公司股份总数的25%"的立法本意系因公司董事、监事、高级管理人员负责公司运营、监督,较一般投资者掌握更多的公司信息,为防止其利用所掌握的信息进行内幕交易、损害公司利益以及股东利益而限定其每年转让股份的数量;同时公司董事、监事、高级管理人员对公司负有忠实义务和勤勉义务,对其任职期间每年转让的股份数进行限制有利于将公司利益与其个人利益深度绑定,促使其尽职尽责地履行义务。***前述规定应属于"管理性强制性规定"而非"效力性强制性规定"***。新余环亚按照相同价格收购时任董监高蒋世杰等 13 人与其他自然人股东的股份,***不存在时任董监高蒋世杰等 13 人利用内部信息损害公司利益以及其他股东利益的情况***;前述收购行为在新余环亚与公司时任董监高之间进行,***不存在损害国家利益或社会公共利益的情况***。

---

① 此案例论证得非常充分、合理,可作为回答此类问题的模板。

点评

1. 先承认违反了《公司法》第一百四十一条关于董监高转让股份公司股份的限制。

2. 再用如下理由抗辩:(1)《公司法》第一百四十一条是管理性强制性规定,而非效力性强制性规定;(2)《公司法》第一百四十一条是为了督促董监高履行忠实、勤勉义务,属于规范管理的规定;(3)转让超过25%的行为未损害国家利益、社会公共利益,未侵害投资者的利益。

经对前述13名时任董监高访谈,该等股份转让为各方真实意思的表示,已真实履行,不存在纠纷或潜在纠纷。

经检索,董监高违反《公司法》第一百四十一条进行股份转让但并不导致股份转让无效的案例如下:

(1)《江苏世纪同仁律师事务所关于山东***朗进科技***股份有限公司首次公开发行股票并在创业板上市的补充法律意见书(六)》载明,***2010年11月***,山东朗进科技股份有限公司(以下简称"朗进科技")董事长李敬茂、副董事长兼副总经理李敬恩分别将其持有的朗进科技2,323.5万股、995.5万股股份全部转让给青岛朗进集团有限公司(以下简称"郎进集团"),本次李敬茂、李敬恩转让的股份占其所持有朗进科技股份总数的比例为***100%***,违反《公司法》和《公司章程》关于公司董事、监事、高级管理人员在任职期间每年转让的股份不得超过其所持有公司股份总数的25%的规定。前述转让后,朗进集团持有朗进科技66.38%股份,变更为朗进科技的控股股东。2015年1月至2016年6月,朗进科技监事会主席杜宝军、董事会秘书兼副总经理王涛也曾一次性转让其持有朗进科技的股份比例超过25%。朗进科技已于2019年5月9日通过中国证监会发审委审核,并于2019年6月21日***上市***。

(2)《广东信达律师事务所关于南宁***八菱科技***股份有限公司首次公开发行股票并上市的补充法律意见(三)》载明,***2009年8月***,董事程启智将其持有的南宁八菱科技股份有限公司(以下简称"八菱科技")股份1,670,000股转让给杨竞忠,转让前,程启智持有八菱科技6,562,571股股份,本次转让的股份占其所持有八菱科技股份总数的比例为***25.45%***,违反了《公司法》的相关规定。该公司于2011年11月11日***上市***。

(3)江苏省高级人民法院(2019)苏民终940号《郭金东、金浦投资控股集团有限公司等与郭金林股权转让纠纷二审民事判决书》显示,郭金林、郭金东、金浦集团公司、金浦新材料股份有限公司(以下简称“金浦新材料公司”)、金陵塑胶公司、金浦房地产公司就金浦集团公司及金浦新材料公司股权纠纷签订《全面和解协议》,主要约定:郭金东以税后3.1亿元的价格受让郭金林在金浦集团公司、金浦新材料公司所持有的全部股权。后郭金东并未履行《全面和解协议》。法院认为,《公司法》第一百四十一条第二款规定“公司董事、监事、高级管理人员应当向公司申报所持有的本公司的股份及其变动情况,在任职期间每年转让的股份不得超过其所持有本公司股份总数的百分之二十五”,***该规定仅是对股份有限公司的董事、监事、高级管理人员转让其所持股份的数量和期限的限制,并非禁止其转让股权,且该规定的立法旨意在于防止公司董事、监事、高级管理人员利用其身份谋取不正当利益,并通过恶意转让股份逃避其所需承担的风险和责任,侵害广大投资者的利益***。而该案中,金浦新材料公司系未上市的股份有限公司,股权转让的双方均是公司股东,其相互间的股权转让并***不涉及公众利益***的保护问题,***也不影响市场秩序、国家宏观政策等公序良俗***,故上述限制性规定并不影响郭金林和郭金东之间转让股份行为的效力。

点评

以上引用的有些案例虽然有些早,但道理不过时。2010年朗进科技(详见案例“11－4 朗进科技 2019－06”)、2009年八菱科技都违反了《公司法》第一百四十一条,但最后都成功上市了,这些都表明违反了《公司法》第一百四十一条并非踩到上市的红线。

综上,发行人时任董监高与新余环亚签订的《股份转让协议》中约定新余环亚一次性向时任董监高支付股份转让款项并实际享有或承担转让股份的全部权益虽违反《公司法》第一百四十一条的规定,但该规定为管理性强制规定而非效力性强制规定,且上述股份转让行为未损害公司及公司股东的利益、未损害国家或社会公共利益,发行人时任董监高与新余环亚签订的***《股份转让协议》有效***。

点评

《公司法》第一百四十一条并非合同当然无效的情形，虽然不合规，但没造成控制权变动等严重后果，股份转让协议、行为仍然有效。

二、2018年4月新余环亚集中收购发行人控股权时，时任董监高转让给新余环亚的股份比例占新余环亚收购的总股份比例较低

2018年4月，新余环亚通过要约收购的方式合计收购发行人96.61%股份，其中时任董监高转让给新余环亚的股份数占新余环亚收购的发行人总股份数的比例仅为***1.2%***，其他非董监高转让方转让给新余环亚的股份数占2018年4月新余环亚收购的发行人总股份数的比例为***95.41%***。

2018年，新余环亚已与包括时任董监高在内的转让方签订了股份转让协议并支付了股份转让款，前述股份转让均已发生法律效力，新余环亚已取得了发行人的控股权，不存在影响***控制权稳定***的重大不利风险。

11-2　益丰股份2021-07

请律师说明：公司董监高未按照《公司法》规定比例转让股权的人员、数量、原因，是否存在受到行政处罚的风险。

回复

本所律师查阅了发行人工商登记资料、历次股份转让的协议、转让款支付凭证、完税证明，对相关董监高进行了访谈，通过走访法院、仲裁委员会及网络查询的方式核查发行人及其董监高涉及的诉讼及合规信息。

经本所律师核查，发行人董监高违反《公司法》关于"公司董事、监事、高级管理人员在任职期间每年转让的股份不得超过其所持有本公司股份总数的百分之二十五"之规定而进行股权转让的具体情况如下：

年度	担任董监高的转让方	受让方	转让股份数(万股)	转让股份占转让方所持股份总数的比例	原因
2014年	马韵升(董事)	京博石化	1,961.05	100%	发行人设立初期经营情况未达到设立预期,对公司股权结构进行战略调整。***转让方将《公司法》有关限制董监高转让的规定理解为对上市公司的规定***,故与其他股东一并将所有股份转让给实际控制人马韵升控制的京博石化、中油胜利。
	卞林溪(监事)	中油胜利	76.00	100%	
2019年	胡树峰(董事)	万春玲	40.00	80%	转让方因资金周转之需要,与实际控制人自愿协商,将部分股份转让给万春玲。***转让方将《公司法》有关限制董监高转让的规定理解为对上市公司的规定***,故发生了超额转让。

点评

《公司法》第一百四十一条中每年最多转让25%的限制被很多人误解为只针对上市公司的董监高。其实不然,责任公司的董监高不受限制,但股份公司(无论是不是公众公司)的董监高受限制。

本所律师认为,***《公司法》的立法本意是为了防止股份公司尤其是公众公司的董事、监事、高级管理人员侵害中小股东利益,从而对该等人员的股份转让进行了限制。发行人2014年的股份转让系因战略调整而由全体股东对外进行的转让,符合全体股东及受让方的利益***;胡树峰、马雪英于2019年进行股份转让时,发行人召开了股东大会,其他股东事先已知晓该次股份转让且无异议,上述两次股份转让行为均未侵害其他股东利益,也未侵害债权人利益、国家利益或社会公共利益。

根据《九民纪要》的规定:损害社会公共利益,违反法律、行政法规的效力性强制性规定的合同无效。效力性强制性规定是指:强制性规定涉及金融安全、市场秩序、国家公共政策等公序良俗的;交易标的禁止买卖的;违反特许经营规定的;

交易方式严重违法的。而关于经营范围、交易时间、交易数量等行政管理性质的强制性规定，一般应当认定为管理性强制规定。据此，***发行人董事、监事、高级管理人员的该次股份转让行为未损害社会公共利益，未违反效力性强制性规定，系有效的民事法律行为***。截至本补充法律意见书出具之日，***该等股份转让行为不存在争议或纠纷***。

经本所律师核查，发行人就历次股份转让导致的股东变更已至登记机关办理了相关章程变更备案手续，***登记机关未就此提出过任何异议，也从未就此问题对相关股东作出过任何行政处罚***。《行政处罚法》第十六条规定："除法律、法规、规章外，其他规范性文件不得设定行政处罚。"经查询，***《公司法》未就董监高超额转让股份应承担的法律后果作出过明确规定，亦未查见现行有效的其他法律、法规、规章对该等行为设定行政处罚***。

综上，本所律师认为，发行人时任董事、监事、高级管理人员未按照《公司法》规定比例转让股权，系因其对《公司法》理解存在偏差所致，并***不存在主观恶意***，依据现行法律规定，不存在受到行政处罚的风险。

点评

1. 本案例中，审核部门是担心受到行政处罚。

2. 本案例所用的抗辩理由和案例"11－1 国光电气 2021－05"类似，不过，多了两个非常有说服力的抗辩理由：(1)工商登记机关未就此提出过任何异议，也从未就此作过任何行政处罚；(2)现行有效的法律、法规、规章未对该等行为设定行政处罚。首先，工商登记机关在登记时没有异议，自然事后追究并处罚的概率极低；其次，就算要处罚，都可能找不到指引。

11－3 德芯科技 2021－12

申报文件显示：(1)王德华持有德致美传 142.2 万元合伙财产份额。2016 年 2 月，王德华将其持有德致美传份额转让至冷平履代持，张振兴等原德致美传份额持有人向冷平履转让其所持份额，系冷平履按照实际出资人王德华的要求进行的。2017 年 4 月，冷平履将所持德致美传财产份额转让给王德华，解除代持关系。(2)2016 年 2 月，李俊将其持有的芯远力创财产份额转让给张晖代持。后张晖将代持份额转代持至唐勇，2017年3月，唐勇将芯远力创财产份额转让给李俊，双方代持关系解除。

请发行人说明：(1)王德华、李俊所持德致美传、芯远力创合伙财产份额在代持期间是否全部分别由冷平履、张晖（或唐勇）代持；(2)代持发生的真实原因。

回复

一、王德华、李俊所持德致美传、芯远力创合伙财产份额在代持期间是否全部分别由冷平履、张晖（或唐勇）代持

德致美传于2016年2月至2017年4月期间曾存在***代持***情形，芯远力创于2016年2月至2017年3月期间曾存在代持情形，王德华、李俊所持德致美传、芯远力创的财产份额在前述代持期间全部由冷平履、张晖（唐勇）代持，具体情况如下：

1、德致美传

2016年2月，王德华将所持德致美传38.40万元的合伙财产份额转让给冷平履，前述合伙财产份额系冷平履代王德华持有，双方***代持***关系形成。在代持期间，冷平履按照实际出资人王德华的要求进行了多次合伙财产份额的转让和受让。2017年4月，冷平履将所持德致美传97.20万元的合伙财产份额***转让给王德华，双方代持关系解除***。

在上述代持期间，***王德华未直接持有德致美传合伙财产份额***，亦未通过除冷平履外的其他合伙人代为持有合伙财产份额，其实际持有的德致美传合伙财产份额全部由冷平履代持。

点评

冷平履帮王德华代持，后将代持的股份还给王德华，代持解除。

2、芯远力创

2016年2月，李俊将所持芯远力创45.60万元的合伙财产份额转让给张晖，前述合伙财产份额系***张晖代李俊持有***，双方代持关系形成。在代持期间，张晖按照实际出资人李俊的要求进行了多次合伙财产份额的转让和受让。2016年9月，张晖据实际出资人李俊的要求将其代为持有的92.10万元的合伙财产份额转让给唐勇，***由唐勇为李俊代持***。2017年3月，唐勇将所持芯远力创92.10万元的合伙财产份额**转让给李俊，双方代持关系解除**。

点评

开始，张晖帮李俊代持，后经李俊指示，张晖把代持的股份又转了一手，给了唐勇，由唐勇为李俊代持。最后，唐勇将代持的股份还给李俊，代持解除。

在上述合伙财产份额代持期间，李俊未直接持有芯远力创合伙财产份额，亦未通过除张晖、唐勇外的其他合伙人代为持有合伙财产份额，2016 年 2 月至 2016 年 9 月期间，李俊实际持有的芯远力创合伙财产份额全部由张晖代持，2016 年 9 月至 2017 年 3 月期间，李俊实际持有的芯远力创合伙财产份额全部由唐勇代持。

二、代持发生的真实原因

王德华、李俊持有的德致美传、芯远力创合伙财产份额代持情形的真实原因系王德华、李俊等人**对相关法律法规理解不准确，拟通过代持来消除员工对德致美传、芯远力创未来减持发行人股票可能受到限制的顾虑**。

根据《公司法》的相关规定，公司董事、监事、高级管理人员应当向公司申报所持有的本公司的股份及其变动情况，在任职期间每年转让的股份不得超过其所持有本公司股份总数的百分之二十五。根据《**全国中小企业股份转让系统业务规则**（试行）》的相关规定，挂牌公司控股股东及实际控制人在挂牌前**直接或间接**持有的股票分三批解除转让限制，每批解除转让限制的数量均为其挂牌前所持股票的三分之一，解除转让限制的时间分别为挂牌之日、挂牌期满一年和两年。

王德华（德致美传的普通合伙人暨执行事务合伙人）系公司的**董事、高级管理人员**，李俊（芯远力创的普通合伙人暨执行事务合伙人）系公司的**董事、实际控制人的一致行动人**，该二人以及公司部分员工**认为**德致美传、芯远力创未来减持发行人股票时可能会受到上述规定的限制。基于上述考虑，王德华、李俊将其持有的德致美传、芯远力创的财产份额分别转让给冷平履、张晖（唐勇）代为持有。

点评

王德华、李俊找人代持的原因是担心他们分别作为董监高，未来每年转让股份会受到 25%，以及作为实际控制人在新三板挂牌前的股票得分三批解除的限制。正常来讲，25% 的计算基数应当和《全国中小企业股份转让系统业务规则

（试行）》关于控股股东、实际控制人在挂牌前持有的股票得分三批解除的规定一样，包括间接持有的股票。本案例可能对计算基数理解失误，才会找人代持，招来很多麻烦。

11－4 朗进科技 2019－06

请发表关于发行人股本演变和历次股权变动的核查意见。

| 回复 |

点评

案例“11－1 国光电气 2021－05”中引用了此案例。

背景：***2008年1月16日***，三和科技***整体变更***为山东朗进科技股份有限公司

针对发行人历次股份转让，经本所律师核查股份转让相关的工商备案资料、转让协议等文件，发行人历次股份转让过程中存在部分董事、监事、高级管理人员违反当时有效的《公司法》关于发行人董事、监事、高级管理人员在任职期间每年转让的股份不得超过其所持有发行人股份总数的百分之二十五的规定进行股份转让的情形，具体如下：（1）截至***2009年末***，发行人董事长李敬茂持有发行人2,863.5万股股份，发行人副董事长、副总经理李敬恩持有发行人995.5万股股份。***2010年度***，李敬茂累计转让持有发行人的2,875万股股份（***含2010年度受让的11.5万股股份***），李敬恩累计转让持有发行人的995.5万股股份，均***超过其所持发行人股份的25%***；（2）截至2014年末，发行人副总经理、董事会秘书王涛持有发行人29万股股份，发行人监事杜宝军持有发行人30万股股份。2015年度，王涛累计转让持有发行人的15万股股份，杜宝军累计转让持有发行人的10万股股份，***均超过其所持有发行人股份的25%***；（3）截至2015年末，发行人监事杜宝军持有发行人20万股股份。2016年度，杜宝军累计转让持有发行人的7.5万股股份，***超过其所持有发行人股份的25%***。

点评

1. 只要是股份公司，无论是不是公众公司，都得受到25%的限制。本案例

中,三和科技在2008年1月股改之后就受到了25%的约束。

2. 若按《上市公司董事、监事、高级管理人员、股东股份交易行为规范问答》(2009)的规定,李敬茂在2010年度受让的11.5万股股份中,当年只有25%可以转让,但案例中却把新旧股份混在一起计算。《上市公司董事、监事、高级管理人员、股东股份交易行为规范问答》(2009)是针对上市公司的,法条没明确非上市公司能否适用,案例中这么操作,只能说无绝对的对与错。

经本所律师核查,上述股份转让均由转让双方签署了书面股份转让协议,且自上述股份转让完成后至今,转让方和受让方之间***未发生过任何纠纷、争议***,李敬茂、李敬恩、王涛、杜宝军亦***未因此受过主管部门的处罚***。

此外,李敬茂、李敬恩上述股份转让主要系持股方式的变更,即李敬茂转让的股份中2,323.5万股(占其持有发行人总数的80%以上)系***转让给朗进集团、李敬恩转让的股份全部由朗进集团受让,而朗进集团当时的股东为李敬茂及配偶马筠、李敬恩三人***(其中李敬茂及配偶马筠合计持有朗进集团70%股权、李敬恩持有朗进集团30%股权),上述股份转让完成后,朗进集团持有发行人3,319万股,李敬茂及配偶、李敬恩通过朗进集团***间接***持有发行人股份。同时,莱芜市***市场监督管理局***已于2016年8月4日出具了《***不属于重大违法违规的证明***》,确认王涛、杜宝军上述违规转让股份行为虽违反了《公司法》,但不属于重大违法违规行为。

点评

李敬茂、李敬恩是把股份在家族内转让,从直接变成间接持股,才突破25%的限制。25%的计算基数包不包括间接持有的股份呢?按道理说,直接持股与间接持股互转,利益捆绑本质没变,但这此处却将直接、间接持股区分,而案例"11-5 喜悦智行2021-09"中却没区分。笔者只能说,法条没明确,可以择优而行。

李敬茂、李敬恩、王涛、杜宝军已书面***承诺***:如因其上述违规转让公司股份行为而发生任何纠纷、争议,相关法律责任和义务均由其本人承担,与公司无关;如公司因上述违规转让行为受到包括但不限于工商行政管理部门的行政处罚或遭受任何其他损失的,其本人将对公司进行无条件全额赔偿。此外,为避免发行人董事、监事和高级管理人员未来发生类似的违规转让股份的行为，发行人现任全体董事、监事、高级管理人员亦出具***声明***，保证将认真学习相关法律法规关于股份限售的规定，并保证不会发生违规转让股份的行为。

点评

相关股东确认函+董监高书面承诺+主管部门证明是打消此类疑虑的"标配"。

综上，本所律师认为，发行人董事、监事和高级管理人员的上述股份转让虽然违反了《公司法》关于转让数量限制的规定，但鉴于李敬茂和李敬恩上述***股份转让主要是变更持股方式***，莱芜市市场监督管理局已书面证明王涛、杜宝军的上述股份转让行为不属于重大违法违规，且上述股份转让后至今未发生任何纠纷、争议，发行人亦未因此而受到行政处罚或发生其他损失；李敬茂、李敬恩、王涛、杜宝军已书面承诺承担相关法律责任并赔偿发行人可能遭受的损失，发行人全体现任董事、监事和高级管理人员亦已书面承诺未来转让股份将严格遵守法律、法规及《公司章程》的规定。因此，发行人上述部分董事、监事和高级管理人员违反《公司法》的相关规定进行股份转让事宜不构成本次发行并上市的实质性法律障碍。

11-5 喜悦智行 2021-09

请发行人披露：报告期内关于罗志强、罗胤豪转让股份的比例情况。

| 回复 |

根据《公司法》第141条以及公司章程的规定，公司董事、高级管理人员在任职期间每年转让的股份不得超过其所持有本公司股份总数的百分之二十五。2018年2月至2018年3月期间，时任***董事长***罗志强与时任***总经理***罗胤豪转让的公司股份数量***超过其所直接持有公司股份总数的25%***，不符合当时有效的《公司法》第141条以及《公司章程》的规定。

2018年，罗志强、罗胤豪转让公司股份事宜说明如下：

(1)因转让前罗志强、罗胤豪亦通过天策控股、旺科投资间接持有公司的股份，二人于2018年期间因股份转让实际减少的***直接及间接***持股数，均***未超过***2017年年末***直接及间接***持股总数的25%。

点评

只将直接持股数作为计算基数,转让股份超过25%,但若把间接持股数也算入计算基数,则不超过25%。笔者个人认为,计算基数包括间接持有的股份比较合理。

(2)截至2020年1月1日,罗志强、罗胤豪根据《公司法》自2018年1月1日起各自累计可转让的股份数量已超过2018年2月至3月期间转让股份的数量。

(3)公司***全体股东已出具确认函***,对公司目前全体股东的资格及全体股东持有公司股权的真实、合法、有效等情况不存在任何异议。同时,***宁波市市场监督管理局已于2020年1月2日出具证明***,"经宁波市市场监督管理局数据库查询,2017年1月1日至2019年12月31日,未发现发行人被宁波市市场监督管理局行政处罚的记录"。

(4)截至本招股说明书签署日,罗胤豪、罗志强***不存在***因2018年集中转让发行人股权被工商管理部门或其他主管部门***处罚***或接受主管部门***调查***的情形。

(5)罗志强、罗胤豪向君科投资、悦扬投资、佳升投资转让公司股份的原因系受让方看好公司发展;罗志强向毛鹏珍转让股份以及罗胤豪向何佳莹、罗婕文转让股份的原因,***系家庭成员间共同达成的关于家庭资产的分配决定***。在上述股份转让前后,公司在生产经营方面不存在重大变化,罗志强、罗胤豪作为转让方***不存在通过利用内幕信息、不对称信息进行股份转让而损害公司及公司其他股东利益或获得不合理收益的情形***。

点评

与案例"11-4 朗进科技 2019-06"一样,股份在家族内转让。但不同的是,案例"11-4 朗进科技 2019-06"未将间接持有的股份算入计算25%的持股总数,而此案例是算入了。

综上所述,罗志强和罗胤豪于2018年2月至2018年3月期间的上述股份转让瑕疵事宜不影响该等股东当前持有公司股权的真实、合法、有效,对本次发行上市不构成实质性法律障碍,不存在被市场监督管理局予以行政处罚的风险,且不影响该等股东截至本招股说明书签署日持有公司股权的真实、合法、有效。

11-6 东方节能 2020-10

发行人历史沿革中，存在外资股东入股、退出以及股东杨明远减持事项。

请发行人说明：关于杨明远超比例减持事项，请补充披露该事项是否可能导致行政处罚、法律纠纷或潜在纠纷，相关解决措施是否符合法律规定，是否取得有权机关认可。

| 回复 |

2015年12月，徐庆云与杨明远签署《徐庆云与杨明远关于合肥东方节能科技股份有限公司180,000股转让之股份转让协议》，约定杨明远将其持有之股份公司180,000股股份转让给徐庆云。杨明远本次向徐庆云转让的股份数占其当时所持股份数的***50%*，*超过了***《公司法》规定之董事及高管任职期间每年可转让股份的比例上限(***25%***)。因此，2018年7月，徐庆云与杨明远签署《股份转让补充协议》，约定徐庆云将杨明远于2015年12月超额转让的90,000股***转回***予杨明远。

前述超比例转让股份事项不会导致行政处罚、法律纠纷或潜在纠纷，相关解决措施符合法律规定，相关分析如下：

1、本次超比例转让股份过程中，不存在董事、高级管理人员利用不对称信息损害发行人及发行人其他股东利益的情形

根据转让当时适用之《公司法》第一百四十一条第二款的规定，公司董事、监事、高级管理人员应当向公司申报所持有的本公司的股份及其变动情况，在任职期间每年转让的股份不得超过其所持有本公司股份总数的百分之二十五。《公司法》对股份公司董事、监事、高级管理人员转让股份进行限制的原因包括：①董事、监事、高级管理人员对公司负有特殊义务，应加强其与公司之间的联系，将公司的利益与其个人利益联系在一起，以促使其尽职尽责地履行职务；②董事、监事、高级管理人员负责公司的运营，掌握大量的公司信息，如果允许其随意转让本公司股份，可能会出现董事、监事、高级管理人员利用所掌握的信息损害公司利益以及股东利益的情形。

2015年杨明远向徐庆云转让180,000股股份的原因为：杨明远原担任发行人财务总监兼董事会秘书职务，2010年徐庆云、徐海云、赵家友合计向杨明远转让了东方有限1%的股权，以对其进行员工激励；***2015年***，杨明远***拟***辞去发行人财务总监的职务，因此向徐庆云转让其所持发行人股份中***50%***的部分，转让价格系双方以发行人2015年9月30日的净资产为基础协商确定。因此，***杨明远超比例转让***

发行人股份系因其拟辞去财务总监职务引起，在此过程中，杨明远未违反其作为发行人董事及高级管理人员的忠实及勤勉义务，不存在利用不对称信息损害发行人或发行人其他股东利益的情形。

2、股份公司的股份转让不属于工商行政管理部门的规制范围，无需取得有权机关认可

《公司法》并未对第一百四十一条第二款所规定之“公司董事、监事、高级管理人员在任职期间每年转让的股份不得超过其所持有本公司股份总数的25%”制定相应的罚则。

同时，根据《中华人民共和国公司登记管理条例》，股份公司的股东所持股份变更不属于工商行政管理部门办理公司变更登记事项，发行人无须就本次超比例转让在工商行政管理部门办理变更登记。因此，本次超比例转让股份事宜不属于工商行政管理部门的规制范围，无需取得工商行政管理部门的认可。

发行人不存在因本次超比例转让事项而受到行政处罚的情形。

3、股份转让协议有效且已实际履行，不存在法律纠纷或潜在纠纷

根据《合同法》第五十二条及《最高人民法院关于适用〈中华人民共和国合同法〉若干问题的解释(二)》第十四条的规定，违反法律、行政法规的效力性强制性规定的，合同无效。

根据《全国法院民商事审判工作会议纪要》，“效力性强制性规定”系指：强制性规定涉及金融安全、市场秩序、国家宏观政策等公序良俗的；交易标的禁止买卖的；违反特许经营规定的；交易方式严重违法的；交易场所违法的。关于经营范围、交易时间、交易数量等行政管理性质的强制性规定，一般应认定为“管理性强制性规定”。

《公司法》第一百四十一条第二款所规定之“公司董事、监事、高级管理人员在任职期间每年转让的股份不得超过其所持有本公司股份总数的25%”系对交易数量的限制，*应属于“管理性强制性规定”而非“效力性强制性规定”*。因此，杨明远与徐庆云就本次股份转让所签署之股份转让*协议有效*。

点评

本案例的解释套路与案例“11－1 国光电气 2021－05”“11－2 益丰股份 2021－07”差不多。概言之，虽是违规，但股份转让协议、行为仍然有效。

本次股份转让协议已实际履行,徐庆云已向杨明远实际支付相应的股份转让款,不存在纠纷或潜在纠纷。

4、发行人全体股东已出具书面文件,对相关股份转让事宜进行确认

发行人***全体股东已出具文件***,确认:(1)杨明远向徐庆云超比例转让发行人股份及后续转回事项真实、有效,不存在损害其作为发行人股东利益的情形;(2)对前述股份转让不存在异议,将来任何时候均不会以该等事宜为由追索任何相关权益,或主张前述股份转让无效;(3)对发行人的股东资格及股本结构情况不存在任何异议。

5、相关解决措施符合法律规定

为弥补杨明远超比例转让股份的瑕疵,徐庆云与杨明远协商一致决定***转回超额转让股份***,并签署《股份转让补充协议》。徐庆云与杨明远签署之《股份转让补充协议》合法有效并已实际履行,杨明远已实际支付股份转让款。

点评

本案例比案例"11－1 国光电气 2021－05""11－2 益丰股份 2021－07"要稍早些,将超额转让的部分转回估计是不得已而为之吧。现行的做法是:木已成舟,不改,并保证下次不再犯。

根据《中华人民共和国公司***登记管理条例***》,股份公司的股东所持股份变更不属于工商行政管理部门办理公司变更登记事项。因此,发行人无需就本次转回股份在工商行政管理部门办理公司变更登记。

点评

《公司登记管理条例》已经被《市场主体登记管理条例》所替代。

综上所述,杨明远超比例减持事宜不会导致行政处罚,不存在法律纠纷或潜在纠纷,相关解决措施符合法律规定。

11－7 江南奕帆 2021－06

据申报材料显示,2016年10月,陈氏家族与刘锦成签订《股份转让协议》,约定由刘锦成合计受让发行人51%股份,交易作价13,260.00万元;2017年5月,陈氏家族陈奕峰和宋益群签订《股份转让协议》,约定由宋益群受让发行人5%股份,交易作价1300.00万元;2018年7月,陈氏家族陈奕峰和宋益群签订《股份转让协议》,约定由宋益群再次受让发行人5%股份,交易作价1600.00万元。其中陈氏家族与刘锦成之间除划转股权转让款之外,还存在其他周转资金往来;宋益群分别于2016年12月、2017年9月完成股权转让款支付。

请发行人补充说明:(1)结合陈奕峰在公司的历史任职情况及在生产经营中发挥的具体作用,披露其2016年退出发行人但仍在发行人任职的原因及合理性;(2)宋益群支付股权转让款时间早于双方签署《股份转让协议》时间的原因及合理性。

| 回复 |

一、陈奕峰在公司的历史任职情况及在生产经营中发挥的具体作用,披露其2016年退出发行人但仍在发行人任职的原因及合理性

根据陈奕峰的调查表并经本所律师访谈,陈奕峰在公司的历史任职情况为:2011年6月至2016年10月,任发行人董事长。2016年10月至今,任职于发行人技术部。

陈奕峰在大学时期学习机械设计制造专业,并具有海外留学经历。陈奕峰作为陈渊技、龚建芬夫妇的独生子,发挥其专业背景和英语水平高的优势,协助陈渊技、龚建芬夫妇进行公司管理,参与公司产品研发、境外客户开拓和客户沟通。

陈奕峰离任董事的背景和原因为:根据《公司法》第一百四十一条规定,公司董事在任职期间每年转让的股份不得超过其所持有本公司股份总数的百分之二十五,***离职后半年内***不得转让其所持有的本公司股份。截至2016年10月,陈奕峰持有发行人56%的股份,***为在满足该等规定的情况***下履行与刘锦成签署的股份转让协议,***陈奕峰离任公司董事职务***。

点评

既然在任董监高每年转让的股份不得超过其所持有本公司股份总数的25%,且离职后半年内不得转让其所持有的本公司股份,那就离职半年后再转。正如此案例,陈奕峰为了可以无限制转让股份,故意辞去董事职务。

因陈奕峰曾长期在公司任职，熟悉公司产品研发、技术水平和客户情况，具备机械设计制造及其自动化的专业背景和较高英语水平，能够为公司发展做贡献；同时，陈奕峰作为陈渊技夫妇的独生子，无意愿接管公司但其父母希望陈奕峰在公司任职了解公司情况，有利于未来承继股权，故***陈奕峰在退出公司持股并辞任公司董事后，仍然任职于发行人技术部***。

因此，本所律师认为，陈奕峰于2016年退出发行人但仍在发行人任职具有合理性。

二、宋益群支付股权转让款时间早于双方签署《股份转让协议》时间的原因及合理性

2017年5月，陈奕峰和宋益群***签订《股份转让协议》***，约定陈奕峰将其持有的140万股公司股份转让给宋益群，经协商确定的股权转让价格为1,300万元，***该笔转让款已于2016年12月完成支付***。根据对宋益群和陈氏家族（陈渊技、龚建芬和陈奕峰）的访谈，宋益群***支付股权转让款时间早于双方签署《股份转让协议》时间***，主要系：2016年10月，宋益群和陈氏家族就收购公司5%的股权事宜达成一致意见，但陈奕锋作为发行人董事所持股份限售（根据《公司法》规定，公司董事在任职期间每年转让的股份不得超过其所持有本公司股份总数的百分之二十五，离职后半年内不得转让其所持有的本公司股份），无法完成股权交割，故***宋益群于2016年12月提前支付股份转让价款，以提前锁定待交割的拟转让股份和价格***。

点评

2016年12月，先提前半年支付股份转让款，半年后，即2017年5月才签订《股份转让协议》，相当于提前锁价，先给钱，等半年限制期届满再交割。

2018年7月，陈奕峰与宋益群签署《股份转让协议》，约定陈奕峰向宋益群转让140万股公司股份，经协商确定的股权转让价格为1,600万元，该笔转让款已于2017年9月完成支付。根据对宋益群和陈氏家族（陈渊技、龚建芬和陈奕峰）的访谈，宋益群***支付股权转让款时间早于双方签署《股份转让协议》时间***，主要系：2017年9月，***宋益群和陈氏家族（陈渊技、龚建芬和陈奕峰）就收购公司5%的股权事宜达成一致意见，但陈氏家族内部暂未确定由哪一位成员作为转让方完成股份交割***。为提前锁定待交割的拟转让股份和价格，宋益群与陈氏家族代表陈奕峰于2017年9月签署《股份转让意向协议》，宋益群同月支付股权转让价款。2018年7月，陈氏家族确认陈奕峰退出在发行人处持股，故由陈奕峰作为转让方与宋益群签署正式股份转让协议，并办理工商登记。

点评

先给钱再签合同、交割，相当于在做远期交易，很好地解决了半年的限制。

11-8　热景生物2019-08

请保荐机构、发行人律师进一步核查：2017年12月，第一次股份转让取得《股份转让款收据》情况。

｜回复｜

2017年9月，陆其康持有热景生物8.01%股权，其拟向张辉阳、刘增合计转让其所持公司全部股份的4%。鉴于此，其转让热景生物股份需遵守当时适用的《公司法》关于"任职期间每年转让的股份不得超过其所持有本公司股份总数的百分之二十五；所持本公司股份自公司股票上市交易之日起一年内不得转让。***上述人员离职后半年内，不得转让其所持有的本公司股份***"的相关规定，故经陆其康、张辉阳、刘增协商，***确认张辉阳、刘增以借款形式向陆其康支付等额于股份转让价款的借款本金以确定本次交易，待陆其康符合股份转让条件时再签署股份转让协议并交割***。

2017年9月，陆其康分别与张辉阳、刘增签署《借款协议》，约定陆其康分别向张辉阳、刘增借款1,700万元，借款期限自借款支付至陆其康账户之日至2017年12月5日止，***无需支付借款利息***。根据款项收付凭证[《招商银行转账汇款业务回单》(流水号：1709167627206882)、《交通银行客户回单》(28604570)]，2017年9月16日、2017年10月13日，张辉阳、刘增分别向陆其康转款1,700万元。***2017年12月5日***，陆其康分别与张辉阳、刘增***签署《股份转让协议》***，约定张辉阳、刘增有权***以应收陆其康的借款本金1,700万元作为支付本次股份转让的价款***，陆其康向张辉阳、刘增出具股份转让价款收据之日即代表陆其康已收到张辉阳、刘增支付的全部股份转让价款。***2017年12月5日***，陆其康分别向张辉阳、刘增出具《股份转让款收据》，确认已收到本次股份转让款1,700万元。

本次股权变动系各方真实意思表示，相关股权转让的价款均已结清，不存在争议或潜在纠纷。

点评

陆其康作为董监高，离职半年后才能转让股份。陆其康先以零息借款的方式提前支付给受让方，等转让限制期解除后再签合同、以债抵偿、交割，妙哉。

疑难点12

明 股 实 债

明股实债,顾名思义,是指明面上是股权投资,背地里却是一种借贷行为,在政企 PPP 项目、房地产企业与信托公司的合作中很常见。

一、明股实债的常见形式

2017 年 2 月,中国证券投资基金业协会发布的《证券期货经营机构私募资产管理计划备案管理规范第 4 号—私募资产管理计划投资房地产开发企业、项目》给了"明股实债"的定义和常见形式:"投资回报不与被投资企业的经营业绩挂钩,不是根据企业的投资收益或亏损进行分配,而是向投资者提供保本保收益承诺,根据约定定期向投资者支付固定收益,并在满足特定条件后由被投资企业赎回股权或者偿还本息的投资方式,常见形式包括回购、第三方收购、对赌、定期分红等。"在此之前,中国证监会曾以"投资附加回购承诺"等来描述明股实债。

虽说上述提示了我们,明股实债常见的形式有投资附回购、第三方收购、对赌、定期分红等,但实际上,明股实债却没有固定的模板,其可以衍生出多种伪装,合同一条款轻易地改动就会导致股、债性质改变。

二、明股实债的模式

从承担回购义务的主体来分类,明股实债主要有两种模式:一是由被投资企业自己承担退出、支付利息等义务;二是由被投资企业的部分股东承担支付利息等义务。

三、判断股、债的标准

一般而言，真正的股权人会按出资比例共享收益、共担风险，并实际参与被投资企业的经营决策，而这些债权人通常都不会做。

倘若“投资”合同里约定了固定或超额的投资收益率，投资收益不与公司的经营业绩挂钩，并且在分配利润时优先分配，或者其他股东提供了保本保收益的承诺，约定在未来以回购等方式退出。加之，投资人不参与融资人的生产、经营、研发等活动，不承担任何亏损和其他责任，那就是债了。

笔者归纳了一下，“收取固定股息 + 到期回购 + 不参与日常经营”，同时满足这三个条件，基本上就可以根据“实质重于形式”的原则认定为明股实债了。

但单单从明股实债的定义、形式和按上述笔者总结的小公式来判断明股实债可能还不够，我们还应当根据金融负债、权益工具的定义逐条逐句地检查投资协议。

《企业会计准则第 37 号—金融工具列报》第十二条是判断金融负债、权益工具的灵魂标准。其第十二条规定，对于附有或有结算条款的金融工具，发行方不能无条件地避免交付现金、其他金融资产或以其他导致该工具成为金融负债的方式进行结算的，应当分类为金融负债。但是，要求以现金、其他金融资产或以其他导致该工具成为金融负债的方式进行结算的或有结算条款几乎不具有可能性，即相关情形极端罕见、显著异常或几乎不可能发生，发行方应当将其分类为权益工具。

假若投资协议中设立了股转债的条件，如有些对赌条款，如果条件可以轻易达成，很容易导致被投资企业“不能无条件地避免交付现金、其他金融资产”，那就属于明股实债。

回购是明股实债最常见的形式，可以参考《监管规则适用指引—会计类第 1 号》在解释“附回售条款的股权投资”的规定“从被投资方角度看，由于被投资方存在无法避免的向投资方交付现金的合同义务，应分类为金融负债进行会计处理……”去判断是债还是股。

四、明股实债的动机

对于贷款方,以政府设立的专项基金为例。基金以明股实债的方式给初期的企业或基建项目低利率贷款,会约定在未来按照事先约定的价格进行回购。基金不享有任何股权的利益分配,也不愿承担任何亏损和其他责任。实际上,国有资金只是打着股权幌子的债权人,名为股,实为债,不会真正去投资企业,被投资企业也不属于国有控股、参股企业。如此一来,明股实债的进入、转让、清算等过程并不适用企业国有股权监管相关法律法规的规定,可以省去评估备案、进场交易等程序,省事许多。

对于融资方,明股实债可以在明面上降低公司的资产负债率,从而让公司可以更容易地从金融机构获得贷款。

五、明股实债的清理

明股实债将负债包装成股权,会放大公司的财务杠杆,增加风险。实务中,明股实债还往往与房地产违规融资、监管套利有关,而且规模还不小。一旦这些藏匿的风险爆发,往往会产生连续反应,严重影响市场环境。

明股实债上市时需不需要清理,现在并没有很明确的操作指引。笔者个人认为,明股实债如果是与国有资金相关,可以保留;如果涉及违规融资、金融嵌套,应当清理。

六、会计处理

根据《企业会计准则第 22 号—金融工具确认和计量》的规定,对明股实债按金融负债进行会计处理,但因义务人不同而处理起来有差异。

1. 被投资企业承担义务

如果是由被投资企业承担回购、支付利息的义务,则由被投资企业在财务上直接将明股实债在“长期应付款”等科目作为负债披露,支付的费用逐期分摊为财务费用。

2. 股东承担义务

如果是由被投资企业的股东承担回购、支付利息的义务，企业在收到投资款项时，确认为实收资本，后续就无须任何操作了。股东则须要同时确认“长期股权投资”“长期应付款”，其间产生的利息，由股东逐期确认为财务费用。

七、常见问询

- 结合股份定价情况，说明××短期内入股和退出发行人的背景和原因，是否存在明股实债等利益安排，相关会计处理是否符合准则规定。
- 说明外部合作方以明股实债形式投资发行人项目子公司的背景、合法合规性，该合作方式对项目子公司业务的作用和影响、是否存在违法违规获取业务的情形、相关利息支出的确认依据与公允性。
- 披露投资者以明股实债方式投资是否履行了所必需的全部审批手续，是否符合国有资产对外投资的相关规定，是否存在国有资产流失或权益纠纷等争议情况。
- 补充披露××向发行人股东支付股份补偿价款或回购股权的背景和具体情况、涉及金额，是否属于明股实债，是否符合监管规定；回购条款的主要内容以及固定数额回购款是否导致合并报表明股实债、母公司报表确认衍生金融工具；补充说明该等情况是否影响发行人股权清晰、稳定。

12-1 新巨丰 2021-09

申报文件显示：发行人历史变动过程中，存在北京京巨丰向退出股东支付股份补偿价款或回购股权等情形。

补充披露：北京京巨丰向发行人股东支付股份补偿价款或回购股权的背景和具体情况、涉及金额，是否属于“明股实债”，是否符合监管规定。

回复

一、北京京巨丰向发行人股东支付股份补偿价款或回购股权的背景和具体情况、涉及金额

2016年7月5日，北京京巨丰与中科清晨签署《股权转让协议》，约定***如果新巨丰在转让协议生效后未能按协议约定在国内A股资本市场完成合格上市，中科***

清晨有权将其持有的新巨丰股权转让给北京京巨丰。

中科清晨因自身投资策略与资金安排，决定转让其持有的发行人股权，因此中科清晨选择行使其上述权利，将其持有的新巨丰4,373,311股股份转让给北京京巨丰或其指定的主体。同时，茅台建信作为股权投资基金，经独立尽调后，认可发行人投资价值，决定对发行人进行***财务投资***。经三方协商，中科清晨决定将持有的发行人4,373,311股股份转让给茅台建信，茅台建信按照发行人同期引入的财务投资人对发行人100%股份整体估值为17亿元计算，确定向中科清晨支付转让价款为20,825,300元，同时***由北京京巨丰根据前述《股权转让协议》的约定对中科清晨以其投资额年化利率8%进行补偿***，在茅台建信向中科清晨支付的股权转让价款外，京巨丰另行向中科清晨支付股权转让补偿价款1,851,183.78元。

点评

新巨丰的股东中科清晨将新巨丰的股份转让给茅台建信，除了得到转让款，新巨丰的其他股东北京京巨丰还得给中科清晨投资额年化利率8%的固定补偿。约定了固定收益，有点明股实债的影子。

二、北京京巨丰向发行人股东支付股份补偿价款或回购股权不属于"明股实债"，符合监管规定

北京京巨丰向发行人股东支付股份补偿价款或回购股权不属于"明股实债"，符合监管规定，具体理由如下：

1、中科清晨按出资比例***共享收益、共担风险***

中科清晨入股新巨丰当时有效的《中华人民共和国中外合资经营企业法》(2016年修正)规定，"合营企业的形式为有限责任公司。……合营各方按注册资本比例分享利润和分担风险及亏损。……"。

根据中科清晨入股时签署的《经修订和重述的公司章程》，中科清晨按照对新巨丰注册资本的实际出资比例分配剩余利润。因此，中科清晨实际按照其对发行人的出资比例分享利润并分担风险及亏损，中科清晨对发行人的投资不属于债权投资。

2、中科清晨实际***参与发行人的经营决策***

2016年12月，发行人整体变更为股份有限公司，根据当时有效的《公司章程》

的规定,各股东享有相应发行人股份对应的全部和完整的权利。根据发行人的工商档案及三会文件,中科清晨自入股以来,出席历次股东大会,参与公司经营决策,行使资产收益、参与重大决策和选择管理者等股东权利。

3、中科清晨与北京京巨丰不存在构成债权投资的协议约定

根据中科清晨与北京京巨丰于2016年7月5日签署的《股权转让协议》约定,***如新巨丰在原转让协议生效后未按照协议约定完成合格上市***,中科清晨有权选择将其持有的新巨丰股权转让给北京京巨丰,转让对价为以下三项之和:1)人民币1,800万元,加上2)人民币1,800万元按年化利率8%计算所得的利息(单利);3)减去在利息计算期间新巨丰向中科清晨派发并业已支付的红利。

上述股权转让对价的条款设置,是私募股权投资中投资方和目标公司股东之间一种具有特殊风险控制安排的常见商事投资条款,且该等条款的设置是以发行人是否完成合格上市为前提,并非不论盈亏均按期收回本息,或者按期收取固定利润的约定,因此中科清晨对发行人的投资不属于为获得固定收益的债权投资。经查阅《经修订和重述的公司章程》《合资合同》《股权转让协议》,中科清晨与北京京巨丰也不存在其他构成债权投资的协议约定。

点评

1. 是股还是债,笔者总结的"收取固定股息 + 到期回购 + 不参与日常经营"小公式只可以用来初步判断,最终还是得根据金融负债、权益工具的定义去判断。

2. 中科清晨参与了公司的经营决策,共享收益、共担风险,初步判断中科清晨的投资为真投资。

3. 中科清晨与北京京巨丰签了对赌协议,约定了若未能合格上市,中科清晨有权选择将股权转让给北京京巨丰。这表明,承担回购义务的是公司的股东北京京巨丰,而不是公司自身。这个对赌协议并非按期收回本息、固定利润的约定,而只是给了中科清晨一个股转债的保底保障,并不影响中科清晨的投资是真股的性质。但是对于北京京巨丰,成功上市存在重大不确定性,北京京巨丰存在不能无条件地避免向中科清晨交付现金的合同义务,应当确认为负债,道理跟案例"4-12 聚胶股份2022-02"相似。稍有区别的是,案例"4-12 聚胶股份2022-02"中公司是回购义务人之一,而此案例回购义务人是公司的股东。

综上,北京京巨丰向中科清晨支付股份补偿价款不构成明股实债,不存在违反相关监管规定的情形。

12-2 芳源股份 2021-06

请发行人说明:报告期内明股实债的具体情况,相关利息支出的确认依据与公允性。

| 回复 |

一、报告期明股实债的具体情况

报告期内,***子公司***芳源新能源的历史股东江门市新会新科创投有限公司(以下简称"新科创投")、现任股东江门市融盛投资有限公司(以下简称"融盛投资")对芳源新能源的投资属于明股实债情形,具体如下:

(1)新科创投

根据新科创投与公司、芳源新能源、罗爱平于2019年3月签署的《增资扩股协议》,约定新科创投以6,800.00万元增资入股芳源新能源,芳源新能源于2019年3月29日收到该笔款项。芳源新能源于2019年5月21日在江门市新会区市场监督管理局办妥了工商变更手续,变更后公司、新科创投分别占芳源新能源81.52%、18.48%股权。根据协议约定"如果自新科创投投资款到账之日起满3年,芳源新能源仍***未能***实现单体在中国境内A股主板、中小板或创业板***上市***发行公司股票,或***新科创投认为***芳源新能源的业绩增长存在不稳定因素,或芳源新能源、芳源环保及罗爱平严重违反本投资协议或公司章程约定,并因此给新科创投造成严重利益损害时;或芳源新能源的主营业务发生重大变化,并且***不能得到新科创投的同意***;或任一年度***经新科创投认可***的审计机构对芳源新能源未出具标准无保留意见审计报告时,***新科创投有权要求芳源环保、罗爱平和芳源新能源按约定的价格全额回购其持有的股权***,约定的回购价格=新科创投实际投资金额[1+***年化8%收益率***×实际投资天数/365]-以前年度已实现的现金分红金额;各方同意,芳源环保因申请首次公开发行股票并上市,经芳源环保内部决议要求新科创投退出目标公司,新科创投应在收到正式通知的1个月内无条件接受被芳源环保回购目标公司股权,新科创投应配合芳源环保和丙方履行必要的程序,回购价格为新科创投投资金额及按8%的年化收益率计算增值部分总和(如在持股期间新科创投获得目标公司分红的,在计算回购价款时应扣除相应的分红款)。"

点评

看开头，可能会以为跟案例“12－1 新巨丰 2021－09”一样，股转债只是对赌条款之一。但接着往下看，“投资”协议条条充满着投资人新科创投有权要求以固定利率（8%）回购其“股权”的“霸王条款”。

根据《企业会计准则》对金融负债和权益工具的定义，如果企业不能无条件地避免以交付现金或其他金融资产来履行一项合同义务，则该合同义务符合金融负债的定义。通过上述分析可知，新科创投对***芳源新能源***的股权投资实质为***债务***工具。2019年12月，新科创投退出芳源新能源，由芳源环保回购其所持芳源新能源的18.48%股权。公司按8.00%的年化收益率计提利息支出，并于2019年12月19日归还新科创投6,800.00万元本金和394.96万元利息，截至2019年12月31日无余额。

点评

根据金融负债、权益工具的定义判断是债是股，最科学。上述“霸王条款”的主动权基本上都在新科创投手上，“股”极易被转成“债”，芳源新能源不能无条件地避免交付现金、其他金融资产或以其他导致该工具成为金融负债的方式进行结算。确定新科创投对芳源新能源的“投资”是明股实债无疑了。

（2）融盛投资

2018年10月10日，芳源新能源以年产36,000吨高品质NCA/NCM前驱体（三元锂电正极材料）项目申报2018年珠江西岸先进装备制造业发展资金，申报方向为股权投资方式支持先进装备制造业项目引进和落地建设。

2018年12月21日，芳源新能源董事会决议同意公司新增注册资本6,496.90万元，增资金额应于2019年2月28日前缴清。公司于2019年4月1日收到该款项。2019年7月5日，芳源新能源股东会决议同意公司注册资本由人民币36,800.00万元变更为43,296.90万元，增加部分6,496.90万元由融盛投资以货币形式认缴出资。变更后芳源环保占69.29%股权，新科创投占15.71%股权，融盛投资占15.01%股权。芳源新能源已于2019年7月5日在江门市新会区市场监督管理局办妥了工商变更手续。

芳源环保、罗爱平和芳源新能源分别与融盛投资签订投资协议；协议对股权投入资金的退出进行了约定，自融盛投资成为芳源新能源股东之日起届满五年时，***融盛投资有权退出芳源新能源，芳源环保无条件以现金方式回购融盛投资持有的芳源新能源全部股权***。回购股权时应以融盛投资实际出资额及按实际出资额***2%年化收益率***计算的增值部分的总和为对价受让股权（如在持股期间甲方获得项目公司分红的，在计算回购价款时应扣除相应的分红款）。

点评

芳源环保应当无条件回购融盛投资持有的芳源新能源的全部股权，这是明股实债再明显不过了！另外，2%的年化收益率，这么便宜的资金，除了政府扶持基金还有其他可能吗？

根据企业会计准则对金融负债和权益工具的定义，如果企业不能无条件地避免以交付现金或其他金融资产来履行一项合同义务，则该合同义务符合金融负债的定义。通过上述分析可知，融盛投资对芳源新能源的股权投资实质为债务工具，芳源新能源应将其作为金融负债列报。

二、相关利息支出的确认依据与公允性

（1）相关利息支出的确认依据

根据《企业会计准则—基本准则》第十二条，公司应当以实际发生的交易或者事项为依据进行会计确认、计量和报告，如实反映符合确认和计量要求的各项会计要素及其他相关信息，保证会计信息真实可靠、内容完整。

公司根据协议约定的年化收益率计算利息，依据充分适当。

（2）报告期公司对明股实债已确认的利息支出

单位：万元

资金提供方	金额	年化收益率	2019年已确认利息
江门市新会新科创投有限公司	6,800.00	***8.00%***	394.96
江门市融盛投资有限公司	6,496.90	***2.00%***	97.45

1）新科创投

公司于2019年3月29日收到新科创投6,800.00万元、于2019年12月19日全部还款;根据协议约定的年化收益率8.00%和实际使用资金天数265天计算的利息为394.96万元,公司已于2019年12月19日向其支付利息394.96万元。

2)融盛投资

公司于2019年4月12日收到融盛投资款项6,496.90万元,公司根据协议约定的年化收益率2.00%和实际使用时间计算的2019年、2020年利息费用分别为97.45万元和129.94万元。

(3)报告期内公司对明股实债已确认的利息支出**公允性**分析

点评

同样是政府基金,年化利息率一个是2%,另一个是8%,差得有点多,所以才会被问询利息支出的公允性。有的案例约定以"中国人民银行于增资日公布的同期活期存款利率"上下浮动少许来计算收益,合理又公允,可能就不会被问询了。

新科创投是江门市新会区国有资产管理办公室下属控股子公司,成立于2016年11月28日,注册资本80,000.00万元。***新科创投是为当地辖区内符合国家重点领域的中小企业解决融资难、贷款难、融资渠道少等设立的财务性投资主体***。同时间段银行公布的五年期银行贷款基准利率4.90%,公司2019年实际融资一年期的银行借款年利率在3.16%-6.53%之间,新科创投以专项建设基金对芳源新能源进行增资并通过股权退出安排最终收回本金,并以高于银行贷款利率获取收益,芳源新能源无需抵押、担保的情况下获取项目建设和运营所需要的部分资金,其协议约定的年化收益率8.00%具有合理性,是公允的。

融盛投资是江门市人民政府国有资产监督管理委员会下属全资子公司,成立于1985年10月24日,注册资本22,000.00万元。***融盛投资是贯彻落实江门市人民政府决策部署注册设立的政策性投资主体,主要支持国家确定的重点领域项目建设,设立目的是稳定经济增长、刺激投资、加强结构调整和转型升级***。芳源新能源主要从事锂离子电池三元正极材料前驱体的生产制造,属于国家战略性新兴产业,符合江门市2018年珠江西岸先进装备制造发展资金扶持投资的领域范围。融盛投资以专项建设基金对芳源新能源进行增资并通过股权退出安排最终收回本金,获取较低比例的固定收益,旨在促进先进制造业的发展和经济增长,符合国家战略，其协议约定的年化收益率2.00%具有合理性。

点评

新科创投、融盛投资只是财务性、政策性投资主体，这些政府基金一般不会真投资，做明股实债的动机较强。

12－3 蓝特光学2020－05

根据申报材料，2008年10月10日，秀洲区国资委作出《关于同意嘉兴市秀洲区创业创新风险投资有限公司投资嘉兴蓝特光学有限公司的批复》（秀洲国资委〔2008〕17号），同意秀洲创投向蓝特有限投资200万元。2010年后秀洲创投按照评估值退出。

请发行人说明：秀洲创投投资发行人的过程、定价依据及程序履行情况。

| 回复 |

1. 秀洲创投投资发行人的过程

2008年10月10日，秀洲区***国资委作出《关于同意嘉兴市秀洲区创业创新风险投资有限公司投资嘉兴蓝特光学有限公司的批复》***（秀洲国资委〔2008〕17号），同意秀洲创投就新型汽车（边角异形）反光镜的开发应用与产业化项目向蓝特有限投资人民币200万元，投资期限为三年，采用***固定报酬***方式，投资年报酬率为***10%，投资期限届满后由蓝特有限一次性支付本金和报酬***共260万元。

2008年11月19日，秀洲创投与蓝特有限签署《嘉兴市秀洲区创业创新风险投资有限公司投资协议》，约定为支持蓝特有限新型汽车（边角异形）反光镜的开发应用与产业化项目建设，秀洲创投投入200万元人民币，期限三年，年报酬率为10%，投资期满后，蓝特有限一次性支付秀洲创投本金和报酬，共计260万元人民币。

2008年11月20日，蓝特有限***召开股东会，审议通过了上述事项***。

2. 秀洲创投投资发行人的定价依据

根据《关于同意嘉兴市秀洲区创业创新风险投资有限公司投资嘉兴蓝特光学有限公司的批复》（秀洲国资委〔2008〕17号），上述投资实质为***债权***投资行为，约定年报酬率为10%。

点评

每年收取10%的固定报酬，到期一次性支付本金和利息，名为股，实为债。

3. 秀洲创投投资发行人履行了必要的审批程序

秀洲创投投资发行人未履行资产评估及备案/核准程序，系因秀洲区国资委对秀洲创投投资发行人的批复、秀洲创投与发行人签署的《嘉兴市秀洲区创业创新风险投资有限公司投资协议》中均明确了投资期限及年报酬率，***秀洲创投向发行人投资的实质为"明股实债"，秀洲创投投资发行人无需履行资产评估及备案/核准程序***。

秀洲创投投资发行人已经秀洲区***国资委批复同意***，蓝特有限就该等投资事宜已履行了相应的内部决策程序。

点评

国有资金以明股实债的方式进入企业，有个动机是想省掉评估、备案、核准、进场交易等麻烦事。用明股实债，企业履行自己的决策程序，国资委批复同意就可以了。

经访谈秀洲创投投资发行人时的相关人员，秀洲创投投资发行人已经履行了相应的内外部批准和决策程序，不存在权属纠纷与潜在纠纷。

2020年5月18日，秀洲区国资委出具《关于确认浙江蓝特光学股份有限公司历史沿革有关事项的回复》(秀洲国资委〔2020〕5号)，确认：秀洲创投向蓝特有限投资时无需进行资产评估并进行评估备案或核准。

12-4 华融化学 2021-11

请分析说明：2006年12月，成都化工向新希望集团转让所持33.92%股权不涉及国有及集体出资转让的情形。

| 回复 |

四川富润企业重组投资有限责任公司(简称"四川富润")主要从事投资银行业务、投资管理业务、资产管理业务和其他业务，其中投资管理业务包括***短期融资***

业务，具体为：通过短期融资和产权运作，为收益相对较高的优质项目提供短期资金运作；在风险可控并有足值抵押物担保的情况下，通过银行委托贷款的形式为融资方提供短期资金，解决其流动性需求。

2005年12月，华成化工拟参与成都工投持有的成都化工的股权公开拍卖，因其资金不足，故向四川富润寻求资金支持。鉴于华成化工没有满足其要求的抵押担保物，无法实施委托贷款模式，为保障资金安全，四川富润于2006年2月通过“***债权+名义股权***”的方式提供约2,700万元借款与华成化工，其中600万元以名义股权方式借出（增资华成化工，持有增资后华成化工***60%股权***），约2,100万元以借款方式借出，并约定华成化工原股东应回购股权并偿还本息。根据四川富润2005年第二次股东会审议通过的《股东会专门委员会规则》，公司股东会对公司的投资项目进行审议决策，为提高决策效率，公司股东会下设业务审核委员会代股东会行使该等职能。2006年1月13日，四川富润业务审核委员会同意四川富润向华成化工提供***借贷***资金。

四川富润成为华成化工持股超过50%的名义股东，主要系为保障其资金安全、防范风险，持股期间未参与华成化工的经营管理。在华成化工于2006年4月通过公开拍卖的方式取得成都化工股权后，四川富润于2006年10月与钟林、邓小梅签署股权转让协议，将其持有的华成化工名义股权转回至钟林、邓小梅，约定华成化工原股东以四川富润累计提供的资金为基数支付本息，双方于2007年7月完成***借贷***资金本息的清偿及股权转让的工商变更登记。

点评

1. 四川富润一部分贷款给华成化工，另一部分以明股实债的方式增资华成化工，增资后持有华成化工60%的股权。明面上，四川富润看上去是华成化工的控制股东，但不参与华成化工的经营管理，是明股实债。

2. 明股实债中，“股东”即使“持股”再多，也不可能是控制股东，进入、退出，都不会造成实际控制人变动。

因此，***四川富润向华成化工提供资金系一揽子债权融资安排，其中以增资方式提供的部分资金为明股实债***。基于上述，在成都化工决策及实施该次股权转让期间，***四川富润名义上持有华成化工股权为明股实债安排，未对华成化工实施实***

际控制，成都化工不属于国有控股企业。

综上，基于四川富润增资华成化工为明股实债安排，四川富润未实际控制华成化工，故华成化工及成都化工***不属于国有控股企业，成都化工转让其所持发行人股权无需履行国有资产对外投资相关审批程序***。

点评

国有企业以明股实债的方式“控股”企业，被“控股”企业实际上不属于国有控股、参股企业，进出无须履行国有资产对外投资等相关审批程序。这就是国有资金用明股实债的主要动机。

12-5 威力传动 2021-11

招股说明书显示：(1)银川市银新产业基金合伙企业(有限合伙)于2019年10月通过明股实债方式对威马电机投资1,000万元，公司需在投资届满12个月支付首期回购款100万元；(2)公司长期应付款包括应付融资租赁款和通过明股实债方式引进的银新基金对子公司的投资款，2020年公司偿还全部明股实债投资款。

请发行人：说明发行人接受银川市银新产业基金合伙企业(有限合伙)投资及后续支付股权回购款的安排及会计处理，发行人与2020年偿还全部明股实债投资款是否出于合同安排。

| 回复 |

一、公司接受银川市银新产业基金合伙企业(有限合伙)投资及后续支付股权回购款的安排

2019年度，公司因业务发展较快产生资金需求，拟筹划向银川市银新产业基金合伙企业(有限合伙)定向发行股票，经双方协商后终止该次股票发行，转而采用***明股实债***的方式引入银川市银新产业基金合伙企业(有限合伙)对***公司之子公司***银川威马电机有限责任公司进行增资1,000.00万元，并***由公司承担支付后续股权回购款和利息费用***。***相关增资协议签署时即明确该等投资为明股实债***，约定了年化利率、投资期限、投资回收等一系列的投资条款。

根据双方约定，由公司承担支付后续的股权回购款和利息费用，具体回购安排如下：

单位：万元

约定回购时间	回购价款	对应投资本金
2020－10－17	100.00	80.00
2021－10－17	600.00	480.00
2022－10－17	550.00	440.00
合 计	**1,250.00**	**1,000.00**

同时根据双方约定，公司有权在银川市银新产业基金合伙企业（有限合伙）持有本公司之子公司银川威马电机有限责任公司股权期间提前行使回购权。

二、会计处理

（1）子公司接受银川市银新产业基金合伙企业（有限合伙）投资时，子公司、公司及合并角度具体会计处理如下：

①***子公司***收到投资款项时，确认实收资本：

借：银行存款 1,000.00 万元

　贷：***实收资本***1,000.00 万元

点评

本案例是由企业的股东承担明股实债的退出义务，子公司没回购义务，故子公司收到投资款项时，贷记“实收资本”，当成真投资看待。

②***公司***于子公司收到投资款项时，按合同约定的回购投资义务确定长期应付款，按合同约定回购投资义务的折现值确认为长期股权投资：

借：长期股权投资 1,000.00 万元

　长期应付款未确认融资费用 250.00 万元

　贷：***长期应付款***1,250.00 万元

点评

企业的股东承担明股实债的退出义务，故其应当确认为负债。

③**合并**角度的会计处理如下：

借：银行存款 1,000.00 万元

长期应付款未确认融资费用 250.00 万元

贷：**长期应付款**1,250.00 万元

点评

合并时，将"长期股权投资""实收资本"科目抵销掉。抵销之后，是债。

(2)公司及子公司后续支付股权回购款的会计处理如下：

①**公司**会计处理如下：

A、公司于 2019 年 12 月 31 日确认明股实债利息费用时：

借：**财务费用**—利息费用 20.83 万元

贷：长期应付款未确认融资费用 20.83 万元

B、公司按合同约定于 2020 年 10 月支付明股实债回购款时：

借：长期应付款 100.00 万元

贷：银行存款 100.00 万元

C、公司按合同约定于 2020 年 10 月支付明股实债回购款确认明股实债利息费用时：

借：财务费用—利息费用 79.17 万元

贷：长期应付款未确认融资费用 79.17 万元

D、公司于 2020 年度提前偿还全部明股实债时：

借：长期应付款 1,150.00 万元

财务费用—利息费用 11.94 万元

贷：银行存款 1,011.94 万元

长期应付款未确认融资费用 150.00 万元

②***子公司于后续支付股权回购款时无需进行会计处理***；

点评

母公司支付后续股权回购款、利息费用，子公司没义务，故子公司后续无须任何会计处理。

③**合并**角度会计处理如下：

A、公司于2019年12月31日确认明股实债利息费用时：

借：财务费用—利息费用20.83万元

贷：长期应付款未确认融资费用20.83万元

B、公司按合同约定于2020年10月支付明股实债回购款时：

借：长期应付款100.00万元

贷：银行存款100.00万元

C、公司按合同约定于2020年10月支付明股实债回购款确认明股实债利息费用时：

借：财务费用—利息费用79.17万元

贷：长期应付款未确认融资费用79.17万元

D、公司于2020年度提前偿还全部明股实债时：

借：长期应付款1,150.00万元

财务费用—利息费用11.94万元

贷：银行存款1,011.94万元

长期应付款未确认融资费用150.00万元

点评

由于子公司后续不用任何会计处理，故后续母公司单体报表与合并报表的会计账看起来没有差别。

三、发行人于2020年偿还全部明股实债投资款是否出于合同安排

公司接受明股实债投资，约定应于2020年至2022年期间进行还款，并有权提前行使回购权。公司于2020年度提前偿还全部明股实债投资款，并结算了利息，符合合同安排约定。

12-6 拓荆科技2021-10

根据首轮问询回复：发行人部分员工持股平台向发行人股东（本身/关联方）借款并将对应所持发行人股份全数质押，根据相关借款协议，借款方在股票解除限售之日起至借款截止日期前的任意时间，可以选择以现金方式或股份转让给出借方的方式偿还/抵偿负债,以股份抵偿的,直接转让或在二级市场出售并支付转让价款,“如出售前述股份后所得价款低于应向甲方偿还的借款本息的,亦视为乙方已向甲方偿还本协议项下的全部债务”。

请发行人:结合相关借款协议具体约定,进一步说明相关借款及质押协议是否存在流质约定,是否构成“明债实股”。

回复

一、借款协议及质押协议中不存在流质约定

(1)我国《民法典》已取消对“流质条款”的禁止

相关借款及股权质押协议签署时,我国法律关于流质条款效力的规定具体如下:(1)当时有效的《中华人民共和国物权法》(以下简称“《物权法》”)第二百一十一条规定,质权人在债务履行期届满前,不得与出质人约定债务人不履行到期债务时质押财产归债权人所有。(2)当时有效的《中华人民共和国担保法》(下简称“《担保法》”)第六十六条规定,出质人和质权人在合同中不得约定在债务履行期届满质权人未受清偿时,质物的所有权转移为质权人所有。即,在相关借款及股权质押协议签署时,我国法律禁止“流质条款”。

2021年1月1日起,我国《民法典》开始实施,《物权法》和《担保法》废止。依据《最高人民法院关于适用〈中华人民共和国民法典〉时间效力的若干规定》第七条之规定,《民法典》施行前,当事人在债务履行期限届满前约定债务人不履行到期债务时抵押财产或者质押财产归债权人所有的,适用《民法典》第四百零一条和第四百二十八条的规定。依据《民法典》第四百二十八条的规定,质权人在债务履行期限届满前,与出质人约定债务人不履行到期债务时质押财产归债权人所有的,***只能依法就质押财产优先受偿***。据此,***我国《民法典》已取消《物权法》和《担保法》对“流质条款”的禁止***。

点评

1. 已经废止的《物权法》《担保法》禁止流押条款、流质条款的原因主要是维护抵押人、质押人的利益,防止债权人乘人之危。

2. 现行的《民法典》第四百零一条规定:“抵押权人在债务履行期限届满前,与抵押人约定债务人不履行到期债务时抵押财产归债权人所有的,只能依法就抵押财产优先受偿。”第四百二十八条又规定:“质权人在债务履行期限届满前,

> 与出质人约定债务人不履行到期债务时质押财产归债权人所有的，只能依法就质押财产优先受偿。”从此可见，《民法典》并未完全放开流押条款、流质条款，只是将流押条款、流质条款转换为可优先受偿的担保物权。

（2）借款协议及股权质押协议中关于借款期限、借款偿还方式及借款担保事项的相关约定

……

（3）借款协议和股权质押协议中不存在流质约定

根据《物权法》《担保法》及《民法典》的上述规定，流质约定是指“质权人在债务履行期限届满前，与出质人约定债务人不履行到期债务时质押财产归债权人所有”。因此，流质约定的构成要件之一为，质权人与出质人约定***债务清偿不能时，质押财产直接归属债权人所有***。

根据流质约定的上述构成要件，经对照借款协议和股权质押协议的相关约定，借款协议和股权质押协议中不存在流质约定，具体如下：

①借款协议约定的借款到期日为以下日期中的较早者：1）拓荆科技首次公开发行股票并上市或被上市公司并购后，借款人所持拓荆科技或并购方股份解除限售之日起满三年；2）2027年12月31日；3）拓荆科技将不考虑上市或不被并购之日。借款协议和股权质押协议中均***未约定在上述借款到期日后借款人不履行到期债务的，相关质押财产直接归出借人所有***。

②借款协议约定的上述借款偿还条款中，第一种和第三种情形都明确，借款人在还款时有权***选择***以现金方式还款，或以借款款项认购的发行人注册资本折抵借款本息，***借款人在该等情形下对还款方式享有选择权***，不存在约定将所持发行人股份直接归属出借人所有的情形，不属于流质约定。

③借款协议约定的上述借款偿还条款中，第二种情形虽然约定在特定情形下（即在借款人所持拓荆科技或并购方股票解除限售之日起一年内，如出现连续90个交易日拓荆科技或并购方股票的二级市场平均交易价格低于借款人对拓荆科技的增资价格），***出借人有权要求借款人将其所持拓荆科技或并购方股份转让给出借人***，但基于如下理由，其也不属于流质约定：首先，该等股份转让安排是对借款人所持拓荆科技或并购方股票解除限售后、借款到期前出现特定情形时，对借款人所持发行人或并购方股份的处理安排，***并非针对借款到期后债务人不履行到***

期债务情形下的相关安排，与流质约定不同；其次，借款人和出借人并未约定发行人或并购方股份直接归属债权人所有，而是约定***借款人需经过法律法规允许的方式将该等股份转让给出借人，在无法转让的情况下，应将该等股份出售后所得款项支付给出借人***，出借人在该等情形下的受偿途径与流质约定不同。

点评

1. 流质条款是债务清偿不能时，质押财产直接归债权人所有，质押人没有其他选择。通常，抵质押财产的价值会明显大于所担保的债权，若设置了流押条款、流质条款，债务人若到期不能偿还债务，只能"任人宰割"。这对债务人不利，对债权人却非常有利。

2. 此案例中，首先并未约定债务人不履行到期债务时质押财产直接归出借人所有，其次借款人有转让质押财产给出借人、变现质押财产优先支付给出借人两种选择，所以不是流质条款。

④借款协议的上述约定是平等民事主体之间建立在意思表示自由、真实的基础上达成的关于借款偿还安排的合意，不存在债权人利用优势地位获得大于债权的利益的情形，也不存在损害债务人或其他债权人利益的情形。

因而，借款协议和股权质押协议中不存在流质约定。

二、借款关系真实，不存在"明债实股"情形

芯鑫和等7家员工持股平台与上海鋆赫、润扬嘉木、共青城盛夏之间的借款关系真实，不存在"明债实股"情形，具体分析如下：

(1)上海鋆赫等出借人与芯鑫和等7家员工持股平台之间为债权关系，不存在通过借款安排间接投资发行人的情形

根据最高人民法院民二庭第5次法官会议纪要精神，在判断一项投资为股权投资还是债权投资时，应根据当事人的投资目的、实际权利义务等因素综合认定其性质；投资人目的在于取得目标公司股权，且享有参与公司的经营管理权利的，应认定为股权投资；反之，投资人目的并非取得目标公司股权，而仅是***为了获取固定收益，且不享有参与公司经营管理权利的，应认定为债权投资***。相关借款协议约定，自借款日至借款人所持发行人股份解除限售后1年之日，为免息期；免息期后第一年年利率为6%，第二年年利率为7%。根据发行人以及芯鑫和等7家员工

持股平台出具的书面确认文件和其合伙协议，***上海鋆赫等借款人不享有员工持股平台财产份额权益，不参与任何合伙事务***。据此，相关出借人通过向员工持股平台出借款项而***享有固定收益***，且不存在依据借款协议及股权质押协议享有对发行人或员工持股平台经营管理的参与权的情形。

点评

出借人不参与任何合伙事务，只获取固定收益。根据债、股的特征初步判断，是债。

此外，经核查，芯鑫和等7家员工持股平台以借款增资方式取得的发行人股份均依法登记在其自身名下；根据上海鋆赫等出借人、嘉兴君励、润扬嘉禾出具的书面确认文件，其与芯鑫和等7家员工持股平台之间不存在委托持股等股权/股份代持安排。

据此，上海鋆赫等出借人与芯鑫和等7家员工持股平台之间为***债权***关系，不存在***通过借款安排间接投资发行人***的情形。

(2)借款关系成立的目的并非为出借人取得发行人股份提供安排

根据发行人出具的书面说明，2019年12月增资时拓荆有限管理层希望符合条件且有意愿持股的员工能够通过员工持股平台间接持有拓荆有限权益，但由于芯鑫和等7家员工持股平台拟用于对拓荆有限增资的增资价款合计18,354万元，金额较大，而员工中的多数人员的自有资金不足以支付增资所需价款，故***通过员工持股平台对外借款的方式解决增资的资金来源***。因此，芯鑫和等7家员工持股平台与上海鋆赫等出借人订立借款协议及***股权质押***协议，旨在为实施员工持股计划筹集资金，并非为出借人取得发行人股份提供安排。

点评

法规并没有禁止员工借款参加员工持股计划，其可以跟关联方借，也可以跟银行借。

(3)以质押股份折价抵债安排系法律允许的债务偿还方式

根据借款协议约定，借款人有权选择将其所持有并质押的发行人股份转让给出借人以抵偿其所负借款本息。依据我国《民法典》第四百三十六条之规定，债务人不履行到期债务或者发生当事人约定的实现质权的情形，质权人可以与出质人协议以质押财产折价，也可以就拍卖、变卖质押财产所得的价款***优先受偿***。据此，借款协议约定的***以质押股份抵偿债务***的安排系《民法典》规定的偿还债务的方式之一，不会因此导致相关债权关系被认定为股权投资关系。

点评

《民法典》只是将流押条款、流质条款转换为可优先受偿的担保物权。本案例中，借款协议中约定的“借款人需经过法律法规允许的方式将该等股份转让给出借人，在无法转让的情况下，应将该等股份出售后所得款项支付给出借人”，其实就是《民法典》第四百零一条、第四百二十八条中所称的“依法就质押财产优先受偿”。

(4)债权人有权自愿放弃部分债权

根据借款协议约定，借款人可以通过现金方式还款，也可以通过向出借人转让全部质押股份方式抵偿全部债务，或通过将其所持股份在二级市场出售并将所得价款支付给出借人的方式抵偿全部债务；转让对价总额或出售股份所得价款低于应偿还本息的，亦视为已清偿全部债务。该等安排旨在限定芯鑫和等员工持股平台的债务承担范围，在债务人的实际还款金额低于债权金额时，债权人同意对该等无法得以清偿的债权予以放弃。该等放弃部分债权的安排系债权人对自身权利的处分，系基于债权人的真实意思表示，***未违反法律法规的强制性规定***，该等安排合法、有效。

(5)特殊情形下的股权转让安排系为保护债权人利益

借款协议约定，在借款人所持拓荆科技或并购方股票解除限售之日起一年内，如出现连续90个交易日拓荆科技或并购方股票的二级市场平均交易价格低于借款人对拓荆科技的增资价格，出借人有权要求借款人将其所持拓荆科技或并购方股份转让给出借人，或在按照届时适用的监管要求无法转让时按照出借人指示在二级市场出售。由于芯鑫和等7家员工持股平台所取得全部借款均用于对拓荆科技增资，在出现上述情形时，***质押股份的价值长期低于债权价值，为保护债权人利益***，避免质押股份价值进一步下降，双方同意此种情形下出借人有权要求借款人将其所持拓荆科技或并购方股份转让给出借人，或在按照届时适用的监管要求无法转让时按照出借人指示在二级市场出售。据此,借款协议中的该等安排系在质押股份价值长期低于债权价值的特殊情况下为保护债权人利益进行的特别约定,并非事先为出借人取得发行人股份提供安排。

综上所述,芯鑫和等7家员工持股平台与上海鋆赫、润扬嘉木、共青城盛夏之间的借款关系真实,不存在“**明债实股**”情形。

点评

既有“明股实债”,也有“明债实股”。监管机构是担心通过设置流质条款,出借人届时可以轻易将债转为股,变相地投资发行人。案例中花了很大力气去解释是债而非股,即非“明债实股”。是债还是股,总而言之,根据股、债的特征进行判断、抗辩。

专题三

主体资格

IPO

疑难点 13

出 资 瑕 疵

出资瑕疵是指投资者在公司成立时或增资时未按照《公司法》的有关规定和公司章程、成立协议或增资协议缴纳出资,包括在出资或者增资以及在登记过程中存在瑕疵的出资。

《监管规则适用指引—发行类第 4 号》第 5 条(旧为《首发业务若干问题解答》问题 7、《创业板股票首次公开发行上市审核问答》问题 2、《上海证券交易所科创板股票发行上市审核问答(二)》问题 3 的相关规定,但内容略有变动)要求:"发行人的注册资本应依法足额缴纳。发起人或者股东用作出资的资产的财产权转移手续已办理完毕。保荐机构和发行人律师应关注发行人是否存在股东未全面履行出资义务、抽逃出资、出资方式等存在瑕疵,或者发行人历史上涉及国有企业、集体企业改制存在瑕疵的情形。"

出资瑕疵,即出资出现了微小的缺点。出资瑕疵是客观、非故意、性质轻微的,一般只需要认真补救和解释,不要上升为更严重的主观恶意上的虚假出资、抽逃出资即可。

一、对上市的影响

审核机构关心的是出资瑕疵的影响,发行人或相关股东是否因出资瑕疵受到过处罚,是否构成重大违法行为、发行的法律障碍,以及是否存在纠纷或潜在纠纷。

若出资瑕疵发生的时间比较久远,后期已经规范、更正,而且对企业的经营无重大影响,则一般不会对企业的上市造成障碍;若出资瑕疵对企业的经营有重大影响，可能需要规范、更正之后再考察一段时间，特别是在波及企业诚信时。

二、补救措施

是否构成出资瑕疵，要着重看有无给公司、其他股东、债权人造成损失或隐藏风险。

历史上存在出资瑕疵的，应当在申报前依法采取补救措施。能补救的应当尽力补救，特别是非程序性的瑕疵，应尽量把对公司、其他股东等造成的损失降至最少。

笔者将企业上市中容易碰到的出资瑕疵分成货币、非货币、国有(集体)资产、外资企业、程序性、其他六类，并分别介绍了抗辩理由和补救措施。一般而言，税务机关、主管部门、股东出具证明以及用现金补足或置换、转让瑕疵资产等补救措施可以适用于所有的出资瑕疵。

1. 用现金补足、置换

股东直接用现金补足、置换，这是最直接、最简单的方法。

补足、置换的出资金额，比较谨慎的做法是不按原出资金额，而按照最近一期期末财务报表每股净资产折算出来的金额补足、置换，超出的部分可以计入资本公积。

2. 转让、定向减资瑕疵资产

以权属存在瑕疵的资产出资，除用货币现金置换外，还可以将瑕疵资产转让、定向减资，转让或减资的作价不得低于原出资的作价。

3. 验资复核

出资瑕疵更正或补救之后，通常还需要会计师出具验资复核报告，或者由原验资机构对原验资报告补充出具更正说明。

疑难点 13－1　货币相关瑕疵

《公司法》规定，股东可以用货币出资。货币是最常见且不易出现瑕疵的出资方式。货币出资易出现的瑕疵及补救方式如下。

1. 从非股东账户汇入验资账户

股东应当用自己的账户将出资汇入验资账户。

补救措施:将款项原路返还,用股东自己的账户重新汇入。

2. 未汇入公司账户

股东以货币出资的,应当将货币出资足额存入公司在银行开设的账户。

补救措施:复核出资的真实性;证明转入账户的实际权益人是发行人。

3. 汇票背书链条不完整

经过银行等金融机构承兑的汇票,信用度较高,流通性较强,属于现金等价物,实务中可以用来出资。

补救措施:用货币补缴。

疑难点 13-2　非货币财产相关瑕疵

股东可以用实物、知识产权、土地使用权、股权等可以用货币估价并可以依法转让的非货币财产作价出资;但是,法律、行政法规规定不得作为出资的财产除外。非货币财产出资瑕疵及补救措施如下。

1. 未评估

对作为出资的非货币财产应当评估作价。

补救措施:追溯补充评估;提供非货币财产作价公允的证据。

2. 垫资转出资时未评估

典型的债转股。

补救措施:重新评估,若不足,用货币补足。

3. 评估不准确

对作为出资的非货币财产应当核实财产,不得高估或者低估作价;评估资产的评估方法应适当,对企业未来现金流的预测应当充分。作为设立公司出资的非货币财产的实际价额显著低于公司章程所定价额的,应当由交付该出资的股东补足其差额;公司设立时的其他股东承担连带责任。

补救措施:重新评估;不足时补缴,重新出具验资报告。

4. 评估机构无期货证券业务资质

补救措施:重新聘请具有资质的评估机构追溯评估,不足时补足。

5. 未办理或晚办理所有权的转移手续

以非货币财产出资的,应当依法办理所有权的转移手续。

抗辩理由：实物出资虽然未过户或晚过户，但已经移交给了公司使用；实物已经被公司销售，销售价格高于出资作价，销售资金已及时存入验资账户。

补救措施：及时补办产权变更手续；用货币或分红替换，被替换的实物可以赠与公司，会计上计入资本公积。

6. 权属不清晰

这个瑕疵主要涉及"职务发明"。如果专利权、非专利技术等是投资者任职期间开发的，难免存在发明者是在执行任职公司任务时或利用公司物质技术条件完成的可能，权属会不清晰，最好不要用来出资。

补救措施：若无法完全排除权属完全归投资者所有的可能，就用现金置换、转让或定向减资除去该出资。

7. 非货币财产出资并未实际投入公司

补救措施：以货币替换。

8. 出资的非货币财产未达使用预期

出资的非货币财产未能达到商业化预期，如房产不能用于经营、非专利技术未能实际运用于生产等，无法发挥作用，形同虚设。

补救措施：用货币置换。

9. 以劳务等出资

《公司法》《市场主体登记管理条例》对出资方式有严格的要求。《公司法》第二十七条规定，可以用货币估价并可以依法转让的非货币财产才能作价出资，如实物、知识产权、土地使用权等。《市场主体登记管理条例》第十三条第二款规定，公司股东、非公司企业法人出资人、农民专业合作社（联合社）成员不得以劳务、信用、自然人姓名、商誉、特许经营权或者设定担保的财产等作价出资。

其实，《市场主体登记管理条例》列举的几项不可以用来出资的非货币财产，本质上不是不能用货币估价，就是不能依法转让。另外，还有人力资本、学历和虚无缥缈的管理技术不可以用货币估价，不符合《公司法》之规定，也不能用来出资。

补救措施：用货币替换。

10. 工业产权、非专利技术出资超过20%

2004年修正的《公司法》第二十四条第二款曾规定，以工业产权、非专利技术作价出资的金额不得超过有限责任公司注册资本的20%。现行的《公司法》已取消此要求。

抗辩理由:现行有效的《公司法》已经取消了关于工业产权、非专利技术出资比例的要求。

补救措施:市场监督管理局出具未违反市场监督管理方面的证明。

疑难点 13－3　国有、集体资产相关瑕疵

国有、集体资产最关心的是存不存在资产流失,程序要比民企复杂许多。国有、集体资产有瑕疵,可以考虑请国资委出具证明文件补救。

1. 国有资产变动未履行资产评估、核准、备案、产权交易等程序

根据《企业国有资产交易监督管理办法》(国资委令、财政部令第 32 号)等的规定,产权转让价格应以经核准或备案的评估结果为基础确定;产权转让原则上通过产权市场公开进行。

抗辩理由:不存在国有资产流失的情形。

补救措施:补充资产评估,上报评估结果;补足出资差额;取得国有产权主管机构的书面确认;取得国资监管部门核发的国有资产产权登记文件。

2. 学校以非货币财产作价入股,未履行审批和评估结果确认手续

补救措施:教育主管部门对出资行为和评估结果予以确认。

3. 处理集体资产未履行村集体决策程序

国务院《关于加强农村集体资产管理工作的通知》(国发〔1995〕35 号)规定,涉及集体资产管理的重大事项,必须经过民主讨论决定。此文件现已失效。

补救措施:主管政府部门出具不存在损害国有、集体利益以及权属纠纷或潜在纠纷,未导致国有、集体资产流失,已履行了必要的法律程序或补充完善了相关手续等证明。

4. 国有企业、集体企业改制而来的企业

对于发行人是国有或集体企业改制而来,或发行人主要资产来自国有或集体企业,或历史上存在挂靠集体组织经营的企业,由于历史久远,且当时各地规定不同,全省甚至全市可能都没有统一,程序上难免有瑕疵。

解决的办法很简单。《监管规则适用指引—发行类第 4 号》第 5 条规定:"……若改制或取得资产过程中法律依据不明确、相关程序存在瑕疵或与有关法律法规存在明显冲突,原则上发行人应在招股说明书中披露有权部门关于改制或

取得资产程序的合法性、是否造成国有或集体资产流失的意见。国有企业、集体企业改制过程不存在上述情况的,保荐机构、发行人律师应结合当时有效的法律法规等,分析说明有关改制行为是否经有权机关批准、法律依据是否充分、履行的程序是否合法以及对发行人的影响等。发行人应在招股说明书中披露相关中介机构的核查意见。"

简言之,允许错误曾经存在,取得政府相关证明即可。

补救措施:取得政府未造成国有资产流失、不存在纠纷或潜在纠纷的证明。

疑难点13-4 外资企业相关瑕疵

外资企业出资的旧规定多源自《中外合资经营企业法实施条例》《中外合资经营企业法》,不过,这两个文件现已因《外商投资法》《外商投资法实施条例》的出台、实施而失效了。

1. 出资方式变更未经批准

已失效的《中外合资经营企业法实施条例》(2019修订)第十四条规定:"合营企业协议、合同和章程经审批机构批准后生效,其修改时同。"

抗辩理由:出资方式变更虽未经审批,但股东以货币真实、足额投入,出资形式符合法律规定,经会计师审验并出具验资报告,且办理了工商登记,完成了历次工商登记及年检;《中外合资经营企业法实施条例》《中外合资经营企业法》已经被废止,取而代之的《外商投资法》《外商投资法实施条例》已经无此规定。

补救措施:市场监督管理局出具情况说明;发行人的实际控制人、控股股东作出承诺。

2. 变更为内资企业时,未按历史汇率折算

作为公司注册资本的外币与人民币之间的折算,应按发生(缴款)当日中国人民银行公布的汇率的中间价计算。

补救措施:重新计算后,若股东实际投入金额少于登记的注册资本,应补足。

3. 外资企业投资款未办理外汇补登记

抗辩理由:外资已经退出,不再持有股权,无须再办理境外投资外汇登记。

疑难点 13－5　程序性瑕疵

1. 在进行增资等操作时，未召开股东会

抗辩理由：虽然未召开股东会，但是召开了董事会进行审议，各股东委派的代表参加董事会并同意增资事宜。

补救措施：请其他股东认可该次增资等行为。

2. 减资时，未及时履行减资程序

抗辩理由：不存在债权人就发行人未及时履行减资程序而提起法律诉讼或发生其他法律纠纷的情形。

补救措施：重新公告。

3. 晚于章程约定缴纳出资

《公司法》第二十八条规定，股东应当按期足额缴纳公司章程中规定的各自所认缴的出资额。股东不按照规定缴纳出资的，除向公司足额缴纳外，还应当向已按期足额缴纳出资的股东承担违约责任。

抗辩理由：其他股东未主张违约责任。

补救措施：及时足额缴纳出资。

4. 没按规定申请变更登记

《市场主体登记管理条例》中有多个关于公司变更的规定。其中，第二十四条第一款要求："市场主体变更登记事项，应当自作出变更决议、决定或者法定变更事项发生之日起 30 日内向登记机关申请变更登记。"

抗辩理由：主管机关已为公司办理了登记手续，并未对公司作出行政处罚；此事发生在报告期外。

5. 未验资

2005 年修订的《公司法》第二十九规定："股东缴纳出资后，必须经依法设立的验资机构验资并出具证明。"现在已经不再需要。

抗辩理由：现行有效的《公司法》(2018 修正)已经取消了验资环节。

疑难点13－6　其他瑕疵

1. 股改时，未进行资产评估

出于严谨态度，企业股改时还是履行资产评估程序比较妥当。

补救措施：追溯评估。

2. 股改时，净资产额少于实收股本总额

《公司法》第九十五条规定，有限责任公司变更为股份有限公司时，折合的实收股本总额不得高于公司净资产额。

抗辩理由：并非公司的主观原因造成的，而是会计差错更正导致的，会计差错调整不会对发行人的生产经营产生不利影响。

补救措施：对会计差错进行更正；用货币补足差额，出具验资报告。

3. 股改时，以经评估的净资产值折股

《首次公开发行股票注册管理办法》第十条第二款规定："有限责任公司按原账面净资产值折股整体变更为股份有限公司的，持续经营时间可以从有限责任公司成立之日起计算。"《首发业务若干问题解答》问题1（未被纳入"新39条"等文件，但预计实务中将继续适合）规定："……如有限公司以经评估的净资产折股设立股份公司，视同新设股份公司，业绩不可连续计算。"

股改时，为了经营时间可以持续计算，应当以经审计的净资产值为基础折合股份。

补救措施：补缴评估与审计净资产的差额；重新复核验资或者出具更正说明；不得已时，再运行满二个或三个会计年度。

4. 以资产的评估增值额转增注册资本

一般认为，按照历史成本记账的会计原则，资产评估增值不能作为改变账面资产原值的条件。

补救措施：用货币补足；会计冲销调整。

5. 先借款用于出资，后向公司借款归还欠款

抗辩理由：公司其他股东、债权人未以损害公司权益为由，请求人民法院认定其抽逃出资；公司未受到工商管理部门的处罚。

补救措施：向公司归还借款；公司其他股东出具未损害其权益的说明。

6. 以公司的自有资产出资

补救措施:用货币替换。

7. 增资/转让时,股东未行使优先认缴/购买权

《公司法》规定,有限责任公司在经营过程中增资,股东享有优先于股东以外的第三人认缴公司新增出资的权利;经股东同意转让的股权,在同等条件下,其他股东有优先购买权。

抗辩理由:股东过后未对本次认缴增资/转让提出异议。

8. 资产评估等报告遗失

补救措施:用记账凭证、出入库单据、股东出资的银行存款凭证、公司说明等辅助证明;万不得已时,用货币置换。

9. 工商、章程、验资报告记录不一致

补救措施:更正;主管部门出具不会导致纠纷的证明。

10. 非货币财产与货币的出资比例与约定不一致

投资者以非货币财产、货币出资,由于非货币财产作价增加(减少),导致货币出资相应增加(减少),从而与双方约定的非货币财产出资作价与货币出资金额的比例不一致。

抗辩理由:其他股东未有异议。

13-1 美智光电 2021-12

请发行人:按照本所《创业板股票首次公开发行上市审核问答》问题 2 的要求,说明历史沿革中发生出资瑕疵的原因、是否需采取补救措施、是否存在行政处罚风险及对发行人的影响。

| 回复 |

一、美智有限设立时,中国节能投资公司现金出资 800 万元缴入贵溪电光源厂建设银行贵溪县支行 151100249 专户,*未实际缴入美智有限验资账户*

解决措施:

①江西翔鹰已就该出资事项出具《验资报告》,且容诚已出具《验资复核报告》(容诚专字[2021]518Z0025 号),根据该***《验资复核报告》***,该等出资瑕疵事项不影响中国节能投资公司出资的真实性。

②贵溪市市场监督管理局已出具***《证明》***,确认发行人自设立以来不存在因违

反市场监督管理方面的法律法规而受到行政处罚的情形。

③贵溪市人民政府已出具《确认函》，确认贵溪电光源厂建行账户151100249系专用账户，该账户资金均来源于中国节能投资公司投入到美智有限的***专项资金***，***自该建行专户开立至注销期间，该账户资金均系一直由美智有限实际控制、管理及支配***，美智有限系该账户资金的实际权益人，其有权根据项目建设的需要支配及使用该专户的资金，该账户在注销前的剩余资金（如有），亦归美智有限享有。

点评

1. 出资汇错了地方，没有汇入验资账户，这种错误比较低级。还好，该账户是公司的专用账户，一直由公司实际控制、管理和支配，出资也没有被乱花。

2. 补救措施：请会计师事务所复核验资并出具报告、市场监督管理局出具未受到行政处罚的证明。

二、美智有限设立时，九江有色金属冶炼厂以及江西贵雅电光源有限公司合计的专有技术出资金额合计为775.68万元，占美智有限设立时的注册资本23.65%，超过20%，不符合设立当时有效的《公司法》关于以工业产权、非专利技术作价出资的金额不得超过公司注册资本20%的规定

解决措施：

①九江有色金属冶炼厂的***实物出资并未实际投入发行人***，而是由江西天冠***以现金方式予以替换出资***。

点评

实物出资并未实际投入公司，用货币置换。

②2001年8月美智有限第一次增资后，专有技术出资占注册资本的比例已下降至20%以下。

③***现行有效的《公司法》已经取消了前述关于工业产权、非专利技术出资比例的要求***。

④贵溪市市场监督管理局已出具《***证明***》，确认发行人自设立以来不存在因违反市场监督管理方面的法律法规而受到行政处罚的情形。

⑤就设立时九江有色金属冶炼厂以外的其他股东的出资情况，贵溪市人民政

府、鹰潭市国有资产监督管理委员会以及鹰潭市***人民政府均分别进行了合规确认***。

点评

1. 旧《公司法》(2004 修正)曾规定,以工业产权、非专利技术作价出资的金额不得超过有限责任公司注册资本的20%。《公司法》2005 年修订时已取消此要求。

2. 旧规定被新规定废止,一般抗辩就可以了,无须补救。如此案例,旧《公司法》“百分之二十”的条款,现行的《公司法》已经废止,这样的理由已经足够充分了。

3. 笔者综观多个案例,税务机关、政府主管部门、大股东出具证明、用现金补足、置换以及转让瑕疵资产可以适用于所有的出资瑕疵。

13－2　腾远钴业 2021－11

请发行人说明:增资时出资瑕疵的相关情况。

| 回复 |

股东以承兑汇票代付工程设备款作为出资210.00万元,其中,136.00万元***承兑汇票背书链条不完整,证据不充分***。股东分别向发行人银行账户缴存***货币补足,该等款项全部计入资本公积***。

点评

1. 信用度高的承兑汇票,属于现金等价物,实务中可以用来出资。承兑汇票背书链条不完整,承兑有风险。

2. 补救措施:用货币补足、置换。多余的相当于股东赠与,计入资本公积。

3. 用货币补足、置换是处理出资瑕疵的“万能”措施,绝大多数案例会用,此外不再赘述。

13－3　奥普生物 2021－01

请发行人说明:历史上存在的出资瑕疵及其补救情况。

| 回复 |

一、2000年5月11日，徐建新等7名股东签署《上海奥普生物医药有限公司章程》，确定奥普有限由七名股东共同出资设立，注册资本为550万元，其中，徐建新以奥普合作经评估的净资产出资91万元，及以上海市高新技术成果转化项目认定的“金标法结核抗体快速诊断试剂盒”专有技术作价出资297.35万元，其他股东以货币出资161.65万元。

徐建新以“金标法结核抗体快速诊断试剂盒”专有技术作价***未根据当时有效的《公司法》(1999修正)的规定履行评估程序***。

补救措施：(1)“金标法结核抗体快速诊断试剂盒”项目出资时按照***全部股东协商认可的价值出资***，符合当时有效的《上海市促进高新技术成果转化的若干规定》(1999修订)中关于“高新技术成果作为无形资产投资的价值，需经具有资质的评估机构评估；也可经各投资方协商认可并出具书面协议，由工商行政管理部门办理登记注册”的相关规定。2000年7月10日，上海市高新技术成果转化项目认定办公室出具《证书》，认定“金标法结核抗体快速诊断试剂盒”为上海市高新技术成果转化项目，可享受《上海市促进高新技术成果转化的若干规定》有关优惠政策；2000年10月10日，各股东签署《承诺书》，同意“金标法结核抗体快速诊断试剂盒”项目作价297.35万元进入公司注册资本，表明该***作价已经全部股东认可***。

(2)公司已对用于出资的“金标法结核抗体快速诊断试剂盒”项目进行***追溯评估***。2018年8月20日，上海财瑞资产评估有限公司出具《上海奥普生物医药有限公司2000年2月29日原股东徐建新以无形资产出资涉及的“TB”专有技术评估报告》(沪财瑞评报字(2018)第1112号)，采用收益法对该无形资产进行了追溯评估，评估值为人民币***310***万元，***高于原认定的出资金额297.35***万元。

点评

一切非货币财产出资时必须经所有权人同意，而且都需评估作价，没评估的话就得追溯评估。追溯评估后，若价值不足，需补足。此处追溯评估后，评估值310万元，高于原认定的出资金额297万元，不用补缴。

因此，本次出资不存在出资不实的情形，不会对本次发行上市构成重大法律障碍。

二、2003年5月15日，奥普有限作出股东会决议，同意公司注册资本由680万元增加至730万元，新增注册资本由徐建新、王德贵、周热情及浦东创投分别以现金和未分配利润转增认缴，其中徐建新以未分配利润认缴16.04万元，以现金认缴19.90万元，其他股东以现金认缴14.06万元。2003年5月28日，奥普有限完成相应的工商登记变更手续。

上述徐建新***以未分配利润转增注册资本的16.04万元存在超出公司留存利润进行转增***的情况。

补救措施：徐建新已于2018年11月***对超额分配的净利润以等额现金补足***。申报会计师针对该事项进行了***复核***，出具了《关于上海奥普生物医药股份有限公司注册资本、实收股本的复核报告》（信会师报字[2020]第ZA15454号）。

点评

1. 留存利润包括盈余公积和未分配利润，以未分配利润转增超过留存利润转增，错误明显！

2. 补救措施：用"万能"的现金补足、置换。

因此，本次增资不存在出资不实的情形，不会对本次发行上市构成重大法律障碍。

根据上海市***市场监督管理局出具的合规证明***，公司报告期内不存在因违反市场监管局管辖范围内的相关法律法规而受到行政处罚的情形。公司***实际控制人***徐建新、翟靖波及***控股股东***奥普园科技已***出具承诺***，如未来有权主管部门就发行人历史出资相关问题而对公司处以任何形式的处罚或要求公司承担任何形式的法律责任，其承担因此给公司造成的损失。

13-4 君逸数码2021-12

申报材料显示：发行人2002年成立时存在出资财产移交滞后及资产评估报告遗失的瑕疵。

请发行人说明：(1)发行人设立时出资瑕疵、评估瑕疵以及补足出资的背景；(2)是否存在虚假出资、出资不实情形，是否符合当时有效的公司登记管理法律法规的规定;(3)补足出资的会计处理是否符合《企业会计准则》的规定,前述出资、评估瑕疵情形是否存在行政处罚风险,是否属于重大违法违规行为。

| 回复 |

一、发行人设立时出资瑕疵、评估瑕疵以及补足出资的背景

2002年4月,曾立军、郭晋和曾海涛签署《四川君逸数码科技发展有限公司章程》,共同出资设立君逸有限,设立时注册资本为500万元;其中,曾立军、郭晋、曾海涛以货币合计出资220万元,曾立军、郭晋以实物合计出资280万元。君逸有限设立时存在以下瑕疵:

1、根据当时有效的《公司法》规定,以实物、工业产权、非专利技术或者土地使用权出资的,应当依法办理其财产权的转移手续。2002年5月10日,四川协谊会计师事务所有限责任公司出具川协谊验会字[2002]第5-09号《验资报告》,确认截至2002年5月9日,曾立军、郭晋尚未办妥实物财产转移手续。君逸有限设立时,曾立军、郭晋***实物出资办理财产转移手续滞后***。

2、根据川协谊验会字[2002]第5-09号《验资报告》,本次实物出资由四川中宇会计师事务所有限责任公司进行评估并出具川中宇评报字(2002)第173号《资产评估报告》。根据公司说明,因时间较久远及内部档案资料保存工作瑕疵原因,***该评估报告已遗失***。

根据君逸有限***记账凭证、出入库单据***以及***公司说明***,曾立军、郭晋***用于出资的实物资产已***于2002年6月1日前***移交君逸有限***。为规范有限公司设立时曾立军、郭晋实物出资财产移交滞后及资产评估报告遗失的瑕疵,君逸有限于2015年4月20日召开股东会,同意股东曾立军***以其分配的利润扣除个人所得税后所剩余额中的200万元替换其在有限公司设立时作价200万元的实物出资,并将该被替换的实物赠予公司***;同意股东郭晋以其分配的利润扣除个人所得税后所剩余额80万元替换其在有限公司设立时作价80万元的实物出资,并将该被替换的实物赠予公司。2021年4月27日,信永中和会计师事务所(特殊普通合伙)出具XYZH/2021CDAA40120号《***验资专项复核报告***》,对前述补充出资进行确认和***复核***。

点评

以非货币财产出资的,应当评估作价、依法办理所有权的转移手续。本案例中,实物出资办理财产转移手续滞后,评估报告遗失,存在多种瑕疵。

二、是否存在虚假出资、出资不实情形，是否符合当时有效的公司登记管理法律法规的规定

1、是否存在虚假出资、出资不实情形

根据君逸有限***记账凭证、出入库单据、股东出资的银行存款凭证***以及君逸有限设立时的***验资报告***，君逸有限设立时股东出资的货币资金220万元已于2002年5月9日存入有限公司的***验资银行账户***。

曾立军、郭晋用于出资的实物资产为其于2002年3月以8000元/片的单价合计280万元价格购买的视频采集卡。君逸有限设立时，曾立军、郭晋将前述购买的视频采集卡作价280万元出资并于2002年6月1日前移交君逸有限。

曾立军、郭晋用于出资的实物由曾立军、郭晋于2002年3月购买并于2002年5月向君逸有限出资，***购买时间和出资时间相近，出资按购买价格定价***；曾立军、郭晋用于出资的视频采集卡为君逸有限生产经营所需，已由君逸有限于2002年6月至2006年12月连同工控主机等其他监控设备对外销售。根据出库通知单和销售发票等资料，君逸有限对外销售前述视频采集卡的最高单价为13,500.00元/片，最低单价为9,262.00元/片，***销售价格高于出资作价***。

综上所述，君逸有限设立时，股东出资的货币资金已按期存入验资账户，曾立军、郭晋用于出资的实物资产视频采集卡为君逸有限经营所需，出资作价与购买价格持平且低于君逸有限对外销售价格；股东出资***不存在虚假出资、出资不实***的情形。

点评

1. 出资瑕疵是客观、非故意、性质轻微的，而虚假出资、抽逃出资是主观、恶意的，应当力争证明出资瑕疵不构成虚假出资、抽逃出资。

2. 本案例中，虽然实物出资未及时办理财产转移手续，但有记账凭证、出入库单据、公司说明等可以证明出资的实物资产已经移交，并未虚假出资。

3. 出资不实倒谈不上性质很恶劣，常见于非货币财产出资作价被高估。本案例中，评估报告虽然遗失，但有销售发票可以证明实物的销售价格高于出资作价，不构成出资不实。

2、是否符合当时有效的公司登记管理法律法规的规定

如上所述，君逸有限设立时出资实物已经四川中宇会计师事务所有限责任公

司评估，同时曾立军、郭晋已按验资报告中的承诺将实物资产交付给君逸有限，但君逸有限设立时存在办理财产转移手续滞后及评估报告遗失的瑕疵，其中实物出资财产移交滞后的瑕疵，不符合《公司法》(1999 年)第二十三条“有限责任公司的注册资本为在公司登记机关登记的全体股东实缴的出资额”之规定；为规范前述***瑕疵***，相关股东已于 2015 年 4 月***用公司分配的税后利润替换上述实物出资，且将被替换的实物赠予公司***。

三、补足出资的会计处理是否符合《企业会计准则》的规定

如前所述，曾立军、郭晋以其分配的利润扣除个人所得税后所剩余额分别替换其在君逸有限设立时的实物出资 200 万元和 80 万元，被替换的实物赠与公司。君逸有限已在 2015 年 4 月转字 54 号凭证中进行相应会计处理，替换实物资产的 280 万元(税后)应付股利转入股本，***被替换的实物 280 万元自股本转入资本公积***，符合《企业会计准则解释第 5 号》“企业接受非控股股东(或非控股股东的子公司)直接或间接代为偿债、债务豁免或捐赠，经济实质表明属于非控股股东对企业的资本性投入，应当将相关利得计入所有者权益(资本公积)”以及《财会函(2008)60 号》“***如果接受控股股东或控股股东的子公司直接或间接的捐赠，从经济实质上判断属于控股股东对企业的资本性投入，应作为权益性交易，相关利得计入所有者权益(资本公积)”之规定***。

……

点评

1. 该实物出资有多处瑕疵，尽管手上有多种证据，但为了避嫌，最后股东还是用分红替换该实物出资，还将被替换的实物赠与公司。当然，也可以通过定向减资将瑕疵的实物出资挤出，详细请参见本书“疑难点 7　定向减资”。

2. 股东赠与，属于股东对企业的资本性投入，应计入资本公积。

13-5　德冠新材 2021-03

根据申报文件，发行人历史上存在出资瑕疵。发行人及子公司德冠包装设立时经营性资产来自集体企业改制，发行人设立时经营性资产在取得过程中存在最终受让价格未按照资产评估价格交易、未履行职工代表大会决议程序等情况；德冠包装设立时经营性资产在取得过程中存在未经评估、未履行职工代表大会决议程序等情况。

请发行人说明：改制过程存在上述程序瑕疵的原因，改制行为是否经有权机关批准、法律依据是否充分、履行程序是否合法以及对发行人的影响，是否造成国有资产流失，前述程序瑕疵是否取得有权机关的确认。

｜回复｜

一、发行人历史上的出资瑕疵及整改情况

德冠有限历史上存在出资瑕疵，但已依法采取补救措施，以货币资金的形式夯实了出资，其具体情况如下：

1、历史上出资瑕疵的形成

2004年8月，德冠有限曾***以公积金转增股本的形式进行增资***，但用于转增的资本公积金主要由以下三部分组成：所得税退回265.75万元，对外投资资产***评估增值***107.76万元和受让顺德市双轴拉伸薄膜厂原始报表上的资本公积金1066.49万元。其中：

(1)所得税退回265.75万元系德冠有限收到主管税局退回的所得税，形成过程为：德冠有限收到当地地税局退回的所得税，其中2001年12月，收到所得税退回79.06万元；2002年5月，收到所得税退回147.21万元；2004年3月，收到所得税退回39.48万元。

(2)对外投资资产***评估增值***107.76万元的形成过程为：德冠有限1999年以分切机设备作为出资成立子公司顺德市德冠薄膜有限公司(目前已注销)，分切机设备***评估价值与账面净值的差额计入资本公积***。

点评

将资产评估增值确认为资本公积，违背了按照历史成本记账的会计原则。另外，评估增值形成、未现实的资本公积不能用来增加注册资本。

(3)受让顺德市双轴拉伸薄膜厂原始报表上的资本公积金1066.49万元的形成过程为：1999年德冠实业与德冠有限(发行人前身)签订《资产转让协议》，德冠实业将双轴厂(含薄膜公司)的全部资产、负债整体无偿转让给德冠有限，德冠有限受让顺德市双轴拉伸薄膜厂资产和负债形成的资本公积。

根据当时的会计政策，上述行为属于***会计差错***，存在不规范的情况，***应该进行追溯调整***，本次增资存在瑕疵。

2、出资瑕疵的整改情况

2008年8月，德冠有限全体股东同意变更出资方式，将2004年增加注册资本时的出资方式由资本公积转增改为货币出资，***各股东按照各自持股比例以现金1440万元弥补该部分出资***。

2008年8月21日，利安达信隆会计师事务所有限责任公司出具《验资报告》（利安达验字[2008]第A1084号），经审验，截至2008年8月21日，德冠有限已收到全体股东以货币形式缴纳的弥补差错的新增注册资本1440万元。

2008年9月8日，德冠有限完成了上述弥补出资事项的工商变更登记手续。

2020年5月22日，华兴出具《***验资复核报告***》（华兴所（2020）审核字GD－151号），经复核，华兴认为，德冠有限用截至2004年5月31日的资本公积金1,440万元转增资本时，用于转增的资本公积金主要由以下三部分组成：所得税退回265.75万元，对外投资资产评估增值107.76万元和受让顺德市双轴拉伸薄膜厂原始报表上的资本公积金1,066.49万元。根据当时的会计政策，上述行为属于会计差错，存在不规范的情况，应该进行***追溯调整***，本次增资存在瑕疵。截至2008年8月21日止，公司已收到股东以***货币缴纳***的新增注册资本合计1440万元。

点评

属于会计差错，追溯调整，用货币补缴。

二、程序瑕疵的影响，是否造成国有资产流失，是否取得有权机关的确认

（1）关于履行职工代表大会决议程序方面

根据当时有效的相关规定，召开职工代表大会就企业经营管理的重大问题如产权转让等事项进行表决的***主要目的是保护职工的相关权益不会因产权转让而受到损害***，如产生失业问题。在上述改制和产权转让过程中，虽***未召开职工代表大会***，但在各方签署的产权转让协议中，对被转让企业的员工福利，如员工续聘、购买员工养老保险、住院医疗保险等进行了明确规定，***充分保障了产权出让方职工的权益***。

点评

程序性瑕疵一般很难补救，说明未损害到其他人特别是国家的利益，加之利益方事后无异议即可。本案例中，未召开职工代表大会虽不符合当时的规定，但保障了职工的权益。

(2)关于德冠包装设立时经营性资产在取得过程中未经评估事宜

德冠包装设立时经营性资产的取得虽***未经评估***，但在顺发塑料转制过程中，德冠实业、佛塑股份等企业分别向杏坛镇公资委提交了转制竞价方案，杏坛镇公资委通过比较各企业的竞价方案，最终选择由德冠实业接手经营顺发塑料。同时，杏坛镇公资委于1999年8月5日出具《关于顺发公司转制的意见》，同意由杏坛镇公资委办公室会同杏坛镇投资控股公司与德冠实业协商价格及其他转让事项，并签署相关协议。因此双方通过协商方式确定相关资产的价格，***已事先取得了杏坛镇公资委的明确同意***。

2000年6月23日，转制企业顺发塑料与承接方顺德市德冠包装材料有限公司签署《转制企业产权移交确认书》，对转制涉及的资产、负债进行了移交；2000年6月26日，杏坛镇公资委在前述《转制企业产权移交确认书》中批示“情况属实”，即***杏坛镇公资委对转制双方移交的资产、负债进行了事后的确认***。

(3)就上述程序瑕疵，未造成国有资产流失，已经取得有权机关的确认

发行人及子公司德冠包装设立时经营性资产在取得过程中存在的程序瑕疵，已取得了佛山市顺德区国有资产监督管理办公室、佛山市顺德区国有资产监督管理局、佛山市顺德区杏坛镇人民政府、佛山市顺德区人民政府及广东省人民***政府的确认***；上述***产权交易未造成国有资产流失，不存在纠纷或潜在纠纷***，上述***程序瑕疵不影响整个产权转移的有效性***，不会对发行人的持续经营及本次发行上市造成实质性法律障碍。

点评

对于发行人是国有或集体企业改制而来，或发行人主要资产来自国有或集体企业，或历史上存在挂靠集体组织经营的企业，由于历史久远，程序上难免有瑕疵，能否解决关键看是否造成国有或集体资产流失。实操中其实很简单，只要

取得当地有权部门关于改制程序合法、未造成国有或集体资产流失的确认就无须补救。

13-6 恐龙园2020-12

请发行人说明：出资瑕疵的相关情况。

| 回复 |

一、恐龙园有限2000年设立时，存在工商登记资料、公司章程记载的股东名称与验资报告记载的股东名称不一致的情况

根据常州旅游局、常州国家高新技术产业开发区管理委员会出具的确认文件，在恐龙园有限设立时工商登记的股东名称和公司章程记载的股东名称及验资报告***表述不一致***的情形，***不会导致相关股东持有的股权产生纠纷或潜在纠纷***。

点评

工商登记与公司章程记载表述不一致，未引起股东纠纷，不算大问题。

二、恐龙园有限2001年第一次股权转让，未履行国有产权转让之资产评估、审批等程序

2001年11月13日，常州市中级人民法院作出"（2001）常执字第239号"《民事裁定书》，裁定常州国旅将其持有的恐龙园有限250万元出资转让给常州市新区会计中心，用于抵偿250万元债务。

常州国旅将其持有的恐龙园有限250万元出资额转让给常州市新区会计中心，***本次股权转让未履行国有产权转让之资产评估、审批程序，系通过司法裁定进行的划转***。2011年10月27日，常州旅游局出具《关于对常州恐龙园股份有限公司历史沿革之涉及市旅游局相关事宜的确认》，对上述事项进行确认。

点评

国有产权通过司法裁定划转不需要审批等程序。

常州国旅将其持有的恐龙园有限250万元出资额转让给常州市新区会计中心，用于***抵偿***常州旅游经济技术发展集团公司对常州市新区会计中心所负的250万元***债务，该等经司法程序转让均系国有单位之间的股权转让，不存在国有资产流失的情况***，且该等股权转让已经履行完毕，并补办了相关股权转让的工商变更登记手续。常州市新区会计中心合法、有效拥有恐龙园有限250万元出资额，不存在任何纠纷或潜在纠纷。

点评

未经资产评估、审批就以出资额抵债，所幸双方都是国企，不会造成国有资产流失，本案例没有补救。

三、恐龙园有限2002年第一次增资，未召开股东会，常州国旅未放弃优先认缴权

恐龙园有限根据第三次董事会决议，增加注册资本4,400万元，常州国旅***未就本次增资行使优先认缴权***。

本次增资***虽然未召开股东会，但是召开了董事会进行审议，各股东委派的代表参加本次董事会并同意增资事宜***，根据董事会会议纪要，***常州国旅代表对常州国旅不参与本次认缴增资未提出异议***。***本次增资之后，常州国旅亦未就本次增资提出任何异议***，且2006年常州国旅将持有的恐龙园有限全部出资额转出后，不再是恐龙园有限的股东，常州国旅事实上认可了本次增资并放弃了本次增资的优先认缴权。本次增资虽然未经相关主管部门审批，但是***增资股东均系原股东，且为国有单位，未造成国有资产流失***。

点评

1.责任公司有人合性，《公司法》规定，有限责任公司在经营过程中增资，股东享有优先于股东以外的第三人认缴公司新增出资的权利。

2.增资时未行使优先认缴权，属于程序性瑕疵。其他股东未提出异议等于默认了结果，无须补救。

13-7 奥扬科技 2021-03

请发行人说明：出资瑕疵的相关情况。

| 回复 |

一、福奥圣通以土地使用权及房产作价4,806.9977万元出资的合理性、必要性和公允性，是否存在出资瑕疵或出资不实

1. 资产评估情况

2017年9月10日，山东正源和信资产评估有限公司出具鲁正信评报字(2017)第0132号《山东奥扬新能源科技股份有限公司拟增资所涉及山东福奥圣通工贸集团有限公司部分房地产市场价值资产评估报告》，截至2017年8月20日，福奥圣通用于出资的房地产的市场价值为48,131,882.00元。

2017年11月23日，山东正源和信资产评估有限公司出具《鲁正信评报字(2017)第0132号资产评估报告所涉及国有土地使用权因证载面积变化致使评估值差异说明》，鉴于***核发不动产权证书时比原证书面积减少1,715.10m²，对应评估值核减824,243.00元***。

点评

对作为出资的非货币财产应当核实财产，不得高估或者低估作价。本案例中，用于出资的土地使用权和房产面积、价值缺斤短两，属于出资不实，最后用货币补足差额。

2. 具体用途以及对发行人生产经营的贡献程度

福奥圣通完成出资前，公司向福奥圣通租赁该等房产用于其生产经营。福奥圣通出资完成后，福奥圣通用于出资的土地使用权和房产是公司的主要生产经营用地，厂房用于公司的生产车间，办公楼用于职能部门办公，宿舍楼用于员工住宿，因此，***福奥圣通用于出资的土地使用权和房产对发行人生产经营具有重要作用***，福奥圣通以土地使用权及房产出资具有合理性和必要性。

点评

用于出资的非货币财产需对企业的生产经营有作用，若闲置，则这样的出资没有意义，属于出资瑕疵。

二、福奥圣通以现金补充该等差额出资82.4243万元与整体出资价格是否匹配和公允

根据山东正源和信资产评估有限公司出具的《山东奥扬新能源科技股份有限公司拟增资所涉及山东福奥圣通工贸集团有限公司部分房地产市场价值资产评估报告》和《鲁正信评报字(2017)第0132号资产评估报告所涉及国有土地使用权因证载面积变化致使评估值差异说明》,土地使用权的评估单价为每平方米480.58元,鉴于核发不动产权证书时比原证书面积减少1,715.10m^2,对应评估值核减:

480.58元/m^2 ×1,715.10m^2 =824,243.00元(取整)

因此,福奥圣通以土地使用权及房产评估价值最终为4,730.7639万元,福奥圣通土地房产和现金出资的总出资价值为4,813.1882万元,与原估值4,813.1882万元保持一致,高于福奥圣通4,806.9977万元出资额,匹配公允。

13-8　捷通铁路2020-12

请发行人说明:用于出资的土地使用权提前交付公司使用是否存在出资瑕疵的相关情况。

| 回复 |

用于出资的土地使用权提前交付公司使用,不存在出资瑕疵,原因如下:

2016年,公司申请在股转系统挂牌期间,因用于***出资的土地使用权权属变更登记时间早于出资时间***,企业及中介机构基于对该资产进入公司的方式理解存在不同,因此将石亮土地使用权增资事项认定为出资瑕疵,进行了出资置换,***即用现金出资置换土地使用权出资***。

因该土地使用权处分权为石亮所有,并于***2006年8月***过户至捷通有限,根据最高人民法院《关于适用〈中华人民共和国公司法〉若干问题的规定(三)》第十条第一款相关规定,出资人以房屋、土地使用权或者需要办理权属登记的知识产权等财产出资,***已经交付公司使用但未办理权属变更手续***,公司、其他股东或者公司债权人主张认定出资人未履行出资义务的,人民法院应当责令当事人在指定的合理期间内办理权属变更手续;***在前述期间内办理了权属变更手续的,人民法院应当认定其已经履行了出资义务***;出资人主张自其实际交付财产给公司使用时享有相应股东权利的,人民法院应予支持。

2009年，石亮用土地使用权增资，该土地使用权已于2006年实际交付公司使用，并已过户至捷通铁路，实质为股东用于出资的财产提前交付公司，因此，本次申报过程中认定股东已履行出资义务，不存在出资瑕疵。

石亮系于2006年7月在捷通有限设立后将其拥有处分权的土地使用权无偿交付捷通有限，供其生产经营使用，但石亮并未基于该土地使用权而享有相应的股东权利，***直至2009年石亮以该土地使用权对公司增资完成后才享有相关的股东权利，即石亮实际增资行为和享受股东权利时点均在2009年，因此，本次增资仍以2009年土地使用权评估价值作为出资价格***具有合理性、合规性。

点评

其实，石亮本可以在2006年交付时就享有股东权利。既然在2009年才确定其股东身份，用2009年增资时点的评估价合情合理。

本次出资履行了必要的决议、评估、验资及工商变更登记手续。

综上，石亮以土地使用权作价出资的行为发生于2009年2月，石亮***以评估值作价增资，不存在高估或低估作价的情形，定价公允、出资充实***。2006年7月石亮将该宗土地交付至捷通有限，***实质为股东提前交付出资资产，对公司和其他股东利益未造成损害***。

点评

以非货币财产出资的，应当依法办理所有权的转移手续。本案例中，出资的土地使用权权属变更登记时间早于出资时间。土地提前给公司使用，公司不仅没有损失，还有一定得利。出资有无瑕疵，关键看有无给公司、其他股东、债权人造成损失或隐匿风险。本案例认为未对公司和其他股东利益造成损害，不属于出资瑕疵，不过，最后还是用现金置换了。

13-9 瑞博生物 2021-03

根据申报材料，2007年1月，瑞博有限设立时注册资本为1333万元，LIANG ZICAI、张礼和、金奇、席真以四项技术出资。LIANG ZICAI以技术作价466.6万元出资，张礼和以技术作价66.6万元出资，金奇以技术作价66.6万元出资，席真以技术作价66.6万元出资。鉴于后续商业化未达到相应预期,2020年5月,相应股东以货币出资置换。

请发行人说明:LIANG ZICAI等四人用于出资的专利技术具体内容,在发行人产品研发、生产经营过程中发挥的作用,商业化未达预期的原因及合理性,是否存在出资瑕疵。

| 回复 |

2007年1月,瑞博有限设立时注册资本为1333万元,LIANG ZICAI、张礼和、金奇、席真以四项技术出资。LIANG ZICAI以技术作价466.6万元出资,张礼和以技术作价66.6万元出资,金奇以技术作价66.6万元出资,席真以技术作价66.6万元出资。

在瑞博有限的发展初期,上述四项非专利技术对提高瑞博有限的研发能力具有积极作用。由于小核酸生物医药领域的技术升级迭代等原因,发行人对研发领域的调整以及对相关技术的深入研究,***上述四项非专利技术未能实际运用于发行人现有核心产品的研发管线中,从而导致该等非专利技术未能达到商业化预期***。

鉴于上述四项非专利技术后续商业化未及预期,为维护发行人及其股东的利益,2020年5月,LIANG ZICAI、席真、张礼和、MO HUA协商一致,决定***以等额货币资金置换上述技术出资***。2020年5月13日,瑞博有限董事会作出决议,同意LIANG ZICAI、席真、张礼和、MO HUA的出资方式由非专利技术作价入股置换为与该等非专利技术作价现金原值等额的货币现金。

2020年5月,LIANG ZICAI、席真、张礼和、MO HUA已分别向瑞博有限足额缴纳用于置换上述四项非专利技术出资的货币资金。

点评

用于出资的非货币财产需对企业的生产经营有作用。本案例中,出资的四项技术未能达到商业化预期,属于出资瑕疵,用等额货币置换。当然,出资对企业有没有作用,只有企业自己知道。

13-10 工大高科 2021-03

请发行人说明:出资瑕疵的相关情况。

| 回复 |

一、2000年工大高科有限设立时部分股东出资存在不规范情形。公司设立时，魏臻、邓林、张建军和寿志勤等四人现金出资合计200万元。根据魏臻、邓林、张建军和寿志勤出具的《转款委托书》，上述***四人共同委托合肥工业大学科教开发部向工大高科有限汇入200万元，作为委托人对工大高科有限的出资款***。2000年12月20日，合肥工业大学科教开发部将200万元汇入工大高科有限账户；2000年12月29日，***工大高科有限将上述款项返还至合肥工业大学科教开发部***。

上述四人分别于2001年3月16日向工大高科有限汇入……，以上合计200万元。至此，工大高科有限出资不规范情形已消除。

点评

出资款不是从股东自己的账户汇入的，原路退回后，改由股东自己的账户汇入。

二、2000年工大高科有限设立时，合肥工业大学以经评估的无形资产"HJO4A铁路信号计算机联锁系统"专有技术成果作价入股，但***未及时向教育主管部门履行投资行为审批和评估结果确认手续***。2009年9月11日，***教育部***出具了《关于同意确认合肥工业大学所属合肥工大高科信息技术有限公司有关经济行为的批复》（教技发中心函[2009]173号），对合肥工业大学无形资产出资行为和评估结果予以确认。

点评

学校以非货币财产作价入股，未履行审批和评估结果确认手续，请主管部门对出资行为和评估结果确认即可。合肥工业大学是教育部直属大学，由教育部审批。

13-11 谷数科技2021-12

根据申报材料，(1)2007年8月，杨刚以非专利技术"D-MESH内容寻址集群存储技术"出资700万元，2015年1月，杨刚以非专利技术"海量数据管理与挖掘融合系统"出资1,440.00万元；(2)考虑到杨刚前述非专利技术在资产权属等方面存在一定的不确定性,2016 年 6 月 17 日,杨刚将其所持 2,140.00 万元出资额由知识产权出资变更为货币形式出资;(3)2019 年 11 月,杨刚以 301.32 万元现金补足前述货币出资置换知识产权出资对应的资本公积部分。目前两项非专利技术仍归公司所有。

请发行人说明:上述非专利技术在资产权属等方面存在一定不确定性的具体情形,是否对发行人现有业务生产经营产生不利影响。

| 回复 |

考虑到上述***非专利技术系公司实际控制人杨刚在公司任职期间开发,存在其于执行公司任务时或主要利用公司物质技术条件完成的可能性,无法完全排除该等非专利技术之权属被认定为公司所有之风险***。因此,在杨刚于 2007 年 8 月及 2015 年 1 月以该等非专利技术向公司出资时,用于出资的非专利技术权属***无法充分证明完全属于杨刚个人所有***,其权属归属于杨刚或是公司的情况存在不确定性。但该等用于出资的非专利技术已经评估机构评估、办理资产转移手续,并经验资机构验证出资到位。

出于谨慎考虑并经公司各股东协商一致,杨刚于 2016 年 8 月以 2,140 万元***现金置换***其原用于作价出资的非专利技术(注册资本部分 2,140 万元),并于 2019 年 11 月以现金 301.32 万元置换其原用于作价出资的非专利技术(资本公积部分 301.32 万元),该等现金出资业经验资机构验证,同时,上述原用于作价出资的非专利技术仍归属于公司所有。

点评

作为出资的非货币财产应当权属清晰。有职务发明嫌疑的非货币财产,最好不要用来出资。本案例中,用于出资的非专利技术无法充分证明完全属于出资人杨刚所有,出于谨慎,用现金置换。

杨刚原用于出资的非专利技术已经评估机构评估、验资机构验证出资到位,并已办理资产转移手续,虽无法判断其是否属于职务发明,但杨刚已通过货币资金足额置换其无形资产出资资金并已经验资机构验证,公司注册资本充实。根据杨刚确认,其已与公司签署转让协议并办理资产转移手续,该等非专利技术之所有权已归属公司,其与公司间不存在任何权属争议。

综上所述，***该等非专利技术现阶段未应用于公司主营业务、不属于公司核心技术***，且在杨刚出资后其权属归属于公司的情况不存在争议，该等非专利技术用于出资前权属存在不确定性的情形未对发行人现有业务生产经营产生不利影响。

点评

职务发明可能会造成发行人的资产不独立、不完整，详细请阅读本系列关于"独立性"的疑难点。

13-12　富士莱2021-11

请发行人说明：出资瑕疵的相关情况。

| 回复 |

一、出资方式变更未经批准

2000年11月，富士莱有限设立时，合资合同、章程及常熟市对外经济贸易委员会"常外经(2000)资字第44号"《关于合资建办〈常熟富士莱医药化工有限公司〉合同、章程的批复》中规定，富士莱化工厂以8.5万美元(土地使用权2万美元，技术使用权0.75万美元，现汇5.75万美元)出资。根据江苏中瑞会计师事务所2001年2月28日出具的"苏中会验(2001)外字第4号"《验资报告》，富士莱化工厂实际出资人民币703,638.50元折合8.5万美元出资，以等值人民币缴纳了应以土地使用权、技术使用权的出资2.75万美元。

此次出资方式的变更是对公司章程、合同关于出资方式条款的修改。《中外合资经营企业法实施条例》(国发[1983]148号)第十七条规定，"***合营企业协议、合同和章程经审批机构批准后生效，其修改时同***"。富士莱有限本次该出资方式变更未履行上述程序，存在瑕疵。

点评

已失效的《中外合资经营企业法实施条例》(2019修订)中的第十四条亦有同样的规定，但取而代之的现行有效的《外商投资法》《外商投资法实施条例》已经无此要求。

富士莱有限***出资方式变更虽未经审批，但股东以货币真实、足额投入，出资形式符合法律规定，经会计师审验并出具验资报告，且办理了工商登记，完成了历次工商登记及年检***，不存在出资不实或虚假出资情形。

点评

1. 出资方式变更未经审批属于程序性错误，可以事后补充审批。对于程序性错误，有时补救不了的，可以不补救。

2. 案例中的规定已经被废止。本来，旧法规被废止，新法规无此规定就是很好的抗辩理由，无须补救。

二、变更为内资企业时，未按历史汇率折算

2011 年 4 月，富士莱有限变更为内资企业时，按照变更当时的汇率将注册资本 120 万美元折算成人民币 782.088 万元（1 美元 = 人民币 6.5174 元）。实际上，120 万美元中，4 万美元系美国日欣***2001 年 2 月***以美元现汇出资，其余 116 万美元系合营方以自有资金、未分配利润共计人民币 960.0876 万元折合成美元出资。

根据《关于外商投资的公司审批登记管理法律适用若干问题的执行意见》第八条，"作为公司***注册资本的外币与人民币或者外币与外币之间的折算，应按发生（缴款）当日中国人民银行公布的汇率的中间价计算***"。美国日欣***2001 年 2 月***出资的 4 万美元应按***出资当时***的汇率应折算为人民币 33.1088 万元（1 美元 = 人民币 8.2772 元）。变更为内资企业时，富士莱有限注册资本 120 万美元应折算为人民币 993.1964 万元（注：33.1088 万元 + 960.0876 万元）。因此，富士莱有限变更为内资企业时注册资本汇率折算存在瑕疵。

点评

注册资本外币的折算，应按发生（缴款）当日汇率的中间价计算，这是财务常识。

富士莱有限变更为内资企业时存在汇率折算瑕疵，但***股东实际投入金额高于登记的注册资本，不存在虚增注册资本情形***。富士莱有限 2013 年 9 月已按经审计的净资产整体变更为股份有限公司，因此，汇率折算瑕疵不会影响发行人注册资本的真实性、充足性。

点评

出资金额不对,多不退,但少得补。此处,重新用正确的汇率计算后,股东的投入金额高于登记的注册资本,公司没吃亏,不属于出资不实,更不构成虚假出资。

13-13 祥明智能 2021-11

招股说明书披露:1995年12月,发行人前身祥明有限是由祥兴电机厂、台商吕国翼共同出资组建的合资公司,注册资本为100万美元。祥兴电机厂在实际出资过程中存在同约定的出资金额不一致情形,具体为:祥兴电机厂以实物资产实际出资作价442.95万元(折合53.37万美元),高于其与吕国翼签订《合营合同》及《出资协议》中关于该等实物资产的约定出资价格412.95万元(折合49.75万美元);同时祥兴电机厂以货币15.13万美元出资,低于其与吕国翼签订《合营合同》及《出资协议》中约定的货币出资金额18.75万美元。

请发行人补充披露:是否存在出资瑕疵,如是,请进一步披露申报前采取的补救措施。

| 回复 |

一、祥兴电机厂实物出资与货币出资比例与约定不一致

祥兴电机厂以***实物资产***实际出资作价442.95万元(折合53.37万美元),***高于***其与吕国翼签订《合营合同》及《出资协议》中关于该等实物资产的约定出资价格412.95万元(折合49.75万美元);同时祥兴电机厂以***货币***15.13万美元出资,***低于***其与吕国翼签订《合营合同》及《出资协议》中约定的货币出资金额18.75万美元。上述实物资产出资作价增加原因系祥兴电机厂在与吕国翼达成设立祥明有限协议后,对上述实物资产中的厂房等进行了修缮以便祥明有限使用并顺利开展经营,但不涉及出资的实物资产的变更,上述实物资产相应办理了产权转移手续,在出资完成后通过了历年外商投资企业联合年检或工商年检,且发行人后续历次变更均已取得/完成商务主管部门的核准/备案。

尽管祥兴电机厂在实际投资祥明有限的***实物出资作价增加及货币出资相应减少与双方约定实物出资作价及货币出资金额不一致***,但作为中外合资企业的外方投资者吕国翼(已于2013年去世)在其持有祥明有限股权期间,***未对该事项提***

出任何异议。2003年5月，吕国翼将其持有祥明有限全部25%的股权转让给杨剑芬（中国台湾籍自然人）。杨剑芬作为外资股东自受让上述股权至今，亦***未对祥兴电机厂投资祥明有限的实物出资作价增加及货币出资相应减少情况提出异议***，同时杨剑芬已出具书面确认函，确认其对上述情况无异议。

根据当时有效的《中华人民共和国***中外合资经营企业法实施条例***》（1987年修订）第二十五条规定："合营者可以用货币出资，也可以用建筑物、厂房、机器设备或其他物料、工业产权、专有技术、场地使用权等作价出资。以建筑物、厂房、机器设备或其他物料、工业产权、专有技术作为出资的，***其作价由合营各方按照公平合理的原则协商确定，或聘请合营各方同意的第三者评定***。"

点评

2019年修订的《中外合资经营企业法实施条例》（已失效）中的第二十二条亦有相同的规定，取而代之的《外商投资法》《外商投资法实施条例》已经对中外合资经营企业的出资方式、作价等没有特殊要求了。

在祥明有限设立时，祥兴电机厂用以出资的实物资产作价及货币出资金额已经合资双方协商确定，尽管在实际出资时祥兴电机厂用以出资的实物资产作价及货币出资金额与双方原约定存在不符情况，但该等***出资已经验资机构的验证***，确认祥兴电机厂***已足额缴纳出资，且合营相对方吕国翼对此未提出异议，吕国翼所持股权的受让方杨剑芬也已予以确认***，上述情况不影响祥明有限设立及存续的合法性、有效性。

点评

实物出资作价增加，货币出资相应减少，与双方原先约定的不一致。由于当时中外合资经营企业的出资作价可以由合营各方协商确定，后面双方已达成合意，未有异议，且出资已经过验资机构的验证。所以，无须补救。

二、管理技术出资

祥明有限成立时，祥兴电机厂以管理技术作价53.95万元（折合6.50万美元出资）进行出资。***管理技术***不属于当时有效的《中华人民共和国中外合资经营企业法》（1990年修订）及其实施条例所列明的合法出资方式。

点评

1. 已经失效的《中外合资经营企业法》(2016 修正)第五条第一款同样规定:"合营企业各方可以现金、实物、工业产权等进行投资。"未提到管理技术可以用来出资。取而代之的《外商投资法》《外商投资法实施条例》对中外合资经营企业的出资方式没有特殊要求,现在只需遵从《公司法》《市场主体登记管理条例》的规定即可。

2. 虚无缥缈的管理技术不可以用货币估价,不能用来出资,本案例以现金替换之。

为规范上述出资,祥明有限董事会于 2016 年 3 月 1 日作出决议,同意股东祥兴电机(其前身为祥兴电机厂)***以现金***53.95 万元***替换***其于 1995 年 12 月以管理技术作价 53.95 万元(折合 6.50 万美元出资)的出资,且经上述替换出资后,公司的注册资本及实收资本均不变。祥兴电机已于 2016 年 3 月 29 日将用于替换管理技术股的出资款 53.95 万元支付至祥明有限,原以管理技术出资的相应注册资本已足额缴纳。

13-14 凡拓数创 2021-12

关于出资瑕疵。根据申报文件,2007 年 7 月 30 日,发行人前身凡拓有限股东会通过决议,同意新增注册资本 490 万元,出资来源为发行人实际控制人伍穗颖等 6 名股东向外部中介机构借款,并委托外部中介机构支付予凡拓有限。验资完成后,凡拓有限将该笔款项支付予外部中介机构。截至 2010 年 12 月,伍穗颖等 6 名股东已通过为发行人垫付运营费用、银行转账等方式偿还了上述借款。2019 年 12 月 27 日,伍穗颖通过银行转账方式向发行人支付 490 万元以夯实上述增资款,信永中和于 2020 年 11 月 24 日出具了验资报告。

请发行人补充披露:伍穗颖等 6 名股东 2007 年 7 月向外部中介机构借款的具体所指,款项借入、偿还情况,相关过程的合法合规性,是否存在抽逃出资情形。

| **回复** |

一、2007 年增资的背景

2007 年,由于业务的发展需要,公司的注册资本增加至 500 万元。公司当时处于业务发展初期，***股东资金缺乏***，因此委托相关中介机构协助，通过***向外部机构借款***的方式取得资金来源，并在完成增资后向其归还相关款项。

二、该次增资所涉及的资金流转过程

2007 年 7 月 30 日，凡拓有限审议并通过股东会决议，同意将公司注册资本由 10 万元变更为 500 万元，新增注册资本 490 万元，由伍穗颖出资 326.63 万元，柯茂旭出资 47.5 万元，李泳出资 32.53 万元，李琪出资 41.67 万元，杜建权出资 25 万元，谭普林出资 16.67 万元。

同日，伍穗颖、柯茂旭、李泳、李琪、杜建权、谭普林（以下称“伍穗颖等 6 名股东”）向广州奇胜广告有限公司（下称“奇胜广告”）借款，并***指示奇胜广告将增资款直接付给凡拓有限***。

增资完成后，伍穗颖等 6 名***股东向凡拓有限借款***490 万元，并***根据奇胜广告的指示由凡拓有限***于 2007 年 7 月 31 日将 490 万元***支付***给广州锐达货运代理有限公司（现更名为广州畅达国际货运代理有限公司，下称“锐达货运”）、广州宝塔化工产品有限公司（现更名为广州宝塔石化有限公司，下称“宝塔化工”），由锐达货运、宝塔化工***在收款后支付给奇胜广告，以偿还伍穗颖等 6 名股东对奇胜广告的前述增资借款***。公司和锐达货运、宝塔化工已出具《确认函》，确认凡拓有限已向伍穗颖等 6 名股东提供了借款并支付给奇胜广告，归还了伍穗颖等 6 名股东向奇胜广告的借款，***相关债务已清偿***；锐达货运、宝塔化工与伍穗颖等 6 名股东、凡拓数创、奇胜广告就前述借款事宜不存在任何纠纷争议或潜在纠纷争议。

三、相关过程的合法合规性及是否存在抽逃出资情形

上述增资款项由于系由外部中介机构支付给公司，而相关股东***在增资完成后所产生股东借款系由公司支付给外部中介机构***，相关过程存在法律瑕疵，但不存在***抽逃出资***的情形。

点评

过程有点复杂，笔者帮大家梳理一下：股东出资时没资金，向奇胜广告借钱，由奇胜广告直接将出资汇入凡拓有限的公司账户，而不是从股东自己的账户汇入。后股东从凡拓有限借款还给奇胜广告，由凡拓有限直接还给奇胜广告指定的公司。这相当于在向公司借款用来对公司出资，只是钱没经过股东的手而已。这种“空手套白狼”的行为，难怪被怀疑在抽逃出资。

根据当时有效的《国家工商行政管理总局关于股东借款是否属于抽逃出资行为问题的答复》(工商企字[2002]第180号)的规定:"公司借款给股东,是公司依法享有其财产所有权的体现,股东与公司之间的这种关系属于借贷关系,合法的借贷关系受法律保护,公司对合法借出的资金依法享有相应的债权,借款的股东依法承担相应的债务。因此,***在没有充分证据的情况下,仅凭股东向公司借款就认定为股东抽逃出资缺乏法律依据***。"

根据《最高人民法院关于适用〈中华人民共和国公司法〉若干问题的规定(三)》第十二条的规定:"公司成立后,公司、股东或者公司债权人以相关股东的行为符合下列情形之一且损害公司权益为由,请求认定该股东***抽逃出资***的,人民法院应予支持:(一)制作虚假财务会计报表虚增利润进行分配;(二)通过虚构债权债务关系将其出资转出;(三)利用关联交易将出资转出;(四)其他未经法定程序将出资抽回的行为。"

伍穗颖等6名股东的前述行为产生的原因系在增资资金缺乏的背景下,***通过外部中介机构的借款取得资金来源,再通过向公司借款以归还外部中介机构的款项***,形成了伍穗颖等6名股东向凡拓有限的关联借款,伍穗颖等6名股东已于2010年12月前***通过为公司垫付运营费用、银行转账等方式归还了上述关联借款,无对公司财产的故意侵害,不构成利用关联交易将出资转出的行为***,不属于《最高人民法院关于适用〈中华人民共和国公司法〉若干问题的规定(三)》规定的抽逃出资的情形,不构成重大违法行为。2007年至今,***未发生公司其他股东、公司债权人以伍穗颖等6名股东的上述行为损害公司权益为由,请求人民法院认定其抽逃出资情形;公司亦未受到工商管理部门的相关处罚***。

公司各发起人已出具说明,确认其已知悉伍穗颖等6名股东上述借款的形成情况,上述借款已于2010年12月足额归还,未损害其权益,不会就上述借款事项追究伍穗颖等6名股东的责任,公司的注册资本已经足额缴纳,不存在纠纷或潜在争议。

报告期内,广州市市场监督管理局已开具***无违法违规证明***,确认报告期内未发现公司被广州市市监局行政处罚、列入经营异常名录和严重违法失信企业名单的记录。

点评

1. 最高人民法院《关于适用〈中华人民共和国公司法〉若干问题的规定(三)》列举了四种抽逃出资的情形,它们共同的特征是把出资从公司转出。此案例中,股东空手向公司借钱用于出资,虽然性质恶劣,但未将出资转出,不属于抽逃出资。

2. 补救的措施是将向公司的借款本息还清,加上其他股东无异议声明、市场监督管理局开具的无违法违规证明。

为确保公司及全体股东的权益,公司实际控制人伍穗颖已通过现金方式于2019年12月向公司支付490.00万元,以夯实2007年各股东对凡拓有限的出资款。

此外,公司实际控制人伍穗颖、王筠已出具承诺,如公司因本次增资事宜受到公司登记机关、行政主管部门追诉、处罚的,或者受到任何民事主体提出经济赔偿要求的,均由其承担全部法律责任,保证不影响公司正常生产经营与持续发展。

13-15　华新环保 2021-09

请发行人说明:出资瑕疵的相关情况。

| 回复 |

一、华新有限第四次股权转让实际出资日期晚于章程约定日期

根据2011年4月16日公司签署的章程修正案,太极华英和世纪佳通应在2011年4月30日之前缴付上述出资。太极华英、世纪佳通于2011年5月11日缴付上述***出资晚于章程修正案约定的出资时间***。根据当时有效的《公司法》第二十八条,股东应当按期足额缴纳公司章程中规定的各自所认缴的出资额。股东不按照前款规定缴纳出资的,除应当向公司足额缴纳外,还***应当向已按期足额缴纳出资的股东承担违约责任***。***太极华英、世纪佳通均未向对方主张违约责任***,因此,太极华英、世纪佳通的出资延迟不会构成本次发行上市的实质性法律障碍。

点评

2018年修正的《公司法》仍然适用上述规定,其第二十八条要求股东应当按期足额缴纳公司章程中规定的各自所认缴的出资额。股东不按照规定缴纳出资的,除应当向公司足额缴纳外,还应当向已按期足额缴纳出资的股东承担违约责任。所以,已按期足额缴纳出资的股东未主张违约责任是未按期缴纳出资的最好的抗辩理由。

二、华新有限第五次股权转让工商登记距股东会召开间隔时间过长

2012年12月31日,华新有限召开股东会,同意世纪佳通将其持有的华新有限2.50%的股权(出资额300.00万元)转让给科惠有限,其他股东放弃优先受让权。同日,双方签订了《股权转让协议》。

发行人于***2012年12月31日***召开股东会就上述股权转让作出决议,但迟至***2013年5月***才向工商部门申请变更登记。根据当时有效的《公司登记管理条例》第三十五条和第七十三条规定,有限责任公司股东转让股权的,应当自转让股权之日起***30日***内申请变更登记。未依照本条例规定办理有关变更登记的,由公司登记机关责令限期登记;逾期不登记的,处以1万元以上10万元以下的罚款。

发行人上述股权转让相关工商变更登记虽未如期办理,但***主管机关已为公司办理了相关登记手续,并未对公司做出行政处罚,且上述行为发生在报告期外***,因此不会对发行人本次发行上市造成***实质性障碍***。

点评

《公司登记管理条例》已经失效,取而代之的《市场主体登记管理条例》第二十四条第一款有差不多的要求:"市场主体变更登记事项,应当自作出变更决议、决定或者法定变更事项发生之日起30日内向登记机关申请变更登记。"本案例中,虽然过了5个月才向工商部门申请变更登记,但主管机关并未对公司作出行政处罚,不算大事。

13－16　能辉科技 2021－07

请发行人说明：出资瑕疵的相关情况。

回复

一、能辉有限股改前未缴足注册资本不违反当时法律法规及公司章程的规定，不存在逃避实缴出资的情形

根据股改当时适用的《公司法》第二十六条的规定，除商业银行等特殊类型的有限责任公司外，有限责任公司的注册资本为在公司登记机关登记的全体股东认缴的出资额。能辉有限不属于相关法律、行政法规以及国务院决定对其实缴出资另有规定的情形。

根据股改当时适用的《公司法》第二十八条的规定，***股东应当按期足额缴纳公司章程中规定的各自所认缴的出资额***。股东以货币出资的，应当将货币出资足额存入有限责任公司在银行开设的账户；以非货币财产出资的，应当依法办理其财产权的转移手续。

能辉有限股改前的公司章程中约定的出资期限为***2025 年 12 月 31 日***前；截至股改基准日，能辉有限的实收资本为 53,333,333.34 元，相关股东均以货币出资存入能辉有限的***银行账户***，不存在非货币资产出资的情况，能辉有限不存在出资不实的问题，***股改前未缴足注册资本不存在违反相关法律法规及公司章程规定的情形***。

点评

实行认缴制之后，股东应当按期足额缴纳公司章程中规定的各自所认缴的出资额。本案例中，公司章程中规定的出资期限为 2025 年 12 月 31 日之前，还远远未到。

二、相关法律法规并未禁止注册资本未缴足的有限责任公司整体变更设立为股份有限公司

根据股改当时适用的《公司法》、《公司登记管理条例》、《公司注册资本登记管理规定》等相关法律规定，在能辉有限整体变更设立为能辉科技之时，并***不存在禁止注册资本未缴足的有限责任公司整体变更设立为股份有限公司的规定***。

点评

股东按公司章程的约定缴纳出资即可，与要不要整体变更无关。

13－17 善水科技2021－09

招股说明书显示，发行人改制前存在的会计差错更正事项，导致发行人更正后审定的净资产低于其整体变更时的股本。

请发行人说明：(1)发行人就股改时净资产低于股本问题的整改措施是否充分；(2)该出资瑕疵是否存在行政处罚或存在被处罚的风险，是否构成出资不实、违反《公司法》或属于重大违法行为，对发行人发行上市是否构成法律障碍。

｜回复｜

一、发行人就股改时净资产低于股本问题的整改措施是否充分

经申报会计师对发行人整体变更为股份有限公司基准日(2016年6月30日)的净资产进行复核，变更基准日账面净资产金额应为3,568.63万元，原***确认的变更基准日账面净资产金额***为4,325.50万元，复核结果较原确认金额***少***756.87万元，***差额已由原发起人股东以现金形式补足***。主要差异原因系政府补助记账错误、实际控制人代垫奖金跨期入账以及未严格按照权责发生制核算工资、奖金、工会经费、职工教育经费、水电等费用的影响。

经公司自查，公司发现***前期会计差错并进行更正***，更正后的截至2016年6月30日账面净资产为35,686,258.28元，比"上会师报字(2016)第5159号"《审计报告》审定的净资产减少7,568,748.03元。2018年12月12日，根据自查结果，公司发起人黄国荣、吴新艳、吴秀荣以自有货币资金按善水有限整体变更时各自持股比例向公司***补足***支付上述净资产差额7,568,748.03元，并***计入公司资本公积***。发行人出资瑕疵已补正，整改措施充分。

点评

1. 股改时，公司折合的实收股本总额不得高于公司净资产额。

2. 补救措施：对会计差错进行更正、用货币补足差额、出具验资报告。

二、该出资瑕疵是否存在行政处罚或存在被处罚的风险，是否构成出资不实、违反《公司法》或属于重大违法行为，对发行人发行上市是否构成法律障碍

根据《中华人民共和国公司法》第九十五条第一款“有限责任公司变更为股份有限公司时，折合的实收股本总额不得高于公司净资产额”。本次整体变更的基准日为2016年6月30日，更正后的2016年6月30日的净资产低于经审计的净资产，以2016年6月30日的净资产计算，股改后净资产低于注册资本金额，构成***出资不实***。

经核查，公司前期会计差错并进行更正虽然导致2016年6月30日的净资产低于经审计的净资产，但上述情形因会计差错更正导致，***并非因公司主观原因造成***。整体变更的股改基准日为2016年6月30日，但股份公司发起设立的创立大会于2016年11月28日召开，整体变更的工商变更登记手续于2016年12月23日办理完成，公司截至2016年11月30日未经审计的账面净资产及截至2016年12月31日经审计的净资产均高于整体变更时的股本4,000.00万元，因此，善水有限正式变更为股份公司时，注册资本已充实。***因善水有限的全部资产、业务、债权、债务全部由股份公司承继，会计差错调整不会对发行人的生产经营产生不利影响***，并且公司发起人以自有货币资金按善水有限整体变更时各自持股比例向公司补足了净资产差额7,568,748.03元，发行人出资瑕疵已补正。因此，发行人股改净资产低于注册资本事项虽然违反《公司法》的规定，但不属于重大违法行为。同时，九江市***市场监督管理局已出具了合规证明***，确认：报告期内发行人未发生违反市场监督相关法律、法规的违法违规行为，未受过相关行政处罚。

点评

本案例因为会计差错更正才导致股改时注册资本高于经审计的净资产，非主观故意，未对生产经营产生不利影响，算是性质轻微的出资不实。若是主观故意，就可能上升到虚假出资、抽逃出资的恶劣层面了。

综上，该出资瑕疵不存在行政处罚或存在被处罚的风险，虽构成出资不实但相关出资已补足，虽违反《公司法》但不属于重大违法行为，对发行人发行上市不构成法律障碍。

13-18 智特奇 2021-09

请发行人说明：出资瑕疵的相关情况。

回复

一、验资报告未附本次出资的银行缴款凭证

有限公司设立时，***验资报告未附本次出资的银行缴款凭证***，存在出资瑕疵。吴世林、程道莲于2020年6月向发行人***缴纳注册资本合计50万元，对前述出资瑕疵予以补正***，补足后，各股东享有的权益比例不变。2020年11月，中天运会计师出具了中天运[2020]核字第90533号《***验资复核报告***》对上述事项进行了复核。

点评

出资的银行缴款凭证丢失，在本案例中，股东补缴了。若有其他资料可以辅助证明，这种情况可以不用补缴。

就发行人出资瑕疵问题，发行人控股股东、实际控制人吴世林出具以下***承诺***：发行人若因出资瑕疵而受到任何行政主管部门追诉处罚，或者受到任何民事主体提出经济赔偿要求，均由本人承担全部法律责任，且无条件放弃对公司追偿的所有权利，以保证发行人的正常生产经营与持续发展。

二、变更设立股份有限公司时未进行资产评估

智特奇有限整体变更设立股份有限公司时***未进行资产评估***，不符合当时有效的《公司注册资本登记管理规定》（2005年修订）的相关规定。对此，发行人聘请广东中广信资产评估有限公司进行了***追溯评估***。2020年5月4日，广东中广信资产评估有限公司出具了中广信评报字[2020]第159号《追溯评估资产评估报告》，以2012年8月31日为评估基准日，有限公司经评估净资产为11,391.12万元，比经审计的净资产增值3309.27万元，***增值率为40.95%，不存在高估作价的情形***。

点评

1. 出于严谨考虑，企业股改时还是进行资产评估比较好。未评估的，请资产评估公司追溯评估。

2. 股改时，为了经营时间可以持续计算，应当以经审计的净资产值为基础折合股份。本案例中,追溯评估后,净资产评估值大于审计值,若之前以经审计的净资产值折股,经营时间仍然可以持续计算。

13-19　卡尔股份 2021-06

请发行人说明:出资瑕疵的相关情况。

｜回复｜

在整体变更设立股份有限公司过程中,由于中介机构工作失误,《验资报告》中***将经评估的净资产值作为审计净资产计入注册资本***,导致卡尔股份在股改过程中存在出资瑕疵。但公司未根据评估结果调账,因股改前后注册资本均为3000万元,公司整体变更亦未进行任何会计处理。针对上述瑕疵,公司后续采取了相关补救措施,具体情况如下:

(1)补缴出资差额部分并完成验资复核

2016年3月,公司发起人已***按公司设立时的持股比例补缴***相应出资,补缴额为注册资本30,000,000.00元与审计净资产26,947,314.64元之间的差额3,052,685.36元,***补缴金额计入资本公积***。

2020年8月28日,信永中和出具《***验资复核说明***》(XYZH/2020JNA80083),验证:卡尔股份对上述注册资本出资瑕疵进行了规范,并进行了账务处理,因上述瑕疵产生的出资差额3,052,685.36元已由各股东于2016年3月***以货币资金补足***。

(2)获得相关主管部门的证明

2016年3月10日,威海火炬高技术产业开发区***市场监督管理局出具《证明》***,证明:卡尔股份自成立之日起至证明出具之日,未发现违反工商行政管理相关法律法规的行为。

综上,北电通信整体变更为股份公司时变更基准日***经审计的净资产少于其折股的注册资本***,但公司发起人已补缴出资差额,发起人出资已全部到位,并且已取得工商行政管理机关出具的证明,加之发生及纠正的时间较久、均***不在报告期内***,***整改后运行已满三个会计年度***,故不会对公司本次IPO申请造成重大不利影响。

点评

1. 如果责任公司以经评估的净资产折股设立股份公司,视同新设股份公司,业绩不可连续计算。股改时,净资产的评估值一般会高于审计值,但为了经营时间可以持续计算,得以较低的经审计的净资产折股。

2. 本案例中,误用评估的净资产值折股,导致经审计的净资产少于注册资本,这种情形实在少见。不过,为谨慎起见,发行人整改后再运行满了三个会计年度,不会影响到板块的申报要求。

3. 补救措施:以货币资金补足、会所出具验资复核说明、市场监督管理局出具证明。

疑难点14

股权代持

股权代持,从本质上说就是委托持股,法律上亦称为隐名投资或假名出资,是指实际出资人(被代持者)与他人约定,以他人(代持者、名义出资人、名义持有人)名义代实际出资人履行股东权利义务的一种股权处置方式。其中,他人是登记在公司股东名册的股东,被称为"显名股东"或"名义股东",即股权的代持者;实际出资人虽未记载于公司股东名册但实际出资,被称为"隐名股东"或"实际股东"。

一、为什么找人代持

1. 规避身份限制

一些有特殊身份的人有从业限制,找他人代持,从事禁止的经营性活动。

2. 隐瞒财产

有的是为了实现对公司实际的秘密控制,隐瞒持股可以避免对抗或者以较低的价格购买公司股票;有的是因为特殊身份,不想让公众了解自己的财产状况,比如政府官员及亲属。

3. 规避公司治理等限制

例如,公司与公司董监高、上下游共同对外或交叉投资,会影响独立性;拟上市公司的实际控制人及其近亲属控制的企业须审查同业竞争、关联交易等;又如,不想把控制的子公司纳入合并报表范围。这些原因都会促使他们找人代持,暂时规避公司治理等方面的限制。

4. 税务筹划

可能是为了享受政府招商引资方面的优惠政策，由符合招商引资条件的人代持股权；又可能是为了享受配偶与亲属之间转让股权的税收优惠。

5. 商业机会

可能是为了互相招投标，也可能是实际出资人在外地，在公司当地找个人代持方便签字等，或者出于个人未来职业规划的考虑。

二、股权代持对内不对外

从代持的内部看，“看协议不看登记”。股权代持协议才是真正界定股东资格的基础关系，所以在内部关系中，真实的权利人应当是隐名股东。

从代持的外部看，“看登记不看协议”。第三人会信赖登记的公信力，因此，所谓名义股东的“名义”是针对隐名股东而言的，名义股东对公司内外的人都有名正言顺的股东身份。

三、如何证明是代持

既然股权代持对内不对外，那么仅由二人出示代持协议，承认代持关系还不够，一般还需要代持股权决策权的行使情况、交易价格的确定，公司设立时的资金来源和分红等银行流水辅助证明。

四、名实分离

是不是代持，关键看有无“名实分离”，是不是由实际出资人行使股东权利并承担股东风险。

1. 实际出资人享有股东权利

实际出资人想投资公司，与名义出资人达成了代持协议，如果代持协议中对实际出资人权利义务的约定符合股东出资特征，比如约定了由实际出资人行使股东权利并承担股东风险，则是股权代持关系。此时，股权的名义持有人与实际出资人分离。名义持有人只是“傀儡”，而实际出资人才是背后真正的“老板”。

2. 区分借贷、委托投资

借贷、委托投资与股权代持不能完全等同，出资人不一定都是隐名股东。如果出资人不以自己的名义出资，且与名义出资人有明确的还本付息的借贷约定或者委托投资约定，实际出资人并未与名义出资人就股东权利义务进行约定，应该只能认定为是借贷或者委托投资关系。借贷、委托投资关系并非真正的代持，因为没有名实分离。

五、股权转让太久交割可能构成代持

股权转让或离婚分割股权财产，若先签协议，过了一段较长不合理的时间后才交割，会有股权代持的嫌疑。

构不构成股权代持，仍然可以依据代持"名实分离"的特征进行判断。若在未交割期间，转让方仍然享受、承担股权的分红权、表决权等股东的权利、风险，则不属于股权代持；反之，则属于。

请阅读案例"14－6 合合信息 2021－12"与案例"14－7 赛特斯 2021－12"。

六、股权让与担保可能构成股权代持

"让与担保"指债务人或第三人为担保债务的履行，将担保物的权利移转给担保权人，债务清偿后，担保物返还给债务人或第三人，在债务未被清偿的情况下，担保权人可以就该担保物受偿。若标的物是公司股权，则称为"股权让与担保"。

让与担保以转让合同彰显于外，而担保的意思被隐藏于当事人之间。让与担保在债权人与债务人之间存在两个层面的关系：第一个层面是债权，债权人与债务人会订立担保合同；第二个层面是物权，当事人达成所有权等权利移转的合意。

虽然让与担保本质上是担保，不是代持所属的委托关系，但也有可能构成代持。股权让与担保属不属于股权代持，仍然可以根据代持"名实分离"的特征进行判断。倘若债权人获得股权后参与了公司日常的经营活动，如任职、保管公章账户等，享受利润分配，则不属于股权代持；倘若在让与担保的合同中限制了债权人的权利，且事实上依旧是债务人享受股东的权利并承担风险，则属于股权代持。

让与担保会让标的物的所有权来回变动，若有所得，应当缴纳两次所得税。

请阅读案例“14－8 致尚科技 2022－01”。

七、损害公共利益的股权代持无效

股权代持有些是因为商事安排，有些是为了规避法律禁止性的规定。对于基于商事安排的股权代持，符合契约精神的，应该受法律保护；对于规避法律的股权代持，如果不是为了追求不正当利益，也应该受法律保护，那如果是为了不正当利益呢？

2020 年 12 月修订的《公司法司法解释（三）》第二十四条第一款规定：“有限责任公司的实际出资人与名义出资人订立合同，约定由实际出资人出资并享有投资权益，以名义出资人为名义股东，实际出资人与名义股东对该合同效力发生争议的，如无法律规定的无效情形，人民法院应当认定该合同有效。”

《公司法司法解释（三）》第二十四条并未直接认可股权代持行为的合法效力，而是要求依据《民法典》来确定效力。之所以如此规定，是因为股权代持行为从本质上来说还属于一种合同行为。

股权代持的产生，首先需要由股权的实际出资人与名义出资人订立委托代为持股的合同。只有订立了合同，双方之间的股权代持关系才能形成。股权代持既然本身属于一种合同行为，那么是否有效当然应当遵从《民法典》对于合同效力的规定。

现实中，有一些是通过股权代持来掩饰其背后的违法行为。例如，个别公务员违反《公务员法》等法律法规的规定，以股权代持的形式违规经商；部分官员或其家属为了隐藏家产而采股权代持；外商为规避外资准入的限制，通过股权代持投资法律和政策禁止或限制外商进入的行业；等等。这些股权代持违反了法律法规的强制性规定，恶意串通损害了国家、集体或第三人利益，应当被认定为无效。

八、如何清除代持

尽管立法为一般股权代持行为的内部协议效力提供了救济保护，但监管部门认为股权代持会模糊、复杂化企业的股权结构，影响控制权的稳定，是企业上市的红线。中介机构若识别出来，应当责令企业在申报之前全部彻底清除。

1. 还原

代持人将代持的股权还给被代持人，被代持人变成了显名股东。

隐名股东若想直接显名，《公司法司法解释(三)》规定，责任公司实际出资人请求公司变更股东，应经公司其他股东半数以上同意。对于股份公司，则没有"经公司其他股东半数以上同意"的要求。

由于还原是零对价转让，无转让所得，通常无须缴纳所得税。

2. 代持人向被代持人购买

由代持人承接股权，被代持人退出幕后。

若被代持人有转让所得，应当缴纳所得税。

3. 转让给第三方

被代持人指示代持人将股权转让给第三方。

若有转让所得，代持人缴税后，再将余款还给被代持人。

4. 平移

被代持人以他们被代持股权的份额共同设立持股平台，代持人将股权转让给持股平台，被代持人通过持股平台显名。这种清理方法适合于人数较多的代持。

与转让给第三方同理，若代持人有转让所得，应当缴纳所得税。

九、常见问询

- 说明实际控制人委托 XX 持有 AA 公司股权以及相关股权转让的原因背景，是否存在纠纷或潜在纠纷，AA 主营业务与发行人之间是否存在竞争或上下游关系。
- 说明 XX 和 YY 持有合伙财产份额与解除代持时持有份额存在差异的原因，财产份额在代持期间是否全部分别由 XX、YY 代持，代持发生的真实原因。
- 说明以显名股东购买方式解除股份代持的购买资金来源，是否存在潜在纠纷，隐名股东在临近发行人上市申报时选择以出售股权解除代持的原因及合理性。

14－1 美腾科技 2021－12

根据招股说明书披露,(1)2015 年发行人设立时,大地公司股东谢美华、王冬平作为创始股东分别持有发行人 12.5% 的股份,2016 年 6 月,谢美华、王冬平与李太友形成代持。(2)2021 年 1 月股份代持解除前,谢美华、王冬平所持有发行人股份分别由李太友和美腾资产代持,代持解除后,谢美华持有发行人 3.254% 的股份,王冬平持有发行人 2.958% 的股份。

请发行人说明:(1)谢美华、王冬平由直接持股转为由李太友代持的背景、原因;(2)智冠信息形成代持的背景。

| 回复 |

一、谢美华、王冬平由直接持股转为由李太友代持的背景、原因

2016 年 5 月 25 日,美腾有限召开临时股东会,同意谢美华将其持有的公司 11.00% 的股权转让给李太友,同意王冬平将其持有的公司 10.00% 的股权转让给李太友,***其他股东就上述股权转让放弃优先受让权***。

同日,谢美华、王冬平分别与李太友签署《天津美腾科技有限公司股权转让协议》,将其持有的上述股权转让给李太友,对应的认缴出资额分别为 330.00 万元、300.00 万元,实缴出资额分别为 330.00 万元、300.00 万元,转让价格为 1.00 元/1.00 元出资额。

本次转让完成后,李太友所持前述美腾有限的 21.00% 股权,***系代谢美华和王冬平持有***,其代持的出资额分别为 330.00 万元和 300.00 万元,占当时发行人注册资本的 11.00% 和 10.00%。

李太友本次受让的股权实际为代谢美华、王冬平持有,经核查,***李太友支付的股权转让价款的资金来源于谢美华、王冬平,上述股权的实际持有人仍为谢美华、王冬平***。

李太友代谢美华、王冬平持有美腾有限股权的背景和原因主要为:***大地公司当时基于筹备境内上市的需要,拟对大地公司及大地公司董事、监事、高级管理人员的共同对外投资事项进行调整***,谢美华、王冬平当时尚未对其持有的美腾有限股权处置作出最终决定,但为配合大地公司上市准备工作,决定暂由李太友代其持有美腾有限股权,直至其对该部分股权处置作出最终决定。

点评

1. 李太友代谢美华、王冬平持有，资金实际源于谢美华、王冬平。所以，李太友是名义出资人、代持人，谢美华、王冬平是实际出资人、被代持人。

2. 找人代持的原因有规避身份限制、隐瞒财产、规避公司治理等限制、税务筹划、寻找商业机会等，本案例是为了规避公司治理。

3. 公司与关联方共同投资会被质疑公司的独立性受到影响，但共同投资并非禁区。《公司法》第一百四十八条规定，董事、高级管理人员未经股东会或者股东大会同意，不得利用职务便利为自己或者他人谋取属于公司的商业机会，自营或者为他人经营与所任职公司同类的业务。大地公司与公司的董事、监事、高级管理人员共同对外投资，核查是否符合《公司法》第一百四十八条的规定即可，无须找人代持。

二、智冠信息形成代持的背景

自智冠信息成立之日起，李太友并未直接持有智冠信息股权，且由谢美华代为持有智冠信息股权的主要原因为：李太友作为美腾有限的实际控制人，为表示对智冠信息未来业务发展的信心，愿意对智冠信息进行投资，与其他股东共担风险，但李太友考虑到其***作为美腾有限的实际控制人，与美腾有限共同对外投资设立智冠信息可能存在利益冲突，可能影响美腾有限未来的上市***，同时基于对谢美华的信任关系，因此委托谢美华代其持有智冠信息的股份。

点评

1. 发行人控股股东(或实际控制人)及其近亲属全资或控股的企业在同业竞争的核查范围内，本案例中，控股股东或实际控制人找人代持是担心构成同业竞争，存在利益冲突，影响上市。其实没必要，发行人如与其控股股东、实际控制人共同设立公司，只要原因合理，有必要以及出资合法合规、出资价格公允，解释得通即可。

2. 企业若想上市，要对代持避而远之。本案例怕影响到上市，找人代持，最后反而影响上市，南辕北辙。

14－2 晶华微2022－01

根据申报材料:志合电子为发行人前五大客户之一,在2018年5月至2019年6月期间,吕汉泉共向志合电子提供了882万元的资金支持,包括746万元的借款,136万元的股权款并委托陈晓玲代持(占比40%),相关借款于2020年12月归还,代持股权于2020年9月转予志合电子的实控人,股权转让价格以出资额进行转让。

请发行人说明:吕汉泉委托陈晓玲出资志合电子及退出的原因、具体情况;退出是否真实,目前是否存在代持或其他替代安排。

回复

一、吕汉泉委托陈晓玲出资志合电子的原因、具体情况

志合电子设立时的股东为郑根花、卢丽晓和杨敏榕,该三人系伟创电子前员工,对电子秤模组产品生产流程及技术较为熟悉,行业经验丰富,伟创电子亦是发行人2018年及之前的主要客户,在此之前,浙江区域电子秤模组市场主要由伟创电子所主导。在志合电子成立之初,其即向发行人采购人体秤芯片用于电子秤模组的生产,成为了发行人的直销客户,但受竞争格局、资金限制等因素影响,其亟需外部资金投入以扩大其生产经营,并在积极寻求外部战略合作伙伴。综合考虑发行人与志合电子的稳定合作将有助于加强发行人在浙江区域健康衡器领域的市场份额,提升***发行人***芯片产品在***下游***终端客户处的粘性,避免更为激烈的市场竞争,基于此,经各方磋商后,吕汉泉愿意向志合电子提供部分资金支持。

由于发行人主要从事芯片设计业务,吕汉泉考虑到***发行人或其个人直接参股志合电子会形成发行人直接渗透到产业链下游的情况,不利于区域市场的维护***;同时,***其是中国香港籍***,发行人员工亲属陈晓玲系志合电子注册地缙云县本地人,***为方便办理相关工商变更手续***等,吕汉泉遂委托陈晓玲代为出资志合电子。2018年5月16日,吕汉泉通***过陈晓玲与志合电子签订借款协议***,拟向志合电子提供不超过1,000万元的借款,借款利率为6%/年,志合电子应在2020年12月31日前归还借款。

点评

发行人若参股上下游公司,可能会增加关联交易,影响独立性等。

2018年5月至2019年6月，吕汉泉通过陈晓玲共计向志合电子提供882万元的资金支持：***其中746万元系吕汉泉通过陈晓玲对志合电子进行的借款***，另外136万元系吕汉泉委托陈晓玲持有志合电子40%的出资额，该部分出资额在志合电子归还借款时需按原出资额进行转回。同时，***双方约定吕汉泉不参与志合电子的任何经营管理***，其实际生产经营始终由志合电子三名共同实际控制人管理。

点评

此案例中，不仅有股权代持，还有委托贷款。吕汉泉通过他人给下游企业志合电子贷款，与参股找人代持股权一样，都是担心被人质疑独立性，想偷偷摸摸进行。其实，只要合理正当，贷款利率公允，上下游企业之间相互借贷与入股一样，未尝不可。

2018年7月18日，志合电子召开股东会并决议，同意卢丽晓、郑根花、杨敏榕分别其持有志合电子14%、13%、13%的股权转让给陈晓玲；2018年7月19日，志合电子召开股东会并决议同意增加注册资本140万元，其中陈晓玲增资56万元，卢丽晓增资28万元，郑根花增资28万元，杨敏榕增资28万元。通过前述股权转让和增资后，陈晓玲持有了志合电子136万元出资额，折合志合电子40%的股权。

二、退出志合电子的原因、具体情况

2020年下半年，志合电子生产经营及浙江区域市场份额等已达到前期合作目的，为了规范与下游客户之间的关系，吕汉泉于2020年9月将委托陈晓玲持有的志合电子40%出资额全部转让予志合电子的实际控制人郑根花、卢丽晓和杨敏榕，***股权转让价格按照原先资金支持时的约定以出资额进行转让***，相关股权转让价款及***税费***均已支付完毕，并已完成了工商变更手续；同时，志合电子已按照借款协议的约定***向吕汉泉归还了前述全部借款***，并支付了相应的借款利息。

点评

1. 被代持人吕汉泉指示代持人陈晓玲将股权转让给第三方，即志合电子的实际控制人郑根花、卢丽晓和杨敏榕，代持解除。

2. 此处代持的股权以原出资额转让，应该无转让所得，无须缴纳所得税。

三、退出是否真实，目前是否存在代持或其他替代安排

2020年9月3日，志合电子召开股东会并做出决议，同意陈晓玲将所持志合电子14%的股权、13%的股权、13%的股权分别转让给郑根花、杨敏榕和卢晓，上述相关股权转让价款及税费均已支付完毕，并已完成了工商变更手续。至此，陈晓玲不再持有志合电子的任何股权。

综上，吕汉泉委托陈晓玲持有志合电子40%的股权已于2020年9月全部转让给志合电子原股东，吕汉泉已退出志合电子，退出情况真实，目前不存在代持或其他替代安排。

14-3 新华扬2022-01

根据申报材料，2010年6月10日，公司注册资本由5,700.00万元增至6,000.00万元，目的在于对公司员工实施股权激励，其中有8名员工存在为詹志春代持公司股份情形。相关股份代持情形于2018年11月清理。

请发行人说明：(1)8名员工为实际控制人代持股份的原因及合理性；(2)2011年詹志春受让股份时仍由吴琪、李久胜作为名义受让方的原因及合理性；(3)名义持有人于2018年11月将相关股份转让给珠海厚生的交易背景、定价依据及款项支付情况，是否存在纠纷或潜在纠纷。

| 回复 |

一、8名员工为实际控制人代持股份的原因及合理性

发行人于2010年6月增资过程中，实际控制人詹志春存在委托罗胜利等8名员工认购发行人股份的情形。

委托持股形成的原因如下：

1、本次增资前，詹志春计划***预留部分股份用于后续员工激励***；

2、詹志春***认为***如果由其直接持有该部分预留股份，***在后续实施股权激励过程中会造成实际控制人所持股份频繁变动***的情况，对于发行人引进外部投资可能会产生负面影响；

3、2010年发行人实施员工股权激励时，詹志春对实施股权激励的方式认知有限，***未认识到通过设立员工持股平台的方式预留部分股份用于后续股权激励，可以避免发行人实际控制人股权的频繁变动***。因此，詹志春决定在不影响本身持股稳定性的情况下，采取委托持股的方式预留股份，用于后续股权激励。

点评

实际控制人詹志春认为自己先直接持有预留股份，在后续实施股权激励的过程中，自己的持股比例会变少，进而造成实际控制人变动。所以，找人代持预留股份，后续由代持人将股份转给激励对象。詹志春是非专业人士，这么想、这么做，投行人可以理解。

综上所述，上述委托持股主要因詹志春预留股份的考虑以及当时对实施员工股权激励的方式认知有限所致，具有合理性。

二、2011年詹志春受让股份时仍由吴琪、李久胜作为名义受让方的原因及合理性

2010年10月9日，张琪与吴琪签署《股权转让协议》，张琪将其持有的发行人6.00万股股份转让给吴琪。2011年1月6日，马涛与李久胜签署《股权转让协议》，马涛将其持有的发行人10.00万股股份转让给李久胜。上述股权转让的名义受让方为吴琪、李久胜，实际受让方均为詹志春。

2010年6月至2011年1月，在半年左右的时间里，詹志春分别通过委托他人增资、委托他人代为受让的方式持有发行人股份，***初衷均为预留部分股份用于对后续员工激励***，但又考虑到后续实施股权激励过程中会造成实际控制人所持股份频繁变动的情况，进而可能影响投资者对发行人的发展信心。因此，基于詹志春的初衷以及对股权激励方式的有限认知，委托吴琪、李久胜代为持有发行人股份具备合理性。

三、名义持有人于2018年11月将相关股份转让给珠海厚生的交易背景、定价依据及款项支付情况，是否存在纠纷或潜在纠纷

1、名义持有人于2018年11月将相关股份转让给珠海厚生的交易背景、定价依据及款项支付情况

(1)交易背景

①预留股份形成后，发行人一直未实施股权激励

前述预留股份以代持方式形成后，发行人经历了两次向证监会提交创业板上市申请、两次撤回的过程，以及经营战略的调整，2011年1月至2018年11月，发行人一直未实施员工股权激励，詹志春委托他人持有的发行人股份未发生变动。

②北京厚生***看好发行人发展前景***，拟追加投资

珠海厚生与深圳厚生均为北京厚生管理的私募基金，投资领域主要为食品供应链上下游各细分领域，包括消费升级、产业升级及领先生物技术等。

2012年11月，北京厚生以深圳厚生为主体投资入股发行人。2018年，基于对发行人的长期了解，持续看好发行人的发展前景，北京厚生计划追加投资，并开始与发行人进行接洽。

③发行人改变股权激励方式，通过设立持股平台进行股权激励，需对预留股份进行清理

2018年底，考虑到发行人前次股权激励已过去7年左右，当时的员工持股情况已无法与发行人管理层以及骨干员工结构相匹配，为充分调动员工的工作积极性，增强员工归属感、获得感和凝聚力，提高人员稳定性，发行人计划实施一次大面积的股权激励，原先预留的146.00万股股份预计远不能满足该次股权激励的需要。同时，通过研究近年来多数公司实施股权激励的案例，詹志春***认识到可以通过设立有限合伙企业的方式进行股权激励，这样既能满足保持自身持股稳定性的需求***，又能让更多员工参与激励、分享发行人发展的红利。因此，原先通过委托代持方式预留的146.00万股股份已无继续保留的必要，詹志春决定清理相关代持股份。同时，考虑到自身资金需求，詹志春决定向北京厚生转让相关股份。

点评

实施股权激励最好的办法是通过持股平台将股份转让给激励对象。专业事情还是得请专业人士来做，如果一开始就通过设立合伙企业来实施股权激励，后继便会省去很多麻烦。

基于上述背景，詹志春与北京厚生协商一致，由北京厚生管理的珠海厚生作为投资主体，受让发行人原股东所持股份，其中包括詹志春通过委托代持方式预留的146.00万股。

(2)定价依据及款项支付情况

2018年11月，名义持有人根据詹志春的安排与珠海厚生签署了股份转让协议，就股份转让具体事宜进行了约定。

本次股份转让的定价为9.50元/股，定价依据为交易各方参考2017年12月

31日每股净资产基础上，并*以一定市盈率协商确定价格*。截至2018年12月，珠海厚生已按约定向名义持有人足额支付了股权转让款，并***由名义持有人将缴纳个人所得税之后的股权转让款支付至詹志春***指定的银行账户。

点评

被代持人詹志春指示代持人将股份转让给第三方北京厚生，代持解除。此处有转让所得，由名义持有人扣除缴税之后再将余额转让给被代持人詹志春，合理。

2、名义持有人于2018年11月将相关股份转让给珠海厚生是否存在纠纷或潜在纠纷

本次股份转让的交易各方均已签署股份转让协议，转让价款已按时全额支付，且已依法缴纳了个人所得税，同时，涉及的代持各方已出具《情况说明及承诺函》并经公证处公证，本次股份转让系交易各方真实意思表示，不存在纠纷或潜在纠纷。

14-4　海正生物2022-01[①]

根据招股说明书及申报材料，发行人历史沿革中存在股份代持，《浙江海正生物材料股份有限公司内部出资管理办法》（以下简称"《内部出资办法》"）约定了具体出资人，出资人大会为管理出资人出资的最高权力机构。2021年3月上述股权代持关系解除。

请发行人说明：（1）历史沿革中历次股权代持中代持的背景、原因和合理性；（2）2021年各类股权代持解除中，针对各类人员的还原、清退、平移等的具体情况，相关主体间是否存在异议、纠纷或潜在纠纷。

｜回复｜

一、历史沿革中历次股权代持中代持的背景、原因和合理性

（一）2004年8月，在发行人筹备设立过程中，经发起人海正集团、长春应化所协商，海正集团人员（含下属单位人员，下同）、长春应化所人员拟共同参与公司

① 此案例综合了代持的原因、清理及税务处理，值得一看。

设立出资，为便于公司管理，委托陈志明、边新超作为海正集团、长春应化所代表，以各自名义分别持有400万股。***由于海正集团人员出资较多、长春应化所人员出资较少***，所以也存在部分海正集团人员***由边新超代持***。同时，陈志明名下预留19万股给海正生物员工，该等预留股份于2006年7月由海正生物员工郑颖、梁伟、李伟民分别购买15、2、2万股股份。

（二）2018年6月，由于发行人资金紧张且为提高员工积极性，发行人计划增资扩股筹集资金并发动员工或董监事参与。蔡时红、那天海时任发行人董事，魏玲丽时任发行人监事，前述人员***均委托陈志明代为持有股份***。郑颖系发行人员工且为台州创熠执行事务合伙人，基于***税务筹划***考虑，郑颖通过台州创熠间接持有较少股份，委托陈志明代持持有相对较多的股份。董开岳系发行人员工，入职时间较晚，其决定参与增资时台州创熠已设立完毕，为***简化程序***，董开岳委托陈志明持有股份参与增资。

……

二、2021年各类股权代持解除中，针对各类人员的还原、清退、平移等的具体情况，相关主体间是否存在异议、纠纷或潜在纠纷

根据椒江区国资办于2021年3月5日出具的椒国资办[2021]8号《台州市椒江区人民政府国有资产监督管理办公室关于同意浙江海正生物材料股份有限公司历史持股问题整改方案的批复》，公司股份代持解除方案已经公司第六届董事会第六次会议、2021年第三次临时股东大会审议通过并已取得椒江区国资办的批复。

公司股份代持解除情况具体如下：

点评

清除代持的方法有还原、清退、转让给第三方、平移等，这四种方法在本案例中都用到了。

（一）代持股份的***还原***情况

陈学思、庄秀丽系长春应化所研究员。2021年3月5日，椒江区国资办出具《关于同意浙江海正生物材料股份有限公司历史持股问题整改方案的批复》（椒国资办[2021]8号），同意边新超代持的股份进行***还原***，由委托出资人陈学思、庄秀丽直接持有。

2021年3月18日，陈学思、庄秀丽分别与边新超签署了《股份代持解除协议》和《股份转让协议》，同意解除股份代持并由边新超分别将代持的132万股股份转让给陈学思，将代持的50万股股份转让给庄秀丽。由于前述股份转让系为解除股份代持关系、真实还原股份持有情况，故前述***股份转让为零对价转让，亦不涉及税款缴纳***。2021年3月31日，公司就上述股份转让事项向台州市市场监督管理局办理了变更登记。

点评

代持还原，即代持人边新超将代持的股权还给被代持人陈学思、庄秀丽，被代持人变成了显名股东。因为没有现金流回，一般不用缴纳所得税。

（二）代持股份或份额的***清退***情况

2021年3月5日，椒江区国资办出具《关于公司历史持股整改方案的批复》，同意对海正集团（含下属子公司，发行人及子公司除外）员工持有的海正生物股份进行清退，同意其他通过代持方式持有海正生物股份的人员可自愿选择清退，退出股份原则上***由代持人承接***。

发行人代持股份/代持份额的清退情况如下：

1、陈志明名下代持股份的清退

2021年2月28日，被代持人王若松等11人分别与陈志明签署了《股份代持解除协议》和《股份转让协议》，同意***解除股份代持并将其股份转让给陈志明***。

2020年12月，代持人陈志明已将股份转让款足额支付给被代持人。***股份转让涉及的税款已由陈志明代扣代缴***并取得国家税务总局台州市椒江区税务局出具的《税收完税证明》。

点评

被代持人将股权转让给代持人，即显名股东陈志明向隐名股东王若松等11人购买代持股权，隐名股东退出幕后。这种清理方法有现金流，被代持人若有转让所得，得由代持人代扣代缴所得税。

2、边新超名下代持股份的清退

2021年3月18日，被代持人刘声与边新超签署了《股份代持解除协议》和《股份转让协议》，同意解除股份代持并将12万股股份转让给边新超，股份转让价格为7.65元/股。

2021年3月18日，被代持人阮召炉与边新超签署了《**股份代持解除**协议》并出具《授权委托书》，**同意解除股份代持并委托边新超将12万股股份转让给陈志明**，股份转让价格为7.65元/股。同日，边新超与陈志明签署《**股份转让**协议》，将其为阮召炉代为持有的12万股股份转让给陈志明。

阮召炉和刘声分别于2020年12月、2021年3月足额收到股份转让款，上述股份转让涉及的税款均已足额**缴纳**并由税务局出具《税收完税证明》。2021年3月31日，公司就上述股份转让事项向台州市市场监督管理局办理了变更登记。

点评

1. 被代持人阮召炉指示代持人边新超将股权转让给第三方陈志明，案例中把转让给第三方这种清理方法拆分为两个动作：股份代持解除、股份转让。其实，可以合并为一个动作，签一份协议，提高效率。

2. 被代持人若有转让所得，得缴纳所得税。

（三）代持股份的**平移**情况

除上述退出股份人员、应化所人员外，其他**被代持人员根据其被代持股份份额共同设立有限合伙企业平台对其被代持股份进行承接，穿透计算后该等人员持有的海正生物股份保持不变**。2021年3月5日，椒江区国资办出具《关于公司历史持股整改方案的批复》，同意由整改方案确定的15名实际出资人新设有限合伙企业，承接平移还原的376万股代持股份。

公司代持股份的平移过程具体如下：

1、陈志明名下的代持股份**平移**

2021年3月18日，13名被代持人分别与陈志明签署了《**股份代持解除**协议》并出具《授权委托书》，同意解除股份代持并委托陈志明直接将其代持股份转让给椒江创雅。同日，陈志明与椒江创雅签署了《**股份转让**协议》，将340万股代持股份转让给椒江创雅。

2021年3月,受让方椒江创雅已将股份转让款足额支付给代持人陈志明。陈志明收到股份转让款后,于2021年3月26日分别将股份转让款足额支付给被代持人(被代持人蒋灵由其配偶蔡芹红代收)。股份转让涉及的***税款***已足额缴纳并取得国家税务总局台州市椒江区税务局出具的《税收完税证明》。

2、边新超名下的代持股份***平移***

2021年3月18日,被代持人罗菊芳、卢秀剑分别与边新超签署了《***股份代持解除***协议》并出具《授权委托书》,同意解除股份代持并委托边新超将其代持股份转让给椒江创雅,***股份转让价格***为7.65元/股。同日,边新超与椒江创雅签署《***股份转让***协议》,边新超将24万股代持股份转让给椒江创雅。

2021年3月,受让方椒江创雅已将股份转让款足额支付给代持人边新超。边新超收到股份转让款后,于2021年3月26日分别将股份转让款足额支付给被代持人。股份转让涉及的***税款***已足额缴纳并取得国家税务总局台州市椒江区税务局出具的《税收完税证明》。2021年3月31日,公司就上述股份转让事项向台州市市场监督管理局办理了变更登记。

点评

1. 平移,即被代持人以他们被代持股份的份额共同设立持股平台,代持人将股份转让给持股平台,被代持人通过持股平台显名。平移适用于清理人数较多的代持,本案例就是设立一个有限合伙企业椒江创雅来接管15个代持,一次性解决。

2. 平移的本质是转让给他人,若有转让所得,也需缴纳所得税。

3. 本案例把平移拆分为两个动作:股份代持解除、股份转让。其实可以合并为一个动作,签一份协议。

被代持人均自愿解除股份代持关系并自愿转让实际持有的股份,股份转让款均已足额收到且相关税款已足额缴清(***不包括股份还原***),代持人、被代持人和发行人及其关联方之间不存在任何现实或潜在的纠纷。

综上,2021年各类股份代持解除中,各类人员的还原、清退、平移等过程真实有效且已办理完毕工商登记手续,被代持人的股份转让款均已足额收到且相关税费均已足额缴纳(不包括股份还原),代持人、被代持人间不存在异议、纠纷或潜在纠纷。

14－5 德邦科技 2022－01

根据招股说明书:自成立以来,康汇投资曾存在部分员工离职退伙的情形,经公司实际控制人解海华指定,相关离职员工所持份额由当时的执行事务合伙人于杰暂时代为持有,拟用于后续股权激励,实质上系于杰代解海华持有。此外,德瑞投资也存在类似情况。

请发行人说明:(1)认定于杰、陈丽代持的依据;(2)报告期内员工持股平台各次份额变动的具体情况,包括份额出让人、受让人、份额数量、转让价格、转让时点股权公允价值及对应的会计处理等。

| 回复 |

一、认定于杰、陈丽代持的依据

自成立以来,康汇投资、德瑞投资曾存在部分员工离职退伙的情形,经发行人实际控制人解海华指定,***相关离职员工所持份额由当时的执行事务合伙人于杰、陈丽暂时代为持有,拟用于后续股权激励,实质上系于杰、陈丽代解海华持有***,认定于杰、陈丽代持的依据具体如下:

1、激励股权的来源:相关离职员工通过持有康汇投资、德瑞投资合伙份额并间接持有的德邦科技股权系来源于解海华实际控制的康汇有限与德瑞有限转让的股权,即***激励股权本身来源于授予人解海华所持股权***。

2、激励股权的分配:在实施员工股权激励的过程中,公司综合考虑激励对象的工作年限、职级以及对于公司的整体贡献情况予以分配相应的激励股权数量,据此确定了于杰、陈丽应持有的***平台份额,离职员工退伙转回的份额并非对于杰、陈丽的新增激励,仅为暂时代为持有,作为预留股份拟用于后续股权激励***。

3、未完成分配及收回的激励股权归属:***由于激励股权本身来源于实际控制人解海华,尚未分配至激励对象名下及离职员工收回的持股平台份额均应当归属于授予人解海华所有***。

4、资金收付情况:根据资金支付凭证并经访谈确认,激励员工支付股权激励款的***受让***方以及向离职员工支付***回购***款的资金来源方均为发行人***实际控制人解海华***。

5、当事人确认：于杰、陈丽均确认，离职员工退伙转回的持股平台份额均系***代解海华暂时持有***，作为预留股份拟用于后续股权激励，并于***2021年6月***将未完成分配代为持有的份额还原至解海华名下且进行了工商变更登记。此外，就上述于杰、陈丽与解海华之间的份额代持事项，发行人实际控制人解海华、陈田安、王建斌、林国成和陈昕均予以认可且无异议，且确认并不存在其他特殊的利益安排。

综上，离职员工转回的持股平台份额均系由于杰、陈丽代为持有，于杰、陈丽已***将相关代持份额还原至实际持有人解海华名下，相关代持事项已经彻底清理***。

点评

员工离职时会将所持有的平台份额按原价或者较少溢价转回给普通合伙人（假设由实际控制人担任）或普通合伙人指定的第三方，由其暂时代持，期间不享有受让份额对应的投票权和股利分配等受益权。之后，在合理的时间内再次授予其他激励对象。这种回收后短时间内再授予的行为不符合股份支付的定义，不属于股份支付。

二、报告期内员工持股平台各次份额变动具体情况，包括份额出让人、受让人、份额数量、转让价格、转让时点股权公允价值及对应的会计处理等

报告期内，公司的员工持股平台康汇投资与德瑞投资存在份额变动的情况，主要系实施股权激励及激励合伙人离职所致，具体情况如下表所示：

（1）康汇投资

①2018年员工股权激励

出让人	受让人	转让份额（万元）	转让价格（万元）	转让时点份额公允价值
于杰（代解海华）	***张丽娅***	1.08	2.64	***参考***2019年1月***外部投资者***入股德邦科技的增资价格7.81元/注册资本折算合伙份额公允价值为4.34元/合伙份额

发行人对部分员工实施了新一轮股权激励，构成股份支付，并以激励份额公允价值与实际支付成本的差额确认股份支付费用32.74万元。

②离职员工退伙转回激励份额

转让时间	转让方	受让方	转让份额（万元）	转让价格（万元）	转让时点份额公允价值
2019年1月	***张丽娅***	于杰（代解海华）	4.56	6.98	参考2019年1月***外部投资者***入股的增资价格7.81元/注册资本折算合伙份额公允价值为4.34元/合伙份额
2020年7月	张坤	于杰（代解海华）	0.90	1.16	参考2020年6月***外部投资者***之间转让价格10.00元/注册资本折算合伙份额公允价值为5.56元/合伙份额

点评

股份的公允价值最喜欢参考最近一次非关联方投资者的入股价格。

鉴于激励股权本身来源于实际控制人解海华，离职员工将所持激励份额***转回至授予人解海华，系原授予人的收回行为，而并非公司给予解海华新增股权激励，不属于公司***为了获取职工或其他方提供服务而授予权益工具或者承担以权益工具为基础确定的负债的交易，***不构成股份支付***。

(2)德瑞投资

……

点评

本案例中，离职员工张丽娅、张坤的股份不管是转回至解海华还是于杰、陈丽，都只是对离职员工的结算。回收后短时间内再授予其他人，算是暂时代持，公司与股东都未让渡新的利益，不构成股份支付，无须确认股份支付费用。

14－6 合合信息2021－12

根据申报材料，镇立新与陈飒原系夫妻，双方2013年2月协议离婚，陈飒

2014 年 3 月入职发行人、2020 年 5 月卸任发行人副总经理,2020 年 9 月离职。2019 年 7 月约定进行财产分割,约定镇立新向陈飒支付补偿款,陈飒将所持发行人股份转让给镇立新或其指定的第三方,并形成了短期股权/财产份额代持情形,2020 年 7 月交割相关股权、财产份额。

请发行人说明:陈飒与镇立新离婚后至退出前,是否存在表决权委托、一致行动关系或类似安排,二人是否共同控制发行人。

| 回复 |

陈飒与镇立新 2013 年 2 月离婚时,陈飒不持有合合信息的股权。2015 年 11 月陈飒以激励对象的身份通过员工持股平台间接持有公司股权,同时持有上海狮吼的股权。

2019 年初,陈飒与镇立新之间对公司的发展理念逐渐产生差异,由于公司当时已准备启动相应的上市计划,考虑到陈飒与镇立新办理协议离婚手续时,双方在分割财产环节未涉及镇立新持有的合合有限的股权,为彻底明晰公司的股权权属,保持公司的稳定发展,二人于 2019 年 7 月签署书面协议,就 2013 年离婚分割财产时未涉及的镇立新持有的合合有限股权等相关资产的归属及离婚补偿款等事宜进行约定。

2019 年 7 月,陈飒与镇立新签署关于离婚补偿财产分割协议时约定,镇立新向陈飒支付补偿款,同时陈飒持有的上海狮吼的股权以及各员工持股平台的财产份额归属于镇立新所有,***并暂由陈飒代为持有,镇立新有权指示陈飒将相关资产转让给镇立新或其指定的第三方,陈飒不得擅自对相关资产进行处置、转让或设置任何形式的担保***。自陈飒与镇立新 ***2019 年 7 月签署协议***,至 ***2020 年 7 月交割***相关股权、财产份额期间,双方事实上形成了***短期股权/财产份额代持***情形,上述代持属于双方履行财产分割协议的***过渡性安排***,该等事项未降低实际控制人镇立新对公司的控制力,***未造成公司实际控制权发生变化,不影响发行人实际控制人股权的清晰稳定***。陈飒与镇立新离婚后至退出前,双方不存在表决权委托、一致行动关系或类似安排。

点评

1. 是不是代持,关键看有无“名实分离”,是不是由实际出资人行使股东权利并承担股东风险。

2. 本案例中,陈飒与镇立新离婚时约定,股权归镇立新所有,但暂由陈飒代为持有,镇立新有权指示陈飒处置股权,陈飒不得擅自对股权进行处置等。由此可以看出,虽然工商档案上的股东是陈飒,但真正的背后主使人却是镇立新,名实分离,属于股权代持。

3. 股权转让或离婚分割股权财产,若先签协议,过了一段较长不合理的时间后才交割,会有股权代持的嫌疑。本案例中,陈飒与镇立新2019年7月签署协议,2020年7月才交割股权,容易被怀疑是代持、远期交易。

镇立新入股发行人后***一直为单一第一大股东,其他股东的持股数量与其相比差距较大***,且后续***多次投资机构入股发行人时均将镇立新认定为实际控制人***,镇立新作为公司控股股东***对发行人股东会或股东大会的决议产生重大影响***,报告期内发行人股东会或股东大会不存在议案被否决的情形,***董事会半数以上的董事均由其提名,公司的产品研发、业务方向等重要事项也均由镇立新主导***。2014年,陈飒获授50万份期权,占期权总数的5%,对应公司当时股本总额的0.5%(公司期权总数对应当时股本总额的10%)。陈飒担任"期权池"及上海狮吼的控股股东是由发行人创始团队共同决定的,主要原因是陈飒个人没有直接持有发行人股权,相比其他公司创始股东能够避免侵占发行人或发行人股东权益;此外,上海狮吼作为各员工持股平台的执行事务合伙人,其控股股东曾为陈飒,但是法定代表人、执行董事为龙腾,该等股权架构及高管配置亦体现为避免任意一方通过股权激励计划侵占发行人或发行人股东的权益,不涉及陈飒与镇立新共同控制公司的情形。根据对镇立新、陈飒的访谈,除上述另有说明的代持情形外,双方不存在表决权委托、一致行动关系或类似安排,双方***不存在共同控制***发行人的情形。

点评

1. 股权代持会影响企业控制权的稳定,代持还原会导致股权结构变动。但倘若发行人第一大股东的持股比例始终占着明显优势,代持还原对发行人股权的清晰、稳定没有造成严重影响,不会造成实际控制人变动。详细参见"疑难点17 实际控制人"之"疑难点17-4 实际控制人变动"。

2. 如本案例中,镇立新一直为单一第一大股东,与其他股东的持股数量差距较大，一直控制着股东大会、董事会，即使陈飒将股权还原给镇立新，只会令镇立新的持股比例更大，控制权更加稳固，压根不会造成实际控制人变动。

14-7　赛特斯 2021-12

招股书披露：(1)发行人存在多名近一年新增股东，均通过大宗交易方式产生。(2)2018 年 12 月，朴盈国视与徐州华美、LULIJUN(逯利军)签署投资协议，约定朴盈国视投资不超过(含)8,000 万元受让徐州华美所持有的发行人股份，其中向徐州华美支付 3,999.6250 万元投资款直接受让股份，剩余 4,000.3750 万元所对应的 457.1857 万股发行人股份原则上应于 2019 年 12 月 31 日之前进行交割，除非经朴盈国视同意延期。上述剩余股份实际于 2021 年 6 月交割。朴盈国视对其持有的上述 4,571,800 股股份出具了股份锁定的承诺函。

请发行人说明：

一、相关股权长期未转让的原因、是否存在纠纷或潜在纠纷

| 回复 |

根据《投资协议》的约定，朴盈国视投资不超过(含)8,000 万元受让徐州华美所持有的发行人股份，其中 3,999.6250 万元投资款所对应的 457.1000 万股发行人股份于***2018 年 12 月***直接自徐州华美处受让，剩余 4,000.3750 万元所对应的 457.1857 万股发行人股份原则上应于***2019 年 12 月 31 日***之前进行交割，除非经朴盈国视同意延期。

根据朴盈国视及徐州华美的确认，双方于***2021 年 6 月***完成了对剩余 457.1857 万股股份的交割(注：最终成交数量为 457.1800 万股)，***上述股份延期交割事宜系朴盈国视内部投资安排及双方协商确定的结果***，双方的股份交割及交割延期事宜均系双方真实意思表示，不存在争议、纠纷或可能存在的潜在纠纷。

综上，相关股权长期未转让的原因系朴盈国视的内部投资安排及双方协商确定的结果，徐州华美与朴盈国视股份交割及交割延期事宜均系双方真实意思表示，各方不存在纠纷或潜在纠纷。

二、结合投资协议约定及对应股份的表决权行使情况，进一步说明部分股权应交割未交割期间是否实际上属于股权代持关系、控股股东及实际控制人所持股份是否清晰

回复

经查阅《投资协议》，朴盈国视与徐州华美之间不存在就延期股份在应交割未交割期间的表决权进行特殊约定的情况。经查询朴盈国视入股后发行人历次股东大会的出席及表决情况，***朴盈国视一直未参加也未委托他人参加发行人股东大会，亦未将其持有的发行人股份对应的表决权委托他人行使***。

根据朴盈国视的确认，朴盈国视拥有发行人股份相关的完整权利，***与徐州华美之间不存在延期后的股权代持安排及相关约定条款***，前述延期交割股份在延期交割期间，朴盈国视不存在接受他方委托或委托他方持有发行人股份的情形，包括但不限于以委托、信托、隐名代理、表决权持股或任何其他形式持有发行人股份的情形。

根据徐州华美的确认，***延期交割的股份在未交割期间的分红权、表决权等股东权利均属于徐州华美，徐州华美拥有相应股份完整的股东权利***，双方不存在股权代持关系。

点评

一般来说，是不是代持，分红要有银行流水证明，表决要有会议文件证明。

综上，延期交割的股份***不存在股权代持关系***，控股股东及实际控制人所持股份清晰。

点评

2018年12月转让，两年半后的2021年6月才交割，难免有代持嫌疑。与案例“14－6 合合信息 2021－12”不同，该案例在未交割期间，受让方朴盈国视一直未参加股东大会，未拥有股东权利，分红权、表决权等股东权利还是归转让方徐州华美所有。名实不分离，不属于股权代持。

14－8　致尚科技 2022－01

申报文件显示：2014 年 4 月胡盛华将其持有的致尚有限 10% 的股权转让给陈潮先，本次股权转让的实质为让与担保，该等股权的实际持有人仍为胡盛华。2015 年 2 月发行人增资时，应由胡盛华缴付的出资款系由陈潮先出借给胡盛华，并由陈潮先支付至致尚有限、完成股东出资义务。2015 年 3 月，陈潮先和胡盛华的股权代持解除。

请发行人：(1) 结合陈潮先和胡盛华的借款协议具体情况、借款利息、还款情况、还款时间、相应资金往来凭据等说明股份代持是否彻底清理；(2) 清理股份代持的过程是否符合法律法规的规定，是否符合被代持人的意愿，是否双方真实意思表示，是否存在其他利益安排，是否存在纠纷、潜在纠纷；(3) 通过让与担保方式转让股权的税费缴纳情况及合规性，是否存在税收风险。

｜ 回复 ｜

发行人历史沿革中曾存在股份代持，根据胡盛华与陈潮先当时签署的《借款合同》和银行交易明细或银行回单等材料，并经双方确认，胡盛华与陈潮先之间相关股份代持已清理完毕，清理过程符合法律法规的规定和被代持人的意愿，是股份代持双方的真实意思表示，不存在其他利益安排或纠纷、潜在纠纷；陈潮先与胡盛华之间通过让与担保方式转让股权的行为合规且已依法纳税，不存在相关税收风险。

一、结合陈潮先和胡盛华的借款协议具体情况、借款利息、还款情况、还款时间、相应资金往来凭据等说明股份代持是否彻底清理

胡盛华与陈潮先系同乡和中学同学，双方多年来一直保持良好的私人关系。2014 年 1 月 14 日，胡盛华与陈潮先签署《借款合同》，约定：①陈潮先出借 300 万元予胡盛华用于生意周转，借款期限自 2014 年 1 月 17 日至 2015 年 1 月 20 日；②借款期限内，胡盛华可随时归还借款，利息根据实际借款期限按月利息 2% 计算，每半年结息一次；③***胡盛华将持有的致尚有限 10% 的股权过户至陈潮先名下，作为前述借款的担保，由陈潮先在胡盛华还清借款本息后再将该等股权归还至胡盛华名下，且陈潮先代持期间，相关股权的所有者权益依旧归胡盛华所有，盈亏亦由胡盛华承担***。

点评

1."让与担保"指债务人或第三人为担保债务的履行,将担保物的权利移转给担保权人,债务清偿后,担保物返还给债务人或第三人,在债务未被清偿的情况下,担保权人可以就该担保物受偿。本案例中,胡盛华将股权过户至陈潮先名下,为借款担保,属于股权让与担保。

2.工商登记上,陈潮先是股东,但股权的权利与风险由胡盛华享有、承担。名为陈潮先,实为胡盛华,符合代持"名实分离"的特征。

经致尚有限于2014年1月16日召开的股东会审议通过,胡盛华按照上述约定将持有的致尚有限10%股权转让至陈潮先名下,并于2014年4月完成相应的***工商变更登记***手续;在胡盛华还清欠款后,上述股权代持于2015年3月***解除***。同时,在上述股权代持期间,因致尚有限注册资本自1,000万元增加至3,000万元,并由全体实际股东同比例认缴新增出资,陈潮先因此为胡盛华代垫了200万元增资款项。

保荐机构和发行人律师取得和查阅了陈潮先与胡盛华之间的《借款合同》、借条/收条等资料;查阅陈潮先提供的载有与胡盛华之间资金往来记录的银行交易明细或银行回单等资料,统计核查相关资金往来情况;查阅胡盛华的身份证、结婚证,并就陈潮先与胡盛华之间资金拆借的背景、款项支付、利息计算和借款归还,以及股权代持的设立、演变和解除情况等分别访谈该二人。

因陈潮先在双方清算时豁免了胡盛华部分利息,陈潮先就出借款项实际收取的利息数额低于《借款合同》约定的数额。截至本回复出具日,陈潮先与胡盛华之间与上述股份代持相关的借款已经全部清偿完毕,相关股份代持已清理完毕,双方之间就该等借款及致尚有限的股权均不存在任何纠纷或潜在纠纷。

二、清理股份代持的过程的合法合规性,以及是否符合被代持人的意愿,是否双方真实意思表示,是否存在其他利益安排,是否存在纠纷、潜在纠纷

如上文所述,发行人历史上的股份代持系致尚有限的原股东胡盛华为向实际控制人陈潮先个人借款,而以其持有的发行人股权设立的担保;陈潮先与胡盛华对该***股份代持的清理,实质是在胡盛华还清欠款后,双方解除了相应的借款担保***。根据最高人民法院发布的《全国法院民商事审判工作会议纪要》(法〔2019〕254号)第71条,"【***让与担保***】债务人或者第三人与债权人订立合同,约定将财产形式上转让至债权人名下，债务人到期清偿债务，债权人将该财产返还给债务人或第三人，债务人到期没有清偿债务，债权人可以对财产拍卖、变卖、折价偿还债权的，人民法院应当认定合同有效”，陈潮先与胡盛华就上述股份代持设定让与担保，以及债权实现后解除担保的行为合法有效。同时，在担保设立（股份代持形成）和解除（股份代持清理）过程中，致尚有限已***召开股东会，全体股东一致同意与前述让与担保的设立和解除相关的股权转让，其他股东并放弃了优先购买权***，股份代持还原的程序符合致尚有限当时有效的公司章程及《公司法》等相关法律、法规、规范性文件的规定。

根据对陈潮先、胡盛华的访谈及其签署的访谈笔录、书面确认函等资料，上述清理股份代持符合被代持人的意愿，是股份代持双方的真实意思表示；在股份代持清理之后，双方之间就被代持股份不存在其他利益安排，亦不存在任何与之相关的纠纷、潜在纠纷。

三、通过让与担保方式转让股权的税费缴纳情况及合规性，是否存在税收风险

根据《股权转让所得个人所得税管理办法（试行）》的相关规定，陈潮先与胡盛华之间通过让与担保方式转让股权属于前述部门规范性文件所规定的***股权转让行为，其二人均应依法申报纳税***；该让与担保的设立和股权转让行为均未违反相关法律、法规的禁止性规定。

点评

1. 让与担保本质上是附条件的转让合同，所有权一来一回，要注意股权优先购买权、税收等问题。

2. 股权权属一来一回，有所得就需缴纳所得税。如果是不动产的让与担保，应当缴纳契税。

经访谈陈潮先，查阅其提供的《个人所得税自行纳税申报表（A表）》和完税证明等资料，与上述让与担保相关的两次股权转让均已申报并缴交个人所得税。

综上，陈潮先与胡盛华之间通过让与担保方式转让股权行为合规且已依法纳税，不存在相关税收风险。

疑难点 15

三 类 股 东

旧时的“三类股东”是指契约性(型)基金、信托计划、资产管理计划,对应的解答为《首发业务若干问题解答》问题 6(内容与《深圳证券交易所创业板股票首次公开发行上市审核问答》问题 14、《上海证券交易所科创板股票发行上市审核问答(二)》问题 9 类似)。2023 年 2 月出台的《监管规则适用指引—发行类第 4 号》第 4 条将“三类股东”的范围扩大至“银行非保本理财产品,资金信托,证券公司、证券公司子公司、基金管理公司、基金管理子公司、期货公司、期货公司子公司、保险资产管理机构、金融资产投资公司发行的资产管理产品等《关于规范金融机构资产管理业务的指导意见》(银发〔2018〕106 号)规定的产品(统称‘资产管理产品’),以及契约型私募投资基金”。①

由于三类股东本身就很难穿透核查,这会导致发行人的股权不清晰、结构不稳定,还容易产生股份代持、利益输送等棘手问题。

之前,三类股东是一道绕不过去的坎,动不动就得清理,但清理起来却并非易事,不仅成本高、费时、费力,而且最后不一定能清理成功。

这三根难啃的“硬骨头”,曾经让投行人非常头痛,后来随着针对存在三类股东的新三板挂牌企业申请上市的监管政策、《首发业务若干问题解答》(已修改)、《监管规则适用指引—发行类第 4 号》的陆续出台,现在三类股东,特别是间接持股的三类股东已不再是企业上市路上的“拦路虎”了。

---

① 新定义的“三类股东”包含了资产管理产品、契约型私募投资基金两大类,而资产管理产品又包括无数个小类。所以,“三类股东”现在准确的叫法应该是“两类股东”。

一、三类股东的危害

《首次公开发行股票并上市管理办法》(2022 修正)第十三条要求:“发行人的股权清晰,控股股东和受控股股东、实际控制人支配的股东持有的发行人股份不存在重大权属纠纷。”

三类股东的资金端可能有众多投资者,还可能存在股权不清晰、层层嵌套的情况,这会导致最终投资者和受益人难以确定,底端股东很难被识别。

另外,三类股东的收益权和受益权可分离,存在股份代持、规避举牌申报、隐藏持股动机以及从事内幕交易,甚至操纵市场等多种可能。而且,三类股东到期兑付和收益权可以转让,这也会使得企业的股权结构不稳定。

二、三类股东应符合资管新规

2018 年 4 月出台的《关于规范金融机构资产管理业务的指导意见》(银发〔2018〕106 号),即所谓的“资管新规”,意图是规范金融机构资产管理业务,统一同类资产管理产品的监管标准。

2023 年 2 月出台的《监管规则适用指引—发行类第 4 号》第 4 条定义的新三类股东涵盖了资管新规中所有产品,应当满足新规中负债比例、份额分级、投资范围、杠杆、嵌套等若干要求。如三类股东不能有杠杆、分级、多层嵌套,开放式资产管理产品不能直接或者间接投资于未上市的企业股权及其受(收)益权。若违规,应当在资管新规的过渡期前,即 2021 年底前完成整改。

现在,鉴于资管新规的过渡期已经结束,笔者不再赘述过渡期的操作。

三、不用清理的三个要求

《监管规则适用指引—发行类第 4 号》第 4 条要求直接持有发行人股份的三类股东(即资产管理产品、契约型私募投资基金)应当满足以下三个要求:

(一)持股比例小

公司控股股东、实际控制人、第一大股东不能是三类股东。

不仅三类股东不能是第一大股东，阅读众多案例，凡是能带三类股东过会的，其持股比例都非常小。之所以这么规定是因为担心三类股东会影响发行人控制权的认定、稳定以及股份权属的清晰、稳定。其中，权属的清晰、稳定在实务审核中通常需要满足于以下条件：(1)从法律的要求来看，应该权属分明、真实确定、合法合规、权能完整；(2)从政策的要求来看，不得存在资本无序扩张、违法违规造富、利益输送等情形；(3)从监管的要求来看，要防止大股东滥用优势地位，保护公众投资者合法权益，维护股票市场秩序，明确市场主体预期。

实务中，股份权属清晰的要求在信托持股中特别明显，主要有以下三种情形：

1. 控制权存在信托持股

第一种情形是，发行人控制权条线的股份存在信托持股，若影响了对控制权股权清晰稳定这一发行条件的判断，如信托间接控制发行人，信托架构应拆除。

举个例子，发行人控股股东为一家 BVI 公司，占公司股本总额的 78%。实际控制人通过境外家族信托控制多层境外持股主体，进而间接控制 BVI 公司 82% 的股权。发行人的控制权层面通过家族信托持股，持股比例较大，上层境外架构较复杂且层级较多，导致控股股东和受控股股东、实际控制人支配的股东所持发行人的股份权属不清晰，信托持股架构应当调整。

2. 控股股东、实际控制人、第一大股东不属于信托架构

第二种情形是，发行人控股股东、实际控制人、第一大股东不属于信托架构，信托持股充分合理，且持股比例较小，不影响发行人控制权的认定，不存在影响发行人股份权属清晰和控制权稳定的情形，保荐人及发行人律师就是否符合相关法律法规和监管要求发表了专项核查意见，发行人在招股说明书中披露信托架构的具体内容、对发行人可能存在的影响等，并提示了风险，信托架构可以不拆除，参见案例“15－7 旷视科技 2021－08”。

3. 第一大股东存在信托持股，但无实际控制人、无控股股东

第三种情形是，虽然第一大股东存在信托持股，但发行人认定自身无实际控制人、无控股股东。为防止通过无实际控制人认定进行监管套利，切实落实防范资本无序扩张、违法违规造富、利益输送等监管要求，原则上应当比照第一种情形，即发行人控制权条线存在信托持股的情形拆除第一大股东相关的信托架构。仅在信托持股具有充分合理性且比例较小，发行人及中介机构审慎充分论证了信托架构不存在规避监管要求嫌疑的情况下，披露并提示风险，保荐人及发行人律

师发表专项核查意见后，信托架构可以保留，参见案例“15－6 芯原股份 2020－04”。

（二）依法设立并有效存续

三类股东应当依法设立并有效存续，已纳入国家金融监管部门有效监管，并已按照规定履行审批、备案或报告程序，其管理人也已依法注册登记。

这条非常容易操作，核查产品有无备案、管理人的金融许可证或者管理人有无在基金业协会登记即可。

（三）信息披露

现在，三类股东不要求一定得清理，但着重要求充分披露，发行人应当按照首发信息披露准则的要求对三类股东进行信息披露。

《监管规则适用指引—发行类第 4 号》第 4 条要求，通过协议转让、特定事项协议转让和大宗交易方式形成的资产管理产品、契约型私募投资基金股东，中介机构应对控股股东、实际控制人、董事、监事、高级管理人员及其近亲属，本次发行的中介机构及其负责人、高级管理人员、经办人员是否直接或间接在该等资产管理产品、契约型私募投资基金中持有权益进行核查并发表明确意见。

协议转让、特定事项协议转让和大宗交易方式容易隐藏信息，所以要严格核查。而集合竞价转让、做市交易、增资等方式，由于不太容易输送利益，所以核查可以相对宽松些。

笔者把这三个条件归纳为“持股比例小＋产品备案＋管理人登记＋充分披露”。

四、清理与不清理的情形

1. 直接股东

之前的《首发业务若干问题解答》问题 6 只对在新三板挂牌期间形成的三类股东才有条件豁免清理。2023 年 2 月，《监管规则适用指引—发行类第 4 号》发布之后，直接持有发行人股份的三类股东，只有满足“持股比例小＋产品备案＋管理人登记＋充分披露”，就可以不用清理，其他任何情形都得清理。不清理的，应确保符合现行锁定期和减持规则要求。

2. 间接股东

2023年2月新出台的《监管规则适用指引—发行类第4号》第4条并未对间接持股的三类股东作出明确的要求。以前，根据笔者对多个案例的研究，三类股东如果是间接股东，同样须要满足“持股比例小+产品备案+管理人登记+充分披露”的要求才可以不清理，但不再区分是不是在新三板挂牌期间形成的，读者可以灵活处理。

间接持股的三类股东若不清理，一样需要出具下文“五、未清理的后续动作”中股份锁定、按规则减持的承诺。

总而言之，不管在何板块，是间接股东还是直接股东，不影响到发行人控制权的认定与稳定、不存在影响发行人股份权属的清晰、稳定的情形，是三类股东无须清理的根本要求。

五、未清理的后续动作

即使三类股东不用清理，为了发行人股权结构的清晰、稳定，三类股东还需要出具股份锁定及按规则减持的承诺。

1. 锁定期

《公司法》第一百四十一条第一款要求，公司公开发行股份前已发行的股份，自公司股票在证券交易所上市交易之日起1年内不得转让。

三类股东应当承诺：自公司首次公开发行的股票在证券交易所上市之日起12个月内，不会对产品进行清算，不会转让或委托他人管理在公司首次公开发行股票前直接或间接持有的股份，也不会让公司回购所持股份。因公司进行权益分派等导致直接或间接持有公司股份发生变化的，亦会遵守前述规定。

公司股票上市后，如果产品的存续期不够覆盖锁定期，或者发生了需要三类股东产品清算退出的情形，则产品应当不断地展期，延长清盘，清算退出时间不得早于股票锁定期的结束时间。

2. 减持

三类股东减持时应当严格遵守持股比例、持股期限、减持方式、减持价格等规则。

通常，三类股东的减持会非常小，解锁后可一次性减持完毕。

六、清理的方法

清理三类股东有股份还原、平移、转让股权等多种方法。

1. 股份还原

将股份还原,转为持有人直接持股是之前清理三类股东的常规做法。但还原耗时耗力,而且不是所有产品都可以还原,现在已经不必须要这么操作。

2. 平移

三类股东的投资人先按三类股东的份额比例设立一个非三类股东的持股平台,一般是合伙企业,再将三类股东持公司的股份平移到持股平台上,三类股东由此退出公司,原三类股东投资人的持股比例不变。

3. 转让股份

若是新三板挂牌企业,三类股东可以通过股转系统交易退出;若不是挂牌企业,可以将所持股份出售给其他人,但价格需公允、合理。

4. 返还受让股份

如果三类股东的股份是受让过来的,可以考虑解除股份转让协议,将股份归还卖方,同时返还交易款,必要时加上资金占用费以示公允。

5. 提前清算产品

提前清算产品,但并非对管理人的工商主体资格进行清算、注销。

如果想清算产品,但暂时又清理不干净,如产品中有不能流通变现的资产,三类股东可以承诺待锁定期届满且资产可流通变现后再及时清理干净。

七、常见问询

- 请发行人说明新三板挂牌期间是否存在三类股东,若有,请根据《监管规则适用指引—发行类第 4 号》的规定说明相关情况。
- 发行人是否存在三类股东,如是,是否按照《监管规则适用指引—发行类第 4 号》进行核查和披露。

15-1 上海谊众2021-04

根据首轮问询回复,圣多金基代奉贤创新发展基金登记为股东,奉贤创新发展基金为封闭式契约基金。

请发行人说明:非全国股转系统挂牌期间形成的直接持股层面的"三类股东",是否符合相关监管要求,若不符合,采取的解决措施。

| 回复 |

一、圣多金基代奉贤创新发展基金登记为股东不符合相关监管要求

2018年,奉贤创新发展基金合计出资915万元取得了谊众有限55万元出资额,因其无法作为股东办理工商登记,故上述55万元出资额均登记在了基金管理人圣多金基名下。

奉贤生科园持有奉贤创新发展基金30.77%股权,而奉贤国资委持有奉贤生科园100%股权。

奉贤创新发展基金为契约型基金,已按照《中华人民共和国证券投资基金法》和《私募投资基金监督管理暂行办法》等法律、法规的规定,***办理了私募基金备案***,基金编号为SL1682;奉贤创新发展基金的***基金管理人圣多金基已按规定办理了私募基金管理人登记***,登记编号为P1014337,登记时间为2015年5月28日。

《上海证券交易所科创板股票发行上市审核问答(二)》规定了发行人在全国股份转让系统挂牌期间形成契约型基金、信托计划、资产管理计划等"三类股东"的相关信息核查和披露要求。***发行人未在全国股转系统挂牌,奉贤创新发展基金并非发行人在全国股转系统挂牌期间形成的"三类股东"***,不符合上述要求。

点评

此前的《首发业务若干问题解答》问题6针对在新三板挂牌期间形成的三类股东,但对于从未在新三板挂过牌的企业的三类股东或已经摘牌的企业但在非挂牌期间形成的三类股东也同样适用。2023年2月全面实行注册制之后,根据《监管规则适用指引—发行类第4号》第四条去把握,不再区分三类股东是不是在新三板挂牌期间形成的。

二、奉贤创新发展基金采取的解决措施

经圣多金基及其股东上海金融产业服务基地管理有限公司(以下简称"金融

服务基地公司”)、上海圣高投资管理有限公司(以下简称“圣高投资”)、上海洋大实业有限公司(以下简称“洋大实业”)、沈惠强、上海新好装潢有限公司(以下简称“新好装潢”)、奉贤创新发展基金投资人协商,对奉贤创新发展基金实际享有发行人55万股股份权益的问题进行了**整改**(以下简称“本次整改”)。

本次整改完成后,奉贤创新发展基金不再持有发行人的任何权益,圣多金基持有发行人55万股股份。***奉贤创新发展基金投资人通过股权转让方式成为圣多金基的股东***,通过持有圣多金基股权间接享有55万股股份的权益。本次整改的具体过程如下:

点评

1. 根据最新的《监管规则适用指引—发行类第4号》第四条,三类股东若是直接持股,只要满足“持股比例小+产品备案+管理人登记+充分披露”的要求,可以不用清理。此案例中,奉贤创新发展基金是契约型基金,属于三类股东,又是直接持股,若不满足条件,需要清理。

2. 清理三类股东有股份还原、平移、转让股份、返还受让股份、提前清算产品等多种方法。本案例是奉贤创新发展基金把股份转让给奉贤创新发展基金管理人圣多金基,由此清理三类股东。

1、已履行的程序

(1)2020年11月13日,奉贤创新发展基金召开基金份额持有人大会,审议通过了《关于基金将持有的上海谊众股份权益变更为圣多金基实际持有的议案》、《关于调整基金总份额及投资者份额明细的议案》、《关于持有基金份额所对应的上海谊众权益的重组方案》等议案。全体投资人同意奉贤创新发展基金所享有的发行人55万股股份实际权益全部转至圣多金基,投资人通过股权转让方式成为圣多金基的股东,通过持有圣多金基股权间接享有发行人55万股股份的权益。

(2)2020年11月13日,圣多金基召开股东会,全体股东同意金融服务基地公司将所持圣多金基的10%股权无偿转让给奉贤生科园;同意洋大实业将所持有的合计10%股权分别转让给费军峰、上海莘奕投资管理有限公司、卫玉华、彭国兴、万石龙,转让价格为每元出资1.43元;其他股东放弃优先权。同日,奉贤创新发展基金投资人、圣多金基及其原股东共同签署了《圣多金基(上海)资产管理有限公司入股协议》(以下简称"《入股协议》")。

(3)2020年11月13日,金融服务基地公司与奉贤生科园签署了《***国有产权无偿划转协议***》;2020年11月25日,奉贤区国资委(奉国资委批〔2020〕110号)批准了上述无偿划转事宜。

点评

奉贤创新发展基金成立时,其投资人奉贤生科园是国企,现将股权无偿划转给另一个国企——金融服务基地公司。

(4)2020年11月23日,圣多金基完成股权转让变更登记手续,取得上海市奉贤区市场监督管理局换发的《营业执照》。

2、相关权益的约定及安排

奉贤创新发展基金合同、托管合同约定,基金管理人圣多金基按对应基金份额的净值增长部分提取业绩报酬,提取比例为20%。按照该约定,如果圣多金基持有发行人的55万股股份产生净收益,奉贤创新基金投资人享有80%,圣多金基享有20%。***为确保奉贤创新发展基金投资人原享有的发行人55万股股份权益不变***,全体投资人、圣多金基原股东、圣多金基共同签署《入股协议》、圣多金基《公司章程》等法律文件,对圣多金基的利润分配及其他股东权利作出明确约定和安排,具体如下:

点评

奉贤创新发展基金把股份转让给奉贤创新发展基金的管理人圣多金基,原奉贤创新发展基金的投资人按照各自在奉贤创新发展基金中的出资比例变成了圣多金基的股东,相当于平移,投资人的权益未受损。

(1)圣多金基持有上海谊众55万股股份(包括因上海谊众实施利润分配转增股本、送股等形成的新增股份)取得的收益应首先按照规定缴纳企业所得税及该收益相关的其他税费。

(2)圣多金基持有的上海谊众55万股股份(包括因上海谊众实施利润分配转增股本、送股等形成的新增股份)取得的***税后收益***(包括但不限于现金分红、股权售卖等)的80%及投资成本915万元由奉贤创新发展基金投资人根据相关法律、法规依法可以分配的金额,***按照各自在奉贤创新发展基金中的出资比例享有***。

因上述收益分配需要承担的税收成本由奉贤创新发展基金投资人按照其份额比例承担。

(3)圣多金基持有上海谊众股份55万股股份(包括因上海谊众实施利润分配转增股本、送股等形成的新增股份)取得的税后收益(包括但不限于分红、股权售卖等)的***20%***,由股权转让后圣多金基全体股东按照持有圣多金基的股权比例分配。

(4)圣多金基除持有上海谊众55万股股份之外的其他投资或经营取得的收益,由股权转让后圣多金基全体股东按照持有圣多金基的股权比例分配。

(5)圣多金基股权转让后,奉贤生科园及金融服务基地公司在圣多金基合计持股比例仍为29.75%,鉴于***奉贤生科园及金融服务基地公司均为奉贤区国资委直接或间接持股100%的国有企业***。双方商定,圣多金基持有上海谊众55万股股份取得的税后收益的20%及圣多金基其他投资或经营取得的收益由金融服务基地公司享有,奉贤生科园不享有。

……

综上,圣多金基为合法存续的有限责任公司,具备股东资格,其持有发行人55万股股权清晰,不存在争议和潜在纠纷,解决了奉贤创新发展基金非挂牌期间形成"三类股东"的问题。

15-2 国光电气 2021-04

申报材料披露:

(1)2018年4月19日,新余环亚分别与睿信资本、天风睿兴签署协议,约定新余环亚分别向睿信资本、天风睿兴转让其持有的发行人2,439,025股股份、6,097,560股股份,受让价格均为不含税8.2元/股;

(2)2019年5月8日,睿信资本、天风睿兴分别与新余环亚签署了协议,***因当时睿信资本、天风睿兴的基金结构中有"三类股东",为推进发行人与航锦科技重组的顺利进行,各方约定解除2018年4月份签署的股份转让协议***,新余环亚向睿信资本、天风睿兴支付投资款及***资金占用费***28,571,437.00元、71,428,563.00元,并受让睿信资本、天风睿兴持有的2,074,548股、5,186,428股股份。

点评

清理三类股东的方法有股份还原、平移、转让股份、返还受让股份、提前清算产品等。其中,本案例是将三类股东的股份归还转让方,属于第四种方法。转让方返还转让款的同时支付资金占用费,三类股东由此就退出了公司。

15-3 宏景科技 2021-10

根据申报材料:广东省新媒体产业基金(有限合伙)系发行人机构股东弘图文化(持有发行人3.5807%股份)的合伙人,其上层合伙人上海国际信托有限公司受上海浦东发展银行股份有限公司广州分行委托持有并管理上海浦东发展银行股份有限公司广州分行在广东省新媒体产业基金(有限合伙)享有的合伙份额。

请发行人:说明弘图文化及其相关股东是否属于三类股东,股份权属是否清晰,充分分析相关股东未于新三板挂牌期间形成的合法合规性。

回复

一、弘图文化及其相关股东是否属于三类股东,股份权属是否清晰

1、弘图文化不属于契约型基金、信托计划、资管计划等三类股东

经核查,发行人共有16名股东,包括6名自然人股东和10名机构股东,其中慧景投资系发行人的员工持股平台,包括弘图文化在内的其他机构股东均为依法设立的私募股权投资基金,私募基金及其基金管理人均已办理备案或登记手续。因此,发行人的***直接股东中不存在"三类股东"情形***。

根据弘图文化填写的股东核查表并经查询中国证券投资基金业协会公示信息,弘图文化为股权投资基金(基金编号为SCR264),其基金管理人广州弘广投资管理有限公司办理私募基金管理人登记(登记编号为P1015272)。因此,弘图文化不属于契约型基金、信托计划、资管计划等三类股东。

2、弘图文化上层股东/合伙人中存在出资来源于"三类股东"的情形,股份均权属清晰,不存在纠纷或潜在纠纷

经保荐机构和发行人律师对弘图文化进行***穿透核查***(即穿透至自然人、上市公司、国有控股主体),***弘图文化上层股东/合伙人中存在出资来源于"三类股东"的情形***,具体情况如下表所示:

点评

所有股东都应当往上穿透,核查是否存在三类股东。

三类股东名称	间接持有发行人的股份	产品登记日期	产品存续期	信托管理人名称	管理人登记号	信托管理人审批情况
上信·广东新媒体基金Ⅱ投资单一资金信托	444,581 股	*2018. 05. 31*	8 年(自 2017. 04. 01 起算)	上海国际***信托***有限公司	K0020H2231000001	已于 2007 年 8 月 2 日取得中国银行业监督管理委员会上海监管局颁发的《金融许可证》

点评

2016 年 8 月至 2018 年 3 月,公司曾在新三板挂牌,三类股东是摘牌后在 2018 年 5 月才形成的。三类股东是否在新三板挂牌期间形成的,这在旧时的《首发业务若干问题解答》问题 6 非常重要,2023 年 2 月发布的《监管规则适用指引—发行类第 4 号》就不再区分了。本案例中,三类股东是间接股东,满足条件,可以考虑不清理。

广东省新媒体产业基金(有限合伙)为弘图文化的合伙人,上海国际***信托***有限公司为广东省新媒体产业基金(有限合伙)的合伙人。根据发行人提供的《上信·广东新媒体基金Ⅱ投资单一资金信托合同》,上海国际***信托***有限公司受上海浦东发展银行股份有限公司广州分行委托持有并管理上海浦东发展银行股份有限公司广州分行在广东省新媒体产业基金(有限合伙)享有的合伙份额。因此,上信·广东新媒体基金Ⅱ投资单一资金信托(以下简称"上信信托")属于"三类股东"。

根据上海国际信托有限公司、广东省新媒体产业基金(有限合伙)及弘图文化出具的确认函,上信信托持有广东省新媒体产业基金(有限合伙)的合伙份额、广东省新媒体产业基金(有限合伙)持有弘图文化的合伙份额及弘图文化持有发行人的***股份均权属清晰***,不存在纠纷或潜在纠纷。

点评

之所以要清理三类股东，就是怕公司的股份权属不清晰、控制权不稳定。所以，若有心要上市，对三类股东要避而远之。

3、《深圳证券交易所创业板股票首次公开发行上市审核问答》第十四问的相关规定及核查情况

根据《深圳证券交易所创业板股票首次公开发行上市审核问答》第十四问的相关规定对弘图文化的上层“三类股东”上信信托的核查情况如下：

（1）中介机构应核查确认***公司控股股东、实际控制人、第一大股东不属于“三类股东”***

经核查，欧阳华直接持有发行人48.2309%的股份，通过慧景投资控制发行人7.6557%的股份，欧阳华直接和间接控制发行人55.8866%的股份，为发行人的控股股东、实际控制人和第一大股东，不属于“三类股东”。

点评

1.《深圳证券交易所创业板股票首次公开发行上市审核问答》第十四问与《首发业务若干问题解答》问题6的解答差不多，现在统一参考《监管规则适用指引—发行类第4号》第四条。

2.《监管规则适用指引—发行类第4号》第四条中第一条不用清理的要求是：公司控股股东、实际控制人、第一大股东不属于三类股东。三类股东，不管是直接持股还是间接持股，能不清理的，持股比例都得小。如本案例，资金信托间接持有发行人3.58%的股份，不算特别大。

（2）中介机构应核查确认发行人的“三类股东”依法设立并有效存续，已纳入国家金融监管部门有效监管，并已按照规定履行审批、备案或报告程序，其管理人也已依法注册登记

经核查，上信信托已依法设立并有效存续，已纳入国家金融监管部门有效监管，并已按照规定履行审批、备案或报告程序，其管理人上海国际信托有限公司已依法注册并取得主管部门的批复。

点评

1.《监管规则适用指引—发行类第4号》第四条中第二项不用清理的要求是：三类股东应当依法设立并有效存续，已纳入国家金融监管部门有效监管，并已按照规定履行审批、备案或报告程序，其管理人也已依法注册登记。

2. 本案例中，三类股东是资金信托，属于《监管规则适用指引—发行类第4号》第四条明确的资产管理产品，则核查信托计划有无备案，信托公司有无金融牌照。如果是契约型基金，则核查产品有无在中国证券投资基金业协会办理私募基金备案手续、管理人有无办理私募基金管理人登记。

(3)发行人应当按照首发信息披露准则的要求对“三类股东”进行信息披露。通过协议转让、特定事项协议转让和大宗交易方式形成的“三类股东”，中介机构应对控股股东、实际控制人，董事、监事、高级管理人员及其近亲属，本次发行的中介机构及其负责人、高级管理人员、经办人员是否直接或间接在该等“三类股东”中持有权益进行核查并发表明确意见

根据首发信息披露准则的要求，发行人申报时存在新三板挂牌期间形成的契约性基金、信托计划、资产管理计划等“三类股东”的，应当在招股说明书当中进行披露，***由于发行人的直接股东中不存在三类股东，且间接股东当中存在三类股东也并非是在新三板挂牌期间形成的（2016年8月至2018年3月，公司曾在新三板挂牌）***，因此，发行人未在招股说明书当中披露。保荐机构、发行人律师已分别对“三类股东”的情形进行***补充披露***。

点评

《首发业务若干问题解答》问题6是针对发行人在新三板挂牌期间形成的三类股东的审查要求，但对于从未在新三板挂牌的企业或新三板企业在非挂牌期间形成的三类股东同样适用。现在统一按照最新的《监管规则适用指引—发行类第4号》第四条把握，不再区分三类股东是不是在新三板挂牌期间形成的。

经核查，弘图文化通过***增资方式***取得发行人股份，发行人***不存在通过协议转让、特定事项协议转让和大宗交易方式***形成的“三类股东”。发行人控股股东、实际控制人、董事、监事、高级管理人员及其近亲属，本次发行的中介机构及其负责

人、高级管理人员、经办人员未直接或间接在上信信托持有权益。

点评

由于协议转让、特定事项协议转让和大宗交易方式容易隐藏利益输送，所以需严格核查。

(4)中介机构应核查确认“三类股东”已作出合理安排，可确保符合现行锁定期和减持规则要求

经核查，***发行人的直接股东弘图文化***为依法登记***备案***的私募股权投资基金，其已出具《关于股份锁定及减持意向的承诺函》，***承诺自公司首次公开发行的股票在证券交易所上市之日起12个月内，其不会转让或委托他人管理其在公司首次公开发行股票前所直接或间接持有的首发前股份，也不会提议由公司回购该部分股份***。弘图文化减持股份时，将严格遵守《公司法》《证券法》《上市公司股东、董监高减持股份的若干规定》《深圳证券交易所创业板股票上市规则》《深圳证券交易所上市公司股东及董事、监事、高级管理人员减持股份实施细则》《上市公司创业投资基金股东减持股份的特别规定(2020年修订)》及其他届时有效的相关法律、法规、规范性文件对持股比例、持股期限、减持方式、减持价格的相关规定。因此，***发行人的股东弘图文化已出具股份锁定及减持承诺，可确保符合现行锁定期和减持规则要求***。综上所述，发行人的直接股东均不属于“三类股东”，除上信信托属于“三类股东”以外，其他间接股东均不属于“三类股东”；上信信托系依法设立并有效存续的信托计划，已在中国信托登记有限公司办理初始登记，其管理人上海国际信托有限公司已取得中国银行业监督管理委员会上海监管局颁发的《金融许可证》；发行人已按照首发信息披露准则的要求在招股说明书中补充披露弘图文化的上层股东/合伙人中存在出资来源于“三类股东”的情形，发行人的控股股东、实际控制人，董事、监事、高级管理人员及其近亲属，本次发行的中介机构及其负责人、高级管理人员、经办人员均未直接或间接在上信信托中持有权益。发行人的股东***弘图文化已出具股份锁定及减持的承诺***，可确保符合现行锁定期和减持规则要求。上信信托持有广东省新媒体产业基金(有限合伙)的合伙份额、广东省新媒体产业基金(有限合伙)持有弘图文化的合伙份额及弘图文化持有发行人的股份均权属清晰，不存在纠纷或潜在纠纷。

点评

发行人的三类股东是间接股东，满足“持股比例小 + 产品备案 + 管理人登记 + 充分披露”的条件，可以不清理，但不清理就得确保三类股东符合现行锁定期、减持规则的要求。本案例是由信托计划投资的直接股东弘图文化出具承诺。

二、弘图文化未于新三板挂牌期间形成的合法合规性

虽然弘图文化于发行人***从新三板摘牌后才增资入股发行人***，但其投资发行人具有合法合规性，具体分析如下：

1、弘图文化投资发行人系因公司有一定的资金需求，同时其看好公司和企业的发展前景，认可对公司的投资价值，符合其对公司的上市预期，其投资入股价格系在上一轮融资价格的基础上，参照一定的PE倍数确定，具有合理性、公允性。

2、弘图文化投资入股已由其内部投资决策委员会审议通过，同时也由发行人董事会、股东大会审议通过，并相应修订公司章程及办理工商变更登记手续，已履行必要的内部决策、审批及变更登记手续，其入股发行人的程序合法合规。

3、弘图文化属于依法备案的私募股权投资基金，其上层合伙人上海国际信托有限公司受托管理的上信信托属于三类股东，但其存续及间接持有发行人的股份符合《深圳证券交易所创业板股票首次公开发行上市审核问答》第十四问关于“三类股东”的相关要求。

4、此外，经查询宇信科技（300674. SZ）、云天励飞（已过会未注册）和振华新材等相似案例，上述***公司的直接股东均不属于“三类股东”，但间接股东中均存在“三类股东”***情形。根据上述公司的公开信息披露情况，关于其间接股东中存在三类股东的具体情况如下表所示：

公司名称	过会时间	新三板挂牌期间	三类股东的基本情况	三类股东间接持有公司股权的起始时间	是否符合证监会、交易所对于三类股东的核查和披露要求
云天励飞（已过会未注册）	2021年8月6日	自设立以来，***未在新三板挂牌***	云天励飞***间接***股东中存在三类股东，但未披露三类股东的具体情况	未披露	是

续表

公司名称	过会时间	新三板挂牌期间	三类股东的基本情况	三类股东间接持有公司股权的起始时间	是否符合证监会、交易所对于三类股东的核查和披露要求
振华新材(688707.SH)	2021年6月11日	2016年12月28日—***2018年8***月22日	振华新材的直接股东中不存在三类股东,青域知行为振华新材的直接股东之一,持股比例为1.4687%;青域知行的***上层股东/合伙人***当中存在资产管理计划、信托计划、契约型基金等三类股东	***2018年9***月11日	是
宇信科技(300674.SZ)	2018年7月18日	自设立以来,***未在新三板挂牌***	宇信科技的直接股东中不存在三类股东,海富恒歆为宇信科技的直接股东之一,持股比例为6.0375%;海富恒歆的***上层股东/合伙人***当中存在三类股东的资产管理计划,即平安资管计划	2015年4月	是

点评

上表引用的案例中,三类股东都是间接持股,满足"持股比例小+产品备案+管理人登记+充分披露"的条件,可以考虑不清理。

综上所述,弘图文化未于新三板挂牌期间形成合法合规。

15-4 阿拉丁2020-07

公司股东游马地2号系开放式契约型基金。

请审核:(1)三类股东游马地2号的情况;(2)发行人控股股东、实际控制人,董事、监事、高级管理人员及其近亲属,本次发行的中介机构及其签字人员直接或间接在"三类股东"中持有权益的情况;(3)"三类股东"对存续期的安排情况。

| 回复 |

一、请审查三类股东游马地2号的情况

根据中国证券登记结算有限责任公司北京分公司出具的《全体证券持有人名册》及《游马地2号非公开募集证券投资基金合同》，***游马地2号系开放式契约型基金***。截至本回复出具日，***持有发行人0.0396%的股份***。

游马地2号系发行人在***新三板挂牌期间***通过**集合竞价**转让方式成为发行人股东，***符合新三板适格投资者的有关规定***。截至本回复出具日，发行人股东游马地2号尚在《指导意见》规定的过渡期限之内，游马地2号的管理人已承诺在2020年12月31日之后将按照《指导意见》全面规范。

点评

本案例中，游马地2号系开放式契约型基金，是在企业新三板挂牌期间通过集合竞价成为企业的直接股东，最新的《监管规则适用指引—发行类第4号》第四条已经不再区分直接持股的三类股东是不是在新三板挂牌期间形成的了。直接持股的三类股东，无论是不是在新三板挂牌期间形成的，只须满足“持股比例小+产品备案+管理人登记+充分披露”的条件，就可以不清理。

二、发行人控股股东、实际控制人，董事、监事、高级管理人员及其近亲属，本次发行的中介机构及其签字人员直接或间接在“三类股东”中持有权益的情况

背景：***发行人在股转系统挂牌的时间为2014年6月12日，璞琢成金新三板1号成立于2015年6月15日。***

经核查，发行人6名“三类股东”的穿透情况，***发行人董事薛大威系璞琢成金1号的基金份额持有人，持有其2.16%的出资份额，而璞琢成金1号直接持有公司158,000股股份，占股本总额的0.2087%***。除此之外，发行人控股股东、实际控制人，董事、监事和高级管理人员及其近亲属，本次发行的中介机构及其签字人员不存在直接或间接在“三类股东”中持有权益的情形。

点评

《监管规则适用指引—发行类第4号》第四条要求核查利益人员是否直接或间接在三类股东中持有权益。本案例中，三类股东通过集合竞价方式成为企业

的直接股东,集合竞价本身就不易输送利益,且薛大威是发行人的外部董事,持股比例非常之小,可以忽略,不用清理,出具承诺函就可以了。

发行人控股股东、实际控制人及其董事(除薛大威外)、监事、高级管理人员及核心技术人员出具《承诺函》:“本人已经知晓上海阿拉丁生化科技股份有限公司在册股东中存在三类股东的情形,已经知悉该等‘三类股东’的层层穿透结果,确认本人及本人的近亲属均不存在直接或间接在该等‘三类股东’中持有权益的情形。”

发行人董事薛大威出具《承诺函》:“本人已经知晓上海阿拉丁生化科技股份有限公司在册股东中存在三类股东的情形,已经知悉该等‘三类股东’的层层穿透结果。截至本承诺函出具日,本人持有上海璞琢资产管理有限公司—成金新三板1号2.16%的份额。除此情况外,确认本人及本人的近亲属均不存在直接或间接在该等‘三类股东’中持有权益的情形。”

本次发行的中介机构出具《承诺函》:负责上海阿拉丁生化科技股份有限公司首次公开发行股票并在上海证券交易所科创板上市的中介机构及经办人员及其近亲属均不存在直接或间接在该等“三类股东”中持有权益的情形。

三、“三类股东”对存续期的安排情况

发行人“三类股东”存续期具体情况如下:

股东名称	成立时间	存续时间
兴全睿众基石3号	2014-12-4	自资管计划成立之日起无固定存续期限
齐银1号	2019-1-11	自基金成立之日起5年,期满协商一致后决定是否展期
璞琢成金1号	***2015-6-8***	自基金成立之日起*84*个月,基金管理人有权根据基金运作情况提前终止基金合同
璞琢成金2号	2015-12-1	自基金成立之日起78个月,基金管理人有权根据基金运作情况提前终止基金合同
游马地2号	***2015-1-12***	自基金成立之日起至*15*年以后的年度对日止
同泰1号	2020-4-13	自投资起始日起3年

根据《公司法》第一百四十一条第一款的规定,“***公司公开发行股份前已经发***

行的股份,自公司股票在证券交易所上市交易之日起一年内不得转让”。*发行人6名“三类股东”存续期较长,符合现行锁定期与减持规则的要求*。

点评

此处,发行人6名三类股东的存续期较长,符合1年锁定期的要求。如果万一产品的存续期不够覆盖锁定期,或者被勒令清算退出,则产品应当不断展期,延长清盘时间,直至股份的锁定期结束。

上述6名“三类股东”的管理人根据《公司法》、《证券法》及《上市规则》等相关法律法规的规定,*就所持发行人股份持股意向及减持意向已经出具了承诺*。兴全睿众基石3号的**管理人**承诺,“在公司股票上市之日起12个月之内,不转让于公司股票上市前持有的公司股份,也不由公司回购承诺人持有的公司公开发行股票前已发行的股份。鉴于在*过渡期*结束后,如相关监管机构要求,需要对产品进行清算,针对届时可能出现的产品持有发行人股份因锁定期未满而无法退出变现的情况,承诺在持有发行人股份至A股上市之日起12个月,不提出对本产品持有的发行人股份进行出售”;齐银1号、璞琢成金1号、璞琢成金2号、游马地2号和同泰1号的**管理人**承诺:“*在公司股票上市之日起12个月之内,不转让于公司股票上市前持有的公司股份,也不由公司回购其持有的公司公开发行股票前已发行的股份;如其存续期限少于承诺的锁定期的,其承诺通过延长存续期等方式,确保存续期限不短于股份锁定期*。”

点评

资管新规的过渡期截至2021年年底,过渡期结束后,可能会出现产品无法正常清算的情形,如本案例就有这种担心,但不要紧,承诺待锁定期届满且资产可流通变现后及时清理干净即可。

15－5　泰恩康 2021－05

申报文件显示:

(1)截至2020年10月20日,发行人共有9名资产管理计划类机构股东,合计持有本公司238.10万股,持股比例1.34%。发行人认为公司控股股东、实际控制人、发行人董事、监事、高级管理人员及其近亲属，本次发行的中介机构及其负责人、高级管理人员、经办人员未直接或间接在该等三类股东中持有权益。

(2)发行人三类股东中“广州证券－中信证券－广州证券新兴1号集合资产管理计划”到期日为2018年5月5日，存续期限已届满，正处于清算期间，管理人将在后续对持有发行人股份变相后进行清算。

请发行人：

一、结合实际出资人信息、资金来源等信息，说明公司控股股东、实际控制人、发行人董事、监事、高级管理人员及其近亲属，本次发行的中介机构及其负责人、高级管理人员、经办人员是否与上述三类股东出资人存在关联关系或资金往来

| **回复** |

背景：***发行人于2014年10月8日在全国中小企业股份转让系统挂牌***。

经对比中证登北京分公司出具的公司《全体证券持有人名册》(权益登记日：2020年10月28日)，截至2020年10月28日，公司股东中不存在信托计划股东以及契约型基金股东，***存在资产管理计划股东***。

点评

发行人股东中有资产管理计划，而资产管理计划是三类股东之一。发行人是新三板企业，《首发业务若干问题解答》问题6规定，在新三板挂牌期间形成的三类股东满足条件的可以不清理，现在已经不再区分三类股东是不是在新三板挂牌期间形成的了。

根据发行人控股股东、实际控制人、董事、监事、高级管理人员等相关人员出具的声明，发行人控股股东、实际控制人、董事、监事、高级管理人员的银行流水，发行人“三类股东”的管理合同及其出具确认函、持有人明细、持有人穿透结构图、部分自然人投资人身份证件复印件等资料，截至本审核问询函回复签署日，公司控股股东、实际控制人，发行人董事、监事、高级管理人员及其近亲属，本次发行的中介机构及其负责人、高级管理人员、经办人员上述***三类股东出资人不存在关联关系或资金往来***。

点评

《监管规则适用指引—发行类第4号》第四条要求，通过协议转让、特定事项协议转让和大宗交易方式形成的三类股东，中介机构应对相关人员在三类股东中的持有权益进行核查。

二、说明三类股东等资管计划产品是否为专门投资发行人而成立，如是，请说明实际出资人是否与发行人、报告期内客户或供应商存在关联关系或资金往来

| 回复 |

“三类股东”均于2015年成立，其中“红土创新红石15号、红土创新红石16号、红土创新红石19号、红土创新红石20号、红土创新红石21号、红土创新红石25号、红土创新红石27号、红土创新红石29号”主要投资于股转系统挂牌公司、深沪交易所上市的公司股票、固定收益类金融工具等，“广州证券新兴1号”主要投资于已在全国中小企业股份转让系统挂牌的公司股票、国债、地方政府债、央行票据等。经核查，*除投资发行人外，上述“三类股东”自设立以来投资了多家股转系统挂牌公司*。

点评

若三类股东是专门为投资发行人成立的，更有可能会涉及利益输送。本案例中，三类股东投资了多家股转系统挂牌公司，不是专门为投资发行人成立的，利益输送的概率小了许多。

三、说明“广州证券－中信证券－广州证券新兴1号集合资产管理计划”到期后未及时清算是否符合相关规定以及资管计划合同约定，是否需取得资管计划委托人同意，是否存在锁定期到期前清算持有发行人股份的风险，目前是否仍处于国家金融监管部门有效监管

| 回复 |

“广州证券新兴1号”正处于清算阶段，且于2020年11月27日进行了二次清算，*但尚有资产未变现，还需继续清算*。其管理人将根据清算方案的规定，在清算完成后将变现后的资产按照委托人拥有份额的比例以货币形式全部分配给委托人。

《证券期货经营机构私募资产管理业务管理办法》第五十六条第四款规定，资产管理计划***因委托财产流动性受限等原因延期清算***的，证券期货经营机构应当及时向中国证监会相关派出机构和证券投资基金业协会报告。经查询中国证券投资基金业协会网站，"广州证券新兴1号"目前处于"正常清算"的阶段。

《广州证券新兴1号集合资产管理计划管理合同》载明："若本集合计划在终止之日有未能流通变现的资产，管理人可针对该部分未能流通变现资产制定二次清算方案，该方案应经托管人认可，并通过管理人网站进行披露。管理人应该根据二次清算方案的规定，对该部分未能流通变现的资产在可流通变现后进行二次清算，并将变现后的资产按照委托人拥有份额的比例，以货币形式全部分配给委托人。"

"广州证券新兴1号"的管理人***出具确认函，确认自公司股票在深圳证券交易所创业板上市之日起十二个月内，不转让或委托他人管理"广州证券新兴1号"在公司首次公开发行股票前已直接或间接持有的公司股份，也不由公司回购该部分股份。"广州证券新兴1号"存续期满，在清算期间，"广州证券新兴1号"仍会按照前述锁定期承诺内容，按照合同相关约定保障其主体存续并继续持有公司的股票直至锁定期结束***。

点评

如果三类股东的存续期不够覆盖锁定期，产品应当延长清盘，清算退出的时间不得早于股票锁定期的结束时间。如本案例中，"广州证券新兴1号"即使处于清算阶段，仍然需遵守锁定期，不转让或委托他人管理受限制的股份，直至股份解锁。

综上，"广州证券新兴1号"存续期满进行二次清算事宜符合相关规定以及资管计划合同约定，***资管计划合同未约定需取得委托人同意，不存在锁定期到期前清算持有公司股份的风险***，其目前虽处于正常清算过程中，仍处于国家金融监管部门有效监管。

15－6　芯原股份2020－04

根据问询回复，公司第一大股东VeriSilicon Limited持股比例为17.91%。以戴伟民及其配偶为委托人、其子女为受益人的信托基金合计持有 VeriSilicon Limited9.658%的股份，间接持有发行人 1.7295%股权。

请发行人律师结合《上海证券交易所科创板股票发行上市审核问答》第 5 条的规定对上述事项进行核查，发表明确意见。

| 回复 |

发行人无实际控制人，无控股股东，因此，发行人不涉及《审核问答》第 5 条所规定的核查事项。

VeriSilicon Limited 作为发行人的***第一大股东***，其位于国际避税区且股本结构较为复杂是在发行人拆除境外架构过程中自然形成的，具体如下：2016 年 8 月 9 日，芯原开曼与 VeriSilicon Limited 签订《股权转让协议》，约定 VeriSilicon Limited 自芯原开曼受让芯原有限 100%的股权，VeriSilicon Limited 成为芯原有限的***唯一股东***，历史上多轮融资形成的芯原开曼外部投资人和在境外期权计划下行权的发行人员工均在 VeriSilicon Limited 层面持股。此后，绝大部分外部投资人均从 VeriSilicon Limited 退出，或转为在芯原有限直接持股，***少量***外部投资人和已行权员工（包括员工亲属、顾问）继续保留在 VeriSilicon Limited 的持股。

点评

《上海证券交易所科创板股票发行上市审核问答》（已失效）第五条是针对控股股东、实际控制人位于国际避税区且持股层次复杂的申请在科创板上市企业，该如何做好核查及信息披露工作解答的。现行有效的《保荐人尽职调查工作准则》（2022 修订）要求，实际控制人设立在国际避税区且持股层次复杂的，应核查发行人设置此类架构的原因、合法性及合理性，持股的真实性，是否存在委托持股、信托持股，是否有各种影响控制权的约定，股东的出资来源，发行人控股股东和受控股股东、实际控制人支配的股东所持发行人的股份权属是否清晰，发行人治理和内控的有效性。本案例中，虽然发行人的第一大股东 VeriSilicon Limited 位于国际避税区且股本结构较为复杂，但发行人并无实际控制人、控股股东，因此，不在《上海证券交易所科创板股票发行上市审核问答》（已失效）第五条要求的核查范围内。

VeriSilicon Limited 现有股东中存在的***信托***系境外自然人股东根据境外法律和惯例、以其持有的 VeriSilicon Limited 股份作为信托资产设立的信托；根据开曼律师迈普达律所出具的法律意见书，该等信托持有股份由 VeriSilicon Limited 合法发行；VeriSilicon Limited 持有发行人股份(占发行人股份总数的 17.91%)权属清晰，该等***信托***通过 VeriSilicon Limited ***间接***持有发行人的股份比例合计***7.39%，占比较小，不会对发行人的实际控制状态产生实质影响***。

点评

这是一个存在境外信托架构持股的案例，通过信托特别是家族信托持股是境外较为常见的财富管理方式。发行人无实际控制人、控股股东，第一大股东 VeriSilicon Limited 又存在信托持股。为防止通过无实际控制人认定进行监管套利，防范资本无序扩张、违法违规造富、利益输送等，原则上应当拆除信托架构。但此案例中的信托持股理由充分，最重要的信托是间接持股且持股比例为 7.39%，不算大，不会影响发行人的控制状态，符合《首发业务若干问题解答》问题 6 的要求，故信托架构未被要求拆除。

为完善公司***治理结构***，加强内部控制，发行人已依法设立股东大会、董事会和监事会。根据现行有效的 VeriSilicon Limited 公司章程，VeriSilicon Limited 设置了自身的股东会和董事会，VeriSilicon Limited 仅通过在发行人股东大会上行使提案权、出席权、投票权、董事提名权等方式来影响发行人的经营决策。此外，VeriSilicon Limited 股东会还通过了附带退出机制安排的公司章程修订案，建立了员工和外部投资人出售其间接持有发行人的股份的退出、流转操作机制，确保减持锁定期满后 VeriSilicon Limited 退出的有序性。

点评

如何完善治理结构可以学习下一案例“15－7 旷视科技 2021－08”中的做法：三类股东不行使投票权。

15－7 旷视科技 2021－08

根据招股说明书及问询回复，发行人目前存在由发行人股东 AI Mind Limited 和 Machine Intelligence Limited 作为授予人的员工经济受益权，合计授予 707 人，其中包括 4 名顾问。截至目前，公司存在已经授予但未归属的经济受益权。同时发行人针对上述经济受益权的管理,设置了专门的信托。

请发行人进一步说明:信托架构是否构成“三类股东”持股,是否符合发行上市的相关要求。

| 回复 |

一、不构成境内法律项下的“三类股东”持股

鉴于:

(1)发行人***境外员工信托并非发行人直接股东***,该等信托搭建在发行人境外激励平台(发行人直接股东)AI Mind Limited 及 Machine Intelligence Limited 之上,注册在英属维尔京群岛的有限公司,AI Mind Limited 及 Machine Intelligence Limited 作为发行人直接股东,发行人的股权清晰、稳定。AI Mind Limited 及 Machine Intelligence Limited 并***非发行人控股股东、实际控制人及第一大股东,其存在境外信托架构不影响发行人控制权清晰、稳定***。

(2)发行人境外员工信托系为发行人实施股权激励之便利而参照境外市场惯例搭建,信托目的系为发行人实施股权激励提供相应服务,目的明确,信托受益人为境外专业信托管理机构 Zedra Trust Company(Cayman)Limited,***信托受托人明确,不属于境内审核规则所限制的以融资为目的、最终持有人无法穿透的“三类股东”***。

点评

> 不影响发行人股份权属的清晰、稳定,是三类股东无须清理的灵魂要求。本案例中,信托不是直接股东、控股股东、实际控制人、第一大股东,不属于境内的三类股东,最重要的是不会影响发行人控制权的稳定、清晰。

(3)目前 A 股已有案例中,***芯原股份(688521. SH)、三生国健(688336. SH)、盛美股份(注册生效)等均存在境外信托架构持股的类似情形***,已有先例可循。

点评

> 有前车可鉴、先例可循。列举的案例中,芯原股份(688521. SH)已经在上文进行了分析。

因此，发行人上述依据开曼群岛信托法律设立的境外信托架构，***不属于境内法律项下所需清理的“三类股东”持股***。

二、符合本次发行上市的相关要求

根据《关于开展创新企业境内发行股票或存托凭证试点的若干意见》的规定，试点红筹企业股权结构、公司治理、运行规范等事项可适用境外注册地公司法等法律法规规定，但关于投资者权益保护的安排总体上应不低于境内法律要求。

根据《上海证券交易所科创板股票上市规则》的规定，红筹企业在境内发行股票或者存托凭证并在本所科创板上市，股权结构、公司治理、运行规范等事项适用境外注册地公司法等法律法规的，***其投资者权益保护水平，包括资产收益、参与重大决策、剩余财产分配等权益，总体上应不低于境内法律法规规定的要求***，并保障境内存托凭证持有人实际享有的权益与境外基础证券持有人的权益相当。

根据《旷视科技有限公司股份经济受益权激励计划》的约定，***持股平台持有发行人股份(或存托凭证)期间不行使投票权。因此，发行人为实施股份经济受益权激励计划搭建的境外信托对发行人股东大会等公司治理体系无实质影响***。

点评

为了打消境外信托会动摇公司的治理体系，影响控制权的稳定、清晰等多种疑虑，限制信托的投票权，确保公司治理和内控的有效性。

目前A股已有案例中，芯原股份(688521.SH)、三生国健(688336.SH)、盛美股份(注册生效)等均存在境外信托架构持股的类似情形，已有先例可循。

综上，发行人经济受益权激励计划采取信托架构具备合理的历史背景，对发行人股东大会等公司治理体系无实质影响，对投资者权益的保护亦不低于境内法律要求，且有先例可循，符合境内科创板关于红筹企业上市的相关规定。

疑难点 16

一致行动关系

一致行动，是指投资者通过协议、其他安排，与其他投资者共同扩大其所能支配的一个上市公司股份表决权数量的行为或者事实。

被认证为一致行动人有诸多不便，如需要合并计算股份，遵守锁定期、减持跟随等限制。

一、十二种一致行动人情形

之所以能构成“一致”，是因为行动人之间存在某些牵连关系。《上市公司收购管理办法》（2020 修正）第八十三条第二款规定，在上市公司的收购及相关股份权益变动活动中有一致行动情形的投资者，如无相反证据，互为一致行动人。它列举了以下十一种，外加一条兜底的情形：

“（一）投资者之间有股权控制关系；

（二）投资者受同一主体控制；

（三）投资者的董事、监事或者高级管理人员中的主要成员，同时在另一个投资者担任董事、监事或者高级管理人员；

（四）投资者参股另一投资者，可以对参股公司的重大决策产生重大影响；

（五）银行以外的其他法人、其他组织和自然人为投资者取得相关股份提供融资安排；

（六）投资者之间存在合伙、合作、联营等其他经济利益关系；

（七）持有投资者 30% 以上股份的自然人，与投资者持有同一上市公司股份；

（八）在投资者任职的董事、监事及高级管理人员，与投资者持有同一上市公司股份；

（九）持有投资者30%以上股份的自然人和在投资者任职的董事、监事及高级管理人员，其父母、配偶、子女及其配偶、配偶的父母、兄弟姐妹及其配偶、配偶的兄弟姐妹及其配偶等亲属，与投资者持有同一上市公司股份；

（十）在上市公司任职的董事、监事、高级管理人员及其前项所述亲属同时持有本公司股份的，或者与其自己或者其前项所述亲属直接或者间接控制的企业同时持有本公司股份；

（十一）上市公司董事、监事、高级管理人员和员工与其所控制或者委托的法人或者其他组织持有本公司股份；

（十二）投资者之间具有其他关联关系。"

第十二项主要有一致行为协议，那将会在"疑难点17 实际控制人"中扩展。其他十一种情形只是推定，踩中任何一条都可能会被认定为一致行动人，但如果有相反证据，可以否认。实务中，同时踩中几条的有很多，并非无药可救，有多种抗辩理由和补救措施。

二、控制

十二种情形中第一、二种情形强调的是控制。这里的"控制"和会计里同一控制企业合并、非同一控制企业合并中的"控制"是同一个概念，都要求"受同一方或相同的多方最终控制"。

对于"相同的多方"，若一企业为多人共同控制，另一家企业得有相同的共同控制人才是符合"受同一主体控制"的情形。如A企业的共同控制人是X、Y，B企业的共同控制人也得是X、Y，这样A、B企业才算是"受同一主体控制"；若B企业的共同控制人是X、Y、Z，尽管A、B二者的实际控制人有交叉重合，但也不算是"受同一主体控制"。

对于"最终控制"，要注意，须往上一直穿透至实际控制人等，只要有一层控制人相同就属于"受同一主体控制"。

存在控制就很难解释不构成一致行动关系，但有补救措施。

1. 形不成控制

倘若投资者无实际控制人，自然而然形不成"有股权控制关系""受同一主体控制”的情形，更谈不上互为一致行动人。

企业常见无实际控制人的情形如下：

(1)企业的股东持股过于分散或第一大股东是财务投资者，或两个股东各占50%的表决权等原因导致企业无实际控制人；

(2)企业的第一大股东自身无实际控制人，特别是第一大股东是合伙企业、基金时，连锁反应导致企业无实际控制人。

2. 改变控制

一般而言，合伙企业的执行事务合伙人就是合伙企业的实际控制人、董监高，他们通常与合伙企业互为一致行动人。

两个合伙企业若有相同的执行事务合伙人，则表明两个合伙企业受一个主体控制，触犯了十二种情形中的第二条，是一致行动人。

倘若一主体是执行事务合伙人，为了斩断一致行动关系，可以直接不担任执行事务合伙人，或者改变议事规则，如添加一票否决权，间接使执行事务合伙人不再是合伙企业的实际控制人，甚至将企业委托他人管理，由他人自主代表企业行使股东权利(详见案例“16－4 科捷智能 2021－11”)。

关于实际控制人的认定、变动等，详见“疑难点 17　实际控制人”。

三、共同投资

第四种情形“投资者参股另一投资者，可以对参股公司的重大决策产生重大影响”与第六种情形“投资者之间存在合伙、合作、联营等其他经济利益关系”都在强调共同投资。

第四、六种情形并没有给出严格的判断标准，可抗辩，而且这两种情形的形成原理、抗辩理由经常可以互为解释。共同投资需要达到一定量的持股比例如联营，才可能构成一致行动关系。若其中一方持股的比例过小，则不会与其他股东、被投企业互为一致行动人，也就不会触及十二种情形中的第四、六种情形。

投资者一般都是独立出资，有各自的管理机构，会独立决策，甚至不参与日常管理，没有意外的话，也不至于事事与他人行动一致。

如果投资者是合伙企业的有限合伙人，无权执行合伙事务，又不能主导合伙人会议、投资决策委员会，那么与其他合伙人、合伙企业都不互为一致行动人，即不会触及十二种情形中的第四、六种情形。请大家牢牢记住，有限合伙人一般是实际控制人、一致行动人的“绝缘体”。

如果投资者只是纯财务投资人，不参与日常经营管理，也可以确认其不与其他股东、被投企业形成一致行动关系。

四、30%自然人一致行动线

30%是自然人的一致行动线，第七、九种情形都要求自然人持有30%以上的股份。如若自然人将持股比例降至30%以下，就可以斩断一致行动关系连接线。

非自然人并不适用此规定。

五、跟投方不一定是一致行动人

在私募基金投资行业，投资机构在对某项目进行投资时，项目管理团队成员有时会以自有资金跟随投资该项目。

倘若风险投资、私募股权投资的跟投制度不要求跟投方在行使相关表决权时与风险投资、私募股权投资保持一致，则风险投资、私募股权投资与跟投方可以说不互为一致行动人。

六、抗辩理由

不幸踩中了十二种情形，除了上述各自的应对之策之外，还可以用以下笔者收集的“万能”理由，论证成无一致行动关系：

■ 无法形成控制。

■ 独立行使股东权利。

■ 独立决策。

■ 相互之间的利益关系在其他层面，并不能作用到发行人层面。

■ 审议事项时，有过表决不一致的情况。

■ 无一致行动关系协议、委托持股、委托表决等。

■ 出具了无一致行动关系的声明承诺函和调查表。

■ 已将股东权利全权委托给他人管理。

笔者研究多个案例后，发现十二种一致行动关系，除了第一、二种情形的"控制"关系外，其他情形都是虚的，若触犯，用上述笔者总结的理由全部往不"控制"论证即可，详见案例"16－4 科捷智能 2021－11""16－5 赛微微 2021－10"。

七、一致行动人应当合并计算股份

一致行动人应当合并计算其所持有股份。投资者计算其所持有股份，应当既包括登记在其名下的股份，又包括登记在其一致行动人名下的股份。

合计股份的威力不容小觑，会让非关联方变成关联方，让小股东变成大股东。

1. 非关联方变成关联方

几乎各板块都有规定，持有上市公司5%以上股份的法人或者一致行动人为上市公司的关联法人。

2. 小股东变成大股东

合计股份会让小股东变成持股5%以上的大股东，从而受到诸多增持、减持等限制。多个减持规定，如上交所与深交所发布的减持股份实施细则，都要求在计算减持比例时，大股东或特定股东与其一致行动人的持股合并计算。

极端情况下，合并计算股份会导致发行人实际控制人变动，这是审核机构很不愿意看到的。

八、锁定期与减持限制

《公司法》第一百四十一条规定，发起人持有的本公司股份，自公司成立之日起1年内不得转让。公司公开发行股份前已发行的股份，自公司股票在证券交易所上市交易之日起1年内不得转让。公司董事、监事、高级管理人员应当向公司申报所持有的本公司的股份及其变动情况，在任职期间每年转让的股份不得超过其所持有本公司股份总数的25%；所持本公司股份自公司股票上市交易之日起1年内不得转让。上述人员离职后半年内，不得转让其所持有的本公司股份。公司章程可以对公司董事、监事、高级管理人员转让其所持有的本公司股份作出其他限制性规定。

《证券期货法律适用意见第17号》要求，发行人控股股东和实际控制人所持股份自发行人股票上市之日起36个月内不得转让，控股股东和实际控制人的一致行动人所持股份应当比照控股股东和实际控制人所持股份进行锁定。

《深圳证券交易所创业板股票上市规则》(2023修订)第二条至第四条规定，上市公司控股股东、实际控制人及其一致行动人减持本公司首发前股份的，应当自公司股票上市之日起36个月内，不得转让或者委托他人管理其直接和间接持有的首发前股份，也不得提议由上市公司回购该部分股份。

《上海证券交易所上市公司股东及董事、监事、高级管理人员减持股份实施细则》第十四条规定，公司控股股东、实际控制人及其一致行动人减持达到公司股份总数1%的，还应当在该事实发生之日起2个交易日内就该事项作出公告。

……

概而言之，一致行动人应当参照、遵守对应对象的锁定期、减持规定。对于锁定期，一般跟随实际控制人锁定36个月或者跟随发起人锁定12个月；对于减持限制，一致行动人减持时需合并计算股份减持的数量和比例。

16-1 美腾科技 2021-12

招股说明书披露，大地公司为持有发行人12.892%的股份的主要股东；谢美华、王冬平分别直接持有大地公司9.14%、7.08%的股份，并分别担任大地公司的董事长和经理，谢美华持有发行人3.25%的股份，王冬平持有发行人2.96%的股份，曹鹰、刁心钦分别持有发行人3.87%的股份。

请发行人说明：结合王冬平、谢美华、曹鹰、刁心钦与大地公司的关系，在大地公司及其关联方的任职情况以及持有大地公司的股份情况，说明前述自然人与大地公司是否构成一致行动关系。

| 答复 |

一、王冬平、谢美华、曹鹰、刁心钦与大地公司的关系、在大地公司及其关联方的任职情况以及持有大地公司的股份情况

背景：***大地工程开发(集团)有限公司***(简称"***大地公司***")***持有发行人美腾科技12.892%的股份。***

1、王冬平、谢美华、曹鹰、刁心钦持有大地公司的股份情况

截至本反馈意见回复出具日，王冬平直接持有大地公司7.0837%股权、持有

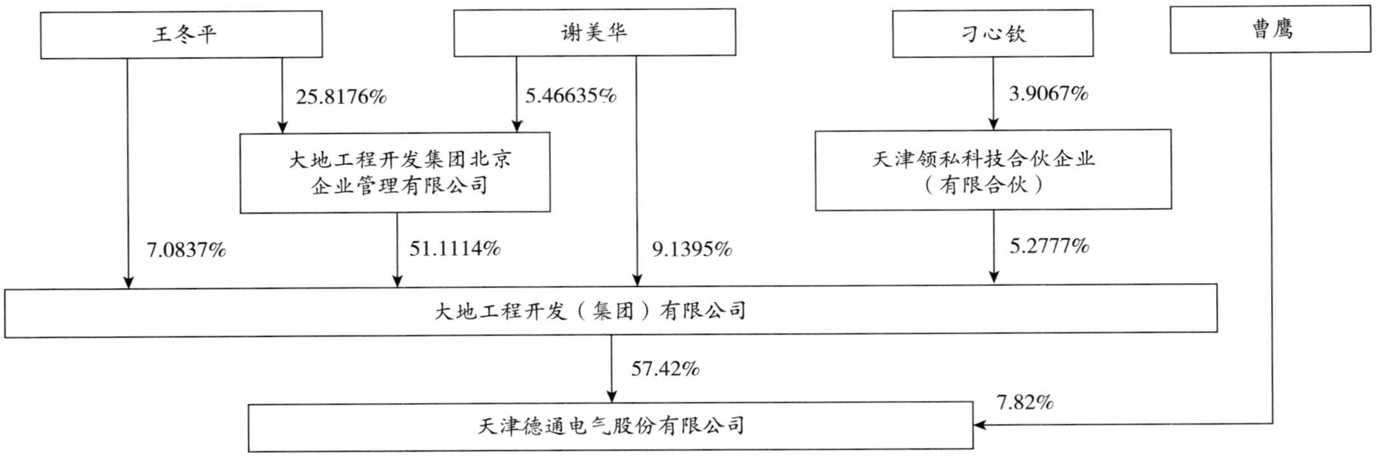
王冬平
谢美华
刁心钦
曹鹰
25.8176%
5.46635%
3.9067%
大地工程开发集团北京企业管理有限公司
天津领私科技合伙企业（有限合伙）
7.0837%
51.1114%
9.1395%
5.2777%
大地工程开发（集团）有限公司
57.42%
7.82%
天津德通电气股份有限公司

大地公司控股股东大地企管25.8176%股权；谢美华直接持有大地公司9.1395%股权、持有大地公司控股股东大地企管5.46635%股权；曹鹰未直接或间接持有大地公司股权，但直接持有大地公司子公司德通电气7.82%的股权，刁心钦持有大地公司股东天津领弘科技合伙企业（有限合伙）3.9067%的出资份额，具体持股结构如上图所示：

根据上图可知，王冬平、谢美华存在对**大地企管**的共同投资，王冬平、谢美华和刁心钦存在对**大地公司**的共同投资情况，大地公司和曹鹰存在对**德通电气**的共同投资，此外，王冬平和谢美华还存在对**北京一品**投资有限公司的共同投资，其中谢美华持有44.00%股权、王冬平持有26.00%股权；***王冬平、谢美华、曹鹰、刁心钦和大地公司存在对美腾科技的共同投资***。除上述存在的共同对外投资之外，王冬平、谢美华、曹鹰、刁心钦和大地公司不存在其他的共同对外投资企业的情况。

点评

共同投资需要达到联营的持股比例才可能构成一致行动关系。此处，多个投资者存在共同投资，触犯了《上市公司收购管理办法》第八十三条规定的十二种一致行动关系中的第四、六种情形。

2、王冬平、谢美华、曹鹰、刁心钦在大地公司及其关联方的任职情况

王冬平、谢美华、曹鹰、刁心钦均在大地公司或其子公司、分公司担任董事或高管职务，王冬平、谢美华、刁心钦直接或间接持有大地公司股权，曹鹰持有大地公司子公司德通电气的股权。

点评

"王冬平、谢美华、曹鹰、刁心钦均在大地公司或其子公司、分公司担任董事或高管职务……"，属于在投资者任职的董事、监事及高级管理人员，与投资者持有同一公司的股份，符合《上市公司收购管理办法》第八十三条规定的十二种一致行动关系中的第八种情形。

二、说明前述自然人与大地公司是否构成一致行动关系

1、大地公司及其控股股东大地企管无实际控制人

截至本反馈意见回复出具日，大地企管为大地公司的控股股东，持有其

*51.11%*股权,其中大地企管的股权结构如下所示:

序号	股东名称	持股比例(%)
1	王冬平	25.8176
2	张晋喜	18.9410
3	杨兴国	15.9458
4	胡育凡	12.1634
5	周少雷	5.4663
……		

根据上表可知,大地公司的控股股东大地企管的股权结构相对比较分散,大地公司和大地企管的全体股东均已签署确认函,确认大地公司的控股股东为大地企管,***大地企管的股权架构较为分散,并无能够控制大地公司的单一股东或一致行动人,大地企管和大地公司均无实际控制人***。

点评

公司的第一大股东自身或往上穿透都无实际控制人,这会往下传导,形成连锁反应,导致公司无实际控制人。此处,大地公司的控股股东大地企管无实际控制人,导致大地公司也跟着无实际控制人。

2、王冬平、谢美华、曹鹰、刁心钦和大地公司之间不存在一致行动关系

(1)《上市公司收购管理办法》中对于"构成一致行动人"的规定

根据《上市公司收购管理办法》第八十三条第二款规定,在上市公司的收购及相关股份权益变动活动中有一致行动情形的投资者,互为一致行动人。如无相反证据,投资者有下列情形之一的,为一致行动人。经逐项查验及比对《上市公司收购管理办法》第八十三条第二款规定的法定一致行动情形及根据王冬平、谢美华、曹鹰、刁心钦(以下简称"相关自然人")的关联方调查表、大地公司自设立以来的工商底档等资料,具体比对适用情况如下:

序号	《上市公司收购管理办法》第八十三条规定一致行动关系的法定情形	王冬平、谢美华、曹鹰、刁心钦和大地公司之间的对应关系	是否适用
1	投资者之间有股权控制关系	王冬平、谢美华、刁心钦在大地公司或其股东层面拥有股权，曹鹰持有大地公司子公司德通电气的7.82%股权，但大地公司及其控股股东大地企管均***无实际控制人，因此不构成股权控制关系***	否
2	投资者受同一主体控制	大地公司及其控股股东大地企管均***无实际控制人，因此不存在受同一主体控制的情况***	否
4	投资者参股另一投资者，可以对参股公司的重大决策产生重大影响	王冬平直接持有大地公司7.0837%股权、持有大地公司控股股东大地企管25.8176%股权；谢美华直接持有大地公司9.1395%股权、持有大地公司控股股东大地企管5.46635%股权，可以对大地公司的重大决策产生***重大影响***	是
6	投资者之间存在合伙、合作、联营等其他经济利益关系	王冬平、谢美华和刁心钦存在对大地公司的共同投资情况；王冬平和谢美华存在对大地企管的共同投资情况；大地公司和曹鹰存在对德通电气的共同投资情况；谢美华和王冬平存在对北京一品投资有限公司的共同投资情况，分别持有***44.00%***股权和***26.00%***；谢美华和王冬平存在共同投资房产的情况	是
8	在投资者任职的董事、监事及高级管理人员，与投资者持有同一上市公司股份	王冬平担任大地公司的***董事、总经理***，谢美华担任大地公司的***董事长***，上述2个自然人***与大地公司共同持有发行人的股份***	是

点评

十二种一致行动关系，除了第一、二种情形，其他种情形即使踩中了也可以论证成不存在一致行动关系。本案例还好没踩到第一、二种情形，抗辩起来比较容易。

根据上表可知，谢美华、王冬平与大地公司***符合***《上市公司收购管理办法》第八十三条第二款第（四）项、第（八）项规定的一致行动人推定要件；谢美华、王冬平与刁心钦、曹鹰与大地公司***符合***《上市公司收购管理办法》第八十三条第二款第（六）项规定的一致行动人推定要件。

《上市公司收购管理办法》中第八十三条第二款规定的一致行动人认定情形适用于上市公司的收购及相关股份权益变动情形，***并不必然扩展至公司运行过程中各股东间的一致行动关系的认定，公司股东间的一致行动关系认定需要进一步考虑其他因素***。

点评

十二种一致行动关系，本案例即使踩了三种，也可以解释成无一致行动关系，这是因为《上市公司收购管理办法》第八十三条第四款规定："投资者认为其与他人不应被视为一致行动人的，可以向中国证监会提供相反证据。"给我们留了一个反向证明的口子。

(2)相关自然人和大地公司不构成事实的一致行动关系

根据《上海证券交易所科创板股票发行上市审核问答(二)》中"5. 关于实际控制人的认定，发行人及中介机构应当如何把握?"中对于"共同实际控制人"的规定可知，***法定或约定形成的一致行动关系并不必然导致多人共同拥有公司控制权的情况***，发行人及中介机构不应为扩大履行实际控制人义务的主体范围或满足发行条件而作出违背事实的认定。

点评

一致行动关系与共同控制不能互推，即一致行动关系并不必然导致多人共同拥有公司控制权，详见"疑难点17　实际控制人"之"疑难点17－2　共同控制"。

基于上述法规规定，相关自然人和大地公司虽然符合《上市公司收购管理办法》中对于构成一致行动人的推定要件，但综合考虑***各方无一致行动关系协议或约定、各方作为股东独自行使股东权利、发行人公司章程及历次三会情况等客观事实，并且各方出具了无一致行动安排的确认文件***，王冬平、谢美华、曹鹰、刁心钦和大地公司不构成一致行动关系，具体论述如下：

①根据大地公司的公司章程、设立以来的工商底档，以及大地公司及其控股股东大地企管出具的确认函，确认大地公司的控股股东为大地企管，大地企管的股权架构较为分散，并无能够控制大地公司的单一股东或一致行动人，大地企管和大地公司均***无实际控制人***。因此王冬平、谢美华、曹鹰、刁心钦和大地公司之间

不存在股权***控制***的关系。

点评

十二种情形中的第一、二种情形强调的是控制。既然无实际控制人，自然就形不成第一、二种情形所谓的“控制”了。

②根据德通电气挂牌新三板期间的《公开转让说明书》、2016年至2019年的定期报告可知，德通电气的控股股东为大地公司，由于大地公司股权较为分散，德通电气无实际控制人，大地公司和曹鹰未构成一致行动人。

③经核查自设立至今的股东会、股东大会会议文件，上述自然人与大地公司就***发行人***股东会审议事项的***表决结果存在不一致***的情况。在2015年11月17日美腾有限召开的临时股东会会议上，针对设立智冠信息的事项，刁心钦投出了弃权票。

点评

“审议事项时，表决有过不一致的情况”是笔者总结的“万能”抗辩理由之一。表决并不要每次都不一致，只要有一次不一致，便足以打破存在一致行动关系的假象。

④根据报告期内***发行人***的公司章程，在有限责任公司阶段，股东按所持有的股份比例进行表决，发行人董事由股东会议选举产生；在股份公司阶段，股东以其代表的有表决权的股份数额行使表决权，董事由股东大会选举或者更换；公司章程未对股东行使股东权利或选举董事进行特殊的约定。同时核查发行人历次三会召开的会议记录、会议决议和表决票情况以及对相关自然人的访谈，王冬平、谢美华、曹鹰、刁心钦和大地公司在持有***美腾科技***股权期间***均独立行使其股东权利***；各方按照***发行人***的公司章程约定的表决机制独立表决，对该等表决机制下产生的任何表决结果，各方均认可。

点评

是否独立行使股东权利，其实外部人员无法验证，但以此抗辩却十分有力。

⑤经对相关自然人进行访谈并取得大地公司出具的说明，上述自然人与大地公司之间亦***未就行使发行人股东权利签订一致行动协议***，均系独立自主行使***发行人股东权利***，相互之间不存在一致行动关系。

点评

即使相关自然人与大地公司之间签了一致行动协议，也不一定就构成共同控制，详见"疑难点17　实际控制人"之"疑难点17－2　共同控制"。

根据上述分析可知，虽然王冬平、谢美华、曹鹰、刁心钦存在于大地公司及其关联方任职及持有大地公司部分股权情况，相互之间存在一定的利益关系，但***在美腾科技层面，相关自然人与大地公司均系独立行使发行人股东权利，未签订一致行动协议，各方之间无进行一致行动的执行和约束机制，不存在一致行动关系***。

点评

1. 注意，以上的③④⑤是在发行人即美腾科技层面论述。

2. "相互之间的利益关系是在其他层面，并不能作用到发行人层面"是笔者总结的最重要的"万能"抗辩理由。虽然相关自然人与大地公司在其他公司层面踩中了三种情形，但不会波及发行人。然后，用独立行使股东权利、未签订一致行动协议等理由可论证无一致行动关系。

(3)相关自然人和大地公司之间存在的股权或利益关系不会影响发行人关于实际控制人的认定

自2019年以来，公司***一直***认定李太友为实际控制人。

根据本题中对于相关自然人和大地公司是否构成一致行动人的论述可知，相关自然人和大地公司之间不构成一致行动人的关系。若将王冬平、谢美华、曹鹰、刁心钦和大地公司在美腾科技的表决权进行***合并计算***，报告期内李太友及其控制的主体所持有的美腾科技的表决权超过相关自然人和大地公司合计持有的表决权；且***美腾资产报告期内一直为美腾科技第一大股东，与其他股东相比控制的表决权较高***，因此***不会影响李太友作为发行人实际控制人的认定***。

点评

一致行动人应当合并计算其所持有股份,可能会导致实际控制人变更,这是审核机构比较担心的。在此案例中,即使王冬平、谢美华、曹鹰、刁心钦和大地公司是一致行动人,合并计算表决权,也不会动摇李太友实际控制人的地位。

16-2 概伦电子 2021-09

根据问询回复:(1)根据《合伙人管理办法》的相关约定,境内员工持股平台的重大事项通常由普通合伙人(即唯一的执行事务合伙人)执行,公司董事会有权除名和更换普通合伙人和执行事务合伙人。***刘志宏为公司的控股股东及实际控制人***,并能够对公司董事会决策产生支配或重大影响;(2)刘志宏与杨廉峰所在的共青城峰伦具有一致行动关系,杨廉峰、梅晓东同时持有共青城峰伦、共青城明伦、共青城毅伦的份额;(3)杨廉峰及梅晓东均为公司董事或高管。同时梅晓东主要分管发行人人力和行政相关工作,由其担任境内员工持股平台的执行事务合伙人,协助公司管理员工股权激励相关事项。

请发行人结合上述情况说明:(1)相关方未构成《上市公司收购管理办法》第八十三条情形的依据是否充分;(2)杨廉峰、梅晓东、共青城明伦等六家境内员工持股平台与共青城峰伦、刘志宏之间是否具有一致行动关系;(3)相关股份锁定是否符合监管要求。

| 答复 |

一、相关方未构成《上市公司收购管理办法》第八十三条情形的依据是否充分

1、除共青城峰伦与LIU ZHIHONG(刘志宏)存在一致行动关系外,共青城明伦等其他境内员工持股平台(以下简称"六家境内平台")与LIU ZHIHONG(刘志宏)不构成一致行动关系

(1)合伙人管理办法中规定的合伙企业运营机制具有合理历史背景,系出于由公司对员工持股平台进行统一管理的目的,并非为达到LIU ZHIHONG(刘志宏)个人对六家境内平台施加控制的效果

公司设立境内员工持股平台时实施的股权激励方案(包括《合伙人管理办法》中规定的合伙企业运营机制)系在2019年下半年进行市场化融资的过程中外部投资人参与公司重大决策所形成的机制之一,系公司与外部投资人协商达成的一

致安排。由于外部投资人向公司委派董事,因此在由董事会对员工持股平台执行事务合伙人进行调整时,外部投资人可以通过自身所委派董事参与决策。***由董事会除名和更换合伙人的机制,系出于由公司对员工持股平台进行统一管理的目的,并非为达到LIU ZHIHONG(刘志宏)个人对境内员工持股平台施加控制的效果***。且2019年12月***LIU ZHIHONG(刘志宏)已与共青城峰伦共同签署了《一致行动协议》并能够控制公司最高比例的控制权***,其亦***不存在控制其他境内员工持股的主观意愿***。

在整体变更设立股份公司后,公司建立及完善了独立董事工作制度等内控制度,董事会下设了薪酬与考核委员会并制定了相应议事规则。截至本回复出具日,发行人的董事会成员共有7名,其中3名为独立董事,能够有效起到监督、制约、提议等作用;同时,根据《薪酬与考核委员会议事规则》,发行人薪酬与考核委员会职能包括制定、研究和审查董事、高级管理人员的薪酬政策与方案、长期激励计划;对授予长期激励计划人员的资格、授予条件、行权条件等进行审查;负责对公司薪酬制度执行情况进行监督等,因此薪酬与考核委员会有权对员工持股平台执行事务合伙人提议更换,或在员工持股平台执行事务合伙人被不当更换时履行监督职能并表达反对意见。发行人薪酬与考核委员会由高秉强、郭涛及LIU ZHIHONG(刘志宏)组成,多数为独立董事且独立董事高秉强担任主任委员。

因此,***虽然公司董事会有权除名和更换普通合伙人、执行事务合伙人,但该等除名或更换过程将通过独立董事审议、薪酬与考核委员会提议等程序,并由包含三名独立董事在内的全体董事决议通过,LIU ZHIHONG(刘志宏)无法直接对包括独立董事在内的董事会决议形成控制***。

点评

刘志宏是公司的控股股东、实际控制人,还是员工持股平台的执行事务合伙人,公司董事会有权除名和更换员工持股平台的普通合伙人和执行事务合伙人。发行人辩称刘志宏与员工持股平台不构成一致行动关系,理由是:刘志宏没有控制员工持股平台的主观意愿,且无法控制董事会除名和更换普通合伙人、执行事务合伙人。读者对此会将信将疑。所以,发行人采取下文措施,彻底割断刘志宏与员工持股平台的控制关系,我们接着往下看。

（2）为进一步明确六家境内平台运行机制，体现相关员工持股平台独立运行的本质，对持股平台合伙人管理办法进行了修改，并根据修改后相关规则分别选举产生各平台执行事务合伙人

为进一步明确六家境内平台运行机制，体现相关员工持股平台独立运行的本质，2021年8月，经发行人董事会审议，决定对持股平台合伙人管理办法进行修改，***取消董事会对普通合伙人的任免权，修改为普通合伙人之变更、选任由全体有限合伙人一致同意方可以通过***。

对持股平台合伙人管理办法修改后，六家境内平台分别按照修改后相关规则由全体合伙人会议选举产生了各自执行事务合伙人，***所有平台的执行事务合伙人皆不再是LIU ZHIHONG（刘志宏）***。

因此，未来六家境内平台将由全体合伙人选举的执行事务合伙人管理合伙平台事务，同时，***经由全体合伙人同意可对执行事务合伙人进行变更***。

基于上述，LIU ZHIHONG（刘志宏）无法决定共青城明伦等六家员工持股平台执行事务合伙人，共青城明伦等六家员工持股平台与LIU ZHIHONG（刘志宏）不构成一致行动关系。

点评

1.《上市公司收购管理办法》第八十三条规定的十二种情形中的第一、二种情形强调的是控制。存在控制就很难解释不构成一致行动关系，因为有控制是事实。解决办法最好是斩断“控制”，如变更控制人。

2.执行事务合伙人通常是合伙企业的实际控制人，控制了执行事务合伙人就相当于控制了合伙企业。所以，为了避嫌，刘志宏不再担任所有平台的执行事务合伙人。

3.为了更加彻底洗清刘志宏与员工持股平台的一致行动关系，公司还取消了董事会对普通合伙人的任免权，把变更、选任普通合伙人的权力移交给全体有限合伙人。这种措施意在让合伙企业的实际控制人不会轻易改变，当然也意味着刘志宏不能再轻易成为合伙企业的执行事务合伙人。

2、杨廉峰、梅晓东同时持有共青城峰伦、共青城明伦、共青城毅伦的份额，不构成一致行动关系，同时为进一步优化相关平台的持股架构，杨廉峰、梅晓东对其在相关平台的持股进行了调整

（1）杨廉峰、梅晓东同时持有共青城峰伦、共青城明伦、共青城毅伦的份额具有合理背景，未因此导致一致行动关系

共青城峰伦于2019年12月发行人落实股权激励时，通过受让概伦有限股权及增资的形式持有发行人股份。共青城峰伦系为落实对杨廉峰的股权激励而设立的持股平台，由杨廉峰担任其执行事务合伙人，并持有其99.8752%的出资额；梅晓东主要系基于《中华人民共和国合伙企业法》对于合伙企业最少由两名合伙人设立的基本要求而担任共青城峰伦的有限合伙人，仅持有0.1248%出资额。

除共青城峰伦外，杨廉峰及梅晓东基于公司统一的股权激励计划，共同持有共青城明伦、共青城毅伦的合伙份额，其中***杨廉峰作为有限合伙人***分别持有共青城***毅伦***0.4532%的合伙份额、共青城***明伦***9.8815%的合伙份额；***梅晓东作为普通合伙人***分别持有共青城***毅伦***3.1989%的合伙份额、共青城***明伦***11.6818%的合伙份额。

因此，杨廉峰、梅晓东同时持有共青城峰伦、共青城明伦、共青城毅伦的份额，***系基于公司统一股权激励方案，或为满足共青城峰伦持股平台最少由两名合伙人设立的要求，而非二者主动基于合伙、合作、联营等经济利益关系所作的选择***，基于股权激励而同时在员工持股平台中持股，***并未构成二者在经济利益上的深度绑定***，不会因此导致一致行动关系；同时，除直接或间接持有发行人股份外，杨廉峰、梅晓东不存在其他共同投资情况。

点评

1. 杨廉峰、梅晓东同时持有共青城峰伦、共青城明伦、共青城毅伦的份额，存在共同投资，触犯了十二种一致行动关系中的第六种情形。

2. 即使存在共同投资，也有不构成一致行动关系的合理理由。如此处所称的“未构成二者在经济利益上的深度绑定”，还有案例“16－1 美腾科技 2021－12”中的“独立行使股东权利”“未签订一致行动协议”“表决有过不一致的情况”“相互之间的利益关系是在其他层面，并不能作用到发行人层面”等，都是很好的抗辩理由。

3. 另外，杨廉峰是有限合伙人。有限合伙人一般是一致行动关系、实际控制人的“绝缘体”，这理由案例中倒是没提。

综上，杨廉峰、梅晓东同时持有共青城峰伦、共青城明伦、共青城毅伦的份额，未导致杨廉峰、梅晓东构成一致行动关系。

(2)为进一步优化相关平台的持股架构，杨廉峰、梅晓东对其在相关平台的持股进行了调整

为进一步优化相关平台的持股架构，2021年8月，经相关平台全体合伙人同意，杨廉峰、梅晓东对其在相关平台的持股进行了调整。

调整后相关交易方对发行人的最终持股比例均未发生变化。截至本回复出具日，相关交易方均已签署相应份额转让协议，并已完成工商变更登记。根据上述协议，自签署之日起受让方就标的份额享有对应的合伙人权利，承担对应的合伙人义务。

经前述调整，***杨廉峰仅在共青城峰伦和共青城明伦持有份额，不再在共青城毅伦持有份额，梅晓东不在共青城明伦持有份额***。因此，截至本回复出具日，***除在共青城峰伦外***，杨廉峰、梅晓东***未同时***持有其他平台份额。

点评

1. 调整后，杨廉峰、梅晓东只在同一个平台持有份额，去掉“共同投资”。

2. 其实，共同投资只要有合理的理由抗辩就无须调整，如案例“16－1 美腾科技 2021－12”，相较之下，本案例最后还是调整了。

3、杨廉峰及梅晓东在公司的任职不构成对境内员工持股平台的重大影响

杨廉峰和梅晓东在公司根据其各自的岗位任职，在公司的日常经营管理框架内分别承担不同领域的工作职责，***不存在以其在公司的任职或其影响力共同控制公司境内员工持股平台的主观意愿及客观情形***，不构成《上市公司收购管理办法》规定的一致行动情形。

基于上述，***杨廉峰与其控制的共青城峰伦具有一致行动关系，其通过其控制的共青城峰伦与LIU ZHIHONG(刘志宏)具有一致行动关系***；除此之外，杨廉峰与LIU ZHIHONG(刘志宏)之间，梅晓东、共青城明伦等六家境内员工持股平台与共青城峰伦、LIU ZHIHONG(刘志宏)之间不存在构成《上市公司收购管理办法》第八十三条所明确规定的一致行动情形。

二、杨廉峰、梅晓东、共青城明伦等六家境内员工持股平台与共青城峰伦、LIU ZHIHONG(刘志宏)之间是否具有一致行动关系

1、杨廉峰与共青城峰伦、LIU ZHIHONG(刘志宏)之间是否具有一致行动关系

杨廉峰担任共青城峰伦的执行事务合伙人,并持有其99.8752%的出资额,能够控制共青城峰伦,因此杨廉峰与共青城峰伦具有一致行动关系。杨廉峰在公司不直接持股,其通过所控制的共青城峰伦与LIU ZHIHONG(刘志宏)签署一致行动协议而具有一致行动关系;杨廉峰在公司的其他持股包括作为员工持股平台的***有限合伙人***分别持有共青城***毅***伦***0.4532%***的合伙份额、共青城***明***伦***9.8815%***的合伙份额,***该部分间接持股份额较小,无法对相应员工持股平台形成控制或重大影响***,无法通过相应平台实行一致行动安排,前述间接持股其均已承诺锁定36个月。

点评

1. 一致行动关系是可以传递的:杨廉峰与共青城峰伦具有一致行动关系,而共青城峰伦与刘志宏是一致行动人,从而杨廉峰与刘志宏也有一致行动关系。

2.《上市公司收购管理办法》第八十三条规定的十二种一致行动关系之第四种情形,"投资者参股另一投资者,可以对参股公司的重大决策产生重大影响"要求达到"重大"影响的程度。杨廉峰是共青城毅伦、共青城明伦的有限合伙人,且持股份额较小,未达到"重大"影响的程度。所以,杨廉峰与共青城毅伦、共青城明伦不构成一致行动关系。

2、梅晓东与共青城峰伦、LIU ZHIHONG(刘志宏)之间是否具有一致行动关系

梅晓东在公司不直接持股,其作为***有限合伙人***持有的共青城峰伦***0.1248%***出资额,主要系为了满足法律规定的合伙企业最少由两名合伙人设立的基本要求,其未对共青城峰伦形成重大影响,且其与共青城峰伦不存在《上市公司收购管理办法》第八十三条所明确规定的一致行动情形,***双方亦未签署一致行动协议***,因此梅晓东与共青城峰伦不具有一致行动关系。

梅晓东与LIU ZHIHONG(刘志宏)之间不存在构成《上市公司收购管理办

法》第八十三条所明确规定的一致行动情形，**双方亦未签署一致行动协议**，因此不具有一致行动关系。

3、共青城明伦等六家境内员工持股平台与共青城峰伦、LIU ZHIHONG（刘志宏）之间是否具有一致行动关系

共青城明伦等六家境内员工持股平台**执行事务合伙人梅晓东未在共青城峰伦担任董事、监事或者高级管理人员性质的重要职务**，且共青城明伦等六家境内员工持股平台与共青城峰伦不存在《上市公司收购管理办法》第八十三条所明确规定的一致行动情形，亦**未与其签署一致行动协议**，因此六家境内员工持股平台与共青城峰伦不具有一致行动关系。

共青城明伦等六家境内员工持股平台并非由LIU ZHIHONG（刘志宏）控制，***LIU ZHIHONG（刘志宏）亦未参股六家境内员工持股平台或在其中担任董事、监事或者高级管理人员性质的重要职务，未对其构成重大影响***；六家境内员工持股平台与LIU ZHIHONG（刘志宏）不存在《上市公司收购管理办法》第八十三条所明确规定的一致行动情形，亦未与其签署一致行动协议，因此六家境内员工持股平台与LIU ZHIHONG（刘志宏）不具有一致行动关系。

点评

1. 针对《上市公司收购管理办法》第八十三条规定的十二种一致行动关系之第三种情形，"投资者的董事、监事或者高级管理人员中的主要成员，同时在另一个投资者担任董事、监事或者高级管理人员"，合伙企业的执行事务合伙人通常是合伙企业的实际控制人、董监高。为了不构成"控制""共同董监高"，应尽量不当执行事务合伙人。如本案例中，刘志宏为了避嫌就不再担任所有持股平台的执行事务合伙人。

2. 六家境内员工持股平台的执行事务合伙人梅晓东未在共青城峰伦担任董事、监事或者高级管理人员，由此斩断了六家境内员工持股平台与共青城峰伦的一致行动关系。

基于上述，杨廉峰与共青城峰伦之间具有一致行动关系，其通过其控制的共青城峰伦与LIU ZHIHONG（刘志宏）具有一致行动关系，杨廉峰在其他平台间接持股份额较小，无法对相应平台形成控制或重大影响，无法通过相应平台实行一

致行动安排，杨廉峰间接持有的发行人股份均已承诺锁定36个月；梅晓东、共青城明伦等六家境内员工持股平台与共青城峰伦、LIU ZHIHONG（刘志宏）之间不具有一致行动关系。

三、相关股份锁定是否符合监管要求

前述主体已按照《公司法》《上海证券交易所科创板股票上市规则》《上海证券交易所科创板股票发行上市审核问答（二）》等监管要求作出了股份锁定承诺，具体如下：

1、LIU ZHIHONG（刘志宏）及其一致行动人共青城峰伦已***按照/比照实际控制人及控股股东的要求承诺锁定期***，具体如下：

"自发行人股票上市之日起***36个月***内（以下简称'锁定期'），不转让或者委托他人管理本人在本次发行及上市前直接或间接持有的发行人股份（以下简称'首发前股份'），也不要求发行人回购该部分股份。"

2、梅晓东未直接持有公司股份，共青城明伦等六家境内***员工持股平台已比照实际控制人及控股股东的要求承诺锁定期***，具体如下：

"1、自发行人股票上市之日起***36个月***内（以下简称'锁定期'），不转让或者委托他人管理本单位在本次发行及上市前持有的发行人股份（以下简称'首发前股份'），也不要求发行人回购该部分股份。"

除此之外，共青城明伦等六家境内员工持股平台进一步承诺，在其所持股份锁定期满后，***减持时将与实际控制人及控股股东、一致行动人合并计算股份减持比例***，具体如下：

"5、本单位承诺，于本单位依《上市公司股东、董监高减持股份的若干规定》、《上海证券交易所上市公司股东及董事、监事、高级管理人员减持股份实施细则》以及其他相关法律、法规、规定或监管规则通过采取集中竞价交易、大宗交易方式***减持***本单位持有的本次发行及上市前股份时，本单位持有的股份可减持比例应与发行人之控股股东暨实际控制人及其一致行动人、其他境内员工持股平台之股份数额合并计算。前述境内员工持股平台，系指共青城智伦投资合伙企业（有限合伙）、共青城明伦投资合伙企业（有限合伙）、共青城伟伦投资合伙企业（有限合伙）、共青城经伦投资合伙企业（有限合伙）、共青城毅伦投资合伙企业（有限合伙）及井冈山兴伦投资合伙企业（有限合伙）之合称。"

点评

员工持股平台经常与实际控制人构成或者疑似一致行动关系，最好跟着锁定36个月。

3、杨廉峰已比照实际控制人之要求承诺锁定期：

"自发行人股票上市之日起***36个月***内（以下简称'锁定期'），不转让或者委托他人管理本人在本次发行及上市前直接或间接持有的发行人股份（以下简称'首发前股份'），也不要求发行人回购该部分股份。"

基于上述，杨廉峰、梅晓东、共青城明伦等六家境内员工持股平台及共青城峰伦、LIU ZHIHONG（刘志宏）的股份锁定符合监管要求。

点评

可能构成一致行动关系的，为谨慎起见，应参照对应对象的锁定期、减持规定，一般锁定36个月或12个月，合并计算股份减持比例。

16-3 天威新材 2021-11

申报文件及首轮问询回复显示，发行人员工持股平台为天威兴业、天威众创、小蚂蚁投资，其中部分高管及全部非高管的普通员工的资金来源于发行人实际控制人控制的关联公司Sun Media International Corporation或珠海宝杰企业管理咨询服务有限公司的有息借款。

请发行人：结合上述关联方为持股员工提供融资安排的情形，披露相关员工持股平台是否与发行人实际控制人构成一致行动关系。

| 答复 |

公司持股平台天威兴业、天威众创、小蚂蚁投资中，仅***天威兴业、天威众创持股平台部分员工的出资存在向关联方进行借款***的情形，其中天威兴业为实际控制人控制的企业，与实际控制人构成一致行动关系，天威众创与实际控制人不构成一致行动关系。

（1）持股平台天威兴业为实际控制人控制的企业，与实际控制人构成一致行动关系天威兴业是公司实施股权激励的持股平台。根据天威兴业的公司章程规定，天威兴业的最高权力机构为天威兴业董事会，天威兴业的董事分别为：冯玉珍、冯宝珍、徐应春。除公司章程之外，天威兴业未制定董事会议事规则、股东会议事规则，股东间未签署控制权相关的协议。贺良梅直接持有天威兴业16.44%股权并通过其控制的天威企管间接控制天威兴业57.07%股权，合计控制天威兴业73.51%股权，且***通过股东委派方式控制半数以上董事席位，从而实际支配天威兴业的经营决策***。因此，天威兴业属于实际控制人***控制***的企业，天威兴业与实际控制人构成一致行动关系。

点评

构成了《上市公司收购管理办法》第八十三条规定的十二种一致行动关系之第一、二种情形。因"控制"形成的一致行动关系，很难抗辩。

(2)持股平台天威众创不属于实际控制人控制的企业，与实际控制人不构成一致行动关系

天威众创是公司实施股权激励的持股平台。根据天威众创的公司章程规定，天威众创的***最高权力机构为天威众创股东会***，天威众创股东会由全体股东组成。天威众创股东会会议必须经股东所持表决权***过半数***通过，但修改公司章程、增加或减少注册资本的决议，以及公司合并、分立、解散或变更公司形式的决议，必须经代表***三分之二***以上表决权的股东通过。股东会会议由股东按照认缴出资比例行使表决权。除章程之外，天威众创未制定董事会议事规则、股东会议事规则，股东间未签署控制权相关的协议。

实际控制人贺良梅及其一致行动人未直接或间接持有天威众创股权，***无法决定或否决天威众创股东会决议内容***，不存在直接或间接控制天威众创的情形。虽然***公司的关联方为持股员工提供了融资安排***，但实际控制人贺良梅及其一致行动人与持股员工或天威众创之间***未就天威众创股东表决权达成协议或作出安排，亦未直接或间接持有天威众创股权***。

综上所述，天威众创不属于实际控制人控制的企业，与公司的实际控制人不构成一致行动关系。

点评

关联方向天威众创持股平台中部分员工贷款，触犯了《上市公司收购管理办法》第八十三条规定的十二种一致行动关系之第五种情形，“银行以外的其他法人、其他组织和自然人为投资者取得相关股份提供融资安排”，但仍然可以用“无法控制”进行抗辩。

16-4 科捷智能 2021-11

请发行人：对照《上市公司收购管理办法》相关规定，充分论证(1)顺丰投资、金丰博润是否构成一致行动关系；(2)汇智翔顺、日日顺创智、方卫平是否构成一致行动关系；(3)以及龙进军、刘真国、邹振华是否构成一致行动关系。

｜**答复**｜

一、顺丰投资、金丰博润是否构成一致行动关系

(1)各方背景及股权关系

顺丰投资系上市公司顺丰控股(002352.SZ)的二级全资子公司，由顺丰控股控制，根据顺丰投资入股发行人的投资协议，顺丰投资入股发行人时与发行人不存在业绩对赌，除基于产业投资对双方合作背景的展望外，顺丰投资不存在明确指定业务交由发行人执行或类似情形，顺丰投资与发行人不存在商业机会输送的安排。

金丰博润系在中国证券基金业协会备案的私募股权投资基金(编号：SNA339)，其执行事务合伙人和基金管理人均为厦门博润资本投资管理有限公司(编号：P1068710，以下简称“博润资本”)。

顺丰投资作为金丰博润的***有限合伙人***认缴其人民币50,000万元出资额，所持合伙企业份额占比为***33.33%***，不存在顺丰投资的关联方持有金丰博润剩余合伙企业份额的情形。顺丰投资与博润资本不存在股权关系及关联关系。

顺丰投资、金丰博润和发行人的股权关系如下图所示：

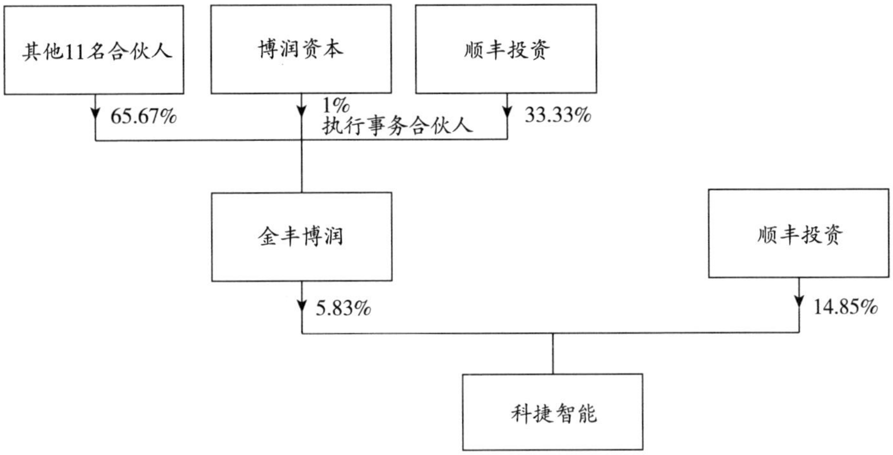

(2)顺丰投资与金丰博润不构成一致行动关系

发行人根据《上市公司收购管理办法》第八十三条的规定,逐条核查了顺丰投资与金丰博润是否构成法规推定的一致行动人,具体情况说明如下:

序号	规定	情况说明
4	投资者参股另一投资者,可以对参股公司的重大决策产生重大影响	顺丰投资持有金丰博润***33.33%的合伙企业份额***

如上表所述,顺丰投资与金丰博润符合上述规定的"投资者参股另一投资者,可以对参股公司的重大决策产生重大影响"情形,但根据《上市公司收购管理办法》的规定,对于法规推定的一致行动人,***如有相反证据***的,则可以认定其不存在一致行动关系,故认定其是否构成一致行动关系需结合各方是否存在一致行动的意图和相反证据来判断。顺丰投资与金丰博润虽存在股权关系,但不构成一致行动关系,具体原因如下:

1)金丰博润与顺丰投资不属于同一控制,顺丰投资对金丰博润亦不构成***控制***关系

根据顺丰投资的母公司顺丰控股披露的《2020年年度报告》,***顺丰控股未将金丰博润纳入合并报表范围***,即金丰博润与顺丰投资不属于同一控制;鉴于顺丰投资系顺丰控股全资子公司,且顺丰控股仅通过顺丰投资持有金丰博润的权益,可推定顺丰投资对金丰博润亦***不构成控制关系***。

2)顺丰投资无法对金丰博润的投资决策形成独立控制

根据金丰博润的合伙协议约定,金丰博润为私募股权投资合伙企业,其合伙目的在于共同出资经营、共负盈亏、共担风险,非目标项目型合伙,***并非以投资发行人而专门设立的合伙企业***。博润资本为金丰博润的执行事务合伙人,博润资本负责合伙企业的日常经营,对外代表合伙企业,***顺丰投资为金丰博润的有限合伙人,不执行合伙事务***。此外,顺丰投资对博润资本亦不存在股权关系、控制关系,顺丰投资不存在通过控制博润资本而间接控制金丰博润的情形。

根据金丰博润说明,其投资决策委员会由***5名***委员组成,由博润自己进行委派任命,其中***3名***委员根据博润资本提名的人选委派,***2名***委员根据顺丰投资提名的人选委派,投资决策会员审议的投资项目须至少获得上述委员的***4票***同意方可通过。即***顺丰投资未在金丰博润的投资决策委员会占据多数优势,且根据金丰博润的投资决策委员会议事规则无法对金丰博润的投资决策形成独立控制***。

综上,顺丰投资无法对金丰博润的投资决策形成独立控制。

点评

1. 顺丰投资持有金丰博润33.33%的合伙企业份额,踩中了《上市公司收购管理办法》第八十三条规定的十二种一致行动关系中的第四种情形。

2. 有限合伙人一般是一致行动关系、实际控制人的"绝缘体",但不排除有限合伙人在合伙人会议、投资决策委员会中占据优势的情形。如本案例中,顺丰投资虽是金丰博润的有限合伙人,但投资决策委员5名,顺丰投资可以提名2名,占了40%,可以说能够对投资决策委员会产生重大影响。

3. 既然达到了"重大"影响的程度,踩中了第四种情形,但此处却一直往不"控制"论证。这给笔者一个启示:十二种一致行动关系,除了第一、二种情形的"控制"关系外,触犯后全都往不"控制"论证即可。

3)根据各方出具的声明文件,顺丰投资与金丰博润不构成一致行动关系

……

综上所述,结合顺丰投资、金丰博润的股权结构、合伙协议、书面声明,并经逐条核对《上市公司收购管理办法》第八十三条的相关规定,顺丰投资与金丰博润不构成一致行动关系。

点评

其实，站在科捷智能的层面上看，顺丰投资、金丰博润还共同投资了科捷智能。但因金丰博润持有科捷智能的股份比例过小，达不到“重大”的程度，不符合十二种一致行动关系中的第六种情形。

二、汇智翔顺、日日顺创智、方卫平是否构成一致行动关系

（1）各方背景及股权关系

日日顺创智系上市公司海尔智家（600690. SH）的四级全资子公司，由海尔智家控制；***方卫平曾为日日顺创智的投资经理***，其投资发行人系基于其个人看好发行人的未来发展且其作为当时日日顺创智投资科捷项目的负责人，***根据日日顺创智的要求进行的个人跟投***，其已于2020年7月从日日顺创智***离职***，除曾在日日顺创智任职外，其与日日顺创智不存在股权关系或其他关联关系；其自日日顺创智离职时汇智翔顺尚未成为发行人股东、未参与汇智翔顺入股发行人相关决策过程、亦不曾于汇智翔顺担任投资决策委员会委员等任何职务，与汇智翔顺不存在股权关系和关联关系。截至本回复签署之日，方卫平与日日顺创智、汇智翔顺不存在雇佣、持股或其他关联关系。***方卫平不构成日日顺创智、汇智翔顺的一致行动人***。

点评

倘若风险投资、私募股权投资不要求跟投方在行使相关表决权时与其保持一致，则可以认为风险投资、私募股权投资与跟投方不构成一致行动关系。方卫平是根据日日顺创智的要求被动跟投的，而且已经离职，跟日日顺创智、汇智翔顺谈不上互为一致行动人。

汇智翔顺系在中国证券基金业协会备案的私募股权投资基金（编号：SND080），其***执行事务合伙人为青岛日日顺汇智投资有限责任公司***（以下简称“日日顺汇智”），其基金管理人为汇誉私募基金管理（湖州）有限公司（编号：P1065694，以下简称“汇誉投资”）。***日日顺创智系汇智翔顺的有限合伙人***，认缴汇智翔顺60,000万元的合伙企业出资额，所持合伙企业份额占比为30%，并持有汇智翔顺执行事务合伙人日日顺汇智50%的股权。基金管理人汇誉投资系汇智集团控股有限公司的全资子公司，与日日顺创智不存在股权关系。

日日顺创智、汇智翔顺和发行人的股权关系如下图所示：

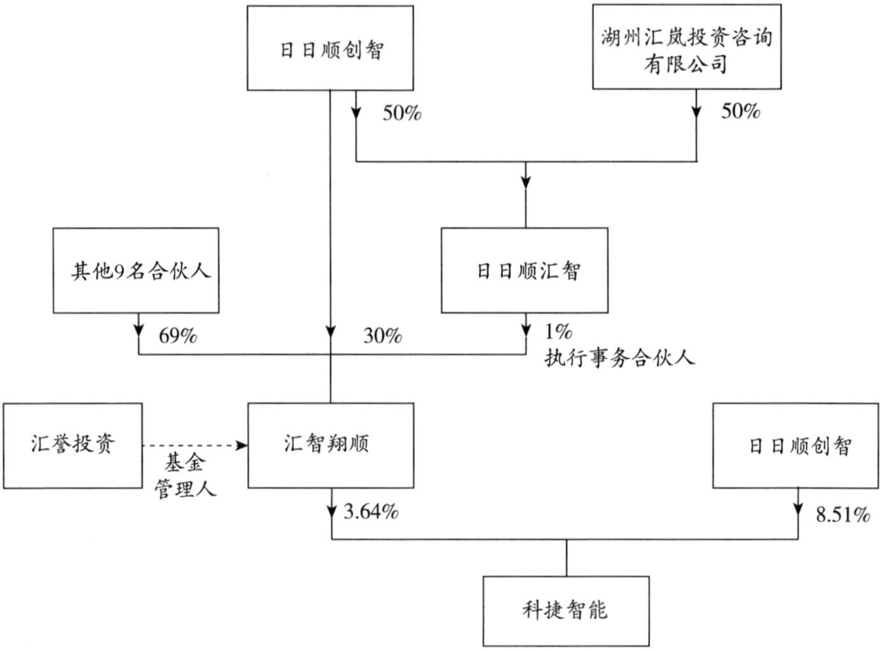

(2)汇智翔顺、日日顺创智、方卫平不构成一致行动关系

发行人根据《上市公司收购管理办法》第八十三条的规定，逐条比对了汇智翔顺、日日顺创智、方卫平是否构成法规推定的一致行动人的具体情况说明如下：

序号	规定	情况说明
4	投资者参股另一投资者，可以对参股公司的重大决策产生重大影响	日日顺创智***持有汇智翔顺30%合伙企业份额及其执行事务合伙人日日顺汇智50%的股权***。

如上表所述，方卫平与汇智翔顺、日日顺创智并不构成法规推定的一致行动人；除曾在日日顺创智任职外，其与日日顺创智、汇智翔顺不存在股权关系和关联关系；根据对方卫平的访谈笔录，其亦确认与其他各方股东不存在一致行动关系，故方卫平与汇智翔顺、日日顺创智不构成一致行动关系。

如上表所述，汇智翔顺与日日顺创智符合上述规定的“投资者参股另一投资者，可以对参股公司的重大决策产生重大影响”情形，但根据《上市公司收购管理办法》的规定，对于法规推定的一致行动人，***如有相反证据的，则可以认定其不存在一致行动关系***，故认定其是否构成一致行动关系需结合各方是否存在一致行动的意图和相反证据来判断。汇智翔顺与日日顺创智虽存在股权关系，但不构成一致行动关系，具体原因如下：

1）汇智翔顺与日日顺创智不属于同一控制，日日顺创智对汇智翔顺亦不构成***控制***关系

根据日日顺创智母公司海尔智家披露的《2020年年度报告》，海尔智家***未将汇智翔顺、日日顺汇智（汇智翔顺的执行事务合伙人）纳入合并报表***，即汇智翔顺与日日顺创智不属于同一控制；鉴于日日顺创智系海尔智家全资子公司，且海尔智家仅通过日日顺创智持有汇智翔顺的权益，可推定日日顺创智对汇智翔顺亦不构成控制关系。

2）就直接持有的发行人的股份，汇智翔顺由基金管理人汇誉投资***独立行使股东权利***，与日日顺创智不构成一致行动关系

汇智翔顺的基金管理人为汇誉投资，就其所直接持有的发行人的股份，根据汇智翔顺的合伙协议及汇智翔顺与汇誉投资签订的***委托管理***协议约定，由***汇誉投资代表汇智翔顺行使股东权利***，包括行使汇智翔顺所持股份对应的表决权。日日顺创智与汇誉投资不存在股权关系、关联关系或一致行动关系，***汇誉投资代表汇智翔顺行使其股东权利时不受制于日日顺创智***。

点评

1. 汇智翔顺的执行事务合伙人是日日顺汇智，本应该由日日顺汇智管理日常事务，但汇智翔顺又被委托给汇誉投资管理，由汇誉投资代表汇智翔顺行使股东权利。

2. 这么做是担心日日顺创智可以控制日日顺汇智，传导至汇智翔顺。故将企业委托给他人管理，巧妙地规避了一致行动关系。

因此，就直接持有的发行人股份，汇智翔顺由基金管理人汇誉投资独立行使股东权利，与日日顺创智不构成一致行动关系。

3）日日顺创智无法对汇智翔顺的***投资决策***形成独立***控制***

①日日顺创智无法对汇智翔顺形成独立***控制***，亦无法通过控制日日顺汇智对

汇智翔顺形成独立*控制*

根据汇智翔顺的合伙协议，汇智翔顺为私募股权投资合伙企业，其合伙目的在于共同出资经营、共负盈亏、共担风险，非目标项目型合伙，***并非以投资发行人而专门设立的合伙企业***。汇智翔顺的执行事务合伙人为日日顺汇智，执行事务合伙人拥有合伙企业及其投资业务以及其他活动之管理、控制、运营、决策的权利，该等权利由执行事务合伙人直接行使或通过其委派的代表行使。

鉴于：A. 日日顺创智和湖州汇岚投资咨询有限公司分别持有日日顺汇智***50%***的股权，根据其公司章程规定，各方所持股权拥有的表决权利相同；B. 日日顺汇智的董事会成员合计*4* 名，其中日日顺创智代表和湖州汇岚投资咨询有限公司代表各*2* 名，根据其公司章程规定，董事会决议事项应经三分之二以上董事同意方可通过有效，***任意一方无法对董事会形成独立控制***；C. 日日顺汇智的董事长为日日顺创智提名，总经理为湖州汇岚投资咨询有限公司提名；D. 日日顺创智与湖州汇岚投资咨询有限公司不存在股权关系，亦不存在受同一主体控制的情形或其他控制关系。

因此，日日顺创智或湖州汇岚投资咨询有限公司均无法对日日顺汇智形成独立控制，***日日顺创智亦无法通过控制日日顺汇智对汇智翔顺形成独立控制***。

点评

日日顺汇智的董事会成员合计 4 名，其中日日顺创智代表和湖州汇岚投资咨询有限公司代表各 2 名，意味着日日顺创智对日日顺汇智无法控制但可以产生重大影响。

②日日顺创智无法对汇智翔顺投资决策形成独立*控制*

汇智翔顺的执行事务合伙人为日日顺汇智，其基金管理人为汇誉投资。根据汇智翔顺的合伙协议及汇智翔顺与汇誉投资签订的委托管理协议，汇智翔顺的投资决策机构为投资决策委员会，***投资决策委员会共有 6 名成员***，分别由基金管理人汇誉投资的*3* 名代表和日日顺创智的*3* 名代表组成。投资决策委员会将根据业务需要及时召开会议，并根据投资决策委员会议事规则的规定，***作出的决定应经三分之二以上（含）同意通过***。此外，除上述涉及投资决策委员会相关约定外，合伙协议约定引导基金（指“山东省新动能基金管理有限公司”、“青岛市市级创业

投资引导基金管理中心”和“青岛巨峰科技创业投资有限公司”）有权向投委会委派1名投资观察员代表，所有需由投资决策委员会审议的事项，***执行事务合伙人或基金管理人应先提交投资观察员，由投资观察员进行前置审核***；在投资观察员出具同意的审核意见前，有关投资事项不得提交投资决策委员会审议。并且，***投资观察员可以对于特定条件下的审查事项进行否决，被否决的事项不得提交决策委员会审议***。

点评

1. 汇智翔顺的投资决策委员会共有6名成员，日日顺创智提名3名，占了50%。根据议事规则，虽然日日顺创智控制不了投资决策委员会，但可以产生重大影响。

2. 投资观察员前置审核事务，还拥有一票否决权，则执行事务合伙人日日顺汇智不必然是合伙企业汇智翔顺的实际控制人。

鉴于：A. 汇誉投资为专业的基金管理机构，其出资人与日日顺创智不存在受同一主体控制的情形，日日顺创智对汇誉投资及其出资人不存在股权控制关系，汇誉投资及其出资人对日日顺创智亦不存在股权控制关系，日日顺创智无法控制汇誉投资对汇智翔顺提名委派的投资决策委员会委员具体人选；B. 最终投资决策委员会委员人选由执行事务合伙人日日顺汇智决定，日日顺创智无法对日日顺汇智单独控制，从而单独控制汇智翔顺的投资决策委员会委员人选；C. 投资决策委员会委员中半数为日日顺创智代表，而对外投资决策需要经三分之二以上（含）同意通过；D. 日日顺创智和基金管理人汇誉投资均是独立决策，双方在决策时并不是保持一致投票，***在历史上出现过投票不一致的情形***，汇誉投资并不是日日顺创智的一致行动人。

因此，日日顺创智无法对汇智翔顺投资决策形成独立控制。

综上所述，根据汇智翔顺的合伙协议约定和决策机制，日日顺创智无法对汇智翔顺的日常事务管理和投资决策形成独立控制。

4）根据各方出具的***声明***文件，汇智翔顺与日日顺创智不构成一致行动关系

……

综上所述，结合汇智翔顺、日日顺创智的股权结构、合伙协议、委托管理协议、

书面声明,并经逐条核对《上市公司收购管理办法》第八十三条的相关规定,汇智翔顺与日日顺创智不构成一致行动关系。

点评

1. 跟标题"一、顺丰投资、金丰博润是否构成一致行动关系"的内容一样,虽然达到了"重大"影响的程度,踩中了第四种情形,却一直往不"控制"论证。

2. 通过前面案例和本案例,笔者总结认为,"无法控制""出资人不同""决策独立""独立行使股东权利""效力不及发行人层面"是否定一致行动关系的"万能"理由。

三、龙进军、刘真国、邹振华是否构成一致行动关系

龙进军系发行人董事长、总经理、实际控制人;刘真国系发行人副总经理、核心技术人员;***邹振华系发行人的财务投资者,系发行人董事田凯之母***。

发行人董事田凯现任发行人的公共事务负责人,负责发行人的公共事务协调和知识产权的管理,其由发行人控股股东益捷科捷提名经发行人股东大会选任为发行人董事。益捷科技独立提名了发行人6名非独立董事中的4名,田凯作为益捷科技提名的非独立董事候选人,被选任为董事后系根据益捷科技的指示行使董事职权,***并非由邹振华基于投资而向发行人委派、代表其利益***,即若出现田凯不按照益捷科技意思行使董事职权的情形,则***益捷科技可自主决定提名其他人选并向发行人股东大会提议更换董事,而无需以邹振华认可为前提***。***邹振华作为独立的财务投资人,并不参与发行人的日常经营管理***。田凯作为发行人董事的身份不会导致邹振华与其他发行人股东构成《上市公司收购管理办法》第八十三条法规推定一致行动关系,不影响对于邹振华与龙进军、刘真国是否存在一致行动关系的判断。

点评

1. 上文说了那么多,"邹振华作为独立的财务投资人,并不参与发行人的日常经营管理",这条才是斩断邹振华与龙进军、刘真国因"共同投资"益捷科技、科捷智能而形成一致行动关系的关键。

2. 财务投资人与有限合伙人一样,一般是一致行动关系、实际控制人的"绝缘体"。

龙进军、刘真国、邹振华和发行人的股权关系如下：

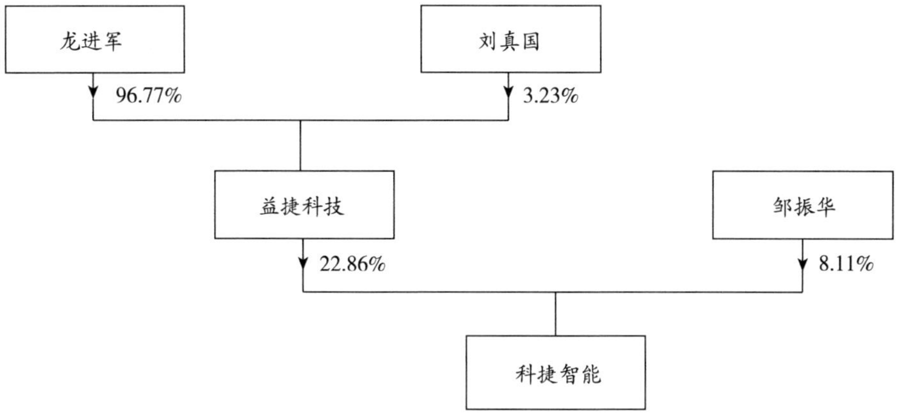

……

经中介机构核查，龙进军、刘真国、邹振华，其确认与其他各方不存在一致行动的安排。此外，龙进军、刘真国、邹振华针对是否存在一致行动关系***出具了《关于不存在一致行动关系的声明》***，声明：其受让科捷有限的股权时，未与其他股权受让方就收购事项及收购完成后的安排达成一致行动的合意，亦未签署关于一致行动或共同控制科捷有限的协议。其持有发行人的股份期间，独立行使召集权、提案权、表决权等股东权利，三方未签署一致行动协议，亦未达成关于发行人股东大会、董事会方面保持一致或共同扩大能够支配的表决权数量的协议或安排，且没有追求保持一致或共同扩大能够支配的表决权数量的意图或目标。三方之间不具有一致行动关系。

综上所述，结合龙进军、刘真国、邹振华书面声明，并经逐条核对《上市公司收购管理办法》第八十三条的相关规定，龙进军、刘真国、邹振华不构成一致行动关系。

点评

通过这个案例可以看出，《上市公司收购管理办法》第八十三条规定的十二种一致行动关系中的第四、六种情形，即使踩中了也可辩可论，往不"控制"的方向论证即可。

16－5 赛微微 2021－10

根据招股说明书：伟途投资为发行人控股股东，武岳峰投资、北京亦合、上海岭观合计持有伟途投资51%的出资份额，其向上穿透后均存在自然人潘建岳。其中武岳峰投资的执行事务合伙人为 Digital Time Investment Limited（以下简称 DTI），DTI 股东为潘建岳、武平及 Bernard Anthony Xavier；潘建岳和武平系上海岭观的有限合伙人，所持份额比例合计58%；潘建岳和武平合计持有北京中清80%股权，北京中清为北京亦合执行事务合伙人常州亦合的执行事务合伙人。此外，潘建岳为北京亦合、武岳峰投资的委托代表。

请发行人说明：对照《上市公司收购管理办法》第83条规定，说明潘建岳、武平、武岳峰投资、北京亦合、上海岭观是否构成一致行动人；是否为控股股东、实际控制人的一致行动人。

｜答复｜

背景：发行人的实际控制人为***蒋燕波、赵建华及葛伟国***，主要股权结构如下：

一、潘建岳、武平、武岳峰投资、北京亦合、上海岭观是否构成一致行动人

截至本问询函回复出具日，武岳峰投资、北京亦合、上海岭观为发行人股东，各自拥有独立的内部决策机制，并据此履行股东职权，行使对发行人股份表决权。潘建岳、武平***未直接***持有发行人股份，为武岳峰投资、北京亦合、上海岭观的***间接股东或有限合伙人***，潘建岳、武平二人需遵从武岳峰投资、北京亦合、上海岭观各自***独立的决策机制***。其中，武岳峰投资的实际控制人为潘建岳、武平以及 Bernard Anthony Xavier（以下简称"Bernard Xavier"）三人，北京亦合的实际控制人为潘建岳、武平二人，潘建岳、武平为上海岭观的***有限合伙人***。目前，潘建岳、武平、武岳峰投资、北京亦合、上海岭观之间的一致行动相关情况如下：

（1）武岳峰投资、北京亦合、上海岭观之间一致行动人情况

根据武岳峰投资、北京亦合、上海岭观的确认以及与《上市公司收购管理办法》第83条规定对照，截至武岳峰投资、北京亦合、上海岭观2021年10月15日签署《关于一致行动关系及股份锁定等事宜的承诺函》之前，武岳峰投资、北京亦合、上海岭观三方有关情况如下：

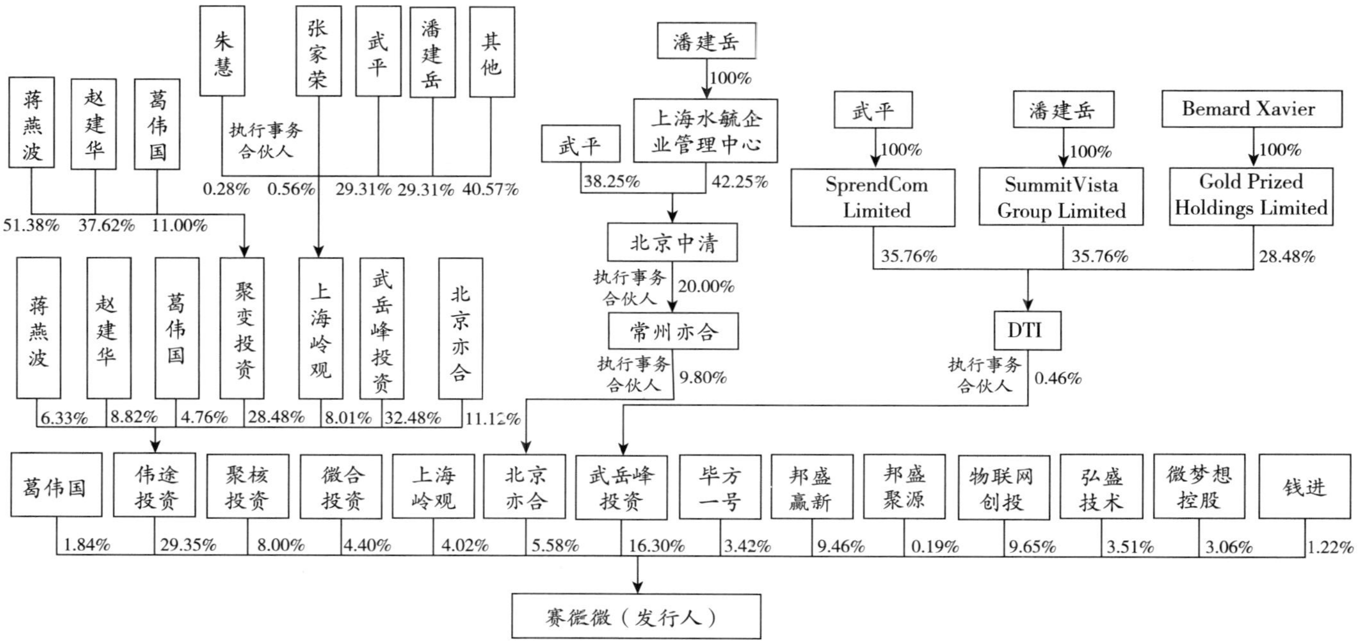

蒋燕波
赵建华
葛伟国
51.38%
37.62%
11.00%
朱慧
张家荣
武平
潘建岳
其他
执行事务合伙人
0.28%
0.56%
29.31%
29.31%
40.57%
潘建岳
100%
武平
上海水毓企业管理中心
38.25%
42.25%
北京中清
执行事务合伙人
20.00%
常州亦合
执行事务合伙人
9.80%
武平
潘建岳
Bemard Xavier
100%
100%
100%
SprendCom Limited
SummitVista Group Limited
Gold Prized Holdings Limited
35.76%
35.76%
28.48%
DTI
执行事务合伙人
0.46%
蒋燕波
赵建华
葛伟国
聚变投资
上海岭观
武岳峰投资
北京亦合
6.33%
8.82%
4.76%
28.48%
8.01%
32.48%
11.12%
葛伟国
伟途投资
聚核投资
微合投资
上海岭观
北京亦合
武岳峰投资
毕方一号
邦盛赢新
邦盛聚源
物联网创投
弘盛技术
微梦想控股
钱进
1.84%
29.35%
8.00%
4.40%
4.02%
5.58%
16.30%
3.42%
9.46%
0.19%
9.65%
3.51%
3.06%
1.22%
赛微微（发行人）

序号	第83条所述情形	是否涉及
3	投资者的董事、监事或者高级管理人员中的主要成员,同时在另一个投资者担任董事、监事或者高级管理人员	是,武岳峰投资、北京亦合的**执行事务合伙人委派代表均为潘建岳**
6	投资者之间存在合伙、合作、联营等其他经济利益关系	是,武岳峰投资、北京亦合、上海岭观**均为伟途投资有限合伙人**
12	投资者之间具有其他关联关系	是,上海岭观的部分合伙人为武岳峰投资、北京亦合或其**关联方的员工**;潘建岳、武平担任了武岳峰投资、北京亦合的投资决策委员会成员

点评

武岳峰投资、北京亦合、上海岭观三方踩中了《上市公司收购管理办法》第八十三条规定的十二种情形中的三种。

基于下述原因,武岳峰投资、北京亦合、上海岭观之间并**不构成一致行动人**,具体如下:

A. 武岳峰投资、北京亦合、上海岭观的**实际控制人存在不同**

根据相关方的确认,武岳峰投资、北京亦合、上海岭观的实际控制人认定情况为:

序号	名称	实际控制人
1	武岳峰投资	**潘建岳、武平**、Bernard Xavier
2	北京亦合	**潘建岳、武平**
3	上海岭观	朱慧、张家荣

……

综上所述,武岳峰投资、北京亦合、上海岭观三方的**实际控制人存在不同**。

点评

"控制"要求受同一方或相同的多方最终控制。其中的"多方",两个企业所有的共同控制人都完全一致才算是"受相同的多方最终控制"。虽然北京亦合的两个共同控制人潘建岳、武平是武岳峰投资三个共同控制人潘建岳、武平、Bernard Xavier 其中的两位，但两家企业的实际控制人仍不算“相同的多方”！实际控制人不同，自然不构成十二种情形中的第一、二种情形中的“控制”。

B. 武岳峰投资、北京亦合、上海岭观***具有独立的内部投资决策机构以及决策机制，各自投资决策保持独立***

根据武岳峰投资合伙协议的相关规定及其确认，武岳峰投资设立投资决策委员会，投资决策委员会负责决定项目投资、管理、退出等相关事宜；武岳峰投资的投资决策委员会共计九人，自 2018 年 1 月 1 日起至今，九名投资决策委员会成员分别为武平、潘建岳、Bernard Xavier、李峰、朱民、张帅、顾大为、葛培健、严凌；投资决策委员会的相关决议，须经含武平、潘建岳、Bernard Xavier 三位关键人士在内的六名以上（含本数）委员批准方为有效。

根据北京亦合合伙协议的相关规定及其确认，北京亦合设立投资决策委员会，投资决策委员会负责批准投资项目方案、项目退出、项目管理等相关事宜；北京亦合投资决策委员会共计四人，自 2018 年 1 月 1 日起至今，四名投资决策委员会成员分别为潘建岳、武平、熊长青、叶朋；投资决策委员会对于投资事项或管理事项作出的决议，须经全体成员四分之三以上同意方为有效通过。

根据上海岭观合伙协议约定及其确认，上海岭观的普通合伙人为朱慧和张家荣，有权代表合伙企业以其自身名义或合伙企业名义管理、经营合伙企业及执行其事务。

根据上述情况，武岳峰投资、北京亦合、上海岭观***各自拥有独立的投资决策机构和投资决策机制***，除武平、潘建岳二人分别于武岳峰投资决策委员会、北京亦合投资决策委员会担任委员情形外，武岳峰投资、北京亦合、上海岭观三方的投资决策机构人员之间不存在重合情况；虽然武平、潘建岳二人均担任了武岳峰投资和北京亦合的投资决策委员会委员，但依据武岳峰投资投资决策委员会和北京亦合投资决策委员会各自的表决机制，武岳峰投资的投资决策委员会作出决议须经含武平、潘建岳、Bernard Xavier 三位关键人士在内的六名以上（含本数）委员批准方为有效，北京亦合的投资决策委员会作出有效决议必须经四分之三以上委员同意。

因此，仅基于武平、潘建岳二人均担任武岳峰投资、北京亦合投资决策委员会委员的情形，***并不会导致武岳峰投资决策委员会与北京亦合投资决策委员会的投资决策相同***，武岳峰投资和北京亦合***投资决策机构不存在混同、丧失独立性的情况***。

点评

一致行动关系的本质是决策相同。武岳峰投资、北京亦合、上海岭观三方都有独立的内部投资决策机构与决策机制，虽然投资决策机构人员有个别重合，但投资决策保持独立，那么构成一致行动关系的可能性就大幅降低了。

综上所述，武岳峰投资、北京亦合、上海岭观三方之间的投资决策机构和投资决策机制具有独立性，各方能够独立作出投资决策。

C. 武岳峰投资、北京亦合、上海岭观的出资人不同，***各方代表不同出资人利益进行日常经营及投资决策，并独立行使其作为发行人股东的股东权利***

根据武岳峰投资的合伙协议及其确认，截至本问询函回复出具日，武岳峰投资的出资人主要为国家集成电路产业基金、实业公司、上海地区的创业投资机构等机构投资人；武岳峰投资的投资领域以集成电路设计产业及与集成电路相关的电子信息产业为主。

根据北京亦合的合伙协议及其确认，北京亦合的出资人主要为北京、江苏地区的投资机构、产业基金、实业公司以及少量自然人投资人；北京亦合主要投资于集成电路设计、人工智能、先进制造业，投资相对稳健、低风险，拥有良好回报空间项目的投资组合公司，临近上市企业以及其他具有潜力的创业企业或成长期企业，以及相关领域的并购项目。

根据上海岭观的合伙协议及其确认，上海岭观出资人主要为武岳峰投资、北京亦合或其关联方的员工以及其他外部自然人。根据上海岭观出具的确认函等相关文件，上海岭观现有合伙人中，14 名合伙人现为武岳峰投资、北京亦合或其关联单位员工或兼任前述单位职务；4 名合伙人曾经为武岳峰投资、北京亦合或其关联单位员工，但现已离职；剩余 9 名合伙人不属于武岳峰投资、北京亦合或其关联单位员工。

根据发行人报告期内的历次股东（大）会决议及相关方的确认，武岳峰投资、北京亦合、上海岭观作为发行人的股东，依据其各自内部决策结果***独立行使其股***

东表决权。

综上所述,武岳峰投资、北京亦合、上海岭观的***出资人不同***,三方分别代表不同的出资方利益进行日常经营及投资决策,投资方向也存在差异,三方之间商业利益并不一致;武岳峰投资、北京亦合、上海岭观作为发行人股东均独立行使其股东权利。

点评

出资人不同,利益出发点就可能不同,某些情形下就可能会为了自己的利益而不会一致行动。

D. 截至2021年10月15日之前,武岳峰投资、北京亦合、上海岭观之间未签署任何一致行动协议或作出任何一致行动安排

截至2021年10月15日之前,根据武岳峰投资、北京亦合、上海岭观的确认及其出具的不谋求实际控制人地位承诺,武岳峰投资、北京亦合、上海岭观之间并***未签署任何一致行动协议,亦未作出任何一致行动或其他类似安排***;三方未来亦不会单独或与发行人的其他股东及其关联方、一致行动人之间签署任何一致行动协议、委托表决协议或达成类似安排;三方也不会以任何方式谋求或协助其他第三方谋求发行人的实际控制人地位;三方不构成一致行动。

综上所述,截至武岳峰投资、北京亦合、上海岭观2021年10月15日签署《关于一致行动关系及股份锁定等事宜的承诺函》之前,武岳峰投资、北京亦合、上海岭观不构成一致行动人。

点评

1. 与案例“16－1 美腾科技 2021－12”“16－4 科捷智能 2021－11”差不多,虽然踩中了十二种情形中的三条,但还好,没有踩到第一、二种情形。

2. 十二种一致行动关系,除了第一、二种情形的“控制”关系外,其他情形触犯后用以下理由全部往不“控制”论证即可:(1)无法控制;(2)出资人不同;(3)决策独立;(4)独立行使股东权利;(5)效力不及发行人层面。

(2)潘建岳与武平关于发行人构成一致行动人情况

根据潘建岳、武平的确认以及与《上市公司收购管理办法》第83条规定对照,

截至潘建岳、武平2021年10月15日签署《关于一致行动关系及股份锁定等事宜的承诺函》之前，潘建岳、武平之间关于发行人的有关情况如下：

序号	第83条所述情形	是否涉及
6	投资者之间存在合伙、合作、联营等其他经济利益关系	是。潘建岳、武平之间存在***共同设立公司***、***合伙企业***的情形，如上海岭观等
12	投资者之间具有其他关联关系	是。潘建岳、武平和Bernard Xavier三人关于仟品（上海）股权投资管理有限公司***签署了《管理协议书》***；潘建岳、武平关于北京中清***签署了《一致行动协议》***

基于下述原因，潘建岳、武平二人关于发行人不构成一致行动人，具体如下：

第一，根据潘建岳、武平的确认，潘建岳、武平二人均系从事创业投资、风险投资业务的专业从业人员，因为合作关系双方及/或其他合作方合资、合伙成立了相关的经营主体，作为有关基金的普通合伙人或基金管理人；***双方在基金普通合伙人层面以及基金管理人层面的合资、合伙等合作关系属于私募投资基金行业的常规和惯例运作模式***，且有关基金管理公司在基金的投资业务上只负责向所管理的基金推荐拟投决的项目，并非基金的决策机构；相关合资合作关系的建立和存续并非为在双方之间或在其他多方之间关于发行人达成一致行动安排；双方关于发行人事务上并不存在一致行动关系。

第二，潘建岳、武平均作为***有限合伙人***持有上海岭观财产份额，上海岭观的实际控制人为朱慧、张家荣，潘建岳和武平两人仅作为上海岭观的***有限合伙人***，无权代表上海岭观执行合伙事务，无法控制和决策海岭观合伙事务，不能支配上海岭观持有的发行人股份表决权。潘建岳和武平二人均系***独立出资***，并依法独立行使其作为上海岭观有限合伙人的权利和承担相应义务，并按照其出资金额和比例独立享有上海岭观收益和承担有关亏损。因此，潘建岳、武平不会基于有限合伙关系而构成一致行动。

点评

合伙企业的有限合伙人与其他合伙人虽是共同投资，但一般不会与合伙企业、其他合伙人构成一致行动关系，是一致行动关系的“绝缘体”。

第三，潘建岳、武平之间存在如下协议安排：

①2016年7月，***潘建岳、武平以及Bernard Xavier***就***上海仟品***签署《***管理协议书***》（以下简称“上海仟品协议”）约定，潘建岳、武平以及Bernard Xavier就上海仟品公司治理及运营事项采取共同行动，但***该管理协议书的共同行动安排的效力仅及于上海仟品，并不会导致三人就其他第三方持股自动形成任何一致行动安排***。上海仟品为武岳峰投资的基金管理人，DTI持有上海仟品100%股权。根据上海仟品与武岳峰投资签署的《委托管理合同》，***上海仟品的主要管理职权为为武岳峰投资提供日常运营及投资管理服务，武岳峰投资的项目投资的决策均受武岳峰投资的投资决策委员会作出的决议的约束***。

②2019年1月，***潘建岳、武平***关于***北京中清***签署《***一致行动协议***》（以下简称“北京中清协议”）约定，潘建岳、武平二人于北京中清股东会中采取相同意思表示，保持一致行动。

但鉴于：

a. 前述协议系就不同事项于不同的时间在不同的相关方之间签署，上海仟品协议系潘建岳、武平与Bernard Xavier三方之间关于上海仟品管理事宜作出的约定，而北京中清协议系潘建岳、武平二人之间就北京中清事项作出的约定；***两份协议系独立存续的协议***，其生效或终止不存在互为前提或互为条件的情形，且上海仟品以及北京中清均不属于专为持有发行人股份而设立的专项持股平台，两份协议的订立和存续并非为在潘建岳、武平二人就发行人股份表决权形成一致行动关系。

b. 前述相关协议系相关方就上海仟品、北京中清事项作出的安排，***协议效力仅及于上海仟品、北京中清***；前述协议对潘建岳、武平持有的其他主体权益并不具有法律法约束力，潘建岳、武平二人之间并不因前述协议而自动就其持有的其他第三方权益而构成一致行动。

c. 两份协议项下就其各自涉及主体的管理或控制机制也存在差异和不同。上海仟品协议项下共同控制机制为潘建岳、武平以及Bernard Xavier三方之间，而北京中清系潘建岳与武平两人之间。且根据上海仟品与武岳峰投资签署的《委托管理合同》，上海仟品仅作为武岳峰投资的基金管理人，其主要管理职权为提供日常运营及投资管理服务，武岳峰投资的投资决策事宜仍受武岳峰投资的投资决策委员会作出的决议的约束，而依据武岳峰投资投资决策机制，武岳峰投资投资决策委员会形成有效决议，必须经包括潘建岳、武平以及 Bernard Xavier 三方均同意认可在内方可有效。

d. 前述相关协议的订立和存续，不会导致武岳峰投资、北京亦合持有的发行人股份在发行人层面形成一致行动。潘建岳、武平二人均并***未直接***持有发行人股份，二人系通过武岳峰投资、北京亦合、上海岭观而***间接***持有发行人股份，因此，潘建岳、武平二人对发行人的影响必须通过武岳峰投资、北京亦合、上海岭观而体现，即潘建岳、武平需要依据武岳峰投资、北京亦合、上海岭观的内部决策管理机制和规则来实现其对发行人股份表决权的影响。如上文所述，武岳峰投资、北京亦合、上海岭观系***代表不同出资人利益***行使其持有的发行人股份表决权，三方之间关于所持发行人股份表决权并不构成一致行动人，故潘建岳、武平二人通过三方间接持有的发行股份也不会构成一致行动。因此，潘建岳、武平并不会仅因前述协议而在发行人层面形成一致行动。

点评

出资人之间的利益点不同，就不会抱团取暖、一致行动。

最后，为进一步明确发行人控制权有关事宜，潘建岳、武平均已***出具关于不存在一致行动关系和不谋求发行人实际控制人地位的说明***确认，潘建岳、武平二人作为具有完全民事行为能力和完全民事权利能力的自然人，均独立地进行对外投资并独立享有投资收益和承担投资亏损，二人作为其各自对外投资企业的出资人均保持独立决策，并独立地享有的相关权利和承担有关义务，二人关于发行人不构成一致行动人；二人关于发行人的投资系财务投资，以获取财务回报为目的，二人不会以任何方式谋求或协助他人通过任何方式（包括但不限于以自身名义或通过自身控制的单位，单独或共同与其他第三方签署任何一致行动协议、委托表决协议或达成类似安排等）谋求发行人的实际控制人地位。

综上所述，截至潘建岳、武平 2021 年 10 月 15 日签署《关于一致行动关系及股份锁定等事宜的承诺函》***之前***，潘建岳、武平二人之间就***发行人层面***不构成一致行动人。

点评

本案例中,潘建岳、武平以及 Bernard Xavier 签署的《管理协议书》的效力仅及于上海仟品,而潘建岳、武平签署的《一致行动协议》的效力仅及于北京中清。虽然存在共同行动安排,但效力不能作用到发行人层面!这是否认一致行动关系最重要的“万能”理由。

(3)2021 年 10 月至今,上述相关方一致行动人关系情况

2021 年 10 月,为进一步保障发行人长远稳定发展,尽可能减小相关股东未来减持发行人股份时对公司股价及发行人控股股东、实际控制人控股比例造成的影响,切实保护广大中小投资者利益,***潘建岳、武平、武岳峰投资、北京亦合、上海岭观签署了《关于一致行动关系及股份锁定等事宜的承诺函》***,就股份***锁定***、***减持***安排、一致行动关系等事宜做出了补充确认和承诺,各方自愿将其持有的发行人股份***锁定***期延长至本次发行上市之日起满 36 个月,并同意于发行人本次发行上市之日起 36 个月内就发行人有关事项***保持一致行动***,股份锁定期届满后各方将根据届时可适用的相关规则***按照一致行动人合并计算相关股份减持数量和比例***。

点评

经过一系列解释,最终还是要确定一致行动关系。

根据上述承诺,自该等承诺签署之日起,潘建岳、武平、武岳峰投资、北京亦合、上海岭观就发行人有关事项达成了一致行动安排,因此,截至本问询函回复出具日,潘建岳、武平、武岳峰投资、北京亦合、上海岭观之间关于发行人具有一致行动关系。

二、潘建岳、武平、武岳峰投资、北京亦合、上海岭观是否为控股股东、实际控制人的一致行动人

经逐条对照《上市公司收购管理办法》第 83 条,潘建岳、武平、武岳峰投资、北京亦合、上海岭观与发行人控股股东伟途投资、实际控制人之间相关情况如下:

序号	第83条所述情形	是否涉及
4	投资者参股另一投资者，可以对参股公司的重大决策产生重大影响	否。武岳峰投资、北京亦合及上海岭观虽***参股***伟途投资，但***无法控制***伟途投资
6	投资者之间存在合伙、合作、联营等其他经济利益关系	是。武岳峰投资、北京亦合、上海岭观与发行人实际控制人***均为伟途投资合伙人***

基于下述原因，武岳峰投资、北京亦合、上海岭观不构成发行人控股股东、实际控制人的一致行动人，具体如下：

（1）根据武岳峰投资、北京亦合、上海岭观的确认，三方对发行人的投资为***财务投资***，目的系为获取财务回报；本着实事求是、充分尊重公司实际情况的原则，武岳峰投资、北京亦合、上海岭观充分认同和确认，发行人系由蒋燕波、赵建华、葛伟国三方组成的管理团队实际控制并运营；武岳峰投资、北京亦合、上海岭观作为伟途投资***有限合伙人***的目的并非为了与发行人控股股东、实际控制人形成任何一致行动关系。

点评

财务投资人与有限合伙人一样，一般是一致行动关系、实际控制人的"绝缘体"。

（2）武岳峰投资、北京亦合、上海岭观***无法控制***伟途投资，伟途投资保持***决策独立***。如前文所述，伟途投资的实际控制人为普通合伙人（暨执行事务合伙人）蒋燕波，蒋燕波作为普通合伙人暨执行事务合伙人，代表伟途投资决策和执行伟途投资合伙事务。武岳峰投资、北京亦合、上海岭观为伟途投资***有限合伙人***，不执行有限合伙事务，不得对外代表本合伙企业，无法控制伟途投资。伟途投资的决策独立于武岳峰投资、北京亦合以及上海岭观。

（3）武岳峰投资、北京亦合、上海岭观均保持独立决策，伟途投资以及发行人实际控制人***无法对其施加重大影响***。武岳峰投资、北京亦合、上海岭观***均具有独立的决策机构***，其中，武岳峰投资、北京亦合设置了独立的投资决策委员会进行基金的日常经营管理和投资决策，上海岭观由其普通合伙人进行决策管理。伟途投资及发行人实际控制人蒋燕波、赵建华、葛伟国及其关联方未投资武岳峰投资、北京亦合、上海岭观三方任何一方或向三方投资决策机构委派任何人员，伟途投资以及发行人实际控制人均***无法***对武岳峰投资、北京亦合、上海岭观的经营管理、投资决策等***施加任何重大影响***，武岳峰投资、北京亦合、上海岭观均保持***独立决策***。

点评

《上市公司收购管理办法》第八十三条规定的十二种情形中的第四种情形，“投资者参股另一投资者，可以对参股公司的重大决策产生重大影响”要求的是能达到“重大”影响的程度。

(4)武岳峰投资、北京亦合、上海岭观以及伟途投资均独立行使其发行人股东权利。根据发行人报告期内的历次股东(大)会、董事会决议等情况，武岳峰投资、北京亦合、上海岭观以及伟途投资作为发行人的股东，依据其各自内部决策机制独立进行投票表决；伟途投资和武岳峰投资亦独立提名董事候选人担任发行人董事/独立董事。据此，武岳峰投资、北京亦合、上海岭观以及伟途投资作为发行股东均***独立行使股东权利***。

点评

与本案例标题“一、潘建岳、武平、武岳峰投资、北京亦合、上海岭观是否构成一致行动人”的内容一样，此处踩中了十二种情形中的第一、二种之外的情形。“无法控制”“出资人不同”“决策独立”“独立行使股东权利”“效力不及发行人层面”是否定一致行动关系的“万能”理由，用这些理由全部往不“控制”论证即可。

(5)根据相关各方出具的确认或***承诺***，伟途投资、发行人实际控制人与武岳峰投资、北京亦合、上海岭观、潘建岳、武平之间未签署一致行动协议，亦未达成任何一致行动或类似安排，不构成一致行动人。

综上所述，发行控股股东伟途投资、发行人实际控制人与潘建岳、武平、武岳峰投资、北京亦合、上海岭观之间不存在一致行动关系。

16－6　力诺特玻 2020－11

申报材料显示：2019 年 12 月，力诺投资将其持有的发行人 20.1746% 的股份转让给复星惟盈、复星惟实、唐斌和徐广成，其中复星惟盈和复星惟实均为上海复星创富投资管理有限公司（以下简称复星创富）旗下的股权投资基金，唐斌系复星创富的董事长、法定代表人，徐广成在复星创富任职。

请发行人补充披露：复星惟盈、复星惟实、唐斌和徐广成是否构成一致行动人，发行人股东之间是否存在其他未披露的亲属关系、关联关系或一致行动人等情形，是否存在股权纠纷或潜在纠纷。

｜答复｜

一、力诺投资和鸿道新能源

本次发行前，力诺投资持有发行人41.5005%的股份，鸿道新能源持有发行人8.7074%的股份，鸿道新能源的执行事务合伙人为申英明，申英明持有力诺集团20%的股份，从而间接持有力诺投资的股权。

力诺投资与鸿道新能源***不构成控制关系，未签署过一致行动协议***，不构成一致行动人，不存在股权纠纷或潜在纠纷。

二、复星惟盈、复星惟实、徐广成和唐斌

复星惟盈和复星惟实均为上海复星创富投资管理有限公司（以下简称“复星创富”）旗下的股权投资基金，唐斌系复星创富的董事长、法定代表人，徐广成在复星创富任职。

复星惟盈和复星惟实均为复星创富作为私募基金管理人管理的基金，受同一控制人控制，符合《上市公司收购管理办法》第八十三条之规定，构成一致行动关系。

唐斌、徐广成分别担任复星创富董事长和投资董事总经理，不是复星创富的实际控制人，唐斌、徐广成投资发行人***系根据复星创富内部规定跟投***，以其自有资金出资。***复星创富的跟投制度不要求跟投方行使相关表决权时与复星惟盈、复星惟实保持一致***，唐斌、徐广成与复星惟盈、复星惟实***未签署过一致行动协议，不构成一致行动人***。复星惟盈、复星惟实、唐斌和徐广成分别持有发行人9.5831%、9.5831%、0.1891%和0.8196%的股份。

点评

倘若VC、PE的跟投制度不要求跟投方在行使表决权时与VC、PE保持一致，则VC、PE与跟投方可以说不互为一致行动人。本案例辩称，复星创富的跟投制度不要求跟投方行使相关表决权时与复星惟盈、复星惟实保持一致，唐斌、徐广成与复星惟盈、复星惟实不互为一致行动人。唐斌、徐广成作为复星创富的董监高，而复星惟盈、复星惟实又是复星创富管理的基金，要想双方不会行动一致，坦白讲，很难。还好，后续未追问。

综上所述，复星惟盈和复星惟实构成一致行动人，二者与唐斌、徐广成不构成一致行动人，不存在股权纠纷或潜在纠纷。

三、汇益创投和李红梅

汇益创投总经理齐恩辉与自然人股东李红梅为夫妻关系，汇益创投与李红梅分别持有发行人 *0.2869%* 和 *0.1320%* 的股份，二者未签署过一致行动协议，***不构成一致行动人***，不存在股权纠纷或潜在纠纷。

点评

汇益创投与自然人股东李红梅，二者持有发行人的股份都很少，虽有共同投资，但未达到“重大”影响的程度，不构成一致行动关系。

除上述情况外，本次发行前发行人各股东之间不存在其他未披露的亲属关系、关联关系或一致行动人等情形，亦不存在股权纠纷或潜在纠纷。

疑难点 17

实际控制人

《公司法》第二百一十六条第(三)项定义实际控制人:“实际控制人,是指虽不是公司的股东,但通过投资关系、协议或者其他安排,能够实际支配公司行为的人。”实际控制人是公司幕后真正的操控者,通俗地讲,就是公司的“带头大哥”、领头人。

实际控制人可以是自然人、法人等主体,认定标准有二:一是能够支配公司;二是可以通过投资关系、协议、其他途径取得控制权。

控制权涉及实际控制人的认定、共同控制、无实际控制人、变动等内容,有些直接关系到能否满足上市的硬性条件,应当谨慎处理,否则会扩大履行实际控制人义务的主体范围,引起更多的同业竞争、独立性、一致行动人等问题,甚至会混淆同一控制与非同一控制下的企业合并。

之前的《首发业务若干问题解答》问题 10(内容与《创业板股票首次公开发行上市审核问答》问题 9、《科创板股票发行上市审核问答(二)》问题 5 类似)是实际控制人的白金规定,虽然未被纳入“新 39 条”,但内容被移至《〈首次公开发行股票注册管理办法〉第十二条、第十三条、第三十一条、第四十四条、第四十五条和〈公开发行证券的公司信息披露内容与格式准则第 57 号—招股说明书〉第七条有关规定的适用意见—证券期货法律适用意见第 17 号》(中国证券监督管理委员会公告〔2023〕14 号,简称《证券期货法律适用意见第 17 号》)中。所以,现在关于实际控制人的解答以《证券期货法律适用意见第 17 号》为准。

疑难点 17 -1　实际控制人认定

实际控制人的认定即判断谁是公司的实际控制人。

实际控制人是对公司有支配性影响力的主体,若不能明晰公司的实际控制人,就难以判断、评估其行为对公司、股东的影响程度。

一、控制权关键看对股东大会、董事会的控制程度

实际控制人拥有公司的控制权,而这个控制权能够对股东大会的决议产生重大影响或者能够实际支配公司行为,归根到底,控制权来源于对公司直接或者间接的股权投资关系。

《上市公司收购管理办法》(2020 修正)第八十四条规定:“有下列情形之一的,为拥有上市公司控制权:(一)投资者为上市公司持股 50% 以上的控股股东;(二)投资者可以实际支配上市公司股份表决权超过 30%;(三)投资者通过实际支配上市公司股份表决权能够决定公司董事会半数以上成员选任;(四)投资者依其可实际支配的上市公司股份表决权足以对公司股东大会的决议产生重大影响……”

对于持股比例,倘若持股 50% 以上的股东只是单纯的财务投资人,则其一般不是实际控制人;倘若公司的股权较为分散,则控制比例达到 30% 的单一股东就可以被认定为控股股东或实际控制人。

对于表决权,要注意,能够实际支配的表决权应当超过 30%,刚好达到 30% 则不算是拥有控制权。

其实,持股比例、表决权都不十分重要。上述这四项中最重要的是第三项、第四项。无论持股比例多寡、表决权多少,只要能支配公司的股东大会、董事会,一般就可以认定为拥有控制权。

另外,值得关注的是实务中,监管机构主要是关注控制权以下几个方面:一是控制权权属的清晰性,是否存在代持、认定或未认定相关方为实际控制人的准确性等。二是控制权的稳定性,包括实际控制人存在大额债务、股东持股比例接近的影响,一致行动协议的稳定性等。如就某发行人实际控制人及家族承担较大数额的债务及担保,实际控制人持有发行人股权是否存在被冻结或诉讼风险,是否影响发行人控制权的稳定性。三是控股股东、实际控制人曾占用发行人资金、兼职从事律师业务、与相关方存在资金往来等情况的影响,以及发行人防范资金占用、保持独立性的措施等。如就某发行人实际控制人与发行人员工、其配偶的兄

弟姐妹存在大额资金往来,是否合理。

二、多维度判断

综合来看,是否拥有控制权应该进行多维度判断。

控制权的归属需要从公司的股权和治理结构两个方面进行综合分析和判断,既要审查股权关系,又要考虑对公司股东大会、董事会决议的影响力和对董事、高级管理人员的提名、任免能力,以及对公司财产的支配能力等。其实,归根到底是看对公司的重大经营管理有无最终决策权。

特别是应当着重核查有无委托持股、表决权委托、否定权、最终决策权等情形,是否存在对股东权利、义务及让渡控制权等安排。

三、实际控制人应经股东确认

公司的实际控制人是谁属于公司的内部事宜,一般只有公司的高管知道,甚至有时候可以"作弊",所以审核机构对实际控制人很重视。

《证券期货法律适用意见第 17 号》认为,在确定公司控制权归属时,应当本着实事求是的原则,尊重企业的实际情况,以发行人自身的认定为主,由发行人股东予以确认。

只有经过公司股东确认的才算是"正统"的实际控制人,如已在与上市工作相关的会议纪要等内部文件中明确载明。

四、合伙企业的实际控制人

合伙企业的实际控制人通常是执行事务合伙人。

1. 有限合伙人通常是实际控制人的"绝缘体"

假设合伙企业是公司的第一大股东,那么有限合伙人持有的合伙份额再多,通常也不享有对外的表决权,不太可能是公司的控制人。除非有限合伙人可以利用管理人控制合伙企业,或者合伙人会议、投资决策委员会作为合伙企业的最终决策机构,有限合伙人可以在合伙人会议、投资决策委员会中影响会议决策,从而主导和控制合伙企业。

2. 执行事务合伙人

假设合伙企业是发行人的第一大股东，合伙协议中已明确约定由执行事务合伙人代表合伙企业行使发行人股东大会上的表决权、提案权等股东权利，则执行事务合伙人是发行人的实际控制人。

如果该执行事务合伙人是由某机构任免，则应当一直向上穿透，最终背后的"老板"就是发行人的实际控制人。

倘若约定执行事务合伙人的变更须经全体合伙人同意，则表明现任的执行事务合伙人是实际控制人的事实不会轻易改变，发行人的控制状态稳定。

注意，在合伙企业中，执行事务合伙人一定是普通合伙人，但普通合伙人未必是执行事务合伙人，有限合伙人不能担任执行事务合伙人，其他关键看合伙协议的约定。

五、财务投资人一般不是控制人

公司的第一大股东一般是控制人，但如果第一大股东只是纯粹的财务投资人，不参与公司的实际经营，且对股东大会、董事会不构成控制，那么财务投资人就不是单一控制人，更谈不上与其他方构成共同控制，甚至会导致公司无控制人。

六、国企的实际控制人

《公开发行证券的公司信息披露内容与格式准则第 2 号—年度报告的内容与格式》(2021 修订) 规定，实际控制人应当披露到自然人、国有资产管理机构、集体组织，或者股东之间达成某种协议或安排的其他机构或自然人，包括以信托方式形成实际控制的情况。

《公开发行证券的公司信息披露内容与格式准则第 57 号—招股说明书》(证监会公告〔2023〕4 号) 也有差不多的规定，但都没有明确"国有资产管理机构"的具体含义。有的认定到政府层面，如"××经济技术开发区管理委员会"，有的认定到政府下面的国有资产投资主体。具体认定到哪儿，根据公司章程的描述确定。请阅读案例"17－5 瑞泰新材 2021－11"。

七、表决权委托不必然导致控制权转移

一般来说,将表决权委托给他人,意味着委托人对公司的影响力随着表决权的转移而下降,甚至消失。

然而,并非一切皆如此。如果 A 将股东投票权委托给另一个人 B,让受托人 B 成为公司单一拥有表决权最多的股东,但受托人 B 又不直接参与公司的经营管理,甚至还会在会议表决前征求 A 的意见。这其实表明委托人 A 的表决权并没有真正地委托给 B 管理,A 只不过是借 B 之手行己之事。委托人 A 仍是受托人 B 的"背后老板",B 只不过是 A 的"傀儡"罢了。

八、论证理由

A"是"或"不是"实际控制人有诸多理由可以论证,"是"与"不是"的论证理由可以互相解释。笔者将论证理由归纳如下:

1. "是"实际控制人的理由

- 合伙企业是发行人的第一大股东,根据合伙协议的约定,结合实际运营情况,A 作为员工持股平台的执行事务合伙人,对外代表合伙企业、办理相关事务并签署相关文件,对内管理合伙事务、对合伙企业的重要事项具有决策权,即 A 对合伙企业具有绝对的控制力。
- 发行人的日常事务均由 A 运行管理,发行人作出的所有决策均来自 A 的提议,体现 A 的意志。
- 虽然 A 将股东投票权委托给 B,让 B 成为发行人单一拥有表决权份额最大的股东。但 B 未直接参与公司的经营管理,且在表决前,会征求 A 的意见。
- 发行人自初创阶段至今,A 对发行人的发展起到了重要的核心的作用。
- A 能够控制发行人的表决权,能够通过股东大会表决等形式决定发行人的重大事项。
- A 提名的非独立董事占发行人董事会中非独立董事人数的一半,对发行人的经营管理和董事、高级管理人员的任免等事项能够产生决定性影响,

具备实际控制和支配发行人行为的权力。

- 发行人的章程、协议或其他安排不存在影响 A 能对发行人实施有效控制的任何条款。
- A 是发行人的实际控制人是基于实际情况的判断，发行人全体股东对此也予以确认。
- 公司的类型变更为中外合资经营企业，公司的最高权力机构为董事会，A 可以对董事会决议产生重大影响，公司的日常业务经营均由 A 任命的经营管理团队负责。
- 发行人的第一大股东 A 的出资来源合法，系其真实出资，并非代第三方持有发行人股份，其所持股份的权属清晰。

2. “不是”实际控制人的理由

- A 仅为发行人的董事，未在发行人任职，其自身精力与时间主要投入在其控制或任职的其他企业中，未参与发行人的日常经营管理，在发行人的业务发展过程中主要扮演财务投资人的角色。
- A 并未提名过发行人董事、监事，并不能对发行人董事会、监事会的决策产生重大影响。
- A 将其对发行人的表决权委托给 B 代为行使，该委托长期有效，故 A 对发行人不再享有股东表决权，无法参与发行人层面的股东权利行使，无法对发行人进行控制。
- 发行人的第一大股东 A 的持股数量少于其他共同控制人，且作为财务投资人，不参与发行人的实际经营。
- 虽然发行人的第一大股东 A 持有超过 50% 的股权，但不能控制股东大会、董事会、投决会，对经营管理无重大影响。

九、常见问询

- 请说明是否存在通过控股股东、实际控制人认定从而规避同业竞争、关联交易、实际控制人资格、承诺履行、锁定期等发行条件或监管要求的情形。
- 请说明 XX 的管理层组成和实际运作情况、公司经营情况，发行人对该公司日常经营管理是否具有实际控制权。

- 结合发行人的公司章程、股东会议事规则,以及发行人普通表决和特殊表决事项的具体内容,补充说明 XX 能否控制发行人,发行人实际控制人认定是否准确,依据是否充分。
- 请说明在多数表决权委托至 YY 的情形下,将 XX 认定为实际控制人的依据。
- 根据《证券期货法律适用意见第 17 号》关于实际控制人认定的相关规定,说明未将 XX 认定为实际控制人的原因及合理性。

17-1 中复神鹰 2021-11

结合《上市公司收购管理办法》的相关规定,说明鹰游集团、张国良与中联投是否存在共同控制中复神鹰的情形。

| 回复 |

《上市公司收购管理办法》第八十四条规定:"有下列情形之一的,为拥有上市公司控制权:(一)投资者为上市公司持股50%以上的控股股东;(二)投资者可以实际支配上市公司股份表决权超过30%;(三)投资者通过实际支配上市公司股份表决权能够决定公司董事会半数以上成员选任;(四)投资者依其可实际支配的上市公司股份表决权足以对公司股东大会的决议产生重大影响;(五)中国证监会认定的其他情形。"

截至目前,公司股权结构如下:

股东名称	持股比例
中联投	37.30%
鹰游集团	***30.00%***
中国复材	27.12%
连工投	5.58%

中联投和中国复材均为中国建材集团下属控股企业,中国建材集团通过中联投和中国复材合计控制公司*64.42%*的股份及表决权,构成《上市公司收购管理办法》第八十四条规定的控制权;***鹰游集团仅控制公司30%的股份及表决权,未超过30%,不构成《上市公司收购管理办法》第八十四条规定的控制权***。

点评

《上市公司收购管理办法》(2020修正)第八十四条要求,投资者可以实际支配上市公司股份表决权超过30%才可以视为拥有上市公司的控制权。本案例中,鹰游集团仅控制公司30%的股份、表决权,能支配的表决权刚好达到30%不算是得到控制权。

根据鹰游集团公司章程、工商资料,以及鹰游集团、张国良、发行人的书面说明,中联投系国有控股企业,鹰游集团系由张国良控股的民营企业,鹰游集团、张国良已书面确认其与中建材投资之间不存在任何一致行动或共同控制中复神鹰的安排或约定,鹰游集团、张国良与中联投之间***不存在《上市公司收购管理办法》第八十三条规定的一致行动情形***。

综上所述,鹰游集团、张国良与中联投不存在一致行动安排,不存在共同控制公司的情形。

17-2　朗夫科技2021-11

发行人控股股东、实际控制人为马文波,其直接持有发行人55.42%的股份,通过伯埙仲篪间接控制发行人12.87%的股份,合计控制发行人的股份比例为68.29%。

请发行人说明:认定发行人实际控制人为马文波的依据是否充分。

|回复|

发行人认定马文波为实际控制人的依据充分,具体如下:

1、马文波合计控制公司68.2878%的股份,占绝对多数

截至本回复出具日,马文波直接持有发行人55.4220%的股份,并通过伯埙仲篪间接控制发行人12.8658%的股份,合计控制公司*68.2878%*的股份。***马文波合计控制公司的股份超过公司股份总数的三分之二,能够对公司股东大会决议产生重大影响***。

2、董事提名情况

截至本回复出具日,发行人董事会共有9名董事,除3名独立董事外,6名非独立董事中有3名由马文波提名,***马文波提名的非独立董事占公司董事会中非独***

立董事人数的一半，能够对公司董事会决议产生重大影响。

点评

判断是否为实际控制人，能否控制股东大会、董事会才是关键。本案例中，马文波控制公司的股份超过2/3，提名的非独立董事占公司董事会中非独立董事人数的一半，能够对公司股东大会、董事会决议产生重大影响，是实际控制人。

综上，发行人认定马文波为实际控制人的依据充分。

17-3 影石创新 2021-12

请说明：公司实际控制人情况。

| 回复 |

自2018年9月11日，开曼岚锋境外股东**镜像**回归至深圳岚锋，至2020年2月公司完成股改前，***公司的类型变更为中外合资经营企业，公司最高权力机构为董事会。刘靖康可以对董事会决议产生重大影响***。股改前《中外合资经营企业合同》的特殊条款未影响刘靖康的实际控制地位，深圳岚锋的***日常业务经营均由刘靖康任命的经营管理团队负责***，刘靖康系深圳岚锋的实际控制人。

点评

控制股东大会、董事会才是拥有控制权之关键。中外合资经营企业的最高权力机构为董事会，不设股东会，也不设监事会，控制了董事会即为实际控制人。

17-4 青木股份 2021-12

发行人的控股股东、实际控制人为吕斌、卢彬，双方于2016年5月30日签订《一致行动协议》。吕斌直接持有公司28.35%的股份，卢彬直接持有公司19.80%的股份，二人合计直接及间接控制公司60.15%的股份。孙建龙为发行人董事，直接持有发行人750万股股份，占比15.00%，并通过担任陌仟合伙的执行事务合伙人间接控制发行人4.80%的股权，合计控制发行人19.80%股份。

请发行人：未将孙建龙认定为实际控制人的原因及合理性。

| 回复 |

孙建龙与吕斌、卢彬之间不存在配偶、直系亲属关系，虽然孙建龙2016年4月与卢彬持股比例一致，但***其仅为公司董事，未在公司任职，其自身精力与时间主要投入在其控制或任职的其他企业中，未参与公司的日常经营管理，其在公司的业务发展过程中主要扮演财务投资人的角色***。因此，孙建龙虽然基于对吕斌、卢彬的信任而支持二人对公司的管理和控制，但其并不具备与吕斌、卢彬形成一致行动的基础，故本着实事求是的原则，从尊重公司和各方的实际情况出发，未将孙建龙认定为公司实际控制人。此外，鉴于吕斌、卢彬已可实现对公司的实际控制，为避免不适当地扩大履行实际控制人义务的主体范围，综合各方面因素考虑，孙建龙***未***与吕斌、卢彬***签订《一致行动人协议》***。

点评

1. 纯粹的财务投资人一般不会是实际控制人。

2. 本案例中，孙建龙只是财务投资人，未在公司任职，未参与公司的日常经营管理，未与他人构成一致行动关系，即使是公司的第一大股东，也不会是实际控制人。

17-5 瑞泰新材 2021-11

国际贸易公司通过江苏国泰实际控制发行人，系发行人的实际控制人。国际贸易公司为张家港市人民政府直接出资的企业。

请发行人：说明认定国际贸易公司为发行人实际控制人是否符合《公开发行证券的公司信息披露内容与格式准则第28号—创业板公司招股说明书(2020年修订)》关于“实际控制人应披露至最终的国有控股主体”的要求，是否存在通过实际控制人认定规避同业竞争的情形。

| 回复 |

一、关于发行人实际控制人的认定

截至本问询回复出具日，江苏国泰持有发行人500,000,000股股份，占发行人股份总数的90.91%；国泰投资(系江苏国泰间接控制企业)持有发行人20,000,000股股份，占发行人股份总数的3.64%。因此，江苏国泰为发行人的***控***

股股东。根据江苏国泰的相关披露，国际贸易公司持有江苏国泰33.30%的股份，系江苏国泰的第一大股东、控股股东及实际控制人。据此，***根据江苏国泰关于实际控制人的认定，发行人确定国际贸易公司为发行人的实际控制人，该等实际控制人认定与江苏国泰保持一致***。

点评

1.《公开发行证券的公司信息披露内容与格式准则第28号——创业板公司招股说明书》(2020修订)已经被废止，取而代之的《公开发行证券的公司信息披露内容与格式准则第57号——招股说明书》(证监会公告〔2023〕4号)第三十二条同样要求，实际控制人应披露至最终的国有控股主体、集体组织、自然人等。

2. 认定实际控制人时往上追溯，与第一大股东的认定保持一致。本案例中，发行人的控股股东为江苏国泰，江苏国泰的实际控制人认定为国际贸易公司，为此，发行人的实际控制人也跟着认定为国际贸易公司。

《公开发行证券的公司信息披露内容与格式准则第28号—创业板公司招股说明书》(2020年修订)规定，发行人应披露持有发行人百分之五以上股份或表决权的主要股东及实际控制人的基本情况，主要包括：实际控制人应披露至最终的国有控股主体、***集体组织***、自然人等。

上述规定中，***对于"最终的国有控股主体"未明确具体含义***。国际贸易公司为张家港市人民政府直接持股的企业，根据国际贸易公司设立时的***公司章程***(该章程由张家港市人民政府签章)，***国际贸易公司为国有资产投资主体***，张家港市政府为集团公司***国有股持有单位***。发行人控股股东江苏国泰为深交所上市公司，其确定的实际控制人为国际贸易公司，发行人关于实际控制人的认定与江苏国泰保持一致，且未违反《公开发行证券的公司信息披露内容与格式准则第28号—创业板公司招股说明书(2020年修订)》的相关要求。

点评

多个文件要求"实际控制人应披露至最终的国有控股主体"，但何为"最终的国有控股主体"，并未明确。有的认定到政府层面，如"XX经济技术开发区管理委员会"，有的如本案例，认定到政府下面的国有资产投资主体。

二、关于是否存在通过实际控制人认定规避同业竞争的情形

如前所述，***张家港市人民政府控制企业***未从事化工类产品的研发或贸易销售业务，其实际经营业务与发行人各项业务存在显著区别，不具有替代性、竞争性，不存在利益冲突，据此，不存在通过实际控制人认定***规避同业竞争***的情形。

点评

《证券期货法律适用意见第17号》明确要求："中介机构应当针对发行人控股股东、实际控制人及其近亲属全资或者控股的企业进行核查。"所以，实际控制人的认定可以用来规避同业竞争的核查范围。

17－6 矩阵股份 2021－11

申报材料显示：截至招股说明书签署日，王冠直接和间接持有的公司股份比例合计为35.89%。另外，王冠作为天玑玉衡投资、几善优合投资、迷凯斯投资、合纵连横咨询的实际控制人，进而控制公司40.76%的表决权，王冠直接和间接控制公司股份表决权比例为70.18%，为公司控股股东及实际控制人。

请发行人：结合各员工持股平台合伙协议中对普通合伙人的职责及权利的约定及实际运营情况，说明除合纵连横咨询外各员工持股平台将王冠而非王冠、刘建辉、王兆宝三人认定为实际控制人的原因及合理性。

| 回复 |

一、各员工持股平台合伙协议中对普通合伙人的职责及权利的约定及实际运营情况

报告期内，天玑玉衡投资、几善优合投资、迷凯斯投资三家合伙企业中，***王冠担任执行事务合伙人***，王冠、刘建辉、王兆宝均为普通合伙人，该架构设立的背景为：一方面，***王冠作为发行人的实际控制人，对发行人的经营管理具有绝对的实际控制权，各合伙人均认可王冠的绝对控制权，因而通过合伙协议约定，由王冠担任执行事务合伙人***；另一方面，刘建辉、王兆宝作为发行人自初创阶段至今***对公司发展具有重要核心作用***的股东，在公司持续发展中一直秉承风险共担的合作伙伴精神，在设立合伙企业型持股平台时，刘建辉、王兆宝同意以普通合伙人的身份，与王冠一同对合伙企业承担无限责任，因而王冠、刘建辉、王兆宝均担任普通合伙人。

点评

1.合伙企业的执行事务合伙人或其最终的主使一般是实际控制人。本案例中,王冠是三家合伙企业的执行事务合伙人,直接或间接控制着公司的绝大部分股份,可以确定是发行人的实际控制人。

2.只有经过公司股东确认的才算是"正统"的实际控制人,但经过公司股东确认只是实际控制人的必要条件,并非充分条件。本案例中,各合伙人均认可王冠的绝对控制权,起到"锦上添花"的作用。

(1)合伙协议约定情况

报告期内,王冠、刘建辉、王兆宝均为普通合伙人。根据合伙协议约定,普通合伙人享有的主要权利(或承担的主要义务)包括:

1)可自行决定向任意第三方转让其出资份额,或受让有限合伙人退伙时的出资份额;

2)就合伙企业的债务承担无限连带责任。

与此同时,天玑玉衡投资、几善优合投资、迷凯斯投资、合纵连横咨询四家合伙企业中,仅王冠担任执行事务合伙人,刘建辉、王兆宝不担任执行事务合伙人。根据合伙协议的约定,***王冠被明确指定为执行事务合伙人,且未有任期限制,同时,非因执行事务合伙人故意或重大过失行为致使合伙企业受到重大损害的,执行事务合伙人不予更换***。因此,王冠担任上述合伙企业的执行事务合伙人具有稳定性。

点评

王冠可以无期限担任执行事务合伙人,并且不会轻易被更换,更加巩固他实际控制人的地位。

根据合伙协议约定,执行事务合伙人除具备上述普通合伙人的全部权利外,其额外享有的权利还包括:

1)管理合伙企业的日常事务;

2)对外代表合伙企业,办理相关事务并签署相关文件;

3)提请召开合伙人会议,并对合伙企业的全部事项享有一票否决权;

4）对有限合伙人的入伙、退伙及财产份额的转让事项具有决定权等。

（2）关于持股平台的实际运营情况

持股平台作为发行人股东对发行人股东（大）会的表决均由王冠作为执行事务合伙人对外代表行使并签署相关决议文件，持股平台内部的合伙人会议均由王冠作为召集人进行召集并主持。刘建辉、王兆宝二人未曾对外代表合伙企业执行合伙事务，***持股平台的日常事务均由王冠进行运行管理，持股平台作出的所有决策均来自王冠的提议，并可体现王冠的意志***。

点评

执行事务合伙人通常是合伙企业的实际控制人，但最终还是得根据执行事务合伙人的权利来判断其是不是真正拥有控制权。本案例中，执行事务合伙人有对外代表合伙企业、签署文件、一票否决的权利，确定为实际控制人无疑。

二、除合纵连横咨询外各员工持股平台将王冠而非王冠、刘建辉、王兆宝三人认定为实际控制人的原因及合理性

如前所述，根据合伙协议的约定，结合实际运营情况，王冠作为各员工持股平台的执行事务合伙人，对外代表合伙企业、办理相关事务并签署相关文件，对内管理合伙事务、对合伙企业的重要事项具有决策权，即王冠对合伙企业具有绝对的控制力。***刘建辉、王兆宝虽作为普通合伙人，但不执行合伙事务，对合伙企业不具有控制力***。此外，为***进一步强化王冠的控制力***，2021年9月，天玑玉衡投资、几善优合投资、迷凯斯投资三家合伙企业***变更刘建辉、王兆宝为有限合伙人***。自此，上述四家合伙企业目前均只有王冠一人为普通合伙人，并同时担任执行事务合伙人。

点评

执行事务合伙人一定是普通合伙人，但普通合伙人未必是执行事务合伙人。普通合伙人未必有对外代表合伙企业的权利，具体要根据合伙协议的约定去判断。本案例中，其他普通合伙人为了洗清是控制人的嫌疑，主动转为有限合伙人，笔者觉得没有必要，解释清楚即可。

综合上述，仅将王冠而非王冠、刘建辉、王兆宝三人认定为天玑玉衡投资、几善优合投资、迷凯斯投资的实际控制人具有合理性。

17-7 裕兴股份 2021-12

2019年6月14日，王建新及七位股东将合计持股比例28.95%所对应的表决权不可撤销地全权委托予受托方常州市科技街城市建设有限公司（以下简称“常州科技街”）行使，因受托方行使委托权利而产生的或与之有关的任何及所有责任由委托方承担，委托期限为自协议签署之日起24个月，后又续签协议同意将委托期限延长至2023年6月13日。2019年6月14日发行人实际控制人由王建新变更为常州市钟楼区人民政府，2019年8月28日，发行人实际控制人更正为王建新。申报材料显示，基于常州科技街曾出具的“常州市科技街城市建设有限公司暂未考虑直接参与公司经营管理，因此在行使其受托的裕兴股份投票表决权权利前……征求王建新先生的意见，并基于此进行判断和表决”的相关说明，将发行人控股股东及实际控制人认定为王建新。截至目前常州科技街未持有上市公司股份，也不存在受让股份的安排和计划。

请发行人补充说明：

一、结合表决权委托协议签订的背景和目的、常州科技街在公司治理中发挥的作用等情况，说明表决权委托的原因及合理性，上述安排是否有助提升公司治理水平、有利于公司发展

| 回复 |

（一）表决权委托协议签订的背景和目的

根据王建新先生出具的书面说明，其考虑到公司股权架构的实际情况，通过引入政府***战略联盟***，突出和强化地方政府对上市公司的指导和支持，稳定和提升管理团队信心，保证企业实现最佳社会效益和经济效益，努力实现上市公司持续盈利和稳定长远的发展。

根据常州科技街出具的声明，裕兴股份是常州市及钟楼区优秀企业的代表，多年专注于主营业务和实体经济，是区域实体经济健康、稳定发展的排头兵，也是区域经济发展的中坚力量，对增强常州地区经济发展活力、促进结构转型升级具有重要作用。常州市钟楼区人民政府基于对裕兴股份市场和社会价值的认可及发展前景的看好，以及从支持实体经济发展，保持上市公司生产、经营稳定持续发展的考虑，愿意对其进行指导，***指定下属平台常州科技街接受王建新等人所持上市公司股份对应的表决权***，以便公司在遇到影响控制权稳定或其他影响公司经营稳定等特殊情形（若有）时，站在更高的高度和视野，进行决策或视情况进一步巩固控制权，维护地方经济及资本市场秩序，维护公司及中小股民的利益。

根据《股东投票权委托协议》，王建新先生及其他7名委托人，考虑到公司实际股权结构，***为降低公司或公司股价被操控的风险***，维护公司、自身及其他股东的实际利益，基于对受托方的信任，委托常州科技街行使其所持公司股票表决权。

点评

老板王建新把公司的股票表决权委托给政府平台公司常州科技街，说是为了“引入政府战略联盟，突出和强化地方政府对上市公司的指导和支持”。但笔者猜想，之所以这么做，可能是为了规避国有资产的某些限制。

（二）常州科技街接受投票权委托后在公司治理中发挥的作用

根据王建新先生及公司出具的书面说明，常州科技街虽未直接参与公司的具体业务经营，但作为常州市钟楼区人民政府下属平台，其拥有深入、细致解读政府有关行业政策及其政策导向的能力，从社会经济发展、产业升级等宏观、高层次角度为裕兴股份的战略方向、经营方针的制定提供了指导，有助于加强公司与政府的沟通，提升了公司的治理水平。作为公司董事长，王建新先生通过将其对公司的表决权委托给常州科技街，积极主动地加强与地方政府的沟通交流，接受政府的指导，进一步提升了公司经营能力和公司治理水平。

同时，基于公司股权架构实际情况，如公司在遇到影响控制权稳定或其他影响公司经营稳定的特殊情形时，***常州科技街将站在更高的高度和视野，从维护地方经济及资本市场秩序、维护公司及中小股民的利益的目的出发，保障公司控制权的稳定***。

基于上述，本次表决权委托有助提升公司治理水平、有利于公司发展，表决权委托至今，公司发展态势良好。

二、在多数表决权委托至常州科技街情形下，将王建新认定为实际控制人的依据

| 回复 |

2019年8月24日，发行人发布公告：“本次股东投票权委托完成后，***常州市科技街城市建设有限公司将成为公司单一拥有表决权份额最大的股东***。因常州市***科技街城市建设有限公司未直接参与公司经营管理，在受托表决前，会征求王建

新董事长意见。鉴于王建新先生的意见会影响受托人的表决结果，基于更谨慎的判断，公司的实际控制人仍然为王建新先生。”

点评

受托了委托人的股份表决权，但表决前又会征询委托人的意见，这只是假以“委托”之名罢了，有点股权代持的影子。这种情形之下，表决权委托并不必然导致控制权转移。

2019 年 8 月 25 日，常州科技街出具书面说明：“常州市科技街城市建设有限公司暂未考虑直接参与公司经营管理，因此在行使其受托的裕兴股份投票表决权权利前，基于负责的考虑，会就裕兴股份近期经营及拟表决事项的有关情况，征求王建新先生的意见，并基于此进行判断和表决。”

其次，公司董事会由 7 名董事组成，其中非独立董事 4 名，***王建新先生推荐了 3 席并当选 3 席，且王建新先生担任董事长职务***；第二大股东北京人济推荐了 1 席并当选 1 席。

点评

判断是否为实际控制人，能否控制股东大会、董事会才是关键。公司董事会中，王建新是董事长，又推荐了 3/4 的非独立董事席位。可以说，董事会完全被王建新“霸占”了。

自 2019 年 6 月 14 日股东投票权委托以来，***王建新先生参与公司经营管理未受影响***，且常州科技街没有改变裕兴股份董事会人员组成，没有另行委派董事参与裕兴股份董事会表决，王建新先生仍为公司董事长，***负责公司经营战略发展等重大事项的方向性决策***。

常州科技街接受访谈时表示：1、王建新先生虽然将其所持表决权委托予常州科技街，但常州科技街在行使表决权时会征求王建新先生的意见并基于此进行判断和表决，且对于王建新先生为裕兴股份实际控制人不存在异议，王建新先生的意见将对受托方常州科技街行使表决权产生重大影响。2、无改变裕兴股份董事会或高级管理人员组成的计划。3、未来 36 个月内无参与裕兴股份经营管理的计划。且常州科技街于 2021 年 11 月 18 日***出具声明，确认不谋求控制权***。

点评

出具不谋求控制权的声明是第二大股东、一致行动人放弃“篡位野心”的常规套路。

疑难点 17－2　共同控制

公司有时候不是由单一主体控制，而是多个主体共同控制。

一、共同控制本质上是利益捆绑

根据 2023 年 2 月发布的《证券期货法律适用意见第 17 号》的规定（此前规定在已失效的《证券期货法律适用意见第 1 号》中），发行人主张多人共同拥有公司控制权的，应当符合以下条件：“1. 每人都必须直接持有公司股份或者间接支配公司股份的表决权；2. 发行人公司治理结构健全、运行良好，多人共同拥有公司控制权的情况不影响发行人的规范运作；3. 多人共同拥有公司控制权的情况，一般应当通过公司章程、协议或者其他安排予以明确。公司章程、协议或者其他安排必须合法有效、权利义务清晰、责任明确，并对发生意见分歧或者纠纷时的解决机制作出安排。该情况在最近三十六个月（主板）或者二十四个月（科创板、创业板）内且在首发后的可预期期限内是稳定、有效存在的，共同拥有公司控制权的多人没有出现重大变更；4. 根据发行人的具体情况认为发行人应当符合的其他条件。”

多人之所以能共同控制一家公司一般是通过利益捆绑，不是直接或者间接股东抱团，就是两手空空的人通过亲情、章程、协议安排等间接方式参与控制。

值得我们注意的是，对于上文中的“每人都必须直接持有公司股份或者间接支配公司股份的表决权”，很多人理解成“应当在公司直接或间接拥有股份”，这值得商榷。其实，“间接支配公司股份的表决权”突出的是“支配”“表决权”，并不一定要求在公司拥有直接、间接的股份。举个简单的例子，一对夫妻，妻子目不识丁，却是公司的第一大股东，而丈夫学识渊博，在公司没有直接或间接持有股份。妻子事事听从丈夫，丈夫不必拥有股份就有了“间接支配公司股份的表决权”。

二、一致行动关系

一致行动关系是利益捆绑的常见方式,《上市公司收购管理办法》(2020 修正)第八十三条详细地规定了十二种一致行动关系的情形(详细参见“疑难点16　一致行动关系”)。

1. 一致行动关系与共同控制不能互推

通常来说,一致行动人一般是共同实际控制人,以一致行动协议为例。签署一致行动协议是十二种一致行动关系情形中的一种,当第一大股东持股比例比较低时,与其他非关联股东结盟可以进一步加强对公司的控制。但也有例外。法定或约定形成的一致行动关系并不必然导致多人共同拥有公司的控制权,反之亦然。也就是说,一致行动关系与共同控制不能推导出对方。如图 17－1 所示:

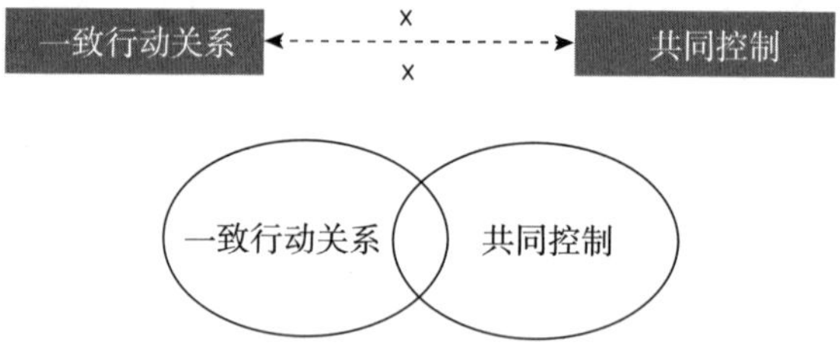

图 17－1　一致行动关系与共同控制不能互推

正如上文所述,一致行动关系与共同控制不能互推,这是因为一致行动协议中可能存在发生意见分歧的解决机制。即使签了一致行动协议,若约定双方在无法达成一致表决意见时,应当以某人的意见为准,或其他协议人承诺某人在发行人的实际控制地位,则其他协议人只是“跟班”而已,并不是共同控制人。这就是《证券期货法律适用意见第 17 号》中之所以强调“共同控制人签署一致行动协议的,应当在协议中明确发生意见分歧或者纠纷时的解决机制”的道理所在。

概括地讲,如果意见是一致行动人商量得出,则他们是共同控制人。若不是,则可能是某个人在单独控制。所谓“一致行动”就应当行动一致。

2. 第一大股东不必然是共同控制人

通过一致行动协议主张共同控制的,无合理理由(如第一大股东为纯财务投资人),一般不能排除第一大股东为共同控制人。

3. 锁定期、减持限制

即使一致行动人不是共同控制人，他们所持股份的锁定期、减持限制也应当与实际控制人、控股股东的锁定期、减持限制保持一致，如上市后锁定 36 个月以及合计股数、比例，以洗脱规避锁定期、减持限制之嫌。

三、直系亲属不必然是共同控制人

《证券期货法律适用意见第 17 号》要求，实际控制人的配偶、直系亲属，如其持有公司股份达到 5% 以上或者虽未超过 5% 但是担任公司董事、高级管理人员并在公司经营决策中发挥重要作用，保荐机构、发行人律师应说明上述主体是否为共同实际控制人。

1. 亲属的范围

共同控制人核查亲属的范围只有配偶、直系亲属。其中，直系亲属在已经被废止的《首发业务若干问题解答》问题 15（未被纳入"新 39 条"，大部分内容被挪至《证券期货法律适用意见第 17 号》）在解释同业竞争时明确：直系亲属包括配偶、父母、子女，如图 17－2 所示：

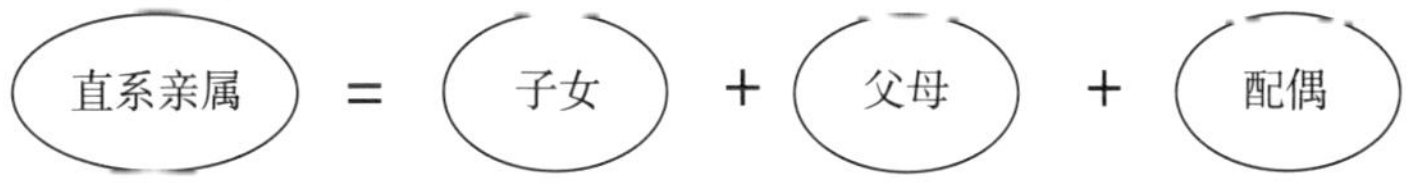

图 17－2　直系亲属的范围

与"一致行动关系"的范围比较，共同控制人直系亲属的范围相对较窄，亲兄弟姐妹都没被列入。可能是考虑到相对于直系亲属，亲兄弟姐妹共同控制公司更加容易出现不和谐的局面。

2. 两个要件

理论上，直系亲属只要符合下述两个要件中的任何一个，就可能构成共同控制人。

第一，直系亲属持有公司的股份达到 5% 以上，足以对公司施加影响。但有例外情形，倘若直系亲属将表决权委托给实际控制人代为行使，不能对公司施加影响，则不必然是共同控制人。注意，拥有上市公司 5% 的股份已经属于可以施加重大影响的大股东了，在收购中须要编制权益变动报告书。

第二,直系亲属担任了可以在公司经营决策中发挥重要作用的董事、高级管理人员。注意,能在公司经营决策中发挥重要作用的才可能是共同控制人。

一些案例认为直系亲属需要在公司直接或间接持股才构成共同控制人,也就是说得满足上述的第一个要件。这是对《证券期货法律适用意见第17号》第三条中"1.每人都必须直接持有公司股份或者间接支配公司股份的表决权"一句的错误理解。认真阅读众多案例可以发现,直系亲属在公司是否持有股份、持有多少,并不重要,关键是看其在公司的任职能否对公司施加重大影响。

所以,是否满足上述第一个要件,无关紧要,关键看第二个要件。

3.锁定期

另外,《证券期货法律适用意见第17号》要求:"发行人控股股东和实际控制人所持股份自发行人股票上市之日起三十六个月内不得转让,控股股东和实际控制人的亲属(依据《民法典》相关规定认定)、一致行动人所持股份应当比照控股股东和实际控制人所持股份进行锁定。"为此,即使不构成共同控制人,亲属所持股份限售锁定的期限也应当与实际控制人、控股股东的期限保持一致,以洗脱规避锁定期之嫌。

四、合伙企业

1.执行事务合伙人

若合伙企业有多个执行事务合伙人,那么他们一般是共同控制人。即使合伙企业为执行事务合伙人之间的意见分歧设置了"提交合伙人会议由合伙人一人一票进行表决"等分歧解决机制,也仍然不能否定他们是共同控制人的事实。因为合伙人会议只是为了解决执行事务合伙人内部分歧,并不会干预执行事务合伙人执行合伙事务。全体合伙人只能在执行事务合伙人提出的选项中做出选择,每个选项最终体现的还是执行事务合伙人的意志。

2.投资决策委员会、合伙人会议

还有一种情形,即合伙企业设立了投资决策委员会、合伙人会议制度。投资决策委员会、合伙人会议负责决定项目投资、管理、退出等事宜,如果决议必须经含某些关键人士在内的若干成员批准方为有效,或者他们对投资事务均具有一票否决权,那么这些关键人士皆为共同控制人。

五、论证理由

A、B、C是公司的三个股东，A是实际控制人，A、B、C“是”或“不是”共同控制人的论证理由，笔者归纳如下：

1. A、B、C“是”共同控制人的论证理由

- A、B、C签署了一致行动协议，或把表决权委托给当中某人代为行使，在参与历次董事会、股东（大）会的过程中，在决策与目标公司经营相关的一切事项的会议中，都一直遵循一致行动的约定，事前沟通协商并按照协商一致的表决意向来进行表决。
- 尽管未签署一致行动协议，但A、B、C合计持有公司股份的比例一直在51%以上，三人在公司经营过程中共同负责公司战略规划制订、重大决策研究等事项，在历次股东（大）会、董事会的表决中均保持一致意见，未出现过意见分歧、纠纷或利益冲突等情况。
- 合伙企业是发行人的第一大股东，由于合伙企业投资决策委员会的决议必须经含A、B、C三位关键人士在内的多数委员批准方为有效，因此，A、B、C三人对合伙企业的投资事务均具有一票否决权，A、B、C三人中的任何两方均无法仅基于两方合作而对合伙企业形成控制。

2. B、C“不是”共同控制人的论证理由

- B、C不属于发行人实际控制人A的直系亲属，也未与实际控制人A或其他股东存在委托持股、签署一致行动或共同控制协议等利益安排。
- B系发行人实际控制人A的直系亲属，但发行人自设立之日起至今，B从未在发行人处担任董事、高级管理人员职务或其他职务，亦未参与公司的经营管理决策。
- C系发行人实际控制人A的直系亲属，C虽然担任公司的董事，但在公司的经营决策中未发挥重要作用。
- B系发行人实际控制人A的直系亲属，且持有发行人5%以上的股份，但主要从事协助、执行日常具体事务，发行人的重要经营决策主要由A作出，B对于重要经营决策起到的作用有限。
- C系发行人实际控制人A的直系亲属，但持有发行人的股份未达到5%，

持股比例较低，且未在发行人任职，未参与发行人的经营管理，不会对发行人的股东(大)会、董事会决议产生实质影响。

- B系发行人实际控制人A的直系亲属，间接持有发行人5%以上的股份，但未直接持有发行人股份，且已经将表决权委托给A代为行使，不能直接或间接行使发行人的股东表决权，且未担任发行人的董事、高级管理人员等职务。
- B、C独立行使股东、董事权利，在股东大会、董事会上按照自己意愿行使股份表决权。在董事会上，不存在与实际控制人A保持一致行动的安排或按照A的意见行使表决权的情况。
- 实际控制人、第一大股东A与第二大股东B签订了一致行动协议，但B出具了《关于不谋求实际控制权的承诺函》，承诺“不存在以任何形式谋求成为发行人的控股股东或实际控制人的活动”。
- A、B、C在一致行动协议中约定，三方在重大事项决策时均应采取一致行动，若三方无法按照约定达成一致表决意见，则应当以A的意见为准并作出一致行动决定，且B、C从未提名过公司的董事、监事，并不能对公司董事会、监事会决策产生重大影响。
- A、B、C虽然签署了一致行动协议，但B、C未担任公司的董事、高级管理人员，未在公司经营决策中发挥重要作用，且公司全体股东对B、C不是公司的共同控制人予以确认。
- 公司仅有两名股东B、C，且持股比例相近，对公司的重大事项决策及经营管理均具有重大影响，任何一方股东均无法依仗其股权比例单独对公司的重大事项和经营决策作出决定。
- 合伙企业是发行人的第一大股东，B、C是有限合伙人，不管理和控制合伙企业的经营和事务，不执行合伙企业事务，无权对外代表合伙企业，不享有对发行人股东大会的表决权。
- 发行人报告期内历次股东大会的签到册、表决票、会议记录、会议决议及表决结果等会议资料显示，合伙企业均由其执行事务合伙人A出席股东大会并独立行使表决权，不存在B、C作为股东或股东代表参与发行人股东大会提案、表决的情形。

六、常见问询

- 请发行人结合合伙协议约定、执行事务合伙人变更情况、XX 直接/间接持有发行人股份变动情况,以及一致行动协议签署前后发行人公司治理和内部管理运作实践说明:实际控制人认定依据是否充分,最近两年是否发生变动;未认定 XX 为共同控制人的原因,是否存在规避实际控制人认定的情形。
- 补充披露一致行动协议的主要内容、期限、意见分歧或纠纷的解决机制、到期后的安排等事项,报告期内相关方是否在股东会、董事会、日常经营决策及表决中存在与一致行动相违背的情况。
- 结合最近两年 ZZ、YY 持股发行人或在发行人任职情况,说明最近两年未将 ZZ、YY 认定为实际控制人或一致行动人的原因及合理性。

17-8 久策气体 2021-12

申报文件显示,何标先生和何经余先生系兄弟关系,二人合计持有久策集团 61.33% 股权,并通过久策集团持有公司 58.30% 股份。何标、何经余二人签署了《一致行动协议》,保证在久策集团及/或久策气体层面一切事项中行使表决权时(无论作为股东或董事会成员),采取相同的意思表示,保持投票的一致性,或采取相同的行动。

请发行人:结合发行人股权结构、公司治理运作实践,说明发行人实际控制人认定结论的准确性,相关依据是否充分,是否存在规避实际控制人认定情形。

| 回复 |

第一,就股权控制情况而言,报告期内,何标、何经余二人通过持有发行人控股股东久策集团的股权而***间接***持有发行人的股份,何标、何经余二人合计持有久策集团***61.33%***的股权,持股比例一直位于***第一位***;

第二,就经营管理权情况而言,何标、何经余二人系公司的主要成员,何标担任发行人的董事长,何经余担任发行人法定代表人、董事、总经理,***两人在发行人多年的经营管理中始终发挥决定性作用,对发行人的各项重大决策产生实质性影响***;

第三，就一致行动情况而言，根据发行人的工商档案、一致行动协议，自发行人设立以来，何标和何经余在参与历次董事会、股东会/股东大会的过程中，在决策与目标公司经营相关的一切事项的会议中，都一直遵循一致行动的约定，***事前沟通协商并按照协商一致的表决意向进行表决***；

点评

何标、何经余二人签署了一致行动协议，合计持股比例最大，在发行人的经营管理中始终发挥决定性作用。“按照协商一致的表决意向进行表决”，这表明一致行动人有商有量，不分主次，是共同控制人。

第四，根据《深圳证券交易所创业板股票首次公开发行上市审核问答》问题9，在确定公司控制权归属时，应当本着实事求是的原则，尊重企业的实际情况，以公司自身的认定为主，由公司股东予以确认。一致行动关系中的何经存、何经凤、曹而标、何经仁、何娟未担任公司董事、高级管理人员且未在公司经营决策中发挥重要作用。因此，未认定上述五人为公司的实际控制人系公司自身基于实际情况的判断，***公司全体股东对此也予以了确认***。

点评

由于外人一般比较难知道公司的实际控制人是谁，因此，只有经过股东确定的才算是“正统”的实际控制人。

综上所述，结合公司股权结构、公司治理运作实践，认定何标、何经余为公司实际控制人的结论准确，相关依据充分，不存在规避实际控制人认定的情形。

17-9 金禄电子 2021-09

申报文件显示：(1)截至招股说明书签署之日，李继林和配偶周敏共同控制公司39.36%的股份，李继林和周敏为公司共同实际控制人。(2)李继林、周敏于2018年8月18日与叶庆忠、麦睿明、叶劲忠签署《一致行动协议》，主要约定内容为：叶庆忠、麦睿明、叶劲忠就有关发行人经营发展的事项向董事会、股东大会行使提案权和在相关董事会、股东大会上行使表决权时与李继林、周敏保持一致，若李继林、周敏未形成一致意见，则以李继林的意见为最终意见；一致行动协议的有效期自协议签署之日起至发行人在证券交易所上市满三年之日止。

请发行人：

一、结合发行人公司治理运行实践、一致行动协议约定效力和约束机制，披露发行人实际控制人认定依据是否充分，未将叶庆忠、麦睿明、叶劲忠认定为共同控制人的原因，结合叶庆忠、麦睿明、叶劲忠对外投资、任职情况，分析是否存在规避实际控制人认定情形

| 回复 |

1、发行人实际控制人的认定

将李继林与周敏夫妇认定为发行人的共同实际控制人具体理由如下：

(1)在发行人股东大会具有控制地位

……

目前，李继林和周敏夫妇实际控制发行人表决权比例为***69.70%***。因此，李继林与周敏夫妇凭借共同控制的股份表决权比例在发行人股东大会取得控制地位。

(2)对发行人经营决策、人事任免具有决定性影响

李继林为公司的创始人，毕业于汽车工程专业，先后在依顿电子、世运电路等知名PCB企业任职，在PCB行业拥有超过20年的研发、生产和管理经验。自收购并间接控制发行人前身全禄有限以来，李继林一直担任公司的法定代表人、执行董事/董事长兼总经理，负责发行人具体的业务运作和经营管理。

发行人***董事会中有过半数董事系由李继林与周敏夫妇提名***；发行人全部高级管理人员均由李继林提请董事会聘任，李继林与周敏夫妇对发行人的经营决策、人事任免具有决定性影响。

周敏虽***未在发行人担任职务***，但其本身直接持有发行人股份的比例超过***5%，系发行人的主要股东***，根据《首发业务若干问题解答(2020年6月修订)》、《深圳证券交易所创业板股票首次公开发行上市审核问答》关于实际控制人的配偶如持有公司股份达到5%以上，原则上应认定为共同实际控制人的要求，将周敏认定为发行人的共同实际控制人符合相关规定。

点评

1. 实际控制人的配偶、直系亲属，如其持有公司股份达到5%以上或者虽未

超过5%但是担任公司董事、高级管理人员并在公司经营决策中发挥重要作用，可能为共同实际控制人。

2. 本案例中，实际控制人李继林的配偶周敏未在发行人担任职务，但系发行人的主要股东，被认定为共同控制人。其实，实际控制人的直系亲属在公司持股多少无关紧要，详细参见“17－11 亨迪药业 2021－10”等案例，本案例基于谨慎，将周敏列为共同实际控制人。

(3)一致行动协议进一步加强对发行人的控制权

叶庆忠、麦睿明、叶劲忠基于对李继林经营理念的认同和经营管理能力的认可，在发行人历次董事会、股东大会中行使提案权和表决权时均与李继林、周敏夫妇的意见一致。

叶劲忠、叶庆忠和麦睿明与李继林、周敏夫妇签署《一致行动协议》，约定叶庆忠、麦睿明、叶劲忠就有关发行人经营发展的事项向董事会、股东大会行使提案权和在相关董事会、股东大会上***行使表决权时与李继林、周敏保持一致，若李继林、周敏未形成一致意见，则以李继林的意见为最终意见***。上述一致行动协议系各方真实意思表示，合法有效，其签署进一步加强了李继林与周敏夫妇对发行人的控制权。

点评

1. 一致行动人一般是共同实际控制人，但也有例外。一致行动关系中若有主次之分，不会必然导致共同控制。叶劲忠、叶庆忠、麦睿明与李继林、周敏夫妇签署了《一致行动协议》，约定叶庆忠、麦睿明、叶劲忠“行使表决权时与李继林、周敏保持一致，若李继林、周敏未形成一致意见，则以李继林的意见为最终意见”，这表明叶庆忠、麦睿明、叶劲忠只是李继林、周敏唯命是从的“跟班”而已，并不是共同控制人。

2. 一致行动协议中意见相左的解决机制非常重要。“若李继林、周敏未形成一致意见，则以李继林的意见为最终意见”这句已经表明周敏同样也是李继林的“跟班”，不与李继林共同控制公司。所以，笔者认为这句话非常不利于论证李继林、周敏二者共同控制公司。

综上，李继林与周敏夫妇可通过其实际持股比例、所担任的重要职务、对发行人经营决策、人事任免的重大影响以及与其他股东签署的一致行动协议实现对发行人的实际控制，***为发行人的共同实际控制人***。

2、未将叶庆忠、麦睿明、叶劲忠认定为发行人共同实际控制人的原因

……

(3)叶庆忠、麦睿明、叶劲忠确认不会谋求发行人的控制权

叶庆忠、麦睿明、叶劲忠已出具确认函，确认不会谋求发行人的控制权，发行人的实际控制人系李继林与周敏夫妇。

点评

第二大股东、一致行动人出具确认函，表明自己没有谋求控制权的野心。

3、结合叶庆忠、麦睿明、叶劲忠对外投资、任职情况，不存在规避实际控制人认定的情形

(1)叶庆忠、麦睿明、叶劲忠的对外投资情况

截至报告期末，叶庆忠、麦睿明、叶劲忠对外直接持股的除发行人及其子公司以外的其他企业情况如下：

姓名	对外投资企业名称	持股比例	主营业务
叶庆忠	深圳创新鸿润基金管理有限公司	50.00%	***股权投资***
麦睿明	东莞市荣桂实业投资有限公司	90.00%	***物业租赁***

上述企业不存在经营与发行人相同或相似业务的情况。

(2)叶庆忠、麦睿明、叶劲忠的任职情况

截至报告期末，叶庆忠、麦睿明、叶劲忠在除发行人及其子公司以外的其他企业的任职情况如下：

姓名	任职公司	所任职务	主营业务
叶庆忠	深圳恒泽信息咨询有限公司	监事	***咨询服务***
麦睿明	东莞市荣桂实业投资有限公司	执行董事兼总经理	***物业租赁***

上述企业不存在经营与公司相同或相似业务的情况。

综上，叶庆忠、麦睿明、叶劲忠对外直接持股、任职的除发行人及其子公司以外的其他企业不存在经营与发行人相同或相似业务的情形，与发行人不存在业务往来或其他资金往来，***不存在通过未认定实际控制人规避同业竞争、关联交易或其他利益输送的情形***。

点评

不被认定为控制人可以规避同业竞争等问题，所以被质疑时，应核查相关人的全资或控股、任职企业的主营业务等，评估是否构成同业竞争。

(3)叶庆忠、麦睿明、叶劲忠的股份锁定承诺情况

叶庆忠、麦睿明、叶劲忠承诺自发行人首次公开发行的股票在证券交易所上市之日起*36个月*内，不转让或者委托他人管理本人在发行人首次公开发行股票前直接或间接持有的发行人股份，也不由发行人回购该等直接或间接持有的发行人股份。

点评

虽不是共同控制人，但有嫌疑，自觉锁定36个月。

综上所述，叶庆忠、麦睿明、叶劲忠不存在规避实际控制人认定的情形。

二、说明《一致行动协议》约定"以李继林的意见为最终意见"的原因

| 回复 |

李继林系发行人的创始人，在PCB ***行业拥有超过20年的研发、生产和管理经验，自收购金禄精密以来一直担任发行人的执行董事、董事长兼总经理***，对发行人的业务运作和经营管理具有重大影响，对发行人的经营发展起决定性作用。其他股东未实际参与发行人的具体生产经营管理，基于对李继林经营理念的认同和经营管理能力的认可，对公司的所有重大决策均同意以李继林的意见为最终意见。

17-10 保丽洁2021-12

招股说明书披露，发行人控股股东、实际控制人为钱振清、冯亚东。冯贤与冯

亚东系姐弟关系，担任公司董事、副总经理，其持有发行人1.92%股份；冯亚芳与冯亚东系姐妹关系，其持有发行人1.54%股份。

请发行人补充披露：未将冯贤、冯亚芳认定为实际控制人的原因，是否符合《深圳证券交易所创业板股票首次公开发行上市审核问答》关于实际控制人认定的相关规定。

回复

根据发行人工商档案、冯贤、冯亚芳、发行人控股股东、实际控制人钱振清及冯亚东夫妇提供的说明，并经查阅《深圳证券交易所创业板股票首次公开发行上市审核问答》（以下简称"《上市审核问答》"）：

1、在股东会、股东大会层面，自发行人前身设立以来，钱振清、冯亚东夫妇一直合计控制发行人超过三分之二股权，可以对发行人股东会、股东大会施加决定性影响，且该情形自发行人前身设立以来延续至今。***冯贤、冯亚芳***在2017年7月持有发行人股份后，***持有公司股份比例合计一直未超过4%，持股比例较低，其持股数量不足以使钱振清、冯亚东夫妇前述对发行人股东大会施加决定性影响的方式发生变化***，钱振清、冯亚东夫妇也并无与冯贤、冯亚芳一致行动以增强对发行人股东大会影响的需求。

点评

实际控制人的配偶、直系亲属，如其持有公司股份达到5%以上可能会被认定为共同实际控制人。此处，冯贤、冯亚芳持股未达到5%的警戒线。

在董事会及日常管理层面，钱振清一直担任发行人前身执行董事兼总经理，整体负责发行人前身日常运营中重大事项的决策及管理人员的选任。发行人设立后，***钱振清、冯亚东一直分别担任发行人董事长、董事，并可以通过其持有的发行人股份在股东大会中对包括冯贤在内董事的选任施加决定性影响***，相应钱振清、冯亚东夫妇可以对发行人董事会施加重要影响。同时，股份公司设立后，钱振清担任总经理，整体负责发行人前身日常运营中重大事项的决策，并独立提名发行人其他高级管理人员。钱振清、冯亚东夫妇对发行人董事会、日常经营施加重大影响的方式自发行人前身设立以来延续至今。***冯贤***于2007年加入公司后，系按照发行人各项制度及总经理的安排履行职责，***并未负责发行人整体经营，也未***

使前述钱振清、冯亚东夫妇对发行人董事会、日常经营施加重大影响的方式发生变化。

2、根据钱振清、冯亚东夫妇及冯贤、冯亚芳出具的说明，*在股东大会上，冯贤、冯亚芳系按照自己意愿行使所持有股份表决权，在董事会上，冯贤系按照自己意愿行使表决权，不存在与钱振清、冯亚东保持一致行动的安排或按照钱振清、冯亚东意见行使表决权的情况*。因此，将钱振清、冯亚东夫妇认定为发行人共同实际控制人，未将冯贤及冯亚芳纳入发行人共同实际控制人范围符合发行人股东大会、董事会实际运作情况。

点评

公司一直由钱振清、冯亚东夫妇掌控，冯贤、冯亚芳在股东大会、董事会上独立行使表决权，不是“傀儡”。

3、*冯贤系发行人实际控制人之一冯亚东之弟，冯亚芳系冯亚东之姐*。根据《上市审核问答》，“实际控制人的配偶、直系亲属，如其持有公司股份达到5%以上或者虽未超过5%但是担任公司董事、高级管理人员并在公司经营决策中发挥重要作用，保荐人、发行人律师应说明上述主体是否为共同实际控制人。”《首发业务若干问题解答(2020修订)》问题15的回复明确“直系亲属”包括“配偶、子女、父母”。因此，*冯贤、冯亚东不属于前述“直系亲属”范畴*。

点评

共同控制人核查亲属的范围只有配偶、直系亲属，其中直系亲属仅包括父母、子女，亲兄弟姐妹都没被列入，范围不算大。冯贤、冯亚东只是控制人冯亚东的兄弟姐妹，不属于共同控制人的“直系亲属”。

4、根据冯贤、冯亚芳出具的《*上市后股份锁定及减持事宜的承诺函*》，其均已经承诺“自发行人股票上市之日起*36个月*内，不转让或者委托他人管理本人在本次发行及上市前直接及间接持有的发行人股份，也不要求发行人回购该部分股份。”因此，发行人不存在以不将冯贤、冯亚芳认定为共同实际控制人方式规避其股份锁定义务的情形。

综上所述，将钱振清、冯亚东夫妇认定为发行人共同实际控制人、未将冯贤及冯亚芳纳入发行人共同实际控制人范围符合发行人控制权实际归属情况，具有合理的原因，符合《上市审核问答》关于实际控制人认定的相关规定，且不存在规避股份锁定义务的情形。

点评

《证券期货法律适用意见第 17 号》要求，一致行动人所持股份应当比照控股股东和实际控制人所持股份进行锁定。即使不构成共同控制人，直系亲属所持股份限售锁定的期限也应当与实际控制人、控股股东的期限保持一致，以洗脱规避锁定期之嫌。

17－11　亨迪药业 2021－10

申报文件显示，发行人认定实际控制人为刘益谦，其子女刘妍超、刘雯超、刘天超和刘思超为一致行动人。刘天超直接持有公司 16% 股权，通过上海勇达圣间接持有公司 5.10% 股权；刘妍超直接持有公司 6% 股权，通过上海勇达圣间接持有公司 0.70% 股权；刘雯超直接持有公司 6% 股权；刘思超直接持有公司 6% 股权。

请发行人：对照本所《创业板股票首次公开发行上市审核问答》问题 9 的要求，说明未将刘益谦及其子女认定为共同实际控制人的原因及合理性。

｜**回复**｜

经核查发行人自然人股东填写的调查表、股权转让协议，发行人直接股东中刘天超、刘妍超、刘雯超和刘思超均系发行人实际控制人刘益谦的直系亲属。

刘益谦与刘妍超、刘雯超、刘思超为父女关系，刘益谦与刘天超为父子关系，刘天超、刘妍超、刘雯超和刘思超于 2020 年 5 月 27 日分别通过受让上海勇达圣所持亨迪药业股权取得发行人股份。

发行人自设立之日起至今，***刘天超、刘妍超、刘雯超、刘思超从未在发行人处担任董事、高级管理人员职务或其他职务，亦未参与公司的经营管理决策***。因此，刘天超、刘妍超、刘雯超和刘思超与实际控制人刘益谦***不构成共同实际控制人***，发行人关于实际控制人的认定符合《深圳证券交易所创业板股票首次公开发行上市审核问答》问题 9 的要求。

点评

1. 实际控制人的直系亲属可能构成共同实际控制人,有两个要件:一是直系亲属持有公司股份达到5%以上,足以对公司施加影响;二是直系亲属担任了可以在公司经营决策中发挥重要作用的董事、高级管理人员。

2. 刘天超、刘妍超、刘雯超、刘思超作为实际控制人的直系亲属,尽管直系亲属持有公司的股份达到了5%以上,但没在公司任职,未参与公司的经营管理决策,不能对公司施加重大影响,不构成共同控制人。所以笔者认为,要件一不是特别重要,要件二才是关键。

17-12 海诺尔 2021-10

申报文件显示,发行人认定实际控制人为骆毅力,其女儿骆的直接持有公司22.26%的股权,并担任公司董事、副总裁。骆的及其配偶 David Lee 控制多家企业。

请发行人:对照本所《创业板股票首次公开发行上市审核问答》问题 9 的要求,说明未将骆毅力及其子女认定为共同实际控制人的原因及合理性。

| 回复 |

(1)骆毅力先生对发行人有控制权,为发行人的实际控制人

本次发行前,骆毅力先生直接持有海诺尔 4,987.65 万股,占总股本比例的45.55%,骆毅力先生通过海诺尔控股间接控制公司 12.02% 的股权,合计控制发行人的股权比例达到 57.57%,处于绝对控股地位。本次发行后,骆毅力先生***直接和间接合计***控制公司的股权比例约为 43.18%,仍然***处于控股地位***。同时,骆毅力先生对发行人董事、高级管理人员的提名及任免具有决定权。

此外,骆毅力先生作为发行人的创始人,自公司成立之初,一直担任公司董事长兼总经理,***对发行人重大经营事务、日常经营管理事务拥有决定权,全面负责公司日常经营管理和发展战略***。

(2)骆的女士主要协助总裁处理日常具体事务

骆的作为公司董事、副总裁,参与公司经营管理,更多的是协助总裁处理、执行日常具体事务,公司的重要经营决策主要由骆毅力先生做出,骆的女士对于重要经营决策起到的作用有限。

点评

1. 即使直系亲属持有公司的股份达到5%以上，但在公司只是担任协助、执行日常事务的职务，不能对公司施加重大影响，不构成共同控制人。

2. 敞开讲，骆的作为公司的董事、副总裁，持股22.26%，是公司第二大股东，又是老板的女儿，怎么可能对公司没重大影响呢？对此，笔者持怀疑态度。相比而言，案例“17-11 亨迪药业 2021-10”中，直系亲属干脆不在公司任职，这样对公司没重大影响倒还有理可据。

(3) 自前次申报IPO、新三板挂牌至今，骆毅力一直是发行人单一控制表决权比例超过50%的股东，骆的一直***是公司第二大股东***。发行人对公司实际控制人的认定及披露均未发生变化。

(4) ***已比照实际控制人要求对骆的持有股份进行锁定***。骆的自愿承诺：自发行人股票上市之日起36个月内，不转让或者委托他人管理本人所直接或间接持有的发行人股份(包括由该部分派生的股份，如送红股、资本公积金转增等)，也不要求发行人回购该部分股份。

综上，考虑到骆的女士在发行人经营管理中主要从事执行工作，发行人未将其与骆毅力先生认定为共同控制人，与经营实际相匹配，符合《创业板股票首次公开发行上市审核问答》问题9的要求。此外，骆的女士自愿比照实际控制人的要求进行了股份锁定的承诺。

17-13 泓淋电力 2021-11

申报材料与前次审核问询回复显示：威海明博持有公司70.54%的股份，为发行人控股股东，泓淋集团持有威海明博100%股权，迟少林与其配偶杨馥蔚分别持有泓淋集团90%、10%的股权，杨馥蔚持有发行人股份达5%以上。

请发行人：结合《首发业务若干问题解答(2020年6月修订)》《深圳证券交易所创业板股票首次公开发行上市审核问答》关于实际控制人认定的规定说明杨馥蔚是否为共同实际控制人，实际控制人亲属所持股份的锁定期是否合规。

回复

一、关于杨馥蔚是否为共同控制人的问题

(1)杨馥蔚不属于发行人的共同控制人

杨馥蔚系发行人实际控制人迟少林之配偶,其通过泓淋集团、威海明博间接持有发行人7.05%股份,经查阅发行人及泓淋集团的工商档案、历次董事会和股东会或股东大会文件,结合上述规定,杨馥蔚不被认定为共同控制人的具体原因如下:

①杨馥蔚不存在直接持有发行人股份和间接行使发行人股东表决权的情形。

在直接层面,经查阅发行人的股东名册,杨馥蔚未直接持有发行人股份,***不能直接参与发行人层面的股东表决***;在间接层面,***杨馥蔚仅持有泓淋集团10%股权,持股比例较低,且未在泓淋集团任职,未参与泓淋集团的经营管理,不会对泓淋集团的股东会、董事会决议产生实质影响***,而迟少林持有泓淋集团90%股权,因此,尽管杨馥蔚通过泓淋集团、威海明博间接持有发行人7.05%股份,迟少林仍控制泓淋集团,杨馥蔚无法通过泓淋集团对发行人股东大会、董事会决议产生实质影响,对发行人董事、高级管理人员不享有提名权及任免权,不能对发行人董事和高级管理人员的提名及任免产生任何实质影响。此外,依据杨馥蔚与迟少林于2017年4月签署的泓淋集团公司章程(已办理工商备案),***杨馥蔚将其对泓淋集团的表决权委托给迟少林代为行使,该委托长期有效,故杨馥蔚对泓淋集团亦不再享有股东表决权,无法通过泓淋集团参与发行人层面的股东权利行使***,无法对发行人进行控制。

②报告期内,***杨馥蔚未担任发行人董事、高级管理人员等职务,不参与发行人的经营管理活动,不能在发行人经营决策中发挥作用***。

点评

杨馥蔚系实际控制人迟少林的配偶,尽管持有发行人的股份达到5%以上,但其将表决权委托给迟少林,且没在发行人任职,不参与发行人的经营管理活动,置身公司之外,没被认定为共同控制人。

综上所述,杨馥蔚不符合《首发业务若干问题解答(2020年6月修订)》《深圳证券交易所创业板股票首次公开发行上市审核问答》《〈首次公开发行股票并上市管理办法〉第十二条"实际控制人没有发生变更"的理解和适用—证券期货法律适用意见第1号》对共同控制人的认定条件，故未被认定为发行人的共同控制人。

(2)不存在规避共同控制人认定的情形

杨馥蔚作为发行人实际控制人的配偶及间接持有发行人5%以上股份的自然人，保荐机构、申报会计师、发行人律师已对杨馥蔚的基本信息、杨馥蔚及其近亲属的任职及对外投资等情况进行了核查，已将杨馥蔚及其近亲属控制、担任董事或高级管理人员的企业认定为***关联方***并进行核查，同时取得了杨馥蔚的银行流水并进行核查。此外，***杨馥蔚已经比照发行人实际控制人就所持发行人股份锁定与减持的相关事宜进行了相关承诺***。因此，未将杨馥蔚认定为共同控制人合理、合法，不存在规避共同控制人认定的情形。

二、关于实际控制人亲属所持股份的锁定期是否合规问题

关于实际控制人亲属所持股份的锁定期问题，涉及的主要规定如下：

相关规定	相关条款
《首发业务若干问题解答(2020年6月修订)》《深圳证券交易所创业板股票首次公开发行上市审核问答》	发行人控股股东和实际控制人所持股份自发行人股票上市之日起***36个月***内不得转让，控股股东和实际控制人的亲属所持股份应比照该股东本人进行锁定。

发行人实际控制人亲属持有发行人股份的具体情况如下：

姓名	亲属关系	持股情况
杨馥蔚	发行人实际控制人迟少林之配偶	通过泓淋集团、威海明博间接持有发行人7.05%股份

点评

不当控制人可能可以逃掉同业竞争审核，但关联方核查、锁定期、减持限制逃不掉。

17－14　英特科技2021－12

申报材料和前次审核问询回复显示：发行人实际控制人方真健与发行人董事

陈海萍为夫妻关系，陈海萍的部分亲属通过持有安吉英睿特份额间接持有发行人股份且未对股份锁定作出承诺。

请发行人：说明未将发行人实际控制人方真健配偶、董事陈海萍认定为发行人共同实际控制人的原因，是否符合《深圳证券交易所创业板股票首次公开发行上市审核问答》的相关规定。

｜**回复**｜

一、首次申报时仅将方真健认定为实际控制人而未将陈海萍认定为共同实际控制人原因

根据《〈首次公开发行股票并上市管理办法〉第十二条"实际控制人没有发生变更"的理解和适用—证券期货法律适用意见第1号》（以下简称"《证券期货法律适用意见第1号》"），发行人及其保荐人和律师主张多人共同拥有公司控制权的条件之一为"***每人都必须直接持有公司股份和/或者间接支配公司股份的表决权***"。

方真健直接持有公司57.70%的股份，并通过持有安吉英睿特67.48%的出资额及担任执行事务合伙人的方式间接控制公司18.00%的表决权，直接及间接合计控制公司75.70%有表决权的股份。此外，方真健自公司设立之日起担任公司董事、总经理；自2017年10月起至今，担任公司董事长及总经理。由于***方真健的配偶陈海萍未直接或间接持有公司股份***。因此，首次申报时仅将方真健认定为公司的实际控制人，而***未将陈海萍认定为共同实际控制人***。

二、补充认定共同实际控制人

《证券期货法律适用意见第1号》是对《首次公开发行股票并上市管理办法》第十二条"实际控制人没有发生变更"的理解和适用，立法的意图在于"要求发行人最近3年内实际控制人没有发生变更，旨在以公司控制权的稳定为标准，判断公司是否具有持续发展、持续盈利的能力，以便投资者在对公司的持续发展和盈利能力拥有较为明确预期的情况下做出投资决策"。

根据《深圳证券交易所创业板股票首次公开发行上市审核问答》（以下简称"《审核问答》"），实际控制人的配偶、直系亲属，如其持有公司股份达到5%以上或者虽未超过5%但是担任公司董事、高级管理人员并在公司经营决策中发挥重要作用，保荐人、发行人律师应说明上述主体是否为共同实际控制人。

陈海萍作为方真健的配偶，自公司设立之日起即担任发行人董事，同时陈海萍

担任子公司执行董事,直接参与子公司的日常经营决策事项。为了使陈海萍按照实际控制人的要求履行相应义务,更好保护中小股东合法权益,同时加强发行人控制权的稳定,公司现补充认定陈海萍为共同实际控制人。因此,***方真健、陈海萍夫妇为公司共同实际控制人***。

点评

1.“每人都必须直接持有公司股份和/或者间接支配公司股份的表决权”并不要求实际控制人直接或间接持有公司股份,此案例开始理解有误,后来才更改。

2.直系亲属有无持有公司的股份并不重要,关键是看其在公司的任职能否对公司施加重大影响。本案例中,陈海萍是实际控制人方真健的配偶,虽然未直接或间接持有发行人的股份,但担任了发行人的董事、子公司执行董事,被认定为共同控制人。

三、将陈海萍补充认定为共同实际控制人符合发行条件

……

经核查发行人的历次股权转让协议、增资文件、公司决议文件、工商登记变更资料,报告期以来发行人的实际控制人均为方真健、陈海萍二人,没有发生变更,符合《管理办法》第十二条第(二)款的规定。

17－15　开能健康 2021－10

2021年4月26日,发行人披露向特定对象发行股票的预案,拟向单一认购对象,发行人控股股东、实际控制人瞿建国之子 QU RAYMOND MING(瞿亚明)发行股份募集不超过15,000万元,认购资金来源为自有资金或自筹资金,不存在对外募集、代持、结构化安排或直接、间接使用发行人及其关联方资金的情况。

请发行人补充说明:认定 QU RAYMOND MING(瞿亚明)为控股股东、实际控制人瞿建国控制的关联人的依据,本次发行确定的认购对象是否符合《创业板上市公司证券发行注册办法》第五十七条的规定。

回复

点评

根据《创业板上市公司证券发行注册管理办法(试行)》第五十七条第二款[已失效,内容与现行有效的《上市公司证券发行注册管理办法》(2023)第五十七条类似]的规定,上市公司董事会决议提前确定全部发行对象,且发行对象属于通过认购本次发行的股票取得上市公司实际控制权的投资者,定价基准日可以为关于本次发行股票的董事会决议公告日、股东大会决议公告日或者发行期首日。此案例想论证实际控制人之子通过认购本次发行,从非实际控制人变成共同控制人,从而定价基准日可以有三种选择。

根据《〈首次公开发行股票并上市管理办法〉第十二条“实际控制人没有发生变更”的理解和适用—证券期货法律适用意见第1号》第三条规定:“发行人及其保荐人和律师主张多人共同拥有公司控制权的,应当符合以下条件:(一)每人都必须直接持有公司股份和/或者***间接支配***公司股份的表决权。”***夫妻关系不应认定为间接支配的情形***。因此,在本次发行前,韦嘉所持发行人股份不应认定为QU RAYMOND MING(瞿亚明)间接控制,QU RAYMOND MING(瞿亚明)***未直接持有或间接支配公司股份,不应认定为公司共同实际控制人***。

点评

“夫妻关系不应认定为间接支配的情形”,笔者认为此话有点绝对。只能说,夫妻一方持股,并不必然导致另一方间接拥有表决权。

根据《深圳证券交易所创业板股票首次公开发行上市审核问答》中对于共同实际控制人的规定:“问题9,关于实际控制人的认定,发行人及中介机构应如何把握?(2)共同实际控制人　法定或约定形成的一致行动关系并不必然导致多人共同拥有公司控制权的情况,发行人及中介机构不应为扩大履行实际控制人义务的主体范围或满足发行条件而作出违背事实的认定。实际控制人的配偶、直系亲属,如其持有公司股份达到5%以上或者虽未超过5%但是担任公司董事、高级管理人员并在公司经营决策中发挥重要作用,保荐机构、发行人律师应说明上述主体是否为共同实际控制人。”

QU RAYMOND MING(瞿亚明)系发行人实际控制人瞿建国之子,***在其留学归国后长期在发行人及其下属公司任职,历任发行人下属公司经理等职务,现任发行人副董事长、总经理,已深度参与及主持公司日常生产经营管理,对公司经营决策发挥了重要作用***。同时,瞿建国在2020年4月时隔3年重新成为发行人实际控制人后的将近1年的工作中,考虑到自身年龄及身体状况,无论从维护公司控制决策的稳定和有效性还是民营企业家族传承的必要性出发,都需要熟悉发行人运营和行业环境的直系亲属在取得上市股权并符合成为上市公司共同实控人要求的前提下与其共同分担上市公司实控人的职责,所以有意愿与QU RAYMOND MING(瞿亚明)共同控制发行人,并***于2021年4月25日签署《一致行动协议》***。本次发行前,QU RAYMOND MING(瞿亚明)未持有发行人股份,仅其配偶韦嘉持有发行人1.07%股份。

点评

1. 实际控制人的配偶、直系亲属,如其持有公司股份达到5%以上或者虽未超过5%但是担任公司董事、高级管理人员并在公司经营决策中发挥重要作用,就很可能会被认定为共同实际控制人。

2. 瞿亚明是实际控制人的儿子,先不管有没有持股,仅凭"现任发行人副董事长、总经理,已深度参与及主持公司日常生产经营管理,对公司经营决策发挥了重要作用"这句话已经可以判定他是共同控制人了。此案例想论证瞿亚明开始不构成共同控制人,故笔者认为那句话有画蛇添足之嫌,建议删去。

本次发行完成后,QU RAYMOND MING(瞿亚明)将直接持有发行人股份,按本次发行的数量上下限测算,发行后QU RAYMOND MING(瞿亚明)本人持股比例不低于3.57%且不高于5.26%,与韦嘉合计持有公司股份比例不低于4.60%且不高于6.27%。

综上,通过认购本次发行的股票,如按认购上限测算,***现实际控制人瞿建国之子QU RAYMOND MING(瞿亚明)将持有公司股份达到5%以上***,成为公司第三大股东,如按认购下限测算,QU RAYMOND MING(瞿亚明)将持有公司股份虽未达到***5%以上***,但仍为公司第三大股东,且***QU RAYMOND MING(瞿亚明)其担任公司董事、高级管理人员并在公司经营决策中发挥重要作用。本次发行后,QU***

RAYMOND MING(瞿亚明)由原来的不持有上市公司股权变成取得上市公司股权,作为公司第三大股东,其与瞿建国共同对包括董事、高级管理人员等重大人事任命权在内的公司治理和经营决策的权力得到进一步加强。因此,参考上述情形,并结合瞿建国和 QU RAYMOND MING(瞿亚明)的本人意愿,QU RAYMOND MING(瞿亚明)将成为公司的共同实际控制人。

点评

1. 本案例认为,实际控制人瞿建国之子瞿亚明开始未持有公司股份,认购本次发行的股票之后,大概率可以持有公司的股份达到5%以上,就可以从非共同控制人变成共同实际控制人。

2. 笔者不认同本案例的逻辑。从上下文的论述来看,中介机构可能认为直系亲属应当直接或间接持有公司的股份才能构成共同控制人。笔者认为,这是对"每人都必须直接持有公司股份或者间接支配公司股份的表决权"一句错误的理解。正确的理解是:不要求实际控制人直接或间接持有公司股份,详见案例"17-14 英特科技 2021-12"。

因此,本次发行后,QU RAYMOND MING(瞿亚明)符合《深圳证券交易所创业板股票首次公开发行上市审核问答》中对于共同实际控制人的认定要求,将瞿建国、QU RAYMOND MING(瞿亚明)认定为公司的共同实际控制人符合法律法规的规定,具有合理性。进而,QU RAYMOND MING(瞿亚明)符合《注册办法》第五十七条第二款中(二)通过认购本次发行的股票取得上市公司实际控制权的投资者的规定。

17-16 雅艺科技 2021-09

申报材料显示,叶跃庭、金飞春、叶金攀为发行人的共同实际控制人,叶金攀仅通过勤艺投资间接持有发行人股份。

请发行人:补充披露叶金攀入股发行人的时间,认定其支配发行人1.31%表决权的认定背景,认定叶金攀为共同实际控制人的时点、原因及合理性;结合上述内容,披露认定叶金攀为共同实际控制人是否构成实际控制人变更,是否符合《审核问答》的相关要求。

回复

1、叶金攀入股发行人的情况

叶金攀自2017年8月勤艺投资设立起持有勤艺投资17.42万元的财产份额并担任勤艺投资的执行事务合伙人。勤艺投资于***2018年1月***29日起通过全国股转系统受让金飞春持有发行人的100万股股份而成为发行人股东，叶金攀自2018年1月起通过勤艺投资成为发行人的间接股东。2019年2月，叶金攀通过勤艺投资委托叶跃庭持有发行人股份，2020年4月，叶跃庭将发行人股份还原给勤艺投资，代持关系解除。因此，叶金攀自***2018年1月***起至今通过勤艺投资***间接持有***发行人股份。

2、叶金攀支配发行人1.31%表决权

勤艺投资目前持有发行人1.31%的股份，叶金攀为勤艺投资的执行事务合伙人。根据勤艺投资《合伙协议之补充协议》，***全体有限合伙人一致授权由执行事务合伙人叶金攀行使合伙企业的决策权，勤艺投资的对外事务均由执行事务合伙人叶金攀处理。因此，叶金攀系勤艺投资的实际控制人***，并实际支配对勤艺投资持有发行人股份的表决权。

点评

执行事务合伙人一般是合伙企业的实际控制人。本案例中，叶金攀是勤艺投资的执行事务合伙人，行使合伙企业的决策权，处理对外事务，是合伙企业的实际控制人。

3、认定叶金攀为共同实际控制人的时点、原因及合理性

叶金攀系叶跃庭、金飞春之子，自2011年7月至2015年9月担任雅艺有限的总经理，2015年10月至今一直担任发行人的董事、总经理。***叶金攀自2018年1月起通过勤艺投资间接支配发行人股份的表决权。因此，叶金攀自2018年1月起成为发行人共同实际控制人***。

点评

1. 这里，同案例“17－15 开能健康 2021－10”，中介机构同样认为直系亲属应当直接或间接持有公司股份才能构成共同控制人。这是对“每人都必须直接

> 持有公司股份或者间接支配公司股份的表决权”这句话的错误理解,正确理解见案例“17－14 英特科技 2021－12”。
>
> 2.实际控制人的直系亲属可能构成共同实际控制人最重要的条件是:直系亲属担任了可以在公司经营决策中发挥重要作用的董事、高级管理人员。所以,不能以2018年1月开始持股的时间点作为叶金攀开始共同控制发行人的时点,而应从叶金攀担任能对公司施加重大影响的职务开始。

在发行人的实际经营过程中,***叶金攀与叶跃庭、金飞春共同构成发行人的决策核心***,并在发行人管理、决策和控制方面的分工明确清晰:叶跃庭作为持股比例最高的股东,担任发行人董事长,负责生产及技术;***叶金攀担任发行人董事、总经理***,负责公司战略和日常经营管理;金飞春担任发行人行政人力资源部经理,负责行政、内勤及人事管理。叶跃庭、金飞春、叶金攀三人共同支配发行人行为,决定发行人的经营,对发行人方针、决策及经营管理层的任免等重要事项产生实质性影响。

因此,叶金攀持有的发行人股份***虽未超过5%但在发行人经营决策中发挥重要作用***,叶跃庭、金飞春、叶金攀三人共同对发行人的持续发展和持续盈利产生控制性影响,基于谨慎性考虑认定叶金攀为共同实际控制人符合发行人实际情况,具有合理性。

4、认定叶金攀为共同实际控制人不构成实际控制人变更

发行人于全国股转系统挂牌时因叶金攀未持有发行人股份而未将叶金攀认定为实际控制人,但发行人依据谨慎性考虑补充追加认定叶金攀自***2018年1月***起为实际控制人符合自身实际经营情况,符合《审核问答》中关于“共同控制”的基本要求。基于叶跃庭和金飞春在发行人的持股比例、任职情况及三人的亲属关系,追加叶金攀作为共同控制人之后,公司的经营方针和决策、组织机构运作及业务运营等未因此而发生重大变化。

综上,***发行人追加认定叶金攀自2018年1月起作为公司共同实际控制人不构成实际控制人变更***;发行人最近2年内发行人控制权未发生变化,不存在为满足发行条件而调整实际控制人认定范围的情形,符合《审核问答》的相关要求。

点评

对错误进行追溯不算实际控制人变更。但是，笔者认为本案例论证的逻辑与案例“17－15 开能健康 2021－10”一样有待商榷。

17－17　三博脑科 2021－06

招股说明书显示：(1)发行人控股股东和实际控制人张阳、栾国明、于春江和石祥恩通过《一致行动协议》对公司实行共同控制，合计持股比例为 29.15%。张阳持续担任发行人董事长、总经理，于春江、栾国明、石祥恩持续担任发行人董事，四人均能够对发行人的董事会及经营管理产生重大影响。(2)TBP 直接持有发行人 20.93% 的股权。

请保荐人、发行人律师结合《深圳证券交易所创业板股票首次公开发行上市审核问答》(以下简称《审核问答》)的相关内容，补充说明未认定第一大股东 TBP 为公司控股股东及实际控制人的原因。

回复

A、TBP 作为财务投资人，不参与公司实际经营

《公司法》规定，控股股东是指其出资额占有限责任公司资本总额百分之五十以上或者其持有的股份占股份有限公司股本总额百分之五十以上的股东；出资额或者持有股份的比例虽然不足百分之五十，但依其出资额或者持有的股份所享有的表决权已足以对股东会、股东大会的决议产生重大影响的股东。实际控制人，是指虽不是公司的股东，但通过投资关系、协议或者其他安排，能够实际支配公司行为的人。

a、TBP 对***股东大会***的影响

最近两年内，TBP 虽为单一最大股东，但持股数量少于共同实际控制人且存在一定差距，其***通过所持有的发行人股份数量对发行人股东大会的影响不及发行人共同实际控制人***。

b、TBP 对***董事会***的影响

自 2015 年 12 月 TBP 入股发行人起，发行人董事会由 6 名董事组成，其中董事张逸、郭藩均系 TBP 委派，其余董事由发行人共同实际控制人担任；2017 年 6 月，郭藩辞去董事职务，TBP 未向发行人董事会委派新任董事，发行人补选蔡斌斌

为新任董事;2017年9月,发行人董事会新增3名独立董事共由9名董事组成,其中仅张逸一人系TBP委派,其后发行人董事会董事人数及TBP委派董事数量未发生变化。***除依法行使股东权利、向发行人委派董事,TBP未通过其他方式参与公司经营管理***。报告期内,发行人董事会议案均由张阳、于春江、石祥恩、栾国明及其领导的公司管理团队提出,***TBP未向发行人董事会提出过其他议案***,且TBP及其委派董事均对其参与的董事会各项议案投赞成票,未曾出现投反对票、弃权票的情形。因此,TBP对董事会决议不构成重大影响。

c、TBP实际参与发行人经营管理情况

除依法行使股东权利、向发行人委派董事,TBP***未通过其他方式参与公司经营管理***。2018年1月1日至今,发行人股东大会、董事会议案均由张阳、于春江、石祥恩、栾国明及其领导的公司管理团队提出,TBP未向发行人股东大会、董事会提出过其他议案,且TBP及其委派董事均对其参与的股东大会、董事会各项议案投赞成票,未曾出现投反对票、弃权票的情形。

点评

1. 纯粹的财务投资人同有限合伙人一样,无论持股多少,通常不会刻意去控制股东大会、董事会,是一致行动关系、实际控制人的"绝缘体"。

2. 持股不在大,能控制股东大会、董事会才是关键。本案例中,财务投资人TBP虽然是单一最大股东,但持股数量少于共同实际控制人,不参与公司的经营管理,且对股东大会、董事会决议无法产生重大影响,既不是单一控制人,又不会与其他方构成共同控制。

d、TBP对其财务投资人身份及发行人共同实际控制人事实的确认

TBP除投资发行人,其上层出资人Trustbridge Partners IV,L. P.还以财务投资人的身份投资了"美团"、"下厨房"等项目。

2020年11月20日,为确认张阳、于春江、栾国明、石祥恩对三博脑科共同控制的事实,TBP出具不谋求实际控制权的***确认函***,确认"(1)本企业与三博脑科其他股东在行使股东权利方面上相互独立,无一致行动安排。(2)本企业为三博脑科的财务投资人,截至本确认函出具之日,未曾参与三博脑科的经营管理,***本企业充分认可张阳先生、于春江先生、栾国明先生、石祥恩先生为三博脑科共同实际控***

制人的地位；本企业无意以任何方式谋求包括但不限于主动谋求、通过与其他股东一致行动等方式谋求三博脑科的实际控制权”。

点评

“无一致行动安排＋不谋求控制权＋股份锁定承诺”，笔者把它们称作共同控制人避嫌的“三件套”。

上述确认函未明确有效期，经 TBP 补充确认：上述确认函确认事项在张阳、于春江、栾国明、石祥恩共同控制三博脑科期间无条件且不可撤销。

B、不符合《深圳证券交易所创业板股票首次公开发行上市审核问答》中关于实际控制人的要求。

深交所审核问答关于实际控制人要求	TBP 实际情况
发行人股权较为分散但存在单一股东控制比例达到***30%***的情形的，若无相反的证据，原则上应将该股东认定为控股股东或实际控制人。	TBP 持股 20.93%，***不足 30%***
共同实际控制人。法定或约定形成的一致行动关系并不必然导致多人共同拥有公司控制权的情况，发行人及中介机构不应为扩大履行实际控制人义务的主体范围或满足发行条件而作出违背事实的认定。通过一致行动协议主张共同控制的，无合理理由的（如第一大股东为纯财务投资人），一般不能排除第一大股东为共同控制人。	TBP 为***财务投资人，不是共同实际控制人***

点评

1. 倘若公司的股权较为分散，则控制比例达到 30% 的单一股东就可以被认定为控股股东或实际控制人。本案例中，单一股东控制比例不足 30%。

2. 第一大股东一般是共同控制人，但纯财务投资人例外。本案例中，TBP 为财务投资人，不构成共同实际控制人。

综上，***TBP 作为财务投资人***，不参与公司实际经营，对公司不构成实际控制。

17－18 赛微微 2021－10

请发行人说明：武岳峰投资的实际控制人情况。

| 回复 |

根据武岳峰投资合伙协议的相关约定，武岳峰投资的普通合伙人 Digital Time Investment Limited（以下简称"DTI"）***执行合伙企业事务***，负责合伙企业的业务和资产的管理、控制和运营；有限合伙人不得管理和控制合伙企业的经营和事务，无权对外代表合伙企业；其中，武平、潘建岳及 Bernard Xavier 为合伙企业的关键人士。经核查，DTI 的股东为潘建岳、武平以及 Bernard Xavier 三人各自分别100%持股的全资子公司。

根据武岳峰投资的确认，***由于武岳峰投资的投资决策委员会相关决议必须经含武平、潘建岳、Bernard Xavier 三位关键人士在内的多数委员批准方为有效***，因此潘建岳、武平以及 Bernard Xavier 三人对武岳峰投资的投资事务均具有***一票否决权，前述三人中的任何两方均无法仅单独基于两方合作而对武岳峰投资形成共同控制***。据此，武岳峰投资的共同实际控制人为潘建岳、武平以及 Bernard Xavier 三人。

点评

合伙企业设立了投资决策委员会、合伙人会议，则投资决策委员会、合伙人会议谁控制谁就是控制人。若有些成员有一票否决权，则意味着他们是共同控制人。本案例中，三位关键人士拥有一票否决权，则他们是共同控制人。

17－19 易来智能 2021－06

根据问询回复：（1）有限公司阶段，自2018年8月至2019年6月，姜兆宁、刘达平提名的董事未达董事会过半数［占董事会总席位（5席）中的2席］，但剩余3名董事均分别由不同的投资人委派，相互间亦不构成一致行动；自2019年6月至2020年6月，姜兆宁、刘达平提名的董事达董事会总席位的半数［占董事会总席位（4席）中的2席］，剩余2名董事均分别由不同的投资人委派，相互间亦不构成一致行动；（2）首轮回复中列示了投资人股东对公司进行投资时拥有一票否决权，但并未行使且已于公司股改前予以无附条件的终止。

请发行人说明：

一、该等投资人股东与发行人及相关方之间“一票否决权”终止的相关约定是否存在纠纷或潜在纠纷，是否仍存在其他影响控制权的约定，是否存在潜在利益安排

| 回复 |

针对“***一票否决权***”等特殊性权利，公司全体发起人股东在股份公司设立前共同签署了《关于终止投资者所涉特殊性权利条款的协议书》，主要约定如下：1）公司在引入投资者过程中“一票否决权”等特殊性条款自亿联客有限完成股份制改造之日起（以取得新的营业执照为准）终止；2）确认终止不存在纠纷或潜在纠纷，并且若公司与之间存在其他相关协议或约定不一致的，以前述协议为准。前述协议书不存在恢复特殊性权利条款等的相关约定，不存在企业影响控制权的约定。

公司各投资人股东已出具声明与承诺，确认其与公司、公司实际控制人之间不存在现行有效的对赌、回购等特殊性条款约定或安排。

综上，***该等投资人股东与发行人及相关方之间“一票否决权”终止的相关约定不存在纠纷或潜在纠纷，不存在其他影响控制权的约定、潜在利益安排***。

二、中外合资企业期间董事会为最高权力机关情况下，投资者委派的董事基于“一票否决权”对公司可能施加影响，在姜兆宁、刘达平提名董事未超过半数、相关董事存在一票否决权的情况下能否认定二人为实际控制人，发行人实际控制人是否发生变更

| 回复 |

前述“一票否决权”系基于天津金星、香港顺为、欧之光等投资人在对公司进行投资时，为保护其投资利益并经与其他各股东协商确定，***投资者委派的董事基于“一票否决权”对公司特定事项虽可以施加影响，但公司实际控制人仍为姜兆宁、刘达平二人，且最近两年未发生变更***。具体理由如下：有限公司阶段，亿联客有限未设置股东会，其最高权力机关为董事会，其中，2018年8月至2020年6月，***姜兆宁、刘达平提名董事未超过半数***；但是，天津金星、香港顺为、欧之光等公司投资人委派董事之间亦不存在一致行动关系，且除参与公司董事会履行董事职责外，投资人委派董事亦未参与公司的日常生产经营；此外，***公司投资人委派的董事未出现过行使“一票否决权”等特殊性权利对姜兆宁的提案作出反对或否决***。因此，姜兆宁、刘达平作为一致行动人，实际享有对董事会决策的重大影响，且其作

为公司总经理、副总经理可以实际决定公司的重大经营决策、重要人事任命以及日常经营管理等事项。

点评

与案例"17－18 赛微微 2021－10"不同,此处将"一票否决权"解释成非共同控制,理由是一票否决权只能用于特定事项,而非所有决策。

股份公司阶段,姜兆宁、刘达平作为一致行动人,其合计控制的股份比例均高于1/3,保持在35%以上,已足以对股东大会的决议产生重大影响,且投资人及其委派董事享有的"一票否决权"已于公司股份制改造前予以解除,姜兆宁、刘达平作为一致行动人系公司实际控制人。

三、公司其他主要股东、该等股东的实际控制人是否有在上市后谋求公司控制权的计划

| 回复 |

根据香港顺为、天津金星以及其他持有公司5%以上股份的股东出具的书面说明,公司其他主要股东、该等股东的实际控制人***不存在谋求公司控制权***的计划的情形。

17－20 英诺激光 2021－03

申报材料显示:2019年8月,红粹投资的合伙人类型发生了变更,其中侯毅由普通合伙人变更为有限合伙人,张原、刘晓渔由有限合伙人变更为普通合伙人。自红粹投资2012年8月设立至2019年8月期间,侯毅一直为红粹投资普通合伙人并担任执行事务合伙人,为红粹投资的实际控制人;2019年8月至今,红粹投资的普通合伙人及执行事务合伙人变更为张原、刘晓渔,侯毅不再担任普通合伙人及执行事务合伙人,红粹投资的实际控制人相应变更为张原、刘晓渔。

请发行人说明:张原、刘晓渔由有限合伙人变更为普通合伙人的原因,红粹投资合伙协议关于表决权行使方式的约定,红粹投资所持有发行人表决权的归属主体,认定红粹投资的实际控制人变更为张原、刘晓渔的依据是否充分。

| 回复 |

一、红粹投资合伙协议关于表决权行使方式的约定

(一)2019 年 8 月合伙协议关于表决权行使方式的约定

……

(二)2020 年 10 月合伙协议关于表决权行使方式的约定

2020 年 10 月,为进一步以合伙协议方式明确执行事务合伙人的权责范围,红粹投资全体合伙人一致同意对合伙协议进行修改。修改后的合伙协议(以下称“2020 年 10 月合伙协议”)关于表决权行使方式的约定如下:

1、***普通合伙人作为合伙企业的执行事务合伙人***,拥有《合伙企业法》及合伙协议规定的对合伙企业事务的执行权,负责合伙企业的管理、控制、运营、决策等所有相关事务。执行事务合伙人应以合伙企业利益最大化为原则,代表合伙企业从事其认为合理的经营事项、合伙企业的项目投资管理以及促进合伙企业业务所必需或适当的所有事项,包括但不限于:决定和执行合伙企业的各类投资业务及其他业务,包括:管理、维护和处分合伙企业的资产(含不动产,如有),包括但不限于投资性资产、非投资性资产、知识产权和其他财产权利等;代表合伙企业缔结合同、协议或达成其他约定;聘任、解聘合伙企业的经营管理人员;代表合伙企业处理与合伙企业相关的诉讼、仲裁等事宜;办理与合伙企业有关的各种税费事宜;对合伙企业对外投资产生的股权,执行事务合伙人代表合伙企业行使股东权利,对于上述行使股东权利过程中的有关事项,执行事务合伙人可为合伙企业之利益自主决策(无需事先征求有限合伙人意见),视为执行合伙事务;处理法律法规或合伙协议约定的应由执行事务合伙人执行的事务。

2、***有限合伙人不执行有限合伙事务,不得对外代表合伙企业***。有限合伙人不得参与管理或控制合伙企业的投资业务及其他以合伙企业名义开展的活动或业务。有限合伙人不得通过合伙人会议的方式对合伙企业的管理及业务活动施加控制。

3、合伙企业的下列事项应当经全体合伙人一致同意:改变合伙企业名称;改变合伙企业的执行事务合伙人;改变合伙企业的经营范围、主要经营场所的地点;以合伙企业名义主动承担义务负担或为他人创设权利;以合伙企业名义为他人提供担保或向其他主体借款;与合伙企业关联主体发生任何形式的关联交易;对合伙企业合并、分立、解散、清算或者变更合伙企业形式作出决议;修改合伙协议;涉及全体合伙人重大投资利益的其他事项。

4、两个或两个以上合伙人分别执行合伙事务的，任一执行事务合伙人可以对其他执行合伙人执行的事务提出异议。提出异议时，应当暂停该事务的执行。***如果发生争议，提交合伙人会议由合伙人一人一票进行表决。受委托执行合伙事务的合伙人不按照合伙协议或者全体合伙人的决定执行事务的，其他合伙人可以决定撤销该委托。***

……

二、《合伙协议》所约定的执行事务合伙人分歧解决安排是对张原、刘晓渔共同控制红粹投资的有效补充，不影响张原、刘晓渔对红粹投资的实际控制权

《合伙协议》约定了在张原、刘晓渔对执行合伙事务发生分歧时的分歧解决安排，即任一方均可将该事项提交红粹投资合伙人会议，由合伙人会议按一人一票进行表决。约定该分歧解决安排的目的是为了解决执行事务合伙人内部意见分歧，促使执行事务合伙人内部形成一致意见，是对红粹投资执行合伙事务机制的有效补充，不影响张原、刘晓渔对红粹投资的实际控制权，理由如下：

1、分歧解决安排只是对执行合伙事务机制的有效补充，执行事务合伙人任何时候所作的决策都是执行事务合伙人共同的意思表示

在红粹投资合伙协议所约定的双执行合伙事务机制下，张原、刘晓渔在执行合伙事务时应首先在内部协商达成一致意见后以执行事务合伙人名义共同作出相关决策，因此，***在执行事务合伙人内部没有分歧的情况下，执行事务合伙人所作的决策体现的是全体执行事务合伙人共同的意思表示***。而当张原、刘晓渔对执行合伙事务出现分歧时，为了明确是以张原还是刘晓渔的意见作为执行事务合伙人决策的依据，张原或者刘晓渔应按照分歧解决安排的约定将该分歧提交合伙人会议，由全体合伙人按一人一票的表决方式作出决定，张原和刘晓渔以表决结果作为执行事务合伙人内部达成的一致意见共同以执行事务合伙人名义作出决策。因此，分歧解决安排可以更好地解决两位执行事务合伙人的意见分歧，***确保合伙企业所作的决策必然是两位执行事务合伙人一致同意的结果，代表了执行事务合伙人的共同意见***，是对执行合伙事务机制的有效补充。

点评

合伙企业最看重的是合伙人的和谐。执行合伙事务人发生分歧时，由全体

合伙人一人一票进行表决是为了解决分歧，让执行事务合伙人之间更加和谐。全体合伙人只能在执行事务合伙人提出的多个选项中做出选择，每个选项最终体现的还是执行事务合伙人的意志，并不影响执行事务合伙人是控制人的事实。

2、分歧解决安排仅是为了解决执行事务合伙人之间的分歧，并不干预执行事务合伙人执行合伙事务

根据红粹投资合伙协议的约定，尽管有限合伙人能通过合伙人会议的方式对执行事务合伙人内部存在的分歧事项作出表决，但合伙人会议只对执行事务合伙人的意见进行表决并形成最终的决策依据，因此，***合伙人会议只是为了解决执行事务合伙人内部分歧，并不干预执行事务合伙人执行合伙事务***。

因此，分歧解决安排仅是为了解决执行事务合伙人之间的分歧，不属于执行合伙事务，并不干预执行事务合伙人执行合伙事务。

3、部分 IPO 实践中关于共同控制下设置分歧解决机制的案例情况

经查阅公开披露资料，部分 IPO 实践中关于共同控制下设置分歧解决机制的案例情况具体如下：

序号	共同控制下分歧解决机制设置情况	公司简称及股票代码
1	以一方意见为准	澳弘电子（605058）、天臣医疗（688013）、翔丰华（300890）
2	内部表决并按照持股多数原则为准	瑞联新材（688550）、先惠技术（688155）、奕瑞科技（688301）
3	内部表决并按照人数多数原则为准	康希诺（688185）、科前生物（688526）
4	***内部表决并按照人数多数原则为准***	九号智能（689009）、博世科（300422）、润都股份（002923）、兴业股份（603928）

上表中共同控制下的分歧解决机制第 4 项与红粹投资分歧解决机制相类似，由于上表中涉及共同控制的相关董事和股东无一致意见时投***弃权票***、***反对票***，则相关事项最终由董事会、股东大会决策，红粹投资则由合伙人会议决策，同属于共同控制下的分歧解决机制之一。

由此可见，IPO 市场同样存在***企业共同控制人存在意见分歧且无法达成一致***

情形下，设置了不同的分歧解决机制，分歧解决机制的设置不影响对共同控制人的认定。

综上分析，红粹投资《合伙协议》所约定的执行事务合伙人分歧解决安排是对张原、刘晓渔实施共同控制红粹投资的有效补充，不影响张原、刘晓渔对红粹投资的实际控制权，张原、刘晓渔均能对红粹投资实施共同控制。

疑难点 17-3　无实际控制人

公司没有实际控制人有利有弊。无实际控制人，可以消除同业竞争、一致行动关系等好多问题。但同时，公司可能会面临“群龙无首”、治理无序、效率低下的窘境，甚至有些实际控制人以此隐瞒身份以逃避责任。

公司无实际控制人可能源于股权过度分散或第一大股东自身无实际控制人。但究其原因是无人可以单独控制股东大会、董事会或支配公司的经营决策，或者不存在一致行为协议。

一、持股分布

发行人的直接股东持股过于分散，或两个股东各持一半表决权，或第一大股东是纯财务投资者，都可能导致发行人无实际控制人。

1. 直接股东持股过于分散

《证券期货法律适用意见第 17 号》认为，发行人股权较为分散但存在单一股东控制比例达到 30% 的情形的，若无相反的证据，原则上应当将该股东认定为控股股东或者实际控制人。换言之，第一大股东持股远未达到 30%，其他股东比例不高且较为分散，公司可以认定为无实际控制人。

如果第一大股东持股未接近 30%，无一股独大，加之，股东间不存在一致行动协议，公司就很容易无实际控制人。但也不要轻易下结论，需要结合公司章程、股东大会、董事会与董事提名、高管任免、经营管理等诸多方面综合分析。

2. 第一大股东是纯财务投资者

公司的第一大股东是纯财务投资者，因为纯财务投资者的目标只是获得投资回报，可能会委派少数董事参与，但并不谋求控制权。所以，财务投资者即使持股再多,在认定控制人时也应当被剔除,若剩下的股东持股都没超过30%,则公司可能无实际控制人。

3. 对半表决权

如果公司两个股东或一致行动人各占50%的表决权,二者可以在股东大会、董事会、管理层对抗,也会让公司处于无"领头羊"的状态。

4. 论证理由

由于发行人股权分布的原因,导致发行人无实际控制人,可依以下理由论证:

- 发行人不存在持股比例超过30%的股东,其他股东比例不高且较为分散,且无股东推荐董事超半数。
- 发行人第一、二大股东的持股比例均低于30%,其分别可支配的股份表决权均未超过30%。
- 发行人股东持股非常分散,任何单一股东均无法控制股东大会、董事会、监事会。
- 两个股东持有发行人50%的股份及相应的表决权,拥有同样的董事席位,任何一方均不能实际控制股东大会、董事会、监事会。
- 依照公司章程,发行人所有股东大会的决策事项均由全体股东一致同意方可通过,董事会通过决议需由全体董事一致同意。
- 发行人第一大股东XX系纯财务投资人,不参与发行人日常的经营管理工作,除XX持有发行人股份超过30%以外,单独持股、关联或一致行动的股东合计持股均未超过30%。

二、第一大股东自身无实际控制人

有时候,公司无实际控制人是因为公司的第一大股东自身或往上穿透到尽头都无实际控制人。

当不存在纯财务投资者、一致行动协议或其他类似安排时,第一大股东本身无实际控制人,会进而导致发行人无实际控制人。这常见于第一大股东是合伙企业的情形。

1. 合伙企业本身无实际控制人

发行人的第一大股东是合伙企业形式的员工持股平台或投资基金,目的是持有公司股份。当合伙企业中各合伙人的出资份额过度分散,任一合伙人均控制不了合伙企业,合伙协议又约定,重大事项的管理和决策应当经全体合伙人按出资比例计算的某个严格比例的同意,甚至执行事务合伙人的变更须经全体合伙人一致决定时,则这样会导致合伙企业本身无控制人,进一步导致发行人无实际控制人。

2. 合伙企业的执行事务合伙人无实际控制人

假设发行人的第一大股东为合伙企业,合伙企业只有单一的执行事务合伙人,执行事务合伙人是合伙企业的实际控制人。如果执行事务合伙人往上穿透到尽头都无实际控制人,将会导致合伙企业无实际控制人,进而导致发行人无实际控制人。这就像是“多米诺骨牌效应”!例如,合伙企业的执行事务合伙人是一家投资基金公司。基金公司及在管基金均不受任一股东的控制,无人可以控制基金的股东会、董事会,即任单一股东均无法对基金的重大决策起决定性作用,则投资基金公司本身无实际控制人,可能会进一步导致发行人无实际控制人。

3. 论证理由

由于发行人的第一大股东自身无实际控制人,进而导致发行人无实际控制人,可依下列理由论证:

- 因第一大股东本身无控股股东、无实际控制人,故无单一上层最终股东可通过第一大股东对发行人的股东大会、董事会及监事会的表决形成控制。
- 发行人第一大股东的第一大股东未将第一大股东纳入合并报表范围。
- 发行人及其控股股东的经营管理权由总经理领导下的经营管理团队负责,不存在单一股东控制经营管理权的情形。
- 发行人的第一大股东主要通过在股东大会中行使表决权参与发行人的重大事项决策,并不直接参与发行人的日常经营管理,无法单独直接对发行人的日常经营管理与实际运作实施控制。
- 员工持股平台是发行人的第一大股东,平台中各合伙人出资份额分散,不存在任一合伙人持有出资份额超过30%的情形,合伙企业重大事项的管理和决策应当经全体合伙人按出资比例计算半数以上同意。

三、锁定期

为确保发行人股权结构稳定、正常生产经营不因发行人控制权发生变化而受到影响,《证券期货法律适用意见第 17 号》规定,发行人没有或者难以认定实际控制人的,发行人股东应当按持股比例从高到低依次承诺其所持股份自上市之日起锁定 36 个月,直至锁定股份的总数不低于发行前股份总数的 51%。对于具有一致行动关系的股东,应当合并后计算持股比例再进行排序锁定。

位列上述应当予以锁定的 51% 股份范围的股东,符合下列情形之一的,可不适用上述锁定 36 个月的规定:(1)员工持股计划;(2)持股 5% 以下的股东;(3)非发行人第一大股东且符合一定条件的创业投资基金股东,具体条件参照创投基金的监管规定。

"符合一定条件的创业投资基金股东"的认定程序为,由创业投资基金股东向保荐机构提交书面材料,经保荐机构和发行人律师核查后认为符合相关认定标准的,在申报时由保荐机构向交易所提交书面材料,交易所在认定时应当征求相关职能部门的意见。

注意,为避免部分股东规避锁定期承诺要求,对于同一控制下或具有一致行动关系的股东,应当合并后计算持股比例再排序锁定。

另外,上述规定的员工持股计划、持股 5% 以下的股东以及不适用锁定要求的创业投资基金股东,这三个例外主体一般得遵从《公司法》的规定,即所持股份自公司股票上市交易之日起一年内不得转让。

四、常见问询

- 结合入股投资协议、公司章程、股东(大)会、董事会、董事监事提名、高管任免、经营管理、财务决策以及分歧解决机制等情况,说明认定公司无控股股东、无实际控制人的充分依据和理由。
- 客观分析并披露无控股股东、实际控制人且股权结构较为分散的情况对公司生产经营决策、公司治理、内部控制、信息披露、持续监管等方面可能产生的不利影响,主要股东之间如出现分歧时的解决机制,并结合前述情况补充风险提示。
- 说明无实际控制人对发行人生产经营稳定性的影响;公司决策机制是否能够保证公司治理的有效性,是否可能出现"公司僵局"风险以及发行人的应对措施,相关风险披露是否充分。

17-21 美智光电 2021-10

申报文件显示：宁波美顺2018年以1元/注册资本增资发行人，增资后持有发行人50%的股份。

请发行人：结合宁波美顺合伙协议约定、执行事务合伙人、股权变动情况等说明宁波美顺实际控制人的认定情况。

回复

根据《宁波美顺投资合伙企业（有限合伙）合伙协议》、利润分配及亏损分担等事项，宁波美顺***无实际控制人***，具体说明如下：

（1）宁波美顺为发行人员工持股平台，各合伙人出资份额分散，***不存在任一合伙人持有宁波美顺出资份额超过30%的情形***。

（2）***宁波美顺重大事项的管理和决策应当经全体合伙人按出资比例计算半数以上同意***。根据《宁波美顺投资合伙企业（有限合伙）合伙协议》第十五条，合伙企业的下列事项应当经全体合伙人按出资比例计算半数以上同意：

（一）改变合伙企业名称；

（二）改变合伙企业的经营范围、主要经营场所的地点；

（三）处分合伙企业的不动产；

（四）***转让或者处分合伙企业的知识产权和其他财产权利***；

（五）***以合伙企业名义为他人提供担保***；

（六）聘任合伙人以外的人担任合伙企业的经营管理人员。

点评

重大事项的管理和决策应当经全体合伙人按出资比例计算的半数以上同意，而该合伙企业宁波美顺的份额分布得又比较分散，没有一个合伙人持有的出资份额超过30%，这些表明执行事务合伙人只是虚职，不是合伙企业的实际控制人，该合伙企业并无实际控制人。

（3）根据《宁波美顺投资合伙企业（有限合伙）合伙协议》第十条第一款，宁波美顺的利润分配及亏损分担均由合伙人依照各自认缴的出资比例分配利润，分担亏损。

（4）报告期内，宁波美顺执行事务合伙人发生两次变更。具体变更情况如下：

2020 年 4 月 9 日，宁波美顺召开全体合伙人会议并***一致同意***免去孙宇宙在宁波美顺的执行事务合伙人职务，委托林春秋为宁波美顺的执行事务合伙人。

2020 年 6 月 17 日，宁波美顺召开全体合伙人会议并***一致同意***免去林春秋在宁波美顺的执行事务合伙人职务，委托李雪婷为宁波美顺的执行事务合伙人。

其中，孙宇宙、林春秋为宁波美顺历史出资份额代持的管理人员，在宁波美顺代持还原后，***宁波美顺的执行事务合伙人即经全体合伙人一致决定变更为发行人的员工李雪婷，不存在任一合伙人单独决定变更执行事务合伙人的情形。***

点评

执行事务合伙人的变更须经全体合伙人一致决定，这表明合伙企业的控制状态稳定，或者说很难改变。

（5）宁波美顺已出具书面说明，确认宁波美顺各合伙人之间不存在一致行动关系，亦不存在就宁波美顺合伙人会议作出相关决议而签署或达成一致行动协议、表决权委托或类似安排的情形。

综上，宁波美顺为员工持股平台，无实际控制人。

17－22 潜阳科技 2021－06

申报文件显示：（1）控股股东杭州大自然科技股份有限公司（以下简称大自然）的第一大股东苏州市投资有限公司持股 19.44%，与一致行动人合计持股 20.63%。苏州市国资委持有苏州国际发展集团有限公司 100% 的股份，后者持有苏州市投资有限公司 20% 的股权。（2）大自然的第二大股东杭州信江科技发展有限公司持有大自然 14.69% 股份，其实际控制人为杭州市人民政府。除前述外，大自然不存在其他直接持股比例超过 5% 的股东。

请发行人：分析并披露发行人是否存在实际控制人。

｜回复｜

发行人的股本结构如下：

股东名称	持股比例
杭州大自然科技股份有限公司	***76.1562%***
杭州新潜阳投资管理合伙企业(有限合伙)	16.6667%
苏州亿新熠合投资企业(有限合伙)	4.0567%
苏州诺信盛合创业投资企业(有限合伙)	3.1205%

1. 大自然的股东情况及其上层股东/合伙人的董事会、高级管理人员情况

大自然的第一大股东为苏州市投资有限公司，持有大自然的股份比例低于30%，远低于50%；大自然的第二大股东为杭州信江科技发展有限公司，持有大自然*15.80%*股份；大自然第三大股东为自然人周惠明，其持有大自然5.22%股份；苏州市投资有限公司与苏州长三角汽车循环产业投资管理有限公司具有一致行动关系，截至2020年12月31日，两者合计持有大自然22.19%股份，***两者控制的大自然股份比例未超过30%***；大自然前三大股东之间无关联关系或持股关系。除前述外，大自然不存在其他直接持股比例超过5%的股东。鉴于此，***大自然无控股股东及实际控制人***。

点评

大自然占了发行人76%的股份，是发行人的控股股东。而大自然的第一大股东苏州市投资有限公司持有大自然的股份比例低于30%，其他股东的持股比例不高且较为分散，故大自然初步可以认定为无实际控制人。

苏州市投资有限公司的上层股东中，王渝涵与苏州汉润文化旅游发展有限公司具有关联关系，苏州汉润文化旅游发展有限公司的控股股东王春兴系王渝涵之配偶的父亲。王渝涵与苏州汉润文化旅游发展有限公司合计持有苏州市投资有限公司*39.26%*股权，***未达到50%***；经核查，苏州市投资有限公司的***股权结构较为分散***。根据其公司章程规定，***该公司的一般事项需经全体股东过半数通过***，王渝涵及其关联方无法对苏州市投资有限公司的股东会产生决定性影响。且苏州市投资有限公司董事会成员共6名，其中王渝涵与苏州汉润文化旅游发展有限公司各提名1名董事，剩余4名董事由其余股东提名，***王渝涵及其关联方提名的董事也无法对苏州市投资有限公司的董事会形成控制***。因此，无单一最终股东对苏州市投资有限公司形成控制地位，故苏州市投资有限公司***无控股股东，亦无实际控***

制人。

点评

大自然的第一大股东苏州市投资有限公司的股权结构较为分散，尽管有关联股东持股合计超过30%，但无法控制股东大会、董事会，故苏州市投资有限公司无实际控制人。可见，第一大股东持股接近30%只是条无实际控制人的警戒线而已。

2. 股东潜阳投资合伙及其上层股东/合伙人的董事会、高级管理人员情况

潜阳投资合伙系由发行人骨干员工组成的员工持股平台，由发行人董事、总经理边江担任普通合伙人及执行事务合伙人，全体合伙人均为自然人，因此不涉及上层股东的董事会构成、董事、高级管理人员的提名及任免情况。***潜阳投资合伙的执行事务合伙人边江系经全体合伙人一致决议后产生***。

……

3. 结合股东大会及董事会决策机制、争议解决机制等说明发行人是否存在实际控制人

A、发行人无单一最终股东可以控制发行人的股东大会，亦无单一最终股东可以控制发行人控股股东大自然的股东大会

根据《公司法》和发行人《公司章程》以及发行人控股股东大自然《公司章程》的规定，股东大会作出决议，须经出席会议的股东所持表决权过半数通过，特殊事项须经出席会议的股东所持表决权的三分之二以上通过。

大自然持有发行人76.1562%股份，对发行人形成控股地位，但大自然参与发行人股东大会的表决中，***因大自然本身无控股股东、无实际控制人，故无单一上层最终股东可通过大自然对发行人的表决及股东权利行使形成控制***。因此，发行人上层任何单一最终股东无法单独实际控制发行人股东大会半数以上表决权，无法控制发行人股东大会或对股东大会决议产生决定性影响。

B、发行人控股股东大自然的单一股东无法控制其董事会，大自然第一大股东苏州市投资有限公司的单一股东无法控制其董事会

根据大自然的董事会构成及任免情况，大自然的董事会成员共7名，其中3名董事由苏州市投资有限公司推荐，另有2名董事系大自然管理层员工由董事会

推荐,1名董事由杭州信江科技发展有限公司推荐,1名董事由中小股东联合推荐。***任何一名股东及其关联方推荐的董事均未达到大自然董事会成员半数以上席位***。根据大自然现行有效的《公司章程》,对于需要公司董事会决策的事项,需要经出席董事会会议的过半数董事同意方能通过。

鉴于此,从董事会席位来看,***发行人控股股东大自然单一股东无法控制其董事会***。

经核查,大自然的第一大股东苏州市投资有限公司的董事会成员共6名,分别由其第一大股东苏州国际发展集团有限公司、第二大股东王渝涵、第三大股东苏州汉润文化旅游发展有限公司、第五大股东苏州前沃信息科技有限公司、第六大股东张家港保税区千德投资有限公司各提名1位董事,另外葛敏、蔡宏、沈瑞霞3名股东联合提名1名董事。鉴于此,从董事会席位来看,任何一名股东及其关联方提名的董事均未达到苏州市投资有限公司董事会成员半数以上席位。虽然王渝涵与苏州汉润文化旅游发展有限公司具有关联关系,但是也未从董事会席位上实际控制苏州市投资有限公司。

根据发行人及其控股股东大自然现行有效的公司章程中关于董事会构成、董事会决策机制相关规定,发行人及其控股股东大自然不存在单一最终股东及其关联方提名/推荐的董事在董事会中占据半数及以上的情形,也不存在单一最终股东通过章程控制董事会的情形。因此大自然任何单一最终股东均无法通过其提名/推荐的董事控制发行人的董事会。

C、发行人及其控股股东大自然具有多元化的争议解决机制,不存在按照单一股东或董事的意见作出决定的情形

发行人上市后适用的《公司章程(草案)》第四章"股东与股东大会"第六节"股东大会的表决和决议"建立了股东投票计票制度;《公司章程(草案)》第四章"股东与股东大会"以及发行人2020年第四次临时股东大会审议通过的《投资者关系管理制度(草案)》《信息披露管理制度(草案)》规定了投资者的收益权、知情权、参与权、监督权、求偿权等股东权利,发行人与投资者之间具有多元化的争议解决机制。

大自然《公司章程》第四章"股东与股东大会"第六节"股东大会的表决和决议"建立了股东投票计票制度;大自然章程第四章"股东与股东大会"以及大自然的《投资者关系管理制度》《信息披露管理制度》规定了投资者的收益权、知情权、

参与权、监督权、求偿权等股东权利。大自然《公司章程》第十三章“争议解决”规定了争议解决方式：“***公司、股东、董事、监事、高级管理人员之间涉及章程规定的纠纷的，应当先行通过协商解决***。协商不成的，可签订仲裁协议，将争议事项提交仲裁；若未能就争议事项达成仲裁协议，任意一方可向公司所在地有管辖权的法院提起诉讼。”大自然与投资者之间具有多元化的争议解决机制。

因此，发行人及其控股股东大自然的任何单一上层股东及其关联方提名/推荐的董事均不能单独决定发行人及其控股股东的董事会的决策结果，如有争议，投资者拥有多元化的争议解决机制，***不存在按照单一股东及其关联方提名/推荐的董事的意见作出决定的情形***。

点评

无实际控制人容易出现斗而不破的局面，外界会担心公司决策不能形成一致意见、做事效率低下或者治理混乱，如管理层独大等。故发行人与第一大股东大自然设置了多元化的争议解决机制。

D、发行人及其控股股东大自然的经营管理权由总经理领导下的经营管理团队负责，不存在单一股东控制经营管理权的情形

发行人及其控股股东大自然由董事会聘任的高级管理人员领导下的经营管理团队负责公司的日常经营工作，***不存在单一股东直接任命公司经营管理团队的情形，不存在单一股东控制经营管理权的情形***。

点评

1. 发行人的第一大股东一层一层往上穿透分析，再从股东大会、董事会逐步分析到管理层，查明无人可单独支配发行人的重大决策。

2. 大自然的第一大股东无实际控制人，导致大自然无实际控制人，进而导致发行人无实际控制人，形成连锁反应！

综上所述，发行人控股股东大自然的股权结构较为分散，无控股股东和实际控制人，亦不存在多人共同拥有大自然控制权的情形。鉴于此，大自然无实际控制人，从而发行人无实际控制人。

17－23 国博电子 2021－12

根据申报材料：中电科国微系发起人股东，中电科国微无实际控制人。中电科国微的执行事务合伙人为中电科基金，发行人实际控制人电科集团100%持股的企业中电科投资持有中电科基金40%权益。发行人董事汪满祥为中电科基金的董事、总经理，且在发行人实际控制人控制的多家企业担任董事、总经理等职务。

请发行人说明：结合中电科基金的股权结构、日常经营及重大事项的决策情况、关键人员安排、各股东对其客户资源及经营的实际影响说明中电科国微无实际控制人的依据是否充分。

｜回复｜

背景：发行人的股权控制结构如下，其中，***中电科基金管理有限公司为中电科国微的执行事务合伙人***，中电科投资持有中电科基金管理有限公司40%的股份：(见下页图)

点评

此案例是在分析中电科国微有无实际控制人。

1、中电科基金的股权结构、日常经营及重大事项的决策情况、关键人员安排、各股东对其客户资源及经营的实际影响

(1)关于中电科基金的股权结构

中电科投资控股有限公司持有中电科基金40.00%股份，而中电科投资控股有限公司为中国电科全资子公司。

(2)关于中电科基金日常经营及重大事项决策情况

1)董事会

根据中电科基金现行有效的《公司章程》，中电科基金的董事会成员共计5名，董事会决议的表决，实行一人一票，对所议事项作出的决定应由全体董事三分之二以上表决通过。

截至本回复出具日，中电科基金的董事会由中电科投资提名2名董事，杭州润文科技有限公司提名2名董事，天津融和经济信息咨询合伙企业(有限合伙)提名1名董事。因此，***中电科投资或其他股东提名的董事均未达2/3以上，无法对***

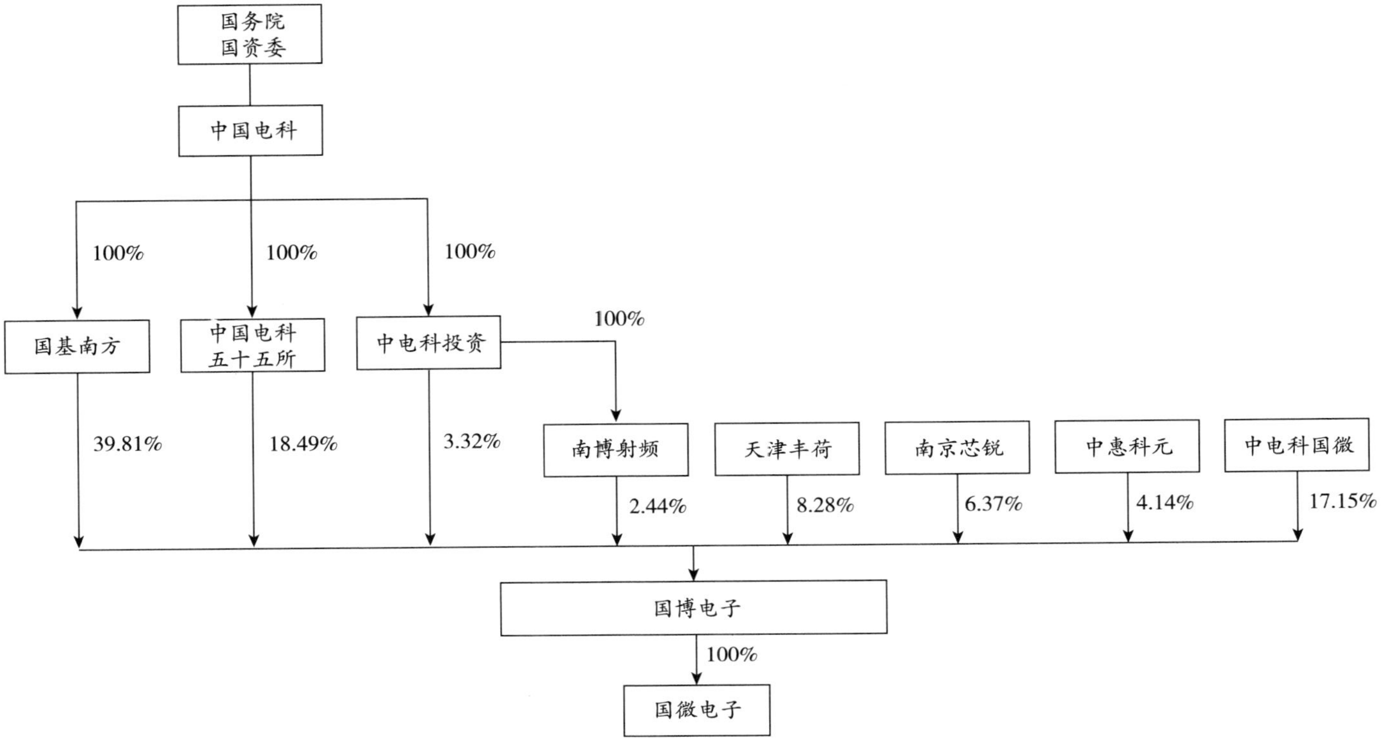

国务院
国资委
中国电科
100%
100%
100%
国基南方
中国电科
五十五所
中电科投资
100%
39.81%
18.49%
3.32%
南博射频
天津丰荷
南京芯锐
中惠科元
中电科国微
2.44%
8.28%
6.37%
4.14%
17.15%
国博电子
100%
国微电子

中电科基金的董事会实施控制。

2)股东会

根据中电科基金现行有效的《公司章程》,中电科基金股东会会议作出决议,应当由代表三分之二以上表决权的股东表决通过。在不存在与其他股东一致行动的情况下,中电科投资持有中电科基金40%的股权***无法对中电科基金的股东会实施控制***。根据中电科基金出具的说明,中电科基金的股东之间不存在一致行动协议及安排。***中电科投资以外的其他股东持有的表决权亦未超过2/3,无法对中电科基金的股东会实施控制***。

综上,中电科基金的股东不存在单独或共同控制中电科基金的情形。

……

(4)各股东对其客户资源及经营的实际影响

根据中电科基金提供的说明,***中电科基金独立运作,其投资决策不受任一股东的控制***。中电科基金自身及其管理的基金在考察项目时,存在股东推荐项目的情况,但中电科基金具有自身的投资团队,投资团队会独立对各项目进行考察,中电科基金管理的每只基金亦有独立的投资决策委员会,***由投资决策委员会决定各基金最终对外投资项目***。

(5)中电科投资未将中电科基金纳入合并报表核算

根据大信会计师事务所于2021年4月29日出具的《中电科投资控股有限公司审计报告》(大信审字[2021]第1-03408号)及2020年4月28日出具的《中电科投资控股有限公司审计报告》(大信审字[2020]第1-02760号),截至2020年12月31日,***中电科投资未将中电科基金纳入合并报表核算***,中电科基金不属于中电科投资所控制的下属企业。

点评

"未纳入合并报表核算"是一个"不控制"挺不错的理由。

综上,中电科基金及其在管基金均不受中电科基金任一股东的控制,能独立决策对外投资相关事宜。各股东对中电科基金的客户资源及经营均具有一定影响,但任一单一股东均无法对中电科基金的重大决策起决定性作用。

点评

合伙企业中电科国微的执行事务合伙人中电科基金，由于无人可以控制股东会、董事会，故中电科基金无实际控制人。

2、中电科国微无实际控制人

中电科国微的出资人中，中电科（南京）产业投资基金合伙企业（有限合伙）及中电电子信息产业投资基金（天津）合伙企业（有限合伙）为中电科基金管理的两只基金。同时，***中电科基金为中电科国微的普通合伙人/执行事务合伙人***。因此，***中电科基金可控制中电科国微***。

中电科基金的任一股东均无法单独控制中电科基金的董事会、股东会；中电科基金独立运作，其投资决策不受任一股东的控制。各股东对中电科基金的客户资源及经营均具有一定影响，但任一单一股东均无法对中电科基金的重大决策起决定性作用。

由此，***受中电科基金控制的中电科国微亦无实际控制人***。

综上，认定中电科国微无实际控制人具有充分依据。

点评

此案例中，中电科国微是个合伙企业，执行事务合伙人、实际控制人是中电科基金。由于执行事务合伙人中电科基金自身无实际控制人，进而导致合伙企业中电科国微无实际控制人，形成连锁反应。

17－24 长光华芯 2021－09

根据招股说明书及问询回复，发行人当前认定为无控股股东、无实际控制人。发行人从股东（大）会、董事会、高管任免、经营决策等方面论述了认定无控股股东、无实际控制人的依据和理由。同时，发行人表示，发行人第一大股东华丰投资系财务投资人，不参与发行人日常经营管理工作；从公司章程规定的分歧解决机制来看，公司治理出现纠纷的，应当先行通过协商解决。协商不成的，通过仲裁或诉讼等方式解决。

请发行人进一步说明：认定第一大股东华丰投资为财务投资人的具体依据，

以及认定公司无控股股东、无实际控制人的充分依据和理由。

回复

点评

这是一个论证第一大股东是纯财务投资人的典型案例。

一、认定第一大股东华丰投资为财务投资人的具体依据

1、发行人的技术特性

发行人主营半导体激光芯片、器件、模块等激光行业核心元器件研发、生产与销售业务，属于新一代信息技术领域的科技创新企业，公司的核心技术研发难度大、周期长、要求高，面对的国内外市场环境、法律政策复杂，公司治理对从事技术研发、经营管理人员的专业背景和水平要求高，***华丰投资及其执行事务合伙人徐少华不具备经营、管理发行人的专业能力和技术能力***。

2、华丰投资的投资目的及其基本情况

(1)华丰投资入股华芯有限的原因

2016年7月，***由于看好发行人的发展前景，并预期通过持股取得投资回报和收益***，华丰投资于吉林长春产权交易中心受让取得华芯有限35.40%的股权，截至本问询函回复出具日，华丰投资持有发行人24.51%的股份。

(2)华丰投资及其主要合伙人的基本情况

华丰投资自2016年3月设立以来，***除投资并持有发行人股份外无其他实际经营业务***。华丰投资主要由执行事务合伙人徐少华管理，其他有限合伙人不执行合伙事务，***徐少华不存在半导体激光芯片及相关领域的教育背景和工作经历***。

3、华丰投资执行事务合伙人主要经营企业的业务情况

截至本问询函回复出具日，华丰投资执行事务合伙人徐少华主要将其时间精力投入江苏新恒通投资集团有限公司、吴江市恒通电缆有限公司和苏州恒通景观绿化工程有限公司的生产经营。

上述企业作为徐少华目前的工作重心。

上述企业的实际经营业务与发行人存在重大差异，华丰投资执行事务合伙人徐少华仅仅是从财务投资的角度管理华丰投资对发行人的投资，其不存在半导体激光芯片及相关领域的行业背景，不具备管理发行人业务的能力。

4、华丰投资不存在参与发行人经营管理、谋求发行人控制权的意图

截至本问询函回复出具日，发行人董事会成员共11名，华丰投资提名了2名独立董事，***对董事会的影响力较小***，且其提名董事主要是为了完善发行人的治理机制，并保障其合法的知情权从而保证投资的安全性，***不存在要求公司经营管理层按照其意见进行决策或参与公司日常经营管理进而控制发行人的情形***，亦不享有该等权力。

此外，2021年3月16日，华丰投资出具《不存在一致行动关系及不谋求控制权的承诺》，承诺："自长光华芯股票上市之日起***36个月***内，本单位（华丰投资）***不会以所持有的长光华芯股份单独或共同谋求长光华芯的实际控制权，亦不会以委托、征集投票权、协议、联合其他股东以及其他任何方式单独或共同谋求长光华芯的实际控制权***。"

点评

从投资目的、入股原因出发论证是纯财务投资人：(1)不具备经营、管理的专业能力和技术能力，不参与日常经营管理工作。(2)预期通过持股取得投资回报和收益。(3)被投资企业不是投资人的工作重心。(4)对股东大会、董事会的影响较小。(5)不谋求实际控制权。

综上，华丰投资及其执行事务合伙人徐少华不具备经营、管理发行人的专业能力和技术能力；华丰投资持有发行人的股权主要系因看好发行人的发展前景，并预期通过持股取得投资回报和收益；华丰投资执行事务合伙人徐少华的工作重心在于经营管理与发行人无关的其他有实际业务的企业，其仅仅是从财务投资角度管理华丰投资对发行人的投资；华丰投资不存在参与发行人经营管理以及谋求发行人控制权的意图、计划。因此，华丰投资为发行人的财务投资人。

二、认定公司无控股股东、无实际控制人的充分依据和理由

1、认定依据

《公司法》第二百一十六条（二）及《科创板上市规则》15.1（十一）规定："***控股股东***，是指其出资额占有限责任公司资本总额百分之五十以上或者其持有的股份占股份有限公司股本总额百分之五十以上的股东；出资额或者持有股份的比例虽然不足百分之五十，但依其出资额或者持有的股份所享有的表决权已足以对股东

会、股东大会的决议产生重大影响的股东。”

《公司法》第二百一十六条(三)及《科创板上市规则》15.1(十二)规定:“**实际控制人**,是指虽不是公司的股东,但通过投资关系、协议或者其他安排,能够实际支配公司行为的人。”

《科创板股票发行上市审核问答(二)》第五条规定:“发行人股权较为分散但存在单一股东控制比例达到30%的情形的,若无相反的证据,原则上应将该股东认定为控股股东或实际控制人。”

截至本回复出具日,发行人主要股东的持股情况为:华丰投资持有发行人24.51%股份,苏州英镭及其关联股东苏州芯诚、苏州芯同合计持有发行人23.84%股份,璞玉投资及其关联股东达润长光、橙芯创投合计持有发行人11.35%股份,长光集团持有发行人8.72%股份,伊犁苏新及其一致行动人南京道丰合计持有发行人6.70%股份。发行人各股东之间不存在一致行动协议/表决权委托协议等类似安排。除报告期初至2019年3月***华丰投资持有发行人股权超过30%以外,单独持股、关联或一致行动的股东合计持股均未超过30%。发行人第一大股东华丰投资系财务投资人,不参与发行人日常经营管理工作***,其在报告期内第一大股东地位未发生变动,并承诺上市之日起36个月内不谋求对发行人的控制权;苏州英镭及其关联股东苏州芯诚、苏州芯同与华丰投资所能控制发行人股份表决权比例接近,均无法单独或共同控制发行人董事会半数以上成员的任免,均无法单独或共同支配发行人的重大财务及经营决策。

同时,鉴于发行人主要股东均无法控制公司,发行人主要股东直接或间接出资比例较高的自然人出资人因而无法通过投资关系实际控制支配公司行为。此外,前述自然人之间未约定一致行动协议/表决权委托协议或其他安排,不存在通过协议或者其他安排能够实际支配公司行为的情形。

综上,发行人无控股股东及实际控制人。

点评

尽管发行人第一大股东的持股比例超过30%,但其是纯财务投资人。纯财务投资者持股再多,在认定控制人时也应当被剔除。将其排除后,剩余股东的持股比例皆远未达到30%,持股比例不高且过于分散,故发行人无实际控制人。

17－25　瑞能半导 2021－06

根据问询回复：(1)发行人直接控股股东南昌建恩、北京广盟、天津瑞芯直接持有公司71.44%的股份，建广资产作为上述三家合伙企业的执行事务合伙人通过上述三家私募基金对发行人实施控制，为发行人间接控股股东，但无法被认定为发行人实际控制人。(2)建广资产的两名股东中建投资本、天津建平分别持有建广资产51.00%、49.00%股权，双方均不独立控制建广资产，建广资产无实际控制人，因此瑞能半导无实际控制人。

请发行人披露：中建投资本持有建广资产51.00%股权而不控制建广资产的原因和合理性，中建投资本、天津建平是否对建广资产形成共同控制。

｜回复｜

点评

建广资产是发行人间接的控股股东，但建广资产自身无实际控制人，向下传导，导致发行人也跟着无实际控制人。本案例是在论证建广资产无实际控制人。

一、中建投资本持有建广资产51.00%股权而不控制建广资产的原因和合理性

(1)实际控制人的认定依据及主要规定

《公司法》二百一十六条："……(三)实际控制人，是指虽不是公司的股东，但通过投资关系、协议或者其他安排，能够实际支配公司行为的人。"

《〈首次公开发行股票并上市管理办法〉第十二条「实际控制人没有发生变更」的理解和适用—证券期货法律适用意见第1号》(以下简称《证券期货法律适用意见第1号》)："二、公司控制权是能够对股东大会的决议产生重大影响或者能够实际支配公司行为的权力，其渊源是对公司的直接或者间接的股权投资关系。因此，***认定公司控制权的归属，既需要审查相应的股权投资关系，也需要根据个案的实际情况，综合对发行人股东大会、董事会决议的实质影响、对董事和高级管理人员提名及任免所起的作用等因素进行分析判断***。"

据此，根据《证券期货法律适用意见第1号》的上述规定，***控制权归属的认定需从股权和公司治理结构两个方面进行综合分析和判断，既需要审查股权关系，亦需考虑对股东大会、董事会的决议的实质影响力和对董事和高级管理人员的提***

名和任免所起的作用。

《上海证券交易所科创板股票发行上市审核问答(二)》(以下简称"《审核问答(二)》")第5问回复:"实际控制人是拥有公司控制权的主体。在确定公司控制权归属时,应当本着实事求是的原则,尊重企业的实际情况,以发行人自身的认定为主,由发行人股东予以确认。保荐机构、发行人律师应通过对公司章程、协议或其他安排以及发行人股东大会(股东出席会议情况、表决过程、审议结果、董事提名和任命等)、董事会(重大决策的提议和表决过程等)、监事会及发行人经营管理的实际运作情况的核查对实际控制人认定发表明确意见。"

据此,根据《审核问答(二)》的上述回复内容,认定控制权归属,需以企业公司治理之实际运作情况为核查重点。

综上所述,***股权比例的高低仅为认定实际控制人的因素之一,除股权关系外,实际控制人的认定应综合考虑企业的股东(大)会、董事会及经营管理方面的实际运作情况***。

点评

以上分析得很到位。判断公司的控制权应当具体情况具体分析,不能一概而论。是否拥有控制权关键看对股东大会、董事会决议以及对董事、高级管理人员提名及任免的影响程度。

(2)中建投资本持有建广资产51.00%股权而不控制建广资产的原因

建广资产是专门为投资半导体产品设计、生产、应用等相关上下游领域的高科技产业而设立的。这些领域的企业与传统基建、消费及制造企业不同,需要有足够的专业知识及从业经验才能够对企业的技术、产品、生产、客户等情况做出较为准确的判断。

天津建平依托于其合伙人的产业方面专业知识等资源的支持,及丰富的海外投资经验及与境外高科技企业沟通能力,能够不断获得并向建广资产推介优质标的项目,并能够协同建广资产参与到投资及投后管理中。在本企业的专业人员、知识及经验所奠定的扎实的项目评判基础上,中建投资本充分利用其投资与风控管理经验,与天津建平一起完成半导体领域投资项目。

为搭建建广资产这一高科技产业***投资平台***,中建投资本与天津建平双方充分利用自身优势,在投资的各个环节互补,各自通过自身的风险体系做出判断与决策,最终完成投资及后续的管理与退出,***避免任一方单独完全控制***从而导致增加投资及运营风险。

综上所述,中建投资本持有建广资产***51.00%***股权而不控制建广资产系股东之间基于各方的产业背景及平衡投资决策和运营风险等因素协商确定,具有商业合理性。

(3)结合建广资产董事会、投决会层面的议事规则及运行安排,中建投资本无法对建广资产的经营管理施加控制

建广资产董事会构成及议事规则、投资决策委员会构成及议事规则及经营管理层面进行了相应安排,主要如下:

董事会层面:***董事会人数共4人,中建投资本和天津建平各提名两名董事,且经全体董事一致同意,董事会方可形成任何有效决议***。其中,***董事长应自中建投资本提名的董事中选举产生***。

投资决策层面:建广资产主营业务为从事资产管理、投资管理,其专业投资决策机构为投决会,主要负责在授权范围内进行投资业务的投资决策审批。自建广资产成立至今,设立投决会,共五名委员,其中中建投资本委派三名委员,其中一名为投决会主席;天津建平委派两名委员,投决会会议应由四名以上委员出席方可举行。***四名(含)以上委员同意且投决会主席同意的,审批结论为同意***。

经营管理层面:中建投资本和天津建平共同确定总经理等经营管理团队,并通过董事会聘任方式产生,***任一方均不能自行决策建广资产经营管理事务***。

就建广资产股东会层面、董事会层面、投资决策和经营管理层面的控制情况所涉事宜,除建广资产《公司章程》《投资决策委员会议事规则》《投资评审委员会议事规则》外,中建投资本和天津建平之间不存在其他关于控制权安排或有重大影响的任何协议、约定或安排。

在董事会及投决会层面,董事长及投决会主席虽然由中建投资本委派/提名,但上述人员均主要负责会议召集召开等程序事务,该等人员并未因担任该职务而使自身享有多于其他董事或委员的表决权数量或在双方产生不同意见时具有决定权等。因此,在目前建广资产两名股东对董事会和投决会的委派/提名情况下,***天津建平提名的董事或委派的委员如果反对中建投资本提名的董事或委派的委员在董事会中的提议或投决会中的意见,则董事会或投决会决议将无法作出或获***

得通过，反之亦然。因此，中建投资本并未因委派董事长和提名投决会主席而使其在董事会、投决会层面具有控制权。

建广资产仅有两名股东，且持股比例相近。两名股东对公司重大事项决策及经营管理均具有重大影响，任何一方股东均无法依仗其股权比例单独对公司的重大事项和经营决策作出决定。

综上所述，中建投资本和天津建平对建广资产的股东会、董事会、投决会及经营管理均具有重大影响，但任何一方均无法单方面控制建广资产。

（4）结合建广资产对发行人***投后管理***方面的运行安排，中建投资本对发行人无法施加控制

建广资产对发行人的投后管理总体原则为由投决会负责审批投后管理方案或《项目投后管理办法》，由各投资事业部门依据投后管理方案或《项目投后管理办法》对各部门已投项目实施投后管理工作，其中与被投企业股权相关、投决事项调整、投后退出等重大事项报投决会审议批准，投后日常管理相关提名或委派董事、监事及相应表决意见需呈报总经理办公会或总经理审批，主要如下：

1）关于对被投资企业委派或提名董事、监事

对建广资产所投资企业委派或提名董事、监事事宜，经建广资产行政人事部提出人选建议报总经理办公会审议通过后，按照人事管理的相关规定和要求履行相应审批和任职推荐手续。建广资产通过南昌建恩等三家基金对发行人委派的董事李滨、樊臻宏、张新宇已履行了建广资产的内部决策程序。

2）在被投资企业的股东代表/外派董事/监事投票表决意见的审批或决策

《项目投资管理办法》第七条规定，被投资企业召开股东会/合伙人会议的，投资事业部门在收到会议通知及相关议案后，应对议案及相关背景材料进行研究，提出表决建议及参会股东代表人选，呈报建广资产总经理审批。股东代表应根据建广资产批准的表决意见在股东会/合伙人会议上发表意见，并进行表决；第八条规定，被投资企业召开董事会/监事会的，外派董监事在收到会议通知及相关议案后，应对议案及相关背景材料进行研究，充分掌握决策相关信息和数据。对于被投资业高级管理人员及其他需由董事会任免人选的薪酬、考核、奖惩事项以及根据相关法律、章程的规定或约定须由股东（会）决定的事项，亦需呈报建广资产总经理审批，外派董事需根据建广资产批准的表决意见进行表决。对于除前款规定事项以外的议案，外派董监事应对会议提案所述事项进行调查研究，充分掌握决

策相关信息和数据，进行独立、专业、客观的判断决策，自行发表表决意见，无需征求公司意见。

3）建广资产对发行人的投后管理方面的运行安排

发行人设立后的重要事项及主要股东大会决议所涉发行人权力机构审议情况及建广资产决策情况。

建广资产对发行人的投后管理及退出决策主要由总经理/总经理办公会或投决会负责，建广资产《公司章程》未规定总经理由任一方股东委派，***中建投资本和天津建平共同确定总经理，并通过董事会聘任方式产生，总经理并非任一方股东可以单方决定或控制***；投决会依据建广资产投决会议事规则进行决策，体现中建投资本和天津建平的股东意志；在建广资产仅有两名股东，且股权比例较为接近的情况下，任一股东对建广资产的投资决策和经营管理均具有重大影响，但任何一方均无法单方面控制或支配建广资产对发行人的投后管理及对发行人实施控制。

点评

股东对公司的影响力不能依仗持股的多寡来判断，关键看董事提名人数。如果公司两个股东或一致行动人各占50%的表决权，容易导致公司无实际控制人。本案例中，建广资产两个股东建投资本、天津建平虽然持股比例是51∶49，但两者可以在股东会、董事会、投决会、管理层对抗，导致建广资产处于无"领头羊"的状态。

综上所述，中建投资本虽持有建广资产51%股权，但无法单方面控制建广资产的董事会、投决会及投后管理，系股东之间基于各方的产业背景及平衡投资决策和运营风险等因素协商确定，具有商业合理性；任何一方均无法单独控制投决会的决策权，建广资产对作为投后项目的发行人之管理［包括日常管理（包括但不限于董事委派及股东表决等事项）、投资调整、投资退出等］均需经投决会或总经理审批，则中建投资本无法单方面实际控制发行人，依据充分。

二、中建投资本、天津建平不对建广资产形成共同控制

（1）关于共同控制的规定和含义

根据《证券期货法律适用意见第1号》："三、发行人及其保荐人和律师主张多人共同拥有公司控制权的,应当符合以下条件:(一)每人都必须直接持有公司股份和/或者间接支配公司股份的表决权;(二)发行人公司治理结构健全、运行良好,多人共同拥有公司控制权的情况不影响发行人的规范运作;(三)多人共同拥有公司控制权的情况,一般应当通过公司章程、协议或者其他安排予以明确,有关章程、协议及安排必须合法有效、权利义务清晰、责任明确,该情况在最近3年内且在首发后的可预期期限内是稳定、有效存在的,共同拥有公司控制权的多人没有出现重大变更;(四)发行审核部门根据发行人的具体情况认为发行人应该符合的其他条件。发行人及其保荐人和律师应当提供充分的事实和证据证明多人共同拥有公司控制权的真实性、合理性和稳定性,没有充分、有说服力的事实和证据证明的,其主张不予认可。"

《上市公司收购管理办法》第八十三条规定:"本办法所称一致行动,是指投资者通过协议、其他安排,与其他投资者共同扩大其所能够支配的一个上市公司股份表决权数量的行为或者事实。"

综上所述,共同实际控制人应是根据***身份关系***或者是***协议安排***能够对公司进行实际控制的人,并且他们的行动具有约定的或法定的***一致行动性***。如无充分的事实和证据证明多人共同拥有公司控制权的真实性、合理性和稳定性,***不宜主张具有共同控制关系***。

(2)中建投资本和天津建平之间不存在约定或法定的一致行动关系,两者在建广资产中独立决策

1)中建投资本和天津建平之间不存在约定的一致行动关系

根据中建投资本和天津建平共同出具的确认函,双方之间除建广资产的《公司章程》《投资决策委员议事规则》《投资评审委员会议事规则》中约定的股东会、董事会及经管理决策方面的议事规则外,不存在其他关于控制权安排或有重大影响的任何协议、约定或安排。

点评

实践中,共同实际控制人一般是直系亲属、一致行动关系。此案例中,中建投资本和天津建平这两种关系都没有,不共同控制建广资产。

双方未签署在建广资产***股东会***、***董事会***、***投决会***方面保持一致或共同扩大能

够支配的表决权数量的协议或安排，且没有追求保持一致或共同扩大能够支配的表决权数量的意图或目标。

点评

从股东会、董事会逐步分析到管理层、投决会，中建投资本和天津建平既不能单一控制建广资产，也不是共同控制建广资产。

综上所述，结合前述建广资产设立的意图，基于避免任一方单独完全控制从而导致增加投资及运营风险的考虑，中建投资本和天津建平不存在约定的一致行动关系，具有合理性。

(3)因无实际控制人认定导致发行人出现公司***治理僵局***的概率很低

根据《公司法》《最高人民法院关于适用〈中华人民共和国公司法〉若干问题的规定(二)》等有关规定，公司僵局一般是指公司长期无法召开股东大会或公司股东大会长期无法形成有效决议、或公司董事长期冲突且无法通过股东大会解决，致使公司经营管理发生严重困难的情形。

根据建广资产确认并结合建广资产对发行人投后管理方面的运行安排，建广资产的公司治理情况如下：

1)自建广资产设立以来，建广资产未因包括无实际控制人认定在内的任何原因而无法形成有效决议，建广资产的***公司治理结构一直持续有效***。从发行人设立后股权结构变化、经营管理层的稳定性及公司管理、经营业绩的稳定性来看，建广资产无实际控制人认定，未对发行人公司治理的有效性产生不利影响。

2)建广资产对发行人的控制主要是通过投后管理方式来实现。建广资产主要通过投决会和总经理/总经理办公会来对发行人的重要事项进行决策，其中，股东代表行使股东表决权及外派董事行使董事表决权需事先履行建广资产内部审批程序呈报总经理批准。如前所述，建广资产的总经理未由任一方股东委派，系由双方股东共同确定总经理等经营管理团队，并通过董事会聘任方式产生，建广资产经营管理团队相对建广资产董事会和投决会而言较为独立，不受任一方股东单方支配或控制。***极端情况下即使建广资产董事会、投决会出现僵局，亦不影响经营管理层依据投后管理相关规定正常行使对发行人的投后管理职能***。建广资产已出具确认函，确认“自建广资产成立至今，未出现过因股东意见不一致等原因导致出现公司治理僵局的情形，***公司治理一直运行良好、有效***。本公司未来将继续按照《公司法》《公司章程》等公司内控制度的规定合理行使相应职权，确保未来不会因自身公司治理出现僵局等任何原因导致发行人治理出现僵局，发行人公司治理持续有效"。

3）发行人虽然无实际控制人，但已经根据《公司法》等相关法律法规及监管要求，设置了股东大会、董事会及其专门委员会、监事会及经营管理层，形成了权责分明、相互制衡、相互协调、相辅相成的公司治理架构，并已按照公司治理的相关要求制定了《公司章程》《股东大会议事规则》《董事会议事规则》《事会议事规则》等公司治理的相关制度，明确了股东大会、董事会、监事会和经营管理层的职责权限、工作程序，***确保了三会及经营管理层独立运作、独立决策、相互制约***，最大程度地***保证了发行人公司治理的有效性***。

综上所述，自建广资产成立至今，未出现过因股东意见不一致导致出现公司治理僵局的情形，公司治理结构一直持续有效；发行人因建广资产无实际控制人认定而出现公司治理僵局的概率较低。

点评

公司无实际控制人可能会出现治理僵局、斗而不破、管理层独大的窘境。可以用"核心团队稳定""股权结构稳定""规范有效的内部控制制度"等类似表述来解释。

17－26 真兰仪表 2021－12

申请文件显示：真诺上海直接持有发行人47.5%的股份，系发行人控股股东，李诗华直接持有发行人19.6%的股份，系发行人第二大股东。真诺上海与杨燕明、张蓉、唐宏亮为一致行动人，合计持有公司50%的股份，李诗华、任海军、徐荣华、王文军、郑宏、蔡燕、胜勃合伙、诗洁合伙、智伊合伙、砾宣合伙为一致行动人，合计持有发行人50%的股份。发行人单一股东并不能控制股东大会、董事会或对公司的重大决议造成决定性影响，发行人无实际控制人。

请发行人：进一步说明发行人第一、二大股东分别与其他股东构成一致行动，均不是实际控制发行人的原因。

回复

为了继续保持发行人一直以来形成的***表决权均衡***的治理结构，2020年10月，控股股东真诺上海与杨燕明、张蓉、唐宏亮共同签署了《一致行动协议书》，合计持有发行人***50%***的股权及相应表决权；李诗华、任海军等六位自然人与四家员工持股平台共同签署了《一致行动协议书》，合计持有发行人***50%***的股权及相应表决权。

上述两份《一致行动协议书》自各方签字盖章之日起生效，并在各方持股期间长期有效。根据协议约定：各方在协议期限内应完全履行协议义务，非经各方协商一致并采取书面形式本协议不得随意变更；一致行动关系不得由协议的任何一方单方解除或撤销；协议所述与一致行动关系相关的所有条款均为不可撤销条款。各方协商一致可以解除本协议，但各方解除一致行动协议不得违反中国证券监管的相关规则，并不得影响公司在中国公开发行A股普通股票并上市。

综上，发行人自股份公司以来就一直保持着相对***均衡的治理结构，单一股东无法对公司实施绝对控制***，第一、二大股东分别与其他股东构成一致行动是基于公司治理结构的需要。在该治理结构下，公司经营稳健，日常管理一直由李诗华、任海军等人负责；控股股东真诺上海通过董事会、股东大会行使相关权利，并对公司经营管理予以监督。股东表决权的平衡既激发了经营管理层的积极性，也为公司健康稳步发展创造了良好的公司治理基础。

点评

如果公司两派一致行动人各持对半股权及相应表决权，无单一股东可以对公司实施绝对控制，公司就会无实际控制人。

疑难点17-4 实际控制人变动

由于公司的实际控制人往往可以决定和实质影响公司的经营方针、决策和管理层的任免，一旦实际控制人变动，公司的多个方面可能跟着发生重大变化，给发行人的持续发展、盈利能力带来重大的不确定性。

所以，上市对公司的稳定性有很严格的要求。沪深主板明确要求发行人最近3年内实际控制人没有发生变更，而创业板、科创板要求发行人最近2年内实际控制人没有发生变更。实际控制人有没有变动是审核的"红线",直接关系到能不能申报。

实际控制人去世、一致行动协议解除或组成、股权代持还原、表决权让与协议等都可能会导致实际控制人变动。

一、实际控制人去世

《证券期货法律适用意见第17号》规定:"实际控制人为单名自然人或者有亲属关系的多名自然人,实际控制人去世导致股权变动,股份受让人为继承人的,通常不视为公司控制权发生变更。其他多名自然人为实际控制人,实际控制人之一去世的,保荐机构及发行人律师应结合股权结构、去世自然人在股东大会或董事会决策中的作用、对发行人持续经营的影响等因素综合判断公司控制权是否发生变更。"

公司唯一的实际控制人去世,或者共同控制人都互为亲属关系,当中有人去世,亲属法定继承或者其他人依遗嘱继承,不管继承人有几位,都不构成实际控制人变动。

倘若实际控制人有多人,不全互为亲属关系,当中有人去世,可以参考《上市公司收购管理办法》(2020修正)第八十四条关于"上市公司控制权"的规定,着重分析对股东大会或董事会决策、公司经营的影响程度来判断实际控制人有无变动。

实际控制人去世导致股权继承,笔者总结,可依如下理由抗辩实际控制人未发生变更:

- 发行人的董事会、高级管理人员和核心技术人员未发生重大不利变化。
- 发行人的股权结构仍能保持稳定。
- 发行人的生产经营与管理未发生重大变化。
- 实际控制人去世,亲属继承后,对发行人的持续经营、盈利能力无重大不利影响。

二、一致行动关系解除或组成

股东、非股东等通过亲情、章程、协议安排等组成发行人的共同控制人和共同控制人解除一致行动协议，都可能导致发行人的控制人变动，甚至无实际控制人。

倘若一致行动协议签署或解除前后，共同控制人之中有人始终是发行人的实际控制人之一，并且一直控制着最高表决权比例，则不必然导致实际控制人变动。

三、共同控制人数变化不必然导致实际控制人变动

1. 家族内"倒腾"

股份在家族内兜来转去，造成共同控制人数变多或变少，属于"肥水不流外人田"，一般不构成实际控制人变更。本质上，和"发行人的共同控制人都互为亲属关系，当中有人去世后，亲属法定继承或者其他人依遗嘱继承，不构成实际控制人变动"的道理类似，都是股份在家族锅里"倒腾"。

2. 转让股份导致人数变化

《证券期货法律适用意见第 17 号》规定："如果发行人最近三十六个月（主板）或者二十四个月（科创板、创业板）内持有、实际支配公司股份表决权比例最高的主体发生变化，且变化前后的主体不属于同一实际控制人，视为公司控制权发生变更。发行人最近三十六个月（主板）或者二十四个月（科创板、创业板）内持有、实际支配公司股份表决权比例最高的主体存在重大不确定性的，比照前述规定执行。"

共同控制人将股份转让给其他人，造成共同控制人数量变化，无论自己是否退出，只要共同控制人当中有人支配发行人股份表决权的优势不受影响，仍然能够支配股东大会、董事会，就不构成实际控制人变动，详见案例"17－34 中联数据 2020－09""17－35 翱捷科技 2021－03"。

"实际控制人有多人，不全互为亲属关系，当中有人去世"和下述的"四、代持还原"的问题与上述原理差不多，可参考此处论证。论证时，请牢牢牵住"实际支配公司股份表决权比例最高的人没有变化"这个牛鼻子。

四、代持还原

之前的《首发业务若干问题解答》问题 10 规定，实际控制人认定中涉及股权代持情况的，如经查实，股东之间知晓代持关系的存在，且对代持关系没有异议、

代持的股东之间没有纠纷和争议，则应将代持股份还原至实际持有人。通常不应以股东间存在代持关系、表决权让与协议、一致行动协议等为由，认定公司控制权未发生变动。

存在代持的，应当审查代持协议、资金流水，并在适当的时候解除代持协议，将股份还原给实际持有人。由于代持或信托还原大部分会导致股权变动，因此，应当谨慎选择还原时点。

笔者认为，倘若公司是数人共同控制，其中有持股比例小的名义股东将股权还原，剩下的共同控制人的持股比例始终占据明显优势，能不能参考“三、共同控制人数变化不必然导致实际控制人变动”的方法去论证代持还原对发行人股份的稳定、清晰没有造成严重影响，从而发行人的实际控制人没有变动呢？

举个例子，发行人有股东A、B、C，分别持股70%、20%、10%，忽视特殊情况，不管是B还是C将股权代持还原，由始至终，实际支配发行人股份表决权比例最高的人一直是A，能不能说发行人的实际控制人没有变动呢？笔者个人认为是可以的，但有待验证。

五、实际控制人变动的时点

笔者在“疑难点17－1　实际控制人认定”中一直强调实际控制人以发行人自身的认定为主，应经过股东确认。

公司的股权结构发生大变动，需要董事会通过后，再提交股东大会审议，之后才在工商机关备案。一般会把废除或签署一致行动协议、股权代持还原等的日期填在股东大会日，则股东大会审议通过之日就是实际控制人变动之时。

六、由股权无偿划转或者重组等导致发行人控股股东发生变更

《证券期货法律适用意见第17号》规定：“因国有资产监督管理需要，国务院或者省级人民政府国有资产监督管理机构无偿划转直属国有控股企业的国有股权或者对该等企业进行重组等导致发行人控股股东发生变更的，如果符合以下情形，可视为公司控制权没有发生变更：

1. 有关国有股权无偿划转或者重组等属于国有资产监督管理的整体性调整，

经国务院国有资产监督管理机构或者省级人民政府按照相关程序决策通过，且发行人能够提供有关决策或者批复文件；

2. 发行人与原控股股东不存在构成重大不利影响的同业竞争或者大量的关联交易，没有故意规避《首次公开发行股票注册管理办法》规定的其他发行条件；

3. 有关国有股权无偿划转或者重组等对发行人的经营管理层、主营业务和独立性没有重大不利影响。

按照国有资产监督管理的整体性调整，国务院国有资产监督管理机构直属国有企业与地方国有企业之间无偿划转国有股权或者重组等导致发行人控股股东发生变更的，比照前款规定执行，但是应当经国务院国有资产监督管理机构批准并提交相关批复文件。

不属于前两款规定情形的国有股权无偿划转或者重组等导致发行人控股股东发生变更的，视为公司控制权发生变更。”

七、常见问询

- 披露实际控制人 XX 病故前后，发行人股份变动情况及实际控制人变更情况，相关股份继承安排的确定情况、部分法定继承人放弃继承权的原因及合理性。
- 请发行人补充披露实际控制人变更对发行人持续经营的影响及应对措施。
- 说明 XX 是否通过股权代持或其他利益安排间接持有发行人权益，是否存在规避实际控制人认定的情形。

17－27 清溢光电 2019－08

招股说明书披露，报告期内，公司原实际控制人为唐翔千先生，其于 2018 年 3 月去世。根据唐翔千先生遗嘱以及唐翔千先生遗产继承人唐翔千配偶唐尤淑圻女士和其四位子女的安排，香港光膜股权对应的遗产受益人为唐翔千先生的四名子女唐英敏、唐英年、唐庆年、唐圣年，该股权的受益权由四名子女平分。

请发行人说明：结合《上海证券交易所科创板股票发行上市审核问答》相关规定，说明原实际控制人去世是否对公司的持续经营和持续盈利能力造成重大不利影响，公司是否符合最近2年内实际控制人没有发生变更的发行条件，是否对本次发行上市构成法律障碍。

回复

一、原实际控制人去世是否对公司的持续经营和持续盈利能力造成重大不利影响

原实际控制人唐翔千先生在世期间，于2008年12月因时年85岁高龄不再担任公司任何职务，唐翔千先生女儿唐英敏自2008年12月起一直担任公司的董事长、法定代表人，长期负责经营和管理，该状态持续至本问询回复签署日。

原实际控制人于2018年3月去世后，公司仍持续经营，主营业务未发生变化，公司的主要管理团队及核心技术人员、董事会成员、监事会成员均未发生变更，不存在影响经营和管理稳定的事项。公司2017年、2018年、2019年1－6月的主营业务收入分别为30,232.66万元、39,066.79万元和20,830.29万元，2017年、2018年、2019年1－6月扣除非经常性损益后归属于母公司所有者净利润分别为3,102.63万元、5,576.84万元和3,158.69万元。原实际控制人唐翔千先生去世后，公司***主营业务收入以及净利润均保持增长，盈利能力良好***。

综上所述，原实际控制人去世未对公司的持续经营和持续盈利能力造成重大不利影响。

点评

实际控制人去世导致股份被亲属继承，外界担心实际控制人去世会对发行人的持续经营、持续盈利能力造成不利影响，用本疑难点第一部分的理由抗辩。

二、公司是否符合最近2年内实际控制人没有发生变更的发行条件，是否对本次发行上市构成法律障碍

根据《上海证券交易所科创板股票发行上市审核问答（二）》相关规定，实际控制人为单名自然人或有亲属关系多名自然人，实际控制人去世导致股权变动，股权受让人为继承人的，通常不视为公司控制权发生变更。

公司的原实际控制人唐翔千先生去世后，唐翔千先生的四名***子女***唐英年、唐圣年、唐英敏及唐庆年***作为遗产继承人***，享有对唐翔千先生生前持有全部公司股份的继承权；同时，唐英敏、唐英年作为唐翔千遗嘱执行及受托人持有了香港光膜

100%股权，进而共同控制公司92.6250%股份的表决权。由于遗嘱执行及受托人唐英敏及唐英年同时也是唐翔千先生的遗产继承人，故公司虽因原实际控制人去世导致公司的***控股股东股权变更，但股份受让人为原实际控制人之继承人，属于实际控制权的法定延伸***，视为公司控制权未发生变更。

点评

公司唯一的实际控制人去世，股份被继承，不管继承人有几位，不算是实际控制人变更。本案例中，原实际控制人去世，股份由子女继承，属于公司的控制权视为未变动。

综上所述，公司符合《上海证券交易所科创板股票发行上市审核问答》规定的不视为公司控制权发生变更的情形，符合"最近2年实际控制人没有发生变更"的发行条件，原实际控制人去世对本次发行上市不构成法律障碍。

17-28　微科光电2021-04

2016年12月富生投资将其持有的公司95%股权转让予微科控股的原因，分析是否涉及公司实际控制人变更。

回复

一、本次股权转让的原因

股权转让的原因系为了从外商投资企业转变为内资企业，便于后续资本运作，同时清理间接股东层面的股权代持。

因富生投资与微科控股均为邱志伟家族所控制的企业，本次股权转让系***同一控制下的股权转让***。

……

二、本次股权转让不涉及公司实际控制人实质变更

本次股权转让前后，微科有限的实际控制人变化情况如下：

类别	本次股权转让前	本次股权转让后
微科有限控股股东	富生投资	微科控股
控股股东的股权结构	邱志伟:47.50%; 邱奕航:25.00%; 薛飞(代邱志伟持股):15.00%; 邱志宇(代邱志伟持股):10.00%; 乐国伟(代邱志伟持股):2.50%	邱志伟:64.00%; 邱奕航:25.00%; 郭晋慧:10.00%; 邱志宇:1.00%
实际控制人	邱志伟、邱奕航	邱志伟、邱奕航、**郭晋慧**

郭晋慧为邱志伟配偶,邱奕航为邱志伟和郭晋慧之子,本次股权转让前后,微科有限实际控制人由邱志伟、邱奕航变更为邱志伟、邱奕航、郭晋慧,不构成公司实际控制人的实质变更;且上述股权转让发生于2016年,公司报告期内不涉及与实际控制人变更相关的问题。

点评

本案例中,邱志伟、邱奕航、郭晋慧是一家人。股份在他们之间"倒腾",造成共同控制人数变多或变少,不算是实际控制人变动。

17-29 和烁丰 2021-04

申报文件显示:2018年12月21日,发行人召开董事会同意朱小峰、陈英磐及员工持股平台利圣辉对发行人进行增资,朱小峰、陈英磐于2018年12月21日签订了《一致行动协议》,且持股比例合计超过50%,发行人认定该时点实际控制人发生变更。2019年1月21日完成股权变更工商登记。

请发行人:补充说明将2018年12月认定为实际控制权发生变更的时点是否准确。

| 回复 |

2018年12月6日,发行人召开第二届董事会第六次会议,本次会议审议通过的《关于公司拟增资扩股暨关联交易的议案》确认:"本次增资扩股后,由于公司股权结构发生较大变动,原四位股东朱小峰、陈英磐、梁雁扬及王和拟共同签署终止《非一致行动人声明》,朱小峰与陈英磐先生拟共同签署《一致行动协议》,由此朱小峰和陈英磐先生成为公司的共同实际控制人，并根据《一致行动协议》约定在重大方面保持一致行动。”

2018年12月21日，发行人召开2018年第八次临时股东大会，审议通过的《关于公司拟增资扩股暨关联交易的议案》确认：“本次增资扩股后，由于公司股权结构发生较大变动，原四位股东朱小峰、陈英磐、梁雁扬及王和拟共同签署终止《非一致行动人声明》，朱小峰与陈英磐先生拟共同签署《一致行动协议》，由此朱小峰和陈英磐先生成为公司的共同实际控制人，并根据《一致行动协议》约定在重大方面保持一致行动。”

2018年12月21日，朱小峰、陈英磐、王和及梁雁扬签署《终止〈非一致行动人声明〉的协议》，约定《非一致行动人声明》终止，发行人的实际控制人为陈英磐和朱小峰，确认王和及梁雁扬不存在一致行动或其他关联关系，并非发行人的实际控制人，也不会单独或共同谋求对公司的实际控制权。***同日，陈英磐与朱小峰签署《一致行动协议》，约定陈英磐及朱小峰在重大方面均保持一致行动。***

点评

2018年12月21日，一天之内发生了三件事，两批人很有“默契”地终止、签署一致行动协议，还召开了临时股东大会。之所以这么操作，是因为实际控制人变动的时点非常重要，把终止或签署一致行动协议的日期倒签在股东大会日，则股东大会审议通过之日就是实际控制人变动之时。

经核查发行人上述变更涉及的工商档案，***前述股东大会的议案已经主管工商部门备案***，且本次增资后经备案的公司章程修正案均有朱小峰、陈英磐为一致行动人的条款，前述股东大会的会议文件与工商备案的文件一致。

综上，前述股东大会的召集和表决程序合规、有效，召开时间真实，相关协议签署时间真实、准确。因此，将2018年12月认定为实际控制权发生变更的时点准确。

17－30　联盛化学2021－10

申报文件显示：发行人新三板挂牌期间披露的实际控制人为牟建宇及其女儿俞快，本次发行中介机构从审慎性原则出发认定实际控制人牟建宇配偶俞小欧为共同实际控制人。

请发行人：说明增加认定俞小欧为实际控制人的原因，结合本所《创业板股票首次公开发行上市审核问答》问题9的要求说明是否构成发行人实际控制人变更。

回复

一、增加认定俞小欧为实际控制人的原因

发行人新三板挂牌期间披露的实际控制人为牟建宇及其女儿俞快，本次申报增加认定牟建宇配偶俞小欧为实际控制人的原因如下：

俞小欧系发行人创始人，2007年至2012年期间直接持有发行人股权，并担任发行人经理，对发行人业务发展奠定了一定基础。

2017年11月至2020年6月，俞小欧担任发行人董事；根据发行人历次董事会决议文件、日常决策的会议文件，报告期内***俞小欧参与了发行人重大经营决策，对发行人决策经营具有一定影响力***。

俞小欧虽未持有发行人股份，但其与牟建宇系夫妻关系，根据《中华人民共和国民法典》的规定，夫妻对共同所有的财产具有平等的处理权。

综上，从审慎性原则出发，在本次申报时，保荐机构根据中国证监会关于实际控制人审核指引的认定精神***认定俞小欧为共同实际控制人***。

点评

实际控制人的直系亲属可能构成共同实际控制人，有两个要件：一是直系亲属持有公司股份达到5%以上，足以对公司施加影响；二是直系亲属担任了可以在公司经营决策中发挥重要作用的董事、高级管理人员。第一个要件其实不那么重要，实际控制人的直系亲属在公司有直接或间接持股并不是构成共同控制人的充分条件。关键看第二个要件，实际控制人的配偶俞小欧在2017年11月至2020年6月担任了发行人的董事，参与了重大经营决策，对决策经营具有一定影响力。理论上，2017年11月至2020年6月这段时间，俞小欧是共同控制人。

二、是否构成发行人实际控制人变更

根据《创业板股票首次公开发行上市审核问答》问题9要求的认定原则并结合《证券期货法律适用意见第1号——〈首次公开发行股票并上市管理办法〉第十

二条"实际控制人没有发生变更"的理解和适用》的规定，***发行人本次增加认定俞小欧为实际控制人系中介机构分析认定不同导致，俞小欧、牟建宇夫妇及其女儿俞快的客观情况未发生变化，不构成发行人实际控制人变更***。

点评

对技术失误的追溯调整不算是实际控制人变更。

17－31　北路智控 2021－12

自2016年8月至今，于胜利、金勇和王云兰三人在公司股东(大)会、董事会、监事会及公司日常经营管理中均采取一致行动，对公司形成事实上的共同控制。因此，为进一步明确三人一致行动的分歧解决机制及保证未来可预见范围内控制权的稳定性，三人一致同意通过签署《一致行动人协议》的方式确认该等事实上已经形成的一致行动关系。2020年10月，三人共同签署了《一致行动人协议》。

请发行人：结合最近两年于胜利、金勇、王云兰在经营决策中发挥的作用，股东大会及董事会的运作情况及日常内部表决权运行机制，历次表决是否出现过意见分歧等情况，说明三人2020年10月前未签署一致行动协议的原因，未签署一致行动协议情况下认定共同控制的依据是否充分。

回复

点评

注意，此案例是在论证签署一致行动协议前后实际控制人没有变动。最近两年或三年内，实际控制人有无变动直接关系到是否满足上市的绝对条件，非常重要！

一、最近两年于胜利、金勇、王云兰在经营决策中发挥的作用

三人在公司经营过程中共同负责公司战略规划制订、重大决策研究等事项，并在此基础上结合自身背景及在公司的任职情况各有侧重，其中于胜利主要负责公司日常经营的统筹管理，包括市场开拓、销售策略、财务管理、投融资、重要外部关系管理等事项，除提供技术建议外不参与具体的技术研发工作；金勇作为公司的研发总监和研发团队的总负责人，主要负责领导公司技术研发团队，主持公司主要业务产品的开发和技术研究等工作;王云兰主要参与负责公司战略规划的制定,并为公司产品技术难点的解决、市场开拓和销售策略的制定、内控管理和组织架构的优化等事项提供经验和建议。*三人均在公司经营决策中发挥重要作用*。

最近两年,于胜利、金勇和王云兰合计持有公司股份比例一直在51%以上,并合计控制公司60%以上表决权,且三人均担任公司董事,能够控制董事会半数以上非独立董事席位,对公司的经营管理和董事、高级管理人员的任免等事项能够产生决定性影响,具备实际控制公司和支配公司行为的权力。为便于充分沟通和高效协商、解决公司经营管理事项,三人就公司的战略规划制定、重大经营决策等事项进行不定期讨论并形成结论性意见,对于需要提交董事会或股东(大)会审议的,三人能够依据其所拥有的表决权使得董事会或股东(大)会的表决结果与三人的结论性意见相一致,对董事会或股东(大)会的表决结果起到决定性作用。

二、最近两年股东大会及董事会的运作情况及日常内部表决权运行机制,历次表决是否出现过意见分歧等情况

最近两年,公司实际控制人于胜利、金勇和王云兰为便于充分沟通和高效协商、解决公司经营管理事项,就公司的战略规划制定、重大经营决策等事项通过召开临时会议或电话沟通的方式进行不定期协商,协商过程中存在少数意见不一致情形时,三人均能在尊重他人意见和想法的基础上进行充分友好沟通,不断优化和完善讨论方案,并最终形成三人均认可的结论性意见或以于胜利的意见作为结论性意见,如需要提交董事会或股东(大)会审议的,三人则根据内部形成的结论性意见在相关会议上进行投票表决。对于董事会或股东(大)会审议的非由三人提议的议案,三人在相关会议召开前会及时进行沟通和协商,并按照上述内部沟通机制形成结论性意见后在相关会议上进行投票表决。

最近两年,于胜利、金勇和王云兰作为股东和董事均出席了历次股东(大)会和董事会会议,***三人在历次股东(大)会、董事会的表决中均保持了一致意见***,未出现过意见分歧等情况。

三、三人2020年10月前未签署一致行动协议的原因,未签署一致行动协议情况下认定共同控制的依据是否充分,最近两年发行人实际控制权是否发生变化

于胜利、金勇和王云兰三人因相识且共事多年,彼此相互信任和认可各自对公司的经营理念及业务发展规划,且自三人成为公司的共同实际控制人以来,***三人在公司的经营管理和重大事项决策上均保持充分沟通和一致行动***,未出现过重

大分歧,也未出现过任何纠纷或利益冲突,故三人未选择通过书面形式将一致行动关系予以明确,后出于进一步确认和明晰一致行动关系以保障公司健康发展等目的,在发行人律师和保荐人的建议下签署了一致行动协议。

如前文所述,最近两年,于胜利、金勇和王云兰一直共同控制公司,三人在2020年10月前***未签署书面的一致行动协议不影响三人一致行动约定的达成,亦不影响三人在协议签署前对公司共同控制的事实认定***。

综上所述,实际控制人在2020年10月前未签署一致行动协议情况下认定共同控制的依据充分,最近两年***公司实际控制权未发生变化***。

点评

于胜利、金勇和王云兰未签过一致行动协议,论述成好像签过一样。由此,实际控制权一直掌握在他们三人手上,最近两年公司的实际控制人未发生变化,满足上市的条件。

17-32 埃夫特 2020-03

请发行人说明:发行人目前是否被纳入地方政府或相关机关的混改范围,是否会导致发行人实际控制人发生变更。

| 回复 |

根据芜湖市国资委于2019年8月13日出具的《关于埃夫特公司申报科创板上市问询函的相关说明》及发行人确认,发行人系芜湖市国资委下属国有控股公司,未被芜湖市人民政府纳入***国有企业混合所有制改革***范围,不存在可能导致埃夫特公司实际控制人发生变更的情形或事项。

发行人目前未被纳入地方政府或相关机关的混改范围,不存在因混改导致发行人实际控制人发生变更的情形。

点评

国有企业混合所有制改革容易导致国有企业的控制人变动。

17-33 达嘉维康 2021-05

第三轮审核问询回复显示:“2019年7月,王越将其所持发行人0.6592%的股份转让给母亲明晖,双方签署了股份转让协议,明晖按照注册资本定价向王越支付了100万元转让价款,发行人的股东名册相应进行了变更。转让完成后,王越不再直接或间接持有发行人的任何股份,发行人的实际控制人变更为王毅清、明晖夫妻二人。”同时第三轮审核问询回复又认为“发行人最近两年内控制权稳定,实际控制人没有发生变更,不存在导致控制权可能变更的重大权属纠纷,符合《首次公开发行股票并上市管理办法》第十二条相关规定”。

请保荐人补充说明:

一、补充披露审核问询回复中关于“实际控制人是否发生变更”的相关描述前后不一致的原因;相关信息披露是否真实、准确、完整

| 回复 |

第三轮审核问询回复显示:“2019年7月,王越将其所持发行人0.6592%的股份转让给母亲明晖,双方签署了股份转让协议,明晖按照注册资本定价向王越支付了100万元转让价款,发行人的股东名册相应进行了变更。转让完成后,王越不再直接或间接持有发行人的任何股份,发行人的实际控制人变更为王毅清、明晖夫妻二人。”***此处所表述的变更指由于家族成员之一不再持股,实际控制人的人数上由原来的三人变更为两人的情况***。

而第三轮审核问询回复认为“发行人最近两年内控制权稳定,实际控制人没有发生变更,不存在导致控制权可能变更的重大权属纠纷,符合《管理办法》第十二条相关规定”。此处的变更指发行人的控制权未发生变更,该前述结论系基于的事实为:***最近两年发行人一直由王毅清家族控制***,发行人的控制权稳定,且参考了已上市公司金时科技(002951)等案例。相关信息披露真实、准确、完整。

经查询,目前已上市公司中,存在***多人共同控制且报告期内实际控制人人数变化***的案例,该等人员变动情况并不导致发行人实际控制人发生变更。如金时科技(002951)、西上海(605151),这两家公司在IPO申报期内均存在实际控制人数量减少的情形;悦康药业(688658)、盛德鑫泰(300881)、山东赫达(002810)、盐津铺子(002847)和宇环数控(002803),该等公司在IPO申报期内存在实际控制人数量增加或追加的情况,前述案例中,对发行人进行共同控制的人数变化均不导致实际控制人变更。

二、请保荐人、发行人律师就发行人“实际控制人两年内是否发生变更，是否符合《创业板首次公开发行股票注册管理办法》第十二条相关规定”发表明确核查意见

｜回复｜

（1）最近两年发行人一直由王毅清家族控制，控制权稳定，未因王越退出受到影响

发行人完成股份制改制时，王毅清持有发行人40%的股份，其女王越持有发行人10%的股份，其妻明晖持有发行人4%的股份，三人合计持有发行人***54%***的股份。由于当时王越持股比例高于5%，因此新三板挂牌时认定并披露王越为实际控制人之一。

发行人于新三板挂牌期间进行了重大资产重组和定向增发，直至新三板摘牌时，王越持有发行人股份稀释到0.7935%，在2019年7月王越将股份转让时仅持有发行人0.6592%的股权。***王越一直未在发行人或其控股子公司担任任何职务，未实际参与发行人的日常经营管理***。即使在发行人股东大会上行使表决权，也系以其父母的意见为准，对发行人的影响十分有限。***最近两年，王越的持股比例一直低于1%，且均未出席发行人股东大会或行使股东表决权***。

2019年7月，王越将其所持发行人0.6592%的股份转让给母亲明晖，***转让完成后，王越不再直接或间接持有发行人的任何股份***。根据《〈首次公开发行股票并上市管理办法〉第十二条“实际控制人没有发生变更”的理解和适用——证券期货法律适用意见第1号》的规定，发行人主张多人共同拥有公司控制权的条件之一是每人都必须直接持有公司股份和/或者间接支配公司股份的表决权。因此，***在认定王毅清家族对发行人具有共同控制权的同时，发行人不再认定王越为实际控制人之一***。发行人自2018年1月于新三板摘牌时，王毅清、明晖夫妇合计控制发行人47.0968%的股份。最近两年内，王毅清、明晖合计控制发行人的股份比例最少时为45.5502%，最多时为53.62%，截至本问询函回复出具日，二人合计控制发行人52.521%的股份。

点评

1.已失效的《创业板首次公开发行股票注册管理办法（试行）》第十二条规定，发行人最近二年内主营业务和董事、高级管理人员均没有发生重大不利变

化；控股股东和受控股股东、实际控制人支配的股东所持发行人的股份权属清晰，最近二年实际控制人没有发生变更，不存在导致控制权可能变更的重大权属纠纷。而2023年2月发布的现行有效的《首次公开发行股票注册管理办法》第十二条也有相似的规定。

2. 实际控制人的直系亲属在公司有直接或间接持股并不是构成共同控制人的充分条件，也就是说，不是清空了股份就不再是共同控制人。

3. 2019年7月，王越清空了发行人的股份并不意味着她就不是共同控制人了。因为"王越一直未在发行人或其控股子公司担任任何职务，未实际参与发行人的日常经营管理"，所以王越可能一直都不是共同控制人。

股东大会层面，鉴于发行人的公司章程中，不涉及特殊表决权、一票否决权等有关表决权的特殊安排。因此，***王毅清、明晖夫妇所持表决权能够对股东大会产生重大影响***。

董事会层面，王毅清一直担任发行人董事长，召集并主持发行人的董事会，重要议案均由王毅清提出。因此，***王毅清对发行人董事会具有重大影响***。另外，发行人经营管理上，发行人前身系由王毅清发起设立，报告期内，***王毅清一直全面主导发行人的经营管理和业务开展活动，对发行人的发展战略、重大决策、经营管理等具有重大影响***。

综上，最近两年内，发行人一直受王毅清***家族控制***，王越退出对发行人的经营管理不产生任何影响。

(2)王毅清作为持股比例最高股东的地位未发生变化

根据《〈首次公开发行股票并上市管理办法〉第十二条"实际控制人没有发生变更"的理解和适用—证券期货法律适用意见第1号》的规定，如果发行人最近3年内持有、实际支配公司股份表决权比例最高的人发生变化，且变化前后的股东不属于同一实际控制人，视为公司控制权发生变更。

自发行人成立之日起，***王毅清一直为持有发行人股份表决权比例最高的人，王毅清家族内部持股安排调整并未导致持有、支配发行人股份表决权比例最高的人员发生变化***。最近两年内，发行人的控制权保持稳定，符合《〈首次公开发行股票并上市管理办法〉第十二条"实际控制人没有发生变更"的理解和适用—证券期货法律适用意见第1号》的相关规定。

点评

1. 本案例是朝这个方向论证的：共同控制人将股份转让给其他人，造成共同控制人数量变化，无论自己是否退出，只要共同控制人当中有人支配公司股份表决权的优势不受影响，仍然能够支配股东大会、董事会，就不构成实际控制人变动。

2. 发行人一直受家族控制，股份在家族内“倒腾”并不会导致实际控制人变动。笔者认为，此处论证王毅清家族一直支配着公司最高股份表决权的比例即可，无须论证到王毅清个人。如果王毅、王越、明晖并非亲属关系，像案例中那样论证就合适。

(3)共同控制人之一不再持股且未构成实际控制人变更的认定已有先例

经查询，金时科技(002951. SZ)的控股股东彩时集团自设立起至2017年6月11日，股东为李文秀、李海坚、李海峰与李嘉渝，该四人均为李氏家族成员，为金时科技的共同实际控制人。2017年6月，金时科技实际控制人家族内部讨论决定对彩时集团的持股结构进行调整，李嘉渝将持有彩时集团15%的股份转让给李文秀，股权转让后金时科技实际控制人变为李文秀、李海坚和李海峰三人，该次变化不构成实际控制人的变更。

综上所述，保荐机构及发行人律师认为：最近两年内，发行人一直为王毅清家族控制，发行人最近两年内控制权稳定，实际控制人没有发生变更，符合《管理办法》第十二条的相关规定。

17-34　中联数据2020-09

报告期初，发行人的控股股东、实际控制人为周康、李凯、董岩三人。2019年7月1日，发行人向上交所申请首次公开发行并在科创板上市；2019年10月15日，李凯辞去发行人董事、副总经理职务，解除与周康、董岩的一致行动关系，并低价转让直接持有的全部发行人股份，发行人的控股股东、实际控制人变更为周康、董岩二人。

请发行人：补充披露招股说明书有关“发行人实际控制人在最近两年内未发生变化”的判断是否准确，理由是否充分。

| 回复 |

1、周康、董岩的持股比例占绝对优势

自2018年初至今，周康和董岩的合计持股比例一直远高于其他股东，截至本招股说明书签署日，周康和董岩合计直接持有或间接控制发行人*59.676%*的股份，***远高于其他股东的持股比例，且周康一直是发行人最近2年内持有、实际支配发行人股份表决权比例最高的股东，二人能够实质上支配股东大会的决议***。李凯退出后，周康和董岩受让了李凯的部分股份，***李凯的退出并未改变周康和董岩合计持股比例占据绝对优势的情况，也未改变周康作为第一大股东的情况，周康、董岩二人仍然能够对股东大会的决议产生重大影响，进而对发行人形成绝对控制***。

2、周康、董岩实际影响董事和高级管理人员的任免

发行人自2018年12月整体变更为股份公司并设立董事会以来，除2018年12月增选翟佳和尹军平作为董事，两人分别由投资人股东红杉悦盛和上海鼎莫提名选举产生外，在提名所有的非独立董事候选人时，周康和董岩二人均经过事前沟通并达成一致意见。李凯辞去公司董事职务后，补选产生的董事闫强同样系由周康和董岩提名选举产生，***二人提名选举产生的董事人数在非独立董事人数中占据绝对优势，能够对董事会决议产生实质性影响***。***李凯的退出未改变周康和董岩可以实际影响董事会决议的情况***。

根据《公司法》及《公司章程》的规定，发行人的高级管理人员由总经理提名，董事会聘任产生。最近两年，实际控制人之一的周康一直担任发行人总经理职务，且如前所述，***周康和董岩作为实际控制人能够对发行人董事会的决议产生实质性影响***。因此，实际控制人能够实际影响发行人的高级管理人员任免，确保对发行人日常经营活动的控制。李凯辞职前在发行人担任的是副总经理职务，其作为高级管理人员的任职系由总经理周康提名，经董事会聘任产生。李凯作为副总经理并不具有提名高级管理人员的权利，故李凯的退出并不会改变实际控制人周康和董岩对高级管理人员任免的实质性影响。

综上，周康、董岩能够实际影响董事和高级管理人员的任免。

点评

1.《证券期货法律适用意见第17号》规定，如果发行人最近36个月（主板）或者24个月（科创板、创业板）内持有、实际支配公司股份表决权比例最高的主体发生变化，且变化前后的主体不属于同一实际控制人，视为公司控制权发生变更。本案例中，三个共同控制人中的两个在股份变动前后，合计的持股比例一直占据着绝对优势，仍然能够对股东大会、董事会的决议产生重大影响，并实际影响董事和高级管理人员的任免，不会造成实际控制人变动。

2. 此处，若共同控制人李凯不是将股份转让给周康、董岩，而是转让给其他人，自己退出公司，则会造成共同控制人数变化。只要周康、董岩支配公司股份表决权的优势不受影响，仍能支配公司的股东大会、董事会，也不算是实际控制人变动。

3、李凯退出未对发行人产生实质性影响

李凯离职后，发行人的业务稳定开展，资源拓展和客户拓展维护相关工作并未受到影响。数据中心资源拓展方面，发行人持续与大型互联网客户达成合作意向，并根据客户定制化需求积极拓展数据中心资源，稳步推进数据中心的项目建设开发；与运营商合作方面，发行人与各运营商长期的业务往来已经建立了稳定的合作关系，因此伴随发行人 IDC 业务的持续增长，预期后续合作仍将持续稳定开展；客户拓展和维护方面，鉴于发行人主要服务于大型互联网、云计算客户，客户租赁机柜数量多、服务器放置规模大，因此由于服务器搬迁成本高等 IDC 业务特性，客户粘性较大、稳定性较强，且发行人通过对存量客户需求的深入开发，不断达成增量业务合作意向，进一步增加了客户稳定性。因此，***李凯辞职后发行人的经营管理活动正常开展，其离职未对发行人产生实质影响***。

点评

共同控制人有人退出与有人去世差不多，都担心影响到公司的经营。此处还可以参考案例“17－27 清溢光电 2019－08”中论证“实际控制人去世，不影响公司经营和管理稳定”的常用理由。

4、李凯就退出发行人不存在任何争议或纠纷

李凯在离职和转让直接持有的发行人股份前已知晓发行人本次首次公开行股票并上市计划，其离职、转让直接持有的发行人股份、退出一致行动关系均为其个人真实意思表示，就此与周康、董岩或发行人其他股东、董事、监事、高级管理人员均不存在任何争议或纠纷。不存在通过他人代替其持有发行人股份，不存在其他利益安排，发行人股权结构和治理结构清晰、稳定。

5、中联网盟新三板挂牌披露文件认定周康为实际控制人，与本次发行申请实际控制人认定不一致的原因

根据中联网盟申请新三板挂牌的《公开转让说明书》和《北京市隆安律师事务所关于北京中联网盟科技股份有限公司申请股票在全国中小企业股份转让系统挂牌并公开转让的法律意见书》(以下简称“挂牌法律意见书”)的披露，中联网盟的控股股东为中联有限，实际控制人为周康。发行人本次发行上市申请文件披露，中联有限的控股股东和实际控制人为周康、李凯、董岩。产生上述差异的主要原因如下：

中联网盟在新三板挂牌时，周康、李凯、董岩尚未签署书面的《一致行动协议》。2018年6月28日，周康、李凯、董岩正式签订《一致行动协议》，约定各方在公司股东(大)会投票表决时以一致意见为准进行投票表决；若未形成一致意见的，由代表各方股份总数的过半数的股份表决权的意见作为在公司股东(大)会表决事项的一致意见；一致行动有效期为五年，期满后，协议各方协商一致仍可延长。

但是，周康、李凯、董岩三人曾于2014年9月8日就中联有限设立及设立后的合作运营安排签署《***共同投资协议***》，协议约定“在公司经营过程中，各方均应忠实、勤勉地完成在公司所负责的工作；***在公司重大问题的决策上及时进行沟通，在充分听取各方意见的基础上，形成共同的决策意见***；在各方出现意见分歧时，应以公司和各方共同的利益最大化为原则，协商解决问题，以维持长久稳定的合作关系，实现共赢局面。”周康、李凯、董岩三人从中联有限设立起至今一直按照上述《共同投资协议》的约定对发行人的重大事项进行共同决策，形成了实质上的一致行动关系。

由于一致行动人的认定属于专业性的问题，周康、李凯、董岩三人作为非专业人员，当时对于是否属于一致行动人***缺乏专业的判断***，当时亦未签署《一致行动协议》，因此未能在中联网盟挂牌期间对三人关系作出更为准确的认定。

点评

1. 周康、李凯、董岩三人签署的共同投资协议，从内容来看，实质上已经形成了一致行动关系。

2. 判断失误,与案例“17－30 联盛化学 2021－10”一样,后续追溯调整不算是实际控制人变更。

综上所述,招股说明书有关“发行人实际控制人在最近两年内未发生变化”的判断准确,理由充分。

点评

《证券期货法律适用意见第 17 号》规定,不应以股东间存在代持关系等为由,认定公司控制权未发生变动。借用此案例,笔者想说,倘若李凯将股权还原给实际出资人(或其他股权代持清理方式),自己退出公司,虽然共同控制人有变动,但周康和董岩的股权比例始终占据明显优势,二人一直能够支配股东大会、董事会的决议。能不能说李凯此次代持还原并没有造成实际控制人变动呢?

17－35 翱捷科技 2021－03

根据申报材料:(1)公司无控股股东,实际控制人为戴保家。戴保家直接持有公司 9.36% 的股份。戴保家与公司员工持股平台宁波捷芯、GreatASR1 Limited、GreatASR2 Limited 签订《一致行动人协议》,合计控制公司 24.36% 的表决权,系公司实际控制人;(2)公司设立至今,戴保家先后与上海颐泰、Innodac HK、Fantasy Ltd、彭清、全星恒、冠盈集团、黄峰、普续润鑫、上武一期、上武二期签订了一致行动人协议。2020 年 9 月 14 日,戴保家与三个员工持股平台签订一致行动人协议,并于次日解除与除三个员工持股平台以外的股东的一致行动人协议。戴保家在本次一致行动人协议解除前后均为实际控制表决权最大的股东。

请发行人披露:2020 年戴保家与员工持股平台签订一致行动协议,解除与其他股东一致行动协议的原因和合理性,一致行动关系是否真实解除,是否对实施控制的方式存在重大调整,是否构成最近 2 年实际控制人变更,是否存在规避锁定期、同业竞争等监管要求的情形。

| **回复** |

戴保家在原一致行动协议解除前始终作为发行人实际控制人并控制最高表

决权比例的历史情况真实、有效。在戴保家控制的员工持股平台入股后，进一步提升了戴保家支配的表决权比例，巩固了戴保家的实际控制作用，原一致行动协议的解除未影响戴保家作为实际控制人对发行人经营决策、公司治理的各项控制作用，且未影响戴保家仍然保持支配发行人最高表决权比例的状态。因此，戴保家在最近2年的一致行动人变化不影响戴保家对发行人的实际控制作用，不存在一致行动人变化导致的实际控制人变更情形。具体情况如下：

一、2020年戴保家与员工持股平台签订一致行动协议，解除与其他股东一致行动协议的原因和合理性，一致行动关系是否真实解除

发行人2020年9月14日审议通过员工股权激励计划并予以实施，宁波捷芯、GreatASR1 Limited、GreatASR2 Limited入股发行人成为股东。同日，戴保家与宁波捷芯、GreatASR1 Limited、GreatASR2 Limited签订《一致行动人协议》。***在本次与员工持股平台签订一致行动协议前，戴保家始终作为发行人实际控制人并控制最高的表决权比例***。在本次与员工持股平台签订一致行动协议后，戴保家通过其控制的一致行动人宁波捷芯、GreatASR1 Limited、GreatASR2 Limited ***进一步控制发行人最高的表决权***。

基于戴保家对发行人控制作用的稳定性，以及戴保家控制的员工持股平台入股后进一步提升了戴保家支配的表决权比例的实际情况，发行人实际控制人的实际控制权已得到进一步巩固，因此，戴保家于2020年9月15日与相关原一致行动人签署了《一致行动解除协议》，约定不可撤销地解除各方的一致行动协议。***原一致行动协议的解除未影响戴保家作为实际控制人对发行人经营决策、公司治理的各项控制作用，且未影响戴保家仍然保持支配发行人最高表决权比例的状态，具有合理性***。根据曾经的一致行动人签署确认的访谈记录及解除协议内容，戴保家曾经的一致行动人本次解除一致行动协议系各方真实的意思表示，一致行动关系真实解除。

点评

参考《上市公司收购管理办法》第八十四条关于"上市公司控制权"的规定，控制权得着重分析对股东大会或董事会决策、公司经营的影响程度。本案例中，一致行动协议解除前后，当事人戴保家不仅始终控制最高的表决权比例，而且一直控制着发行人的经营决策等，实际控制人未变动。

二、是否对实施控制的方式存在重大调整，是否构成最近2年实际控制人变更

发行人对戴保家作为实际控制人的认定，系根据实事求是的原则及基于***戴保家实际支配发行人最高表决权比例的实际情况***，结合戴保家对发行人经营决策的控制作用、各股东对戴保家实际控制人地位的认可、***戴保家对于公司董事会及股东大会的重大影响、一致行动人与戴保家保持一致决策的稳定性情况而予以确认，并非仅以一致行动协议方式认定实际控制人***。最近2年，戴保家为发行人的实际控制人，其控制作用稳定，不存在实施控制方式的重大调整。

点评

1.《证券期货法律适用意见第17号》中"如果发行人最近三十六个月（主板）或者二十四个月（科创板、创业板）内持有、实际支配公司股份表决权比例最高的主体发生变化，且变化前后的主体不属于同一实际控制人，视为公司控制权发生变更"的规定给我们提供了一个很不错的方法。倘若一致行动协议解除前后，共同控制人之中有人始终是实际控制人之一，并控制着最高的表决权比例，不必然导致发行人的实际控制人发生变更。

2.股权代持解除与一致行动协议解除的道理相似。

根据戴保家作为实际控制人的实际情况，戴保家曾经的一致行动人均基于戴保家对发行人的实际控制作用，***通过一致行动协议巩固戴保家的实际控制权***，不存在共同控制的安排。根据《合资经营协议》《公司章程》中关于***公司各股东的持股比例均不得超过戴保家及其一致行动人合计持股比例***的规定，以及确***未发生其他股东持股比例超过戴保家所控制股权比例***的客观情况，结合该等制度文件及一致行动协议不存在事后补充或调整的事实，戴保家在原一致行动协议解除前始终作为发行人实际控制人并控制最高表决权比例的历史情况真实、有效。各股东在历次《合资经营协议》中均对一致行动人的主体及范围进行了明确约定从而保证了不存在其他股东持股比例超过戴保家所控制表决权比例的情形。若发生其他股东的持股比例超过戴保家及其一致行动人合计持股比例的情形，除根据《合资经营协议》《公司章程》需经全体出席董事的三分之二以上审议通过外，还应根据《合资经营协议》《公司章程》中关于合资经营协议或章程的修改、公司注册资本的变更需由全体出席董事一致同意的决策机制，***戴保家届时有权对此等情形予以否决***，从而保证戴保家实际控制人的地位。***戴保家控制的员工持股平台在入股后，进一步提升了戴保家支配的表决权比例，巩固了戴保家的实际控制作用***，原一致行动协议的解除未影响戴保家作为实际控制人对发行人经营决策、公司治理的各项控制作用，且未影响戴保家仍然保持支配发行人最高表决权比例的状态。

点评

论证时，请牢牢牵住“实际支配公司股份表决权比例最高的人没有变化”这个“牛鼻子”。

因此，戴保家在最近2年的一致行动人变化不影响戴保家对发行人的实际控制作用，不存在一致行动人变化导致的实际控制人变更情形，戴保家为发行人的实际控制人，最近2年未发生变更。

综上所述，2020年戴保家与员工持股平台签订一致行动协议，解除与其他股东一致行动协议对实施控制的方式不存在重大调整，亦不构成最近2年实际控制人变更。

后记　幸福来自一闪而过的希望

我又一个人跑去隔壁村的电子游戏厅，在里面来回转悠，看别人打游戏看了一个下午，从游戏厅出来不知不觉已经是下午五点多了。乡下的游戏厅设备简陋，灯都舍不得开，出来才知道外面阴天，天灰蒙蒙的，似乎即将要下起雨来。我独自无聊地沿着乡间的小道往家走着，心境如同这天气一般阴郁，心想，就算现在回到家也没事做，母亲这点应该还没回来。冬天这个点，这个潮州临海小镇的小路冷冷清清的，我异常失落，觉得特别孤独。而就在这时，大脑突然想到家里有读高中放假在家的姐姐、父亲，还有可爱的猫咪，再过十几天就要过年了，我竟然莫名地兴奋起来，撒丫子往家里跑去，恨不得马上回到家见到家人还有猫咪。

那大概是2000年或2001年农历的冬天，正值我家最难过的几年，是我人生中最灰暗、最无助的几年。一晃十几年过去了，这个情景在2014年突然在我脑中被唤醒。那时候的我，一个十来岁的乡下娃，对生活没有任何憧憬，整天到处溜达，浪费了一个下午在毫无意义的游戏厅之后，很奇怪，在回家的路上，脑子竟然会无端端地想到一两公里之外还有个家而加速向家里飞奔。犹如灰暗冬日的太阳突然扒开阴霾，射出金灿灿的阳光，洒向我的脸，给了我满满的希望。

一眨眼又十来年过去了，人慢慢知天命。自知智商普通，情商天生不足，唯有逆商还过得去。所以，想靠逆商驱动命运的齿轮。近十年来，学习、工作、考证、录教学视频、写书，几乎没有一天闲过。每每想停下来，耳边总是传来那句话“不怕苦，吃苦半辈子；怕吃苦，吃苦一辈子”。之前仗着年轻，每天铆足干劲、夜以继日、快马加鞭地往前冲。可慢慢地，日积月累的过度劳累使我的睡眠出现了严重的障碍，身体跟着开始预警，头发也一根根弃我而去，容颜亦快速褪去。夜晚散步，相对于街上的人来人往，我一个人的背影未免显示得有些空寥寥。有时候抬头眺望远方，深圳的高楼大厦鳞次栉比，回想过去，用来生活的时间被挤压得所剩无几，似乎很得不偿失。每每半夜醒来，想起错过的人或机会，悔不当初。

这本五百多页的书相对于注册会计师考试几千页的讲义和二三十厘米高的司法考试资料不算什么，但这本书凝聚了我两年多的心血。从构思、下笔到成品、改稿、成稿，中间还碰到史无前例的全面注册制改革，书中字字皆是汗水。正文绝大多数没有现成的文字可以复制、粘贴，全靠一条法规一条法规去研究、一篇案例接着一篇案例去总结，一个键一个键地敲打。

我的资历相对于其他投行大佬来说，不值得一提。未来，不管在哪个行业哪个岗位，我仍然会做一个勤奋的投行孤客，不忘初心，用通俗易懂的文字持续为大家写出精品。你们的支持如同二十几年前那个冬日傍晚突然浮现在我脑中温馨的家的画面一样，会不断地鞭策我前进。

陈涣波

2023 年 9 月于深圳